KB142462

계몽과 쾌락

18세기 프랑스 문화를 읽는 또 하나의 창

이 도서의 국립중앙도서관 출판시도서목록(CIP)은 e-CIP 홈페이지(http://www.ni.go.kr/ecip)
와 국가자료공동목록시스템(http://www.ni.go.kr/kolisnet)에서 이용하실 수 있습니다.(CIP제어번
호:CIP 2014002460)

계몽

과

쾌락

주명철 지음

18세기 프랑스 문화를 읽는 또 하나의 창

소나무

계몽과 쾌락

처음 펴낸 날 | 2014년 2월 19일

지은이 | 주명철
펴낸이 | 유재현
출판감독 | 박수희
편집 | 강주한
홍보 | 장만
꼴 | 박정미
인쇄·제본 | 영신사
종이 | 한서지업사

펴낸곳 | 소나무
등록 | 1987년 12월 12일 제2013-000063호
주소 | 412-190 경기도 고양시 덕양구 현천동 121-6
전화 | 02-375-5784
팩스 | 02-375-5789
전자우편 | sonamoopub@empas.com
전자집 | http://cafe.naver.com/sonamoopub

책값 20,000원

ⓒ 주명철

ISBN 978-89-7139-585-1 93920

소나무 머리 맞대어 책을 만들고, 가슴 맞대고 고향을 일굽니다

늘 글 쓸 용기를 북돋아주시는
이광주 선생님께 이 책을 올립니다.

차 례

4장_ 첩보원 모랑드에게 협박당하다

5장_ 작가들과 함께 감옥에 갇히다

6장_ 도서관 속 지옥에서 금서를 읽다

계몽시대 파리로 떠나는 두 번째 여정

    계몽주의 시대, '이성의 빛', 모두 프랑스의 18세기를 꾸미는 멋진 말이다. 칸트의 말대로 "용기를 내서 알려고 한다"는 계몽주의의 기본정신을 18세기의 모든 구석에서 엿볼 수 있다. 계몽주의는 그것이 없는 것처럼 보이는 곳에도 영향을 끼쳤기 때문이다. 계몽주의는 천년 이상의 왕정을 비판하고, 무엇보다도 왕정을 뒷받침하는 기독교를 비판했다. 그래서 '반체제적'으로 보인다. 하지만 그렇게만 보기는 어려운 면이 있다. 절대군주정도 계몽주의를 뒷받침해주었고, 나라를 근대화하려고 노력했기 때문이다.

    예를 들어, 17세기부터 프랑스 언어를 다듬고 정확하게 체계를 잡은 연구기관인 아카데미 프랑세즈, 과학을 발달시키고 과학정신을 보급한 과학 아카데미, 고증학을 발달시킨 비명문학 아카데미를 파리에 세운 뒤, 18세기 초부터 파리를 본떠 지방 중요도시에서 설립한 아카데미를 후원한 것은 바로 절대군주정이었다. 우리가 아는 계몽사상가들은 여러 아카데미에서 회원으로 활동하고, 유럽 전역에 통신망을 구축하여 정보를 주고받았다. 그들은 비록 체제를 비판했지만, 반체제적이라기보다는 체제순응적이었다.

    이렇듯 계몽주의를 무조건 반체제라 부를 수 없다. 게다가 18세기하면 계몽주의가 떠오르지만, 18세기의 모든 면을 계몽주의로 환원할 수도 없다. 혁명이 있으면 반혁명, 반동혁명이 있듯이, 계몽주의에 끈질기게 저항하는 요소가 많았기 때문이다. 특히 기독교의 가르침이나 수많은 관행과 풍습은 계몽주의의 영향을 가로막는 장애물이었다. 오늘날 우리 주위에도 민주주의 정신이 덜 발달한 시대를 그리워하는 사람이 있음을 생각하면 이해하기 쉬울 것이다.

18세기에는 많은 문인, 철학자, 사상가들이 글을 썼고, 그들의 글을 읽는 독자층이 앞 세기보다 더 두꺼워졌기 때문에, 신분을 뛰어넘는 '공화국'이 존재했다. 그것은 '문학의 공화국'이었다. 비록 관념적인 세계였지만, 거기서는 모든 사람이 신분의 차별을 받지 않고 토론할 수 있었다. 오직 '말의 질서'만이 지배하는 곳이었기 때문이다. 장 자크 루소나 벤자민 프랭클린은 외국인이었지만, 프랑스의 살롱에서 환영받았다. 그들의 말은 수많은 사람에게 영향을 끼쳤다. 공화국은 국적, 신분, 성별을 뛰어넘었다.

그런데 이러한 인간관계가 철학, 사상의 세계에서만 형성될 수 있었던가? 그렇지 않다. 이 책에서는 '쾌락의 공화국', '문학의 공화국'이라는 주제를 중심으로 '18세기 계몽주의'라는 고정된 세계를 벗어나려 한다. 이때 '문학의 공화국'은 철학, 사상의 세계만을 뜻하지 않는다. 흔히 저급하다고 여겨지는 잡다한 글로 이루어진 '문학'의 세계도 있었기 때문이다.

1부 쾌락의 공화국에서는 주로 매매춘의 세계를 다룬다. 이 세계에서는 신분이 높은 거물급 공작이나 종교인이 신분이 낮은 창녀와 놀았고, 첩으로 앉히기도 했다. 또한 매매춘의 세계 안, 또는 그 이웃에 있던 노름판에서도 당시 사람들은 신분의 제약을 뛰어넘어 어울렸다. 예를 들어, 루이 16세의 왕비 마리 앙투아네트는 한밤중 파리 시내의 노름판에서 놀다가 마음에 드는 평민 계층의 사내를 데리고 베르사유 궁으로 돌아가 그에게 패를 돌리게 하면서 노름판을 벌였다.

2부 문학의 공화국에서는 주로 중상비방문과 음란물, 그리고 그 작가들을 다루려고 한다. 당시 글을 쓸 줄 알았던 사람들이 모두 고상한 계몽주의에만 관심 있는 것은 아니었다. 글을 통해 돈을 벌기 위해, 또 유명해지기 위해, 때로는 세상에 대한 불만을 터트리기 위해 그들은 많은 사람들이 관심 있는 자극적인 글을 썼다. 그리고 그 대상이 때로는 왕실이나 종교인에 이르렀다. 이런 글은 대체로 금지되었지만 다른 한편으로는 그만큼 인기가 있었다.

이 책의 독자 가운데 10여 년 전에 나온 『파리의 치마 밑』을 읽은 분들도 있을 것이다. 이 책은 곧 절판되었기 때문에 소수만 아는 책이었다. 다행히 출판사로부터 『파리의 치마 밑』을 되살려보자는 제안을 받고, 다시 읽으면서 부족한 부분을 보충하는 기회를 얻었다. 그리고 여기에 10여 년 전 비슷한 시기에 출간한 『지옥에 간 작가들』까지 더해서 새로운 글을 쓰기로 했다. 그러므로 원래 두 책을 읽은 독자에게는 낯익은 부분이 많이 있을 것이다. 그러나 새로운 내용을 추가하고 형식을 바꾸면서, 독자에게 더 분명하고 또 풍성하게 18세기의 분위기를 전달할 수 있다는 생각으로 새 책을 꾸미기로 했다. 18세기의 프랑스 사회와 풍습에 관심이 있는 독자라면 이 책에 나오는 자료를 바탕으로 스스로 당시의 모습을 구성할 수 있다.

그리고 이 책은 '살냄새나는 역사', '비주류의 역사'를 통해서, 인류의 영원한 문화적 원동력이라 할 성풍속과 그 주변 이야기를 담았다. 비록 18세기 프랑스 사회의 풍속이긴 해도, 독자들은 거기서 우리와 닮은 사람들이 꾸려가는 삶을 만날 것이다. 몸과 위생, 인구, 풍기문란, 예방의학과 치료, 사회적 금기와 지도 노선, 여가와 오락의 모든 면이 담겨 있기 때문이다. 이제 계몽시대의 뒷골목으로 들어가 정치가, 법관, 경찰, 의사, 종교인의 시선이 교차하는 곳을 걸어보자.

1부
쾌락의 공화국

약 250년 전 프랑스에서 떳떳하게 햇빛을 보지 못하고 그늘로 밀려난 비주류의 문화를 우리는 어떻게 만날 수 있을까? 아니, 그러한 문화를 대표하는 사람을 어떻게 만날 수 있을까? 오늘날처럼 정보통신망이 발달한 시대라면, 평범한 사람도 자신을 '세계화'시킬 수 있는 방법이 많다. 하다못해, 남의 글을 자르고 붙이면서 일종의 '공동 저자'가 되기도 한다. 그러나 모든 정보가 사람이나 상품과 함께 전파되는 시대에는 사정이 달랐다. 비록 정보를 대량생산하는 유일한 수단인 인쇄물이 상업화에 성공했지만, 여전히 마차에 실려 운반되었기 때문이다. 이처럼 '아날로그' 시대에 평범한 사람이 자신을 역사적으로 알리기란 어렵다. 그런데 신분사회에서 천하게 태어났지만 역사적으로 이름을 남긴 사람들도 있다. 법을 어긴 사람들, 또는 법을 어길 가능성이 있는 사람들이다. 이들은 치안당국의 감시를 받으면서 때로는 그림자처럼 보고서에 나타나다가, 체포나 구금을 통해 그 실체가 드러났다.

우리가 살펴볼 사람들은 풍기를 단속하는 감찰관의 보고서에 이름을 남긴 사람들이다. 이들은 계몽주의 시대라는 이성과 지식의 냉정한 세계가 아닌, 오욕칠정을 드러내고 땀내와 살냄새를 풍기는 세계로 우리를 안내한다. 포주와 창녀 그리고 그들의 손님은 비록 불평등한 신분으로 만났지만, 물질적 평등을 추구했다. 그들은 신분사회에서 강자와 약자로 태어났지만 한곳에서 만나 제도적 불평등을 벗어버리고 쾌락을 뒤쫓았다. 풍기감찰관은 수많은 정보원을 이용해서 매매춘의 세계를 감시하고, 거기서 일어나는 일을 파리의 치안총감에게 보고했다. 풍기감찰관의 정보원 가운데에는 포주와 창녀도 포함되었다. 사회 각계각층 사람들의 동향을 담은 보고서는 당시 매매춘의 세계에서 일어나는 일, 인간관계, 물질적 평등과 불평등을 함께 보여준다. 물질적 평등이란 육체적 쾌락을 추구하는 방식에서 평등을, 또 물질적 불평등이란 성을 구하는 남성의 사회적 지위와 그가 지불하는 금액의 크기에서 불평등을 뜻한다.

1부에서 우리는 18세기에 이름을 날린 포주 구르당 부인을 중심으로, 그가 속한 세계와 거기 드나든 사람을 살피려 한다. 이야기를 풀어내려고 사용한 자료는 풍기감찰관의 보고서뿐만 아니라 금서다. 특히 당시 출간된 『구르당 부인의 지갑』이나 『구르당 부인의 편지』를 이용해서 이 책의 큰 줄기를 잡았다. 두 작품은 어떤 성격을 가졌는가? 그 성격을 알려면, 두 작품이 꽂혀 있는 책꽂이로 가야 한다. 그 책꽂이는 프랑스 국립도서관의 희귀본보관실(Réserve)에 설치된 '지옥'(Enfer)이라는 책시렁이다. 국립도서관에서는 제2제국 말기에 이 책꽂이를 설치한 뒤 초기에는 모두 340작품 730권을 꽂았다. 1877년 판 『라루스 대사전』(Grand Dictionnaire Universel de Larousse)에서는 이 책들을 '부끄러운 전집'이라고 하면서, 모든 작품이 '외설스럽고 역겨운 것뿐'이라고 설명했다. 그 뒤 '지옥'에는 식구가 계속 늘어났다. 1913년 기욤 아폴리네르(G. Apollinaire)는 『국립도서관의 지옥』(L'enfer de la Bibliothèque nationale)에서 900가지를 소개했고, 1978년 파스칼 피아(P. Pia)는 『지옥의 책』(Les Livres de l'Enfer)에서 1,700가지를 정리했다.

그러므로 이 책에서 이용한 금서 두 권이 어떤 성격의 책인지 쉽게 짐작할 수 있지만, '지옥'에 함께 꽂힌 다른 책들도 살피면 그 성격을 더욱 분명하게 알 수 있을 것이다. 18세기에 나온 작품이 많은데, 그 중에는 레티 드 라 브르통이 쓴 『창녀들이 자기 연인을 속이려고 쓰는 계책」, 볼테르의 시 「오를레앙의 처녀」, 크레비용 피스의 『삶의 여러 단계에서 볼 수 있는 그 시대의 풍속에 관한 그림』, 미라보 백작의 『들춰진 커텐, 또는 로르의 교육』, 제르베즈 드 라투슈의 『샤르트뢰 수도원의 문지기 동 부그르의 이야기』, 푸즈레 드 몽브롱의 『헌 옷 깁는 마르고』처럼 18세기의 전업 작가가 쓴 작품뿐만 아니라, 금서를 적발하고 그 저자나 판매자를 추적해야 할 도서감찰관 구피가 쓴 『프랑스와 나바르의 왕비 마리 앙투아네트의 생애에 관한 역사적 고찰』도 있다. 유명한 사드 후작은 작품을 쓸 때마다 '지옥'의 서가를 채웠다. 『소돔의 120일, 또는 방탕의 학교』, 『알린과 발쿠르, 또는 철학적 이야기』, 『범죄의 친구들』, 『베니스의 논다니 집』 같은 작품을 꼽을 수 있다.

'지옥'의 책꽂이에 있는 18세기 책은 검열제도가 존재하던 시대에 상당히 물의를 빚었다. 오늘날 우리는 그러한 작품을 역사 연구에 이용하여, 그 작품에 반영된 현실세계를 이해하고, 그 작품을 쓰거나 책으로 만들어 팔거나 소유하여 경찰의 추적을 받은 사람들의 세계를 복원할 수 있다. 문학작품이 어디까지 현실을 반영할 수 있는가? 이것은 대답하기 어려운 질문이다. 그러나 여기서 이용하는 『구르당 부인의 지갑』과 그 증보판인 『구르당 부인의 편지』는 현실을 거의 그대로 반영했다고 말할 수 있다. 두 작품을 그 시대의 풍기감찰관이 작성한 보고서와 함께 읽으면, 당시 매매춘 세계가 눈앞에 생생하게 펼쳐진다. 비록 파리라는 한정된 공간에서 일어난 일을 다루고 있지만, 궁정 귀족, 도시 귀족, 평민 계층이 신분제도 안에서 자유분방하게 살아가는 모습은 프랑스 혁명 전의 사회에 대한 선입견을 지우도록 만들어줄 것이다. 고등학교 세계사 교과서에서 배웠던 '구제도의 모순', '모순을 타파하고, 이성의 빛을 퍼뜨린 계몽사상가' 따위의 판에 박힌 인상을 가진 독자도 그 시대, 그곳에서 우리와 비슷한 욕망을 지닌 사람들이 살았음을 확인하시기 바란다.

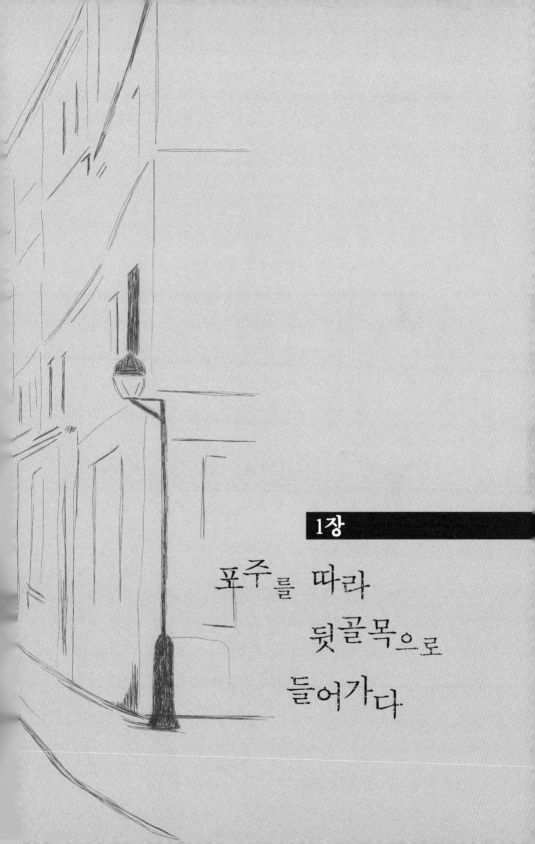

1장

포주를 따라
뒷골목으로
들어가다

포주 구르당 부인

'문학의 공화국'에서 각 구성원이 신분과 상관없이 재능을 중심으로 인간관계를 구성하듯이, '쾌락의 공화국'에서도 신분을 뛰어넘는 관계가 형성되었다. 모든 면에서 평등하거나 신분의 제약이 없었다고 주장하긴 어렵지만, 전반적으로 볼 때 매매춘의 세계에서는 가장 약자인 서민 여성이 왕족이나 대귀족과 성을 매개로 만나고 헤어졌다. 사회적 약자인 서민 남성도 능력껏 여성을 살 수 있었다. 이러한 세계에서 중요한 역할을 하는 사업가인 포주가 있었고, 그 가운데 한때 가장 유명했던 사람이 구르당 부인이었다. 포주가 어떤 사람인지 당시 사람의 증언을 먼저 들어보자.

> 루이 세바스티앵 메르시에(Louis-Sébastien Mercier, 18세기 작가, 극작가, 사전 편찬자)
>
> '마트론'(matrone)이라는 말이 있지요. 여러 가지 뜻을 가진 말인데, 원래 어머니를 생각나게 만드는 정겨운 뜻에서, 점점 저속한 뚱보 여인, 포주, 낙태 전문 산파 따위의 뜻으로 발전했죠. 그러니까 이 말보다 더 나쁜, 정직하지 못한, 성실하지 못한 표현들을 그럴 듯하게 대체한 말이라고 보면 됩니다.

여러 종류의 마트론이 있어요. 남의 정부가 된 아가씨 가운데 가장 등급이 높은 아가씨는 마트론을 어디나 데리고 다닙니다. 유명한 여배우나 무용수를 따라 다니면서 뒤를 보살펴주는 사람도 마트론입니다.

가난한 아가씨, 또는 사랑의 모험을 찾아 이 극장에서 저 극장으로 옮겨 다니며 밤참 모임에 참가하는 아가씨의 유모 같은 사람도 마트론입니다.

마트론을 '아파레이외즈'(appareilleuse)와 같은 뜻으로 쓸 때는 포주가 됩니다. 남성형 낱말인 '아파레이외르'(appareilleur)는 시설을 설치하는 사람인데, 여성형 낱말로 '여자를 대주는 여인'(포주)이라는 뜻이지요. 그러니까 마트론은 포주라는 겁니다. 이들은 가난하고 바람기 있는 예쁜 아가씨를 모아 깨끗이 씻어주고, 화려하게 치장하여 손님에게 내놓습니다. 이때 투자한 돈은 아가씨의 빚이 되지요.

파리는 넓은 도시라서 이러한 부류의 포주나 아가씨들이 부모나 보호자의 눈을 피해서 행동하기 적당합니다. 그들은 아주 조신하게 보이지요. 물론 겉모습만.

수많은 주소를 확보하는 마트론이 있습니다. 그들은 필요할 때만 아가씨를 부릅니다. 아가씨를 전세마차에 태워 노총각, 우울증환자, 통풍환자, 색에 지치거나 무감각해진 젊은 손님의 집으로 배달하지요.

남성의 변덕과 엉뚱한 짓을 알 만큼 충분한 경험을 갖춘 포주는 아가씨들에게 온갖 역할을 다 할 수 있도록 교육과 훈련을 시킵니다.

옷가게 아가씨가 방금 파리에 도착한 순진한 시골 처녀가 됩니다. 속옷 만드는 공장 아가씨는 저 촌구석에서 계모의 학대를 피해서 도망친 순진하고 수줍은 처녀가 되기도 하고요. 물론 옷차림과 말투를 일치시켜야 합니다. 우리의 쾌락은 상상력에 의존하는 경우가 많기 때문에, 남성은 아가씨들이 맡은 역할에 만족합니다.

이제 피당사 드 메로베르가 쓴 『뒤 바리 백작 부인에 관한 일화』[1]에서 구르당 부인의 증언을 들어보자. 메로베르는 구르당 부인이 소송에 휘말렸을 때, 그 집을 직접 방문하고 둘러본 사람이다. 그는 구르당 부인이 직접 우리에게 말하는 형식으로 글을 썼다. 다음은 구르당 부인이 나중에 마담 뒤 바리가 될 랑송을 처음 만나는 장면이다.

구르당 부인(Madame Gourdan)

라비유의 옷가게에 아주 예쁘게 생긴 아이가 막 도착했다는 소식을 밀렵꾼들(marcheuses, 뚜쟁이)로부터 들었습니다. 나는 몇 가지 천을 산다는 구실로 가게에 직접 들렀지요. 이 세상에서 제일 예쁜 사람을 보았습니다. 열여섯 살이나 되었을까, 보는 것만으로도 커다란 기쁨이었습니다.

우아하고 고상한 모습, 달걀처럼 생긴 얼굴은 붓으로 그린 것처럼 고왔죠. 크고 잘 찢어진 눈에는 교태를 담고 있어 더욱 사랑스러웠습니다. 눈부시게 하얀 살결, 예쁜 입, 앙증맞은 발. 더욱이 삼단 같은 머리는 내 두 손으로 다 거머쥐기 어려울 정도였습니다. 나는 겉모양만 보고도 나머지를 짐작했습니다. 이 보물을 그냥 놔두고 싶지 않았습니다.

자연스럽게 다가가서, 내 주소를 적은 명함과 돈을 조금 그의 손에 쥐어주었습니다. 그러고는 다른 사람이 들을 수 없는 작은 소리로 말했죠.

"아가씨, 시간이 있으면 우리 집에 들르세요. 내가 좋자고 그러는 게 아니라, 아가씨에게 좋은 일을 만들어주려고요."

눈부시게 하얀 살결, 예쁜 입, 앙증맞은 발.
더욱이 삼단 같은 머리는 내 두 손으로 다 거머쥐기 어려울 정도였습니다.
나는 겉모양만 보고도 나머지를 짐작했습니다.

나도 여자니까 아가씨들의 호기심을 부추기는 방법을 잘 압니다. 작은 선물과 함께 전한 말이 효과를 발휘하리라고 생각했습니다. 바로 다음 날, 그러니까 일요일이었지요. 랑송 양이 찾아왔습니다.

"마담, 빨리 가봐야 해요. 미사를 드리고 오겠다고 했거든요."

"아가씨, 이왕 온 김에 점심은 먹고 가요. 얘기도 좀 하고요. 지금 일터는 마음에 들어요?"

"네, 마담, 아주 좋아요. 저는 이 직업이 참 좋아요. 제게 잘 맞는 직업이죠. 사실, 같이 일하는 친구들과 시시덕거리고 장난치는 게 재미있기 때문이지요."

그러고 나서 가볍게 한숨을 쉬더니 이렇게 덧붙여 말했습니다. "전 손님들을 보면서 '난 언제 저렇게 꾸며보나, 저 귀부인들처럼 잘 차려 입고 훌륭한 기사들의 부축을 받으면서 연극이나 무도회에 가고 싶다'고 중얼거리지요."

나는 옳다구나 맞장구를 쳐주었습니다.

"맞아요. 아가씨같이 예쁜 사람이 평생 바느질이나 하는 것은 죄악이에요. 하루 종일 걸상에 엉덩이를 붙이고 앉아 하루에 기껏 20수나 30수를 벌어서야 되겠어요? 그런 일을 할 사람은 따로 있답니다. 불행하고 못생긴 아가씨에게나 적합하죠. 그들이 잘 할 일이 있고, 아가씨같이 예쁜이가 잘 할 일이 있지요."

나는 그를 힘껏 안아주었습니다. 우리는 하나라는 듯이. 그것은 친근감을 심어주고, 상대의 마음을 사로잡는 방법이지요.

그리고 집안을 구경시켜 주었습니다. 쾌락과 사랑의 냄새가 배어 있는 규방을 하나하나 차례로 보여주었죠.

"저기 벽에 걸어 놓은 그림을 보세요."

나는 벌거벗은 남녀의 그림을 보여주면서 눈치를 살폈습니다. 사랑의 욕망에 불을 지를 음란한 자세를 한 남녀의 모습을 보면서, 그는 그림에 빠져들었습니다. 처음 봤을 때부터 바람기가 있는 아가씨라고 판단했는데, 그 판단이 틀리지 않았습니다. 몸이 달아오르고, 숨이 거칠어졌습니다.

그의 손을 잡아끌어 큰 의상실로 안내했습니다. 거기 있는 옷장을 돌아가면서 열고 네덜란드제 옷감, 레이스, 인도 사라사, 호박단, 비단 양말, 부채, 다이아몬드 따위를 펼쳐 보여주었습니다.

"자, 봐요, 아가씨, 나랑 같이 일해 볼래요? 그럼 이런 거 모두 가질 수 있어요. 아가씨가 꿈꾸던 생활을 할 수 있게 되지요. 날마다 극장이나 잔치에 갈 수 있어요. 궁궐이나 파리에서 가장 거물급 인사, 가장 다정한 신사들과 밤참을 먹고 밤을 즐겁게 보낼 수 있어요. 아, 그건 얼마나 기쁜 일인지 짐작이나 하시겠어요? 사랑하는 아가씨, 사람들은 그걸 그저 천국의 즐거움이라고 하지요. 달리 어떻게 부를 수 있겠어요?"

아가씨는 눈을 휘둥그렇게 뜨고 게걸스럽게 옷가지, 장신구를 보면서 가끔 탄성을 질렀고, 내 말을 소홀히 듣지 않는다는 뜻으로 고개를 끄덕이기도 했습니다.

"그런 기쁨이 뭔지 알아요? 그걸 모르면 행복도 없다는 걸 알아야 해요. 그걸 찾지 않는 사람은 하나도 없어요. 왕족, 군 장성, 대신, 관복 귀족, 종교인들을 이 집에서 만나게 될 겁니다. 그들은 모두 오로지 우리 집에 와서 쉬고, 아가씨 같은 예쁜 아이들과 놀기 위해서 열심히 일하죠. 내가 한 말이 무슨 뜻인 줄 알겠어요?"

아가씨는 순진하게 웃으면서 대답했습니다.

"잘 모르겠는데요. 저는 이런 질문을 처음 받기 때문에 어떻게 대답해야 좋을지 모르겠어요."

무슨 뜻인 줄 모른다는 말이 아니라, 대답하는 방법을 모른다는 것이었죠. 얼굴은 순진하게 보이지만, 아주 영악한 아가씨였습니다.

"아가씨 말이 옳아요. 내가 참 바보 같네요. 묻지 말아야 할 질문을 하다니."

나는 화려한 잠옷을 꺼내 보여주었습니다.

"이 옷 좀 봐요, 예쁘죠? 오늘 저녁 밤참을 먹으러 올 아가씨가 맞추어 놓은 옷인데, 한번 입어보겠어요? 내가 보기에 아가씨에게 더 잘 어울릴 것 같은데."

나는 아가씨를 잡고 옷을 벗겼습니다. 그는 수줍은 듯 몸을 비틀었지만, 크게 저항하지 않았습니다. 옷을 완전히 벗겨 놓았더니, 눈부신 몸이 그대로 드러났습니다. 그때까지 여러 사람을 다뤄봤지만 이렇게 탄력 있고 균형 잡히고 찬탄할 만한 몸은 처음 보았습니다. 허리부터 엉덩이, 넓적다리를 보니 황홀하고, 넋이 나갈 지경이었습니다. 어느 조각가가 이렇게 완전한 몸을 만들 수 있겠습니까.

나는 숫처녀인지 아닌지 잘 식별하는 눈을 가졌기 때문에 아가씨를 보면서 숫처녀는 아니라고 생각했습니다. 그러나 숫처녀라 해도 속을 사람은 많았고, 또 한두 번 정도 숫처녀로 팔아먹을 자신이 있었기에 속으로 솟아오르는 기쁨을 억눌렀습니다. 내가 알고 싶은 것을 그렇게 해서 다 알아냈던 것입니다.

"아가씨, 미사가 끝났네요."

"벌써요? 아, 돌아가는 시간이요?"

"왜요, 아쉽죠? 가기 싫죠?"

"네."

"아가씨, 오늘은 아쉬운 대로 집에 돌아가세요. 내가 나중에 기별을 할 테니까 그때와도 늦지 않아요. 아가씨가 여기 있으려면 몇 가지 준비를 해둬야 하는데, 그건 내게 맡겨두고, 오늘은 아무 일도 없던 듯, 그저 미사에 다녀오는 듯, 돌아가세요."

아가씨는 아직 경찰에 등록되지 않았기 때문에, 라비유의 옷가게로 되돌아가야 했습니다. 만일 아가씨를 보내지 않으면 유괴한 것처럼 되어, 내가 위험해집니다. 그래서 아가씨에게 두 사람 모두 위험한 모험을 할 이유가 없으니까 돌아갔다가 가끔 우리 집에 몰래 와서 연회에 참석하고 용돈이나 벌어 쓰라고 말해주었습니다.

"아가씨, 당분간 우리 집에 왔다 갔다 하면서 돈이나 벌어서 써요. 그러다보면, 아가씨에게 목을 매는 신사가 생기고, 그가 살림을 차려줄 겁니다. 내가 아가씨를 오라고 할 때는 사람을 보내겠어요. 그 사람이 아가씨에게 이렇게 신호를 보내면 아가씨는 나중에 우리 집에 들러서 놀다가는 겁니다."

나는 6프랑짜리 은화 한 닢을 주머니에 넣어주면서 말했습니다. 아가씨는 내 목을 와락 끌어안고 고맙다고 하더니 물러갔습니다.

구르당 부인의 말에서 우리는 당시 풍기를 다스리는 원칙이 있음을 알 수 있다. 무엇보다도 포주가 거느리는 아가씨를 경찰에 등록해야 하고, 처녀를 타락시켜서는 안 되었다. 그리고 포주가 새로운 인원을 충원할 때 제일 먼저 눈독 드리는 곳이 옷가게라는 점도 부수적으로 알 수 있다. 옷가게 아가씨들은 현실적으로 푼돈을 벌었지만, 드나드는 손님을 보면서 공상과 환상에 젖기 십상이었고, 유혹에 쉽게 넘어오기 때문이다. 다음으로 포주의 세계에도 등급이 있음을 증언으로 들어본다.

루이 세바스티앵 메르시에

포주(마트론) 가운데 잘나가는 사람이 있는가 하면, 아주 형편없는 사람도 많지요. 이들은 아파트, 호화로운 침대를 갖추지 못한 채, 아주 좁은 방에 아가씨들을 합숙시키지요. 이들은 가난한 병사, 막일꾼을 상대하게 해서 번 돈을 가로챕니다.

가장 낮은 등급의 뚜쟁이는 '마르쉐즈'(marcheuse)라고 합니다. 걷는 사람이라는 원뜻으로 짐작할 수 있듯이, 고된 사람이죠. 병에 걸리거나 집중단속에 걸려 병원에 갇혔다가 도망치거나 기간을 채우고 나와 옛날 일을 다시 시작하는 노파를 생각하면 적당합니다. 주름마다 악덕이 스며들고, 그 무게 때문에 주름이 더 깊어졌죠.

* * *

구르당 부인(Madame Gourdan)

랑송 양 이야기를 계속하겠습니다.

당시 파리에서는 종교인 회의가 열렸습니다. 5년마다 한 번씩 열리는 회의니까 그때가 1760년이었단 말이죠. 고위 성직자 한 사람이 회의가 있을 때마다 반드시 우리 집에 들렀습니다. 사실 그분은 평소에도 가끔 들리는 단골이었죠. 누구냐고요? 우리는 손님의 비밀을 지켜야 합니다. 고해신부처럼 입이 무거워야 하겠죠? 우리 같은 사람을 '수녀원장'이라고 부르는데, 통하는 면이 있긴 있나봅니다.

그분은 들를 때마다 이렇게 말씀하셨어요.

"마담, 내가 정신적 스승이라서 육체적인 도리를 가르치지 못할 리 있겠어요? 닳고 닳은 아이보다는 애송이 처녀를 소개해주면, 사악한 길에 빠지기 전에 내가 처음부터 자세히 가르쳐 육체적 쾌락에서 정신적 쾌락으로 통하는 길을 열어주겠소."

그러나 나는 그 부탁을 제대로 들어주지 못했습니다. 우리 집에 오는 아가씨 가운데 숫처녀를 찾기란 숲 속에서 고래 찾기만큼 힘든 일이지요. 더욱이 숫처녀를 타락시키면 얼마나 큰 벌을 받아야 하는지 잘 아시잖아요. 나라님도 마음에 드는 처녀가 있으면 결혼시켜 놓고 건드리지 않나요? 물론 가난 때문에 숫처녀로 우리 집에 오는 아가씨가 전혀 없지 않습니다만, 늘 경찰이 감시하는 집에서 그런 아가씨를 타락시킬 방법은 없습니다.

그러던 차에 랑송 양은 그 일에 안성맞춤이었죠. 나는 고위 성직자에게 편지를 보냈습니다.

존경하는 *** 원장신부님,
마침내 오랫동안 원하시던 물건을 구했습니다. 준비를 갖춰 한번 들러주시고,
부디 아가씨에게 좋은 가르침을 내리시기 바랍니다.

그분이 내게 답장을 보내 날짜를 알려주었습니다. 나는 랑송이 일하는 가게로 심부름꾼을 보내 시간 약속을 해두었습니다. 그리고 그가 맡을 역할을 귀띔해 놓았습니다. 그날이 왔습니다. 나는 랑송 양에게 말했습니다.

"아가씨, 다시 한번 말해두는데, 내가 하는 말을 잊지 말아야 합니다. 첫째, 그분이 누구신지 절대로 알려고 하지 마세요. 둘째, 그분이 스스로 말씀하시기 전에는 알 수 있는 사실도 확인하거나 더 깊이 파고들지 마세요. 셋째, 모든 일을 모른 척하는 게 상책이지요. 화제가 무엇인지 모른 척하세요. 말을 하다보면 쓸데없는 말을 하게 되고, 나중에 후회할 일이 생기지요. 잘 알아들었죠?"

나는 이런 순간에는 아주 엄격해집니다. 아가씨는 갑자기 엄숙한 분위기에 압도된 듯 당황하더니 정색하고 말했습니다.

"마담, 잘 알아들었습니다."

나는 다시 낯빛을 고치고 부드럽게 그에게 준비를 시켰습니다.

"아니, 마담, 이게 뭐지요?"

"당신이 한 번도 남자를 알지 못했다고 그분이 믿으시니까, 그렇게 행동해야죠."

나는 수렴성 화장수를 은밀한 곳에 바르게 했습니다. 그리고 향수를 뿌리게 하고는 우아하게 머리를 손봐주도록 시켰습니다. 옷도 우아하게 입혔습니다. 그는 눈부시고 황홀해 보였습니다. 그도 달라진 자기 모습에 반한 듯 넋을 잃고 거울을 들여다보았습니다. 나는 랑송 양을 데리고 고위 성직자가 기다리는 방으로 가서 넣어주었습니다. 성직자는 그를 보고 숨을 가쁘게 쉬면서 입술에 침을 발랐습니다. 나는 그에게 숫처녀를 주는 대가로 100루이를 받았습니다.

포주의 세계는 거짓과 위선으로 가득 찬 비정한 세계다. 손님의 취향을 잘 파악하여 거기 맞는 역할을 제대로 수행할 아가씨를 소개하고 막대한 돈을 받아 챙긴다. 100루이가 어느 정도인지는 아래 글을 읽어 보면 알 수 있다.

어느 방직공의 이야기

나는 아브빌의 방직공입니다. 아내와 함께 공장에 다닙니다. 열 살짜리와 여덟 살짜리 아이 둘을 기릅니다. 일주일에 엿새를 일하는데, 내가 하루 20수(1리브르), 아내가 하루 5수를 법니다. 부부가 함께 엿새를 일해서 겨우 7.5리브르를 법니다. 그 돈으로 집세, 식비, 옷, 광열비를 내면서 겨우겨우 삽니다. 계산상으로는 일주일을 빠듯이 살면 1리브르 정도 저축할 수 있겠지만, 누군가 아플 때도 있으니 돈을 모으기란 거의 불가능합니다.

우리 같은 무지렁이도 1루이가 24리브르라는 것을 모르지 않습니다만, 1루이짜리를 구경해본 적은 없습니다. 평생 그런 돈을 만져나 보고 죽을지 모릅니다. 1년 365일 가운데 일요일 52일은 당연히 빼고, 축일이 30여일이나 됩니다. 일하지 못하는 날에도 먹어야 하고, 아프기도 하며, 집세를 내야 하니 오죽 어렵겠습니까? 대체로 280일치 급료를 365일로 쪼개서 살아야 합니다. 우리에게 임금을 빠듯이 줘야 옷감을 싸게 생산하고, 그렇게 해야 영국과 경쟁할 수 있다고 하네요. 영국에서 좋은 기계를 만들어 우리보다 더 싸게 생산한다니까, 경쟁에서 살아남으려면 우리가 참아야겠죠.

* * *

구르당 부인

나는 베지에서 태어났습니다. 원래 이름은 마르그리트 스톡이죠. 구르당은 남편의 성입니다. 남편은 샹파뉴 지방 소비세 재판소 징세관이었습니다. 프랑수아-디디에 구르당과 나는 재산을 공동 관리하는 조건으로 1748년 10월 21일 결혼했는데, 그때 나는 지참금으로 2,000리브르를 가지고 갔습니다. 가톨릭교에서 모든 결혼은 '죽음도 갈라놓지 못하는 황금의 줄'이지요. 그래서 우리는 이혼을 하려고 해도 하지 못합니다. 단지 침대의 분리나 재산의 분리로 만족할 수밖에 없는데, 1765년 6월 25일 우리 부부는 재산의 분리를 인정받았지요.

그래도 구르당 부인이라는 이름을 그대로 쓰는 편이 낫습니다. 이름이 주는 인상을 무시하기 어려운데, 남편과 갈라선 뒤에도 그 이름을 쓰는 것은 내 직업이 떳떳하지 못하기 때문이지요. 구르당은 내 가면입니다. 스톡 집안의 마르그리트라고 하면 부모님께 죄를 짓는 것 같지만, 구르당이라고 하면 덜 창피합니다.

이혼한 이유요? 한 마디로 멍에를 짊어지기 싫었던 거죠. 나는 천성적으로 구속을 싫어하는 여자입니다. 시골에 박혀서 고리타분하게 사는 것은 내가 꿈꾸던 생활이 아니었죠. 파리에 가면 멋진 세계가 기다릴 텐데, 구경도 한번 못한 채 시골에서 썩기에는 청춘이 너무 아까웠죠. 그러던 차에 멋진 장교가 내 앞에 나타났어요. 그가 마침 파리로 간다고 해서 무조건 따라나섰죠. 하지만 그는 곧 원대복귀했고, 나만 홀로 파리에 남았답니다. 한 번 가정을 버린 여인에게는 비슷한 일이 잇달아 생깁니다. 역시 군인 장교였던 어느 백작이 나를 들어앉히겠다면서 솔깃한 제안을 했죠.

"마담, 나는 수입 5만 리브르를 같이 쓸 사람이 필요합니다."

백작은 내게 처음부터 6,000리브르를 주었고, 곧 아름다운 패물도 주었습니다. 다이아몬드만 4만 리브르어치를 사주었죠. 이런 남자는 내가 알아서 잘 모시죠. 이럴 때 아기를 가지면 남자의 마음을 확실히 사로잡을 수 있다고 생각해서, 딸을 낳았고 10년 동안 잘 살았습니다. 그리고 헤어졌죠.

나는 부모님께 빼어난 자태를 받지는 못했습니다. 그러나 남자를 정복하는 방법을 잘 압니다. 얼굴은 평범해도 날씬한 몸매 덕을 봅니다. 착착 휘감기는 맛이 있기 때문에, 내가 슬쩍 눈을 흘기기만 해도 사족을 쓰지 못하는 남자가 많았죠. 오랫동안 사람들을 상대하면 그 나름의 생활철학을 세우게 됩니다. 몸가짐을 조심하고, 매력있는 말씨에 재치까지 버무리면 남자의 혼을 쏙 빼놓기가 쉽지요. 그건 나처럼 중요한 남자 손님에게 아가씨를 대주는 사업가가 반드시 갖추어야 할 미덕이죠.

구르당 부인의 집과 재산

우리가 앞에서 보았듯이 구르당 부인이 매매춘의 세계에서 우뚝 서기 전까지는 경찰 보고서에 겨우 몇 차례만 흔적을 남겼다.[2] 1762년의 경찰 보고서에는 가끔 다리니(La Darigny)라는 이름으로 생트 안 거리(rue Sainte Anne)의 고기구이장수 집에 세 들어 살면서 '비밀리에 장사를 하는 뚜쟁이'로 등장하다가, 1763년에는 콩테스 다르투아(Comtesse d'Artois, 아르투아 백작 부인) 거리로 집을 옮겼다. 그때부터 그의 사업이 피기 시작했다. 사람들은 거리 이름에 빗대어 '작은 백작 부인'이라는 별명을 그에게 붙여주었다. 그러나 아직은 사업이 그리 번창하지 못했다.

구르당 부인의 집이 주목을 받게 된 것은 1774년에 이사한 집이 공개되었기 때문이다. 그는 '마담 도피 사건' 때문에 재판을 받게 되자 도망쳤다. 결석재판이 열리고 법원은 구르당 부인의 재산을 차압했으며, 재판장은 출입증을 발행하여 사람들이 집을 둘러볼 수 있게 했다. 경매처분에 앞선 절차였던 것 같다. '마담 도피 사건'이 무엇인지 알아보기 전에, 피당사 드 메로베르[3]의 안내를 받아 구르당 부인의 집 안으로 들어가보자.

구르당 부인을 구속하라는 명령이 떨어진 뒤, 이 수녀원장(포주)은 곧바로 몸을 숨기고, 집은 법원이 관리하기 시작했다. 그 집을 지키는 관리인은 투르넬(파리 고등법원의 형사재판소) 재판장이 발행한 증명서를 소지한 사람에게만 집을 보여주게 되어 있었다. 그러나 관리인은 사람이 좋아서 증명서가 없어도 집 구경을 허락해주는 수가 있었다. 나는 며칠 전 어느 부인의 집에 초대받아 저녁을 먹다가 재판장급 법관과 함께 이 유명한 집을 방문하자고 약속했다.

나는 여느 갈보 집에 대해 말하려는 것이 아니다, 왜냐하면 갈보 집이란 구르당 부인의 집에 있는 응접실 정도에 지나지 않을 테니까 말이다. 우리는 갈보 집에서 이른바 위병들의 가슴받이를 본다. 할 일 없는 바람둥이 젊은 군인들이 거기서 진을 치고 있기 때문이다. 그들은 뼛속까지 병에 걸리고 정신은 더욱 타락한 아가씨들을 만난다. 우리는 갈보 집의 분위기에 몸이 으스스해지는 느낌이 든다. 경찰은 사회적 혼란이 일어나지 않게 예방하는 차원에서 수녀원장들에게 군인을 손님으로 받으라고 시켰던 것이다.

그런데 구르당 부인의 집에는 이러한 응접실 말고도 다른 곳에서는 볼 수 없는 것이 있었다. 응접실을 지나니 곧 '수영장'이 나왔다. 그것은 목욕실로서 구르당 부인을 위해 일할 아가씨들이 첫 선을 보이는 곳이다. 애호가들에게 아가씨를 소개하기 전에 수영장에서 아가씨의 때를 벗기고 피부를 매끄럽게 만들고 향수를 뿌려주었다. 그러고 나서는 이 '신데렐라'를 마치 경주에 나갈 말처럼 정성껏 다듬어주었다.

누가 우리에게 '처녀의 물'을 가르쳐 주었다. 그것은 유명한 수렴성 화장수로서 손상된 아름다움을 되찾아주는 물이었다.

그 옆에는 괴물들이 쓰는 향유가 놓여 있었다. 구르당 부인은 귀여운 풋내기들에게 가끔 이 액체를 써서 빨리 성숙하게 보이도록 만들어 지체 높은 양반들에게 바쳤다. 또한 기베르 드 프레발(Guibert de Préval, 구르당과 한동네에 산 의사)의 물약도 함께 있었다. 그것은 성병을 고치거나 예방해주는 약이었다.

수영장을 거쳐 우리는 화장실로 들어갔다. 이 베누스(Venus, 비너스)의 학원에 사는 '신학생들'은 이곳에서 두 번째 준비를 했다. 이 방을 거치면서 '재투성이'(신데렐라)는 아주 신선하고 매력적인 요정으로 완전히 탈바꿈한다고 상상하면 된다.

그 다음, 우리는 무도장으로 갔다. 아가씨들은 여기서 각자 자기 역할에 맞는 옷차림을 했다. 시골에서 갓 올라온 아가씨가 부르주아로 변신하고 지체 높은 부인이 하녀로 둔갑했다.

안내인은 옷장 문을 열어주었다. 옷장 속에는 문이 있었다. 그 문은 옆집으로 통했다. 옆집은 그림과 각종 진기한 상품을 파는 상점이었다. 그러므로 남의 눈을 피해 구르당 부인 집을 들어가고자 하는 사람은 이 상점을 통해서 들어갈 수 있었다. 또 상점은 번지가 다른 골목에 있다.[4] 고위 성직자, 재판장급 법관, 상류층의 귀부인은 자기가 원하는 옷을 입고 쾌락을 찾고자 구르당 부인의 집에 갈 때 이곳을 버젓이 이용했다.

그 다음에는 '의무실'로 들어갔다. 낱말 때문에 질병을 생각하면 안 된다. 이 방은 호화 예술품을 잔뜩 진열해 놓았는데, 거듭되는 쾌락에 지친 육욕을 되살릴 수 있는 그림이나 조각들이 있었다. 즉, 원기를 회복하는 방이었다. 이 방에는 천창을 통해서만 빛이 들어왔다. 온통 음탕한 그림과 판화로 네 벽을 장식했고, 가장 음란한 자세를 취한 조각상도 진열해 놓았다.

이 방의 한 구석에는 검은 수자(satin)로 된 우아한 침상이 있었다.

이 방을 거치면서 '재투성이(신데렐라)'는
아주 신선하고 매력적인 요정으로
완전히 탈바꿈하게 된다고 상상하면 된다.

침상의 위와 옆에는 거울이 달려 있었기 때문에 이 아름다운 구석을 비춰주었을 뿐만 아니라 침상 위에서 일어나는 육욕의 향연을 재현해주었다.

향내가 나는 작은 채찍이 눈에 띄었다. 같이 간 재판장은 그것이 금작화로 만든 채찍이라고 설명해주었다. 끝이 여러 갈래로 갈라져 있었다. 또한 '리슐리외 사탕'이라는 딱지가 붙은 통도 보여주었다. 리슐리외 추기경이 즐겨 먹었기 때문에 그렇게 부른 것이 아니라, 그가 탐나지만 순순히 말을 듣지 않는 여인에게 먹였기 때문에 그렇게 불렀다는 것이다. 말을 잘 듣지 않는 여인이 이 사탕을 먹으면 몇 시간 동안 사랑을 갈구하게 되어 남자가 주문하는 대로 따르게 된다고 했다.

아, 섬세한 나로서 이러한 범죄의 방법에 대한 얘기를 들으니 얼마나 역겹던지! 그것은 정복자 자신의 이기심마저 모욕하고, 그의 제물에게 수치심, 아픔, 분노를 주어 마침내는 파멸로 몰아갈 방법이었기 때문이다.

재판장은 이와 관련해서 우리에게 사드 백작(우리에게는 사드 후작으로 더 유명한 이 사람은 당시 백작이었다)의 이야기를 들려주었다. 이 악당은 여성에게 온갖 잔혹한 행위를 저질렀지만 아직 제대로 벌을 받지 않았다. 그는 한 가지 못된 짓에 그치지 않고 계속 다른 짓을 저지르는 것도 모자라, 그러한 짓들의 원리를 이론화하는 역겨운 책을 써서 온갖 덕을 모욕하고 타락시키는 한편, 가장 잔인한 악덕과 범죄행위를 미화하고 정당화시킨다.

재판장은 사드 백작이 마르세유에서 무도회를 열었던 이야기를 들려주었다. 그는 거기서 사탕에 약을 발라 사람들에게 나눠주었다. 사탕을 먹은 여인들은 곧 불타는 사랑의 열정을 느끼고, 남자들은 사티로스로 변해서 이 잔치를 목신제로 바꿔버렸다. 몇 사람은 그 일로 말미암아 죽었고, 여러 사람이 심하게 앓았다. 이 못된 짓을 저지른 장본인은 자기가 갈망하던 여인과 재미를 보다가 함께 도망쳐 버렸다. 이리하여 그는 다시금 재판에 회부되었지만 별다른 벌을 받지 않았다.[5]

재판장은 아주 만족시키기 어려운 여자를 만나면 써먹을 작은 공 같은 물건도 보여주며, 그것이 '사랑의 사과'라고 불린다고 설명했다. 그걸 쾌락의 샘 속에 집어넣으면, 마구 움직여서 여성에게 극도의 쾌감을 맛보게 해준다는 것이었다. 돌의 성분이 무엇인지 아무도 밝혀내지 못했지만, 중국에서 많이 사용하는 물건이라고 했다.

나는 남성을 더욱 즐겁게 해주려고 고안한 기막힌 도구를 작동시켜보았다. 재판장은 내게 말했다.

"그렇습니다. 이런 물건은 우리나라에서 얻기 어렵습니다. 그러나 구르당 부인이 받은 편지를 보면, 수많은 남녀 종교인이 그에게 물건을 구해달라고 부탁하는 내용을 많이 볼 수 있습니다."

우리는 여러 가지 교묘하게 만든 도구와 장치를 보고 나서, 곧 '유다의 방'으로 들어갔다. '고문실'(chambre de la question)이라고도 했다. 골방이었는데, 예술적으로 '비밀 구멍'을 배치해 놓아서, 밖에서도 안에서 일어나는 일을 몰래 엿보고 엿들을 수 있었다. 이 '비밀 구멍'을 요즘 와서 '유다'라고 부르게 되었다고 안내인이 설명해주었다.

우리가 마지막으로 들어간 방은 '불카누스의 응접실'이었다. 아주 까다롭게 구는 미인들을 데리고 들어가는 곳이었다. 이 방을 이용하는 손님은 별로 많지 않았다고 한다. 왜냐하면 이용료도 무척 비쌌거니와 이런 집에서 이런 방을 이용할 필요란 그리 많지 않았기 때문이다. 이 방은 가장 구석에 박혀 있었기 때문에 하소연하거나 소리

치고 울부짖어도 밖에는 전혀 들리지 않았다고 한다.

방에는 기묘한 안락의자가 놓여 있었다. 안내인은 의자를 유심히 들여다보는 내게 직접 앉아보라고 권했다. 내가 거기 앉자마자 몸무게 때문에 의자가 기우뚱하더니 뒤로 젖혀지고 나도 덩달아 자빠지면서 양다리와 팔 모두 부드럽게 묶였다.

"내 생각에 렘노스 사람들이 모시는 신의 올가미도 이보다는 잘 잡지 못할 것 같습니다."

내가 일행에게 이렇게 말하니, 안내인은 그 이름이 '프롱삭의 올가미'라고 일러주었다. 프롱삭 공작이 고안했기 때문이다. 그는 어떤 처녀를 정복하려고 했다. 처녀는 가난했지만, 프롱삭 공작이 약속을 하고 황금을 보여주고 협박까지 해도 완강히 버텼기 때문에, 사랑에 몸이 달아오른 공작은 마침내 자기 욕정을 채우려고 불을 지르고 납치하고 강간하는 세 가지 범죄를 저지르기로 결심했다.

어느 날 밤, 그는 아가씨 집에 불을 질렀다. 그리고 아수라장이 된 틈을 타서 어떤 아낙이 아가씨에게 있을 곳을 마련해준다고 속여 구르당 부인의 집에 데려갔다. 거기서 기다리던 프롱삭 공작은 그를 '불카누스의 응접실'로 데려가 의자에 앉히고, 공포, 눈물, 외침에도 아랑곳하지 않고 자신의 음욕이 이끄는 대로 온갖 불순한 행위를 했다.

경찰이 이 아가씨의 실종 사건을 수사하자, 프롱삭 공작의 공범은 아가씨를 풀어주었다. 나중에 왕은 이야기를 듣고 공작을 귀양 보냈다. 시중에는 그에 대한 소문이 돌기 시작했지만, 여론이 조금 수그러들기 시작하자 유력한 공작의 가문이 나서서 사건을 덮어버렸다. 그는 곧 귀양살이에서 풀려 파리로 돌아가 공직을 계속 수행했다.

우리는 지금까지 피당사 드 메로베르가 들려주는 이야기로 구르당 부인의 집 내부구조를 살펴보았다. 이것으로 부족하기 때문에, 이제부터 베나부 여사가 18세기 매매춘의 세계에 대하여 연구한 성과를 참고하여 구르당 부인의 집과 재산 규모에 대한 그림을 보충할 필요가 있다.[6]

구르당 부인의 집은 어마어마하게 큰 5층짜리 건물이다. 마구간에는 말 두 마리, 마당의 차고에는 영국식 합승 마차와 2륜 마차가 있었다. 지하 창고에는 부르고뉴 산 일급의 붉은 포도주 600병과, 같은 포도주 2통(모두 약 280리터), 보르도 산 포도주 42병, 샹파뉴 산 보통 포도주와 거품 나는 포도주 70병을 저장해 놓았다.

그 집은 아파트 여러 채로 나뉘었는데, 아파트마다 각 방에 딸린 대기실(antichambre)과 작은 방이 있었다. 4층에는 하인들을 위한 방을 마련해 놓았다. 2층의 어떤 방에는 옆집의 층계로 통하는 문을 만들어 놓았다. 각 층마다 침실, 2층과 3층에는 큰 응접실을 두었다.

구르당 부인은 2층의 마당 쪽 방에서 1783년 11월 28일 숨을 거두었다. 그가 숨진 침대는 800리브르짜리였다. 이 집의 지배자가 눕는 침대답게 위와 뒤, 그리고 양옆에는 거울을 붙여 놓았고, 수자 커튼을 드리웠다. 그러나 이 침대보다 손님 침대가 더 좋았다. 2층의 거리 쪽 침실에는 침구까지 합해서 2,096리브르짜리를 들여 놓았기 때문이다. 이것은 기둥 네 개, 다리가 다섯 달린 침대였다. 나무를 정교하게 조각하고 금칠을 해서 거울을 달아 놓았다.

모든 응접실과 식당에는 훌륭한 가구가 많았다. 가장 아름다운 방은 진홍빛 우단으로 장식한 방으로서 좀 더 높은 층에 있었다. 3층의 응접실에는 여섯 가닥의 샹들리에, 금칠한 구리에 물린 보헤미아 산

수정으로 장식한 초 받침이 다섯 개 달린 평평한 장식용 촛대 한 쌍, 그리고 장식 틀 속에 넣은 시계가 있었다. 또한 작은 탁자, 돋을무늬로 짠 진홍빛 천의 휘장, 세 사람이 앉을 수 있는 타원형 등받이 의자, 2인용 소파, 소형 안락의자 여섯, 보통 의자 여섯이 있었는데, 모두 진홍빛 천으로 덮은 의자였다.

창 사이 벽마다 거울을 달아 놓았고 문 위에는 그림을 그려 놓거나 그림을 걸어 놓았는데, 누워 있는 베누스, 루이 15세의 초상, 풍경, '판화로 된 여러 인물 초상'이었다.

각 방에 딸린 작은 방이나 방 자체에는 당시만 하더라도 널리 쓰이지 않던 국부세척기(bidet, 비데), 주석으로 만든 세척기, 또는 붉은색 욕조를 갖추어 놓았다.

이 집의 가구, 식기, 옷은 넘칠 지경이었다. 온갖 종류의 외출용 긴 옷, 실내복, 평상복, 잠옷이 옷장마다 꽉 들어찼다. 은 식기는 모두 1,176리브르어치나 되었다.

구르당 부인은 파리 북쪽 빌리에르 르 벨(Villiers-le-Bel)에도 집이 한 채 더 있었다. 그는 1782년 9월 26일 이 집을 9,000리브르에 샀다. 그 밖에도 구르당 부인에게는 각종 이자 수입이 있었지만, 한편으로는 열여섯 군데에 빚을 지고 죽었음이 밝혀졌다. 어음과 약속어음 따위가 모두 1만 9,668리브르나 되었다.

우리는 구르당 부인이 재산도 많았지만, 빚도 많았음을 알 수 있다. 자기 주머니에 들어온 돈을 잘 내놓지 않고 남에게 돈을 꾸었던 것이다. 이런 사람들이 잘사는 경우는 예나 지금이나 같다. 남녀가 사회적으로 평등한 대접을 받지 못했고, 평등한 기회조차 갖지 못하던 시대에 구르당 부인의 사업은 웬만한 남자보다 번창했음이 분명하다.

더욱이 그의 집에서 우리는 온갖 물건을 다 만난다. 웬만한 사람의 집에서 흔히 볼 수 없던 국부세척기에 대해서는 설명이 필요하다. '비데'는 15세기 이전까지만 해도 돈을 뜻했다. 그러다가 17세기부터 '노새', '종종걸음으로 다니는 조랑말'이라는 새로운 뜻을 가졌다. 걸터앉아서 몸을 씻도록 고안한 국부세척기를 '비데'라고 부르게 된 이유를 짐작할 만하다.

『프랑스 언어의 보고』(Trésor de la langue française)에서는 '비데'가 공식적으로 국부세척기를 가리키면서 처음 등장한 해가 1739년이라고 밝힌다. 이해, 레미 페브리(Rémy Pèverie)라는 파리의 선반업자(旋盤業者, maître-tourneur)는 명함에 이름과 주소, 그리고 '비데'를 제작한다는 사실을 함께 적어서 뿌리고 다녔다.[7]

마담 도피 사건

앞에서 보았듯이, 구르당 부인은 소송에 휘말렸다. 이제부터 그 사건이 어떻게 일어났으며, 거기 관련된 사람이 누구인지 추적해볼 차례다. 먼저 마담 도피 사건에 대해 알아본다.

마담 도피(Madame d'Oppy)는 플랑드르 지방 두에(Douay)의 전통 귀족의 아내였다. 이 귀족은 두에의 재판소장이기도 했다. 마담 도피는 1766년 파리에 볼일이 있어 갔다가 자신을 생 루이 기사(chevalier de Saint-Louis)라고 소개하는 사람을 만났다. '기사'(chevalier, 슈발리에)는 '방패잡이'(écuyer)보다 한 등급 위의 전통 귀족을 뜻하는데, 18세기 중엽 이후에는 누구나 귀족인 체 행세할 정도로 신분제도가 흩어졌기 때문에, 그의 말이 진실한지 아닌지는 계보학자의 감정을 받아야 한다. 그러나 일반인은 자칭 귀족을 만나도 그러려니 했다. 아무튼 마담 도피는 플랑드르 지방에 있는 시아주버니 집에 갔다가 우연히 한두 번 그 기사를 만난 적이 있었다. 잘 알고 지내지는 않았지만, 파리에서 다시 그를 보았던 것이다.

기사는 마담의 뒤를 집요하게 쫓아다니면서, 자기가 아는 여자 친구 가운데 지체 높고 나이가 지긋한 백작 부인이 있는데 좋은 사람을 모아서 함께 지내기를 즐기니까 거기서 만나자고 제안했다. 마담 도피는 파리의 사정에 어둡고 적적하던 차에 아무 의심 없이 기사가 지정한 백작 부인의 집에 갔다. 마담 도피는 남편이 전통 무관 귀족이었기 때문에 군장교를 친구로 생각하고 믿었던 것이다. 그런데 그 장교가 마담 도피에게 소개한 백작 부인은 바로 구르당 부인이었다. 기사는 순진한 마담 도피에게 '작은 백작 부인'이 사악한 포주의 별명이라는 말을 해주지 않았던 것이다.

구르당 부인의 집은 넓고 아름다웠다. 수많은 하인이 바삐 움직이고 있었고, 방마다 훌륭한 가구를 들여놓아 집주인이 얼마나 잘사는지 보여주었다. 구르당 부인은 마담 도피가 질릴 정도로 정중하게 맞았고, 만남을 주선한 기사에게 고맙다는 인사를 잊지 않았다. 구르당 부인은 마담 도피 같은 정숙한 사람과 더욱 친하게 지내고 싶다고 말했지만, 마담 도피는 곧 파리를 떠나 집으로 돌아가야 했다.

1768년 마담 도피는 다시 파리에 갔지만, 구르당 부인의 집을 잊고 있었다. 그러다가 어느 날 오페라의 무도회에서 가면을 쓴 남자가 그에게 접근했다. 그는 마담 도피에게 치근거리더니, 마침내 자기 신분을 밝혔다.

"마담, 제가 짓궂었나 봅니다. 용서하세요. 하도 반가워서 그랬는데요. 저를 기억해주실 줄 알았죠."

"실례지만 누구신데요?"

"저는 2년 전, 아니 그보다 훨씬 옛날부터 마담을 마음속으로 사모하던 사람입니다. 플랑드르 지방에서 부인을 처음 뵈었고. 2년 전에는 마담을 모시고 백작 부인의 집에 간 적도 있는데요."

"아, 그렇군요. 그렇지만 너무 장난이 지나치군요. 처음부터 밝히셨다면 좋았겠어요."

"죄송합니다. 사실, 두려웠죠. 부인께서 저를 기억하지 못하신다고 말씀하시면 여러 사람이 보는 앞에서 얼굴을 들 수 없으니까요. 그래서 가면을 쓴 김에 용기를 냈던 것입니다. 부디 저를 불쌍히 여기셔서 노여움을 푸시지요."

"알겠어요."

"마담, 제 사과를 받아들여주셔서 대단히 고맙습니다. 저는 마담께 감사의 뜻을 표시하고 싶은데 거절하지 말아주시기 바랍니다. 저와 함께 밤참을 하시죠. 제가 좋은 곳으로 모시겠습니다."

그날 회식자리의 참석자는 마담 도피와 몇 년 전에 새로 사귄 여자 친구 외에는 모두가 남자였다. 그 친구란 다름 아닌 구르당 부인이었다. 남자들은 본명이건 가명이건 모두 거물급 집안 이름을 말했다. 밤참은 아주 흥겨웠지만 예절을 잃지 않는 가운데 일찍 파했다.

4월 15일, 마담 도피는 초청장을 받아들고 '백작 부인'이 새로 마련해서 이사한 집으로 급히 갔다. 그러나 길에서 풍기감찰관 마레와 뮈텔에게 붙잡혔다. 풍기감찰관들은 왕의 이름으로 발행한 구속명령서를 보여주었다. 그들은 마담 도피가 가는 곳은 바로 논다니 집이고, 백작 부인은 한 사람(마담 도피)만 빼고는 파리에 사는 모두가 이름을 아는 사람이라고 설명해주었다.

실은 풍기감찰관 마레가 구르당 부인을 협박해서 한 사람을 현행범으로 체포하는 데 협조한다면 안전을 보장해주겠다고 흥정했기 때문에, 구르당 부인은 순진한 마담 도피에게 덫을 놓았던 것이다. 마담 도피는 구르당 부인 앞에서 모든 사실을 부인했지만, 구르당 부인은 마담 도피가 자기 밑에서 부끄러운 짓을 하는 사람이라고 분명히 확인했다. 게다가 증인까지 내세워 마담 도피를 꼼짝하지 못하게 했다.

그때 구르당 부인의 집에서는 마담 도피의 형부인 슈발리에(기사) 드 그리쿠르가 옆방에서 처제에게 일어난 일을 모두 엿듣고 있었다. 그리쿠르는 형인 원장신부 그리쿠르와 힘을 합쳐 자기 처제인 마담 도피를 처벌하는 데 앞장섰다. 처제가 자신의 결백을 주장했지만, 그는 처제의 남편인 재판소장 도피에게 알리지 않고 구속명령서를 발급받아 놓았던 것이다. 그렇게 해서 마담 도피는 울고불고 난리치며, 확인서에 서명을 하지 않은 채 완강히 혐의를 부인하고 결백을 주장했음에도, 타락한 여인을 수용하는 생트 펠라지(Sainte-Pélagie) 감옥에 끌려가 형편없는 옷으로 갈아입고, 머리를 깎였다.

한편, 재판소장 도피는 아내가 음모의 제물이라고 주장하는 소리를 듣기 전에 남들이 헐뜯는 소리를 먼저 들었다. 그래서 그는 6월 28일 누아용 재판소에 아내를 간통혐의로 고소했다. 그러나 그는 파리로 올라가 아내를 만나고 난 뒤 아내의 결백과 정당함을 이해했다. 그럼에도 그는 아내의 혐의를 적극적으로 벗겨주려고 노력하는 대신 구속명령서를 단지 추방명령서로 바꿔 아내가 일정 지역에서 남편과 살면서 파리에는 다시 발을 들여놓지 못하게 하면 족하다고 생각했다.

그렇게 해서, 부부는 가솔의 환영을 받으면서 플레슈로 내려가 행복하게 살았다. 그러나 그것은 겉으로의 평온이었다. 마담 도피는 시간이 흐르면서 남편이 뭔가 불쾌한 감정을 억누르고 있다는 사실을 깨달았다. 아내는 어느 날 남편의 주머니에서 우연히 편지글을 보았다. 남편은 국왕의 명령서를 받아 아내를 영원히 수녀원에 감금하려는 일을 꾸미고 있었다. 마담 도피는 달리 길이 없다고 생각하고는 그 자리에서 도망쳤다.

마담 도피는 갖은 고생을 하면서 영국까지 갔다. 거기서 그는 남편이 자신을 누아용 재판소에 간통혐의로 고소해 놓은 상태였음을 알게 되었다. 겉으로 평온한 생활을 했지만, 남편이 자신을 수녀원에 넣으려고 일을 꾸미는 한, 그 고소사건도 어떤 식으로든 자신에게 불리하게 작용할지 몰라 불안했다. 그래서 마담 도피는 자기 명예를 스스로 되찾고자 1772년 다시 프랑스로 들어가 숨어 지내면서, 여기 저기 탄원하고 노력한 끝에, 결국 1773년 11월 6일, 누아용 법원으로부터 자신의 인신구속 명령을 철회하는 결정을 받아냈다. 남편은 이에 불복하여 다시 탄원서를 냈다.

11월 6일, 누아용 법원은 마담 도피를 모함한 구르당 부인, 그리고 마담 도피에게 불리한 증언을 한 창녀 외드(Eudes)와 그르니에(Grenier)를 구속하라고 명령했다. 구르당 부인은 젊은 판사들로부터 정보를 얻고 도망쳤다. 그래서 결석재판이 시작되었다. 법관들은 뚜쟁이를 처벌할 수 있는 경우를 놓고 토론했다. 순진한 처녀를 꾀어서 타락시킨 사람은 마땅히 벌을 받아야 한다. 그러나 이미 바람을 피워본 사람이 즐길 때, 거기 관련된 뚜쟁이는 처벌할 수 없다고 해석하는 법관도 있었다. 이런 경우를 규제하는 법률이 아직 없기 때문이라고 주장했다. 구르당 부인의 단골이거나 그에게 접대를 받은 법관들은 구르당이야말로 처녀를 타락시킨 적은 없기 때문에, 그에게 벌을 내릴 수는 없다고 주장했던 것이다.

결국, 법정은 수많은 논란을 정리하여, 구르당 부인과 함께 마담 도피에게 불리한 증언을 했던 창녀 외드와 그르니에를 생트 펠라지 감옥에 넣고, 구르당 부인에게는 모욕을 주는 벌을 내리기로 합의했다. 구르당 부인을 나귀 등에 거꾸로 앉혀 시내를 한 바퀴 돌고, 9년 동안 파리에 들어오지 못하도록 판결을 내렸다.[8] 사람들은 이번에야말로 구르당 부인이 진짜로 모욕을 받는다고 생각했지만, 그것은 결석재판이었기 때문에 구르당 부인은 재산만 압류당하는 것으로 그쳤다. 구르당 부인의 집 가구에는 모두 딱지가 붙었고, 그에 앞서 구르당 부인에게 장부를 법원에 제출하도록 해놓았다. 이야기를 전하는 '영국인 첩자'(피당사 드 메로베르)는 이 사건과 함께 매매춘의 세계에 대해 정확히 짚었다.

그 중요성을 인식하려면, 각하께서 파리의 논다니 집은 런던에 있는 누추한 집과 다르다는 사실을 아셔야 합니다. 파리의 집들은 정치적인 기관으로, 이곳을 지배하는 여인들은 본질적으로 경찰의 첩자들이며 자기 집에 오는 사람들의 신상명세를 정확하게 기록해야 하기 때문에, 그들이 알 수 있는 한 가장 개인적인 것까지도 자세히 기입해야 합니다. 각하께서는 그 기록이 얼마나 재미있는 것일지 느낄 수 있으리라 봅니다. 돌아가신 선왕(루이 15세)은 특히 치세의 마지막에 파리의 난봉꾼 이야기를 몹시 찾았습니다.[9]

앙시앵 레짐 시대의 형벌은 여전히 전시효과를 노리는 측면이 강했다. 이른 바, '일벌백계'의 효과를 노렸고, 한 번의 잘못을 영원히 기억하게 만드는 비합리적인 것이었다. 대체로 창녀에 대한 벌은 어깨에 왕의 문장인 '백합꽃' 낙인을 찍은 뒤, 뚜껑이 없는 수레에 실어 거리를 지날 때 사람들의 모욕을 받도록 하면서 생 마르탱 감옥이나, 병자의 경우 '종합병원'(Hôpital-Général, 옛날에는 살페트리에르)에 보냈다. 공개처형, 죄인 공시대, 말뚝형, 낙인을 찍거나 문신을 새기는 형벌은 당사자에게 극심한 고통과 모욕을 주면서, 보는 사람에게 그 같은 행위를 저지르면 똑같은 벌을 받을 것이라는 사실을 학습시키는 목적을 가졌다. 그렇지만 구르당 부인처럼 인맥이 튼튼한 사람은 벌을 어느 정도 피할 수 있었다.

구르당 부인에게 또다시 시련이 닥쳤다. 루이 15세가 트리아농 마을의 방앗간 주인(또는 목수) 딸을 데리고 자다가 천연두에 걸려 죽고, 루이 16세가 왕위에 오른 지 네 달 만인 1775년 9월 6일 파리 사람들은 놀라서 입이 벌어졌다. 파리 고등법원이 구르당 부인을 잡아들이라고 명령했기 때문이다. 파리 고등법원의 형사재판소에서는 구르당 부인의 금전출납부를 검토했다. 그 기록에 구르당 부인의 집을 드나드는 손님들에 대한 정보가 자세히 담겨 있었기 때문에, 재판장이 그것을 가졌다고 한다. 구르당 부인은 체벌을 피했지만, 결국 파산하고 말았다.

이제 마담 도피를 속인 사람이 누구인지 살펴볼 차례다. 마담 도피는 자신을 속여서 '백작 부인'의 집으로 데려간 사람이 어떤 사람인지 몰랐거나, 알면서도 이름을 밝히기 꺼렸는지, 단순히 '생 루이 기사'라고만 말했다. 그가 누구였을까? 늘 궁금하게 여기던 나는 마침내 '바스티유 문서'에서 단서를 찾았다. 풍기감찰관 마레는 1768년 5월 포르 레베크 감옥에 갇힌 테브노 드 모랑드를 만나 심문하다가 그가 마담 도피를 안다고 털어놓는 얘기를 듣고 파리 치안총감에게 보고했다.[10] 정작 피해자인 마담 도피가 모랑드의 이름을 말하지 않았기 때문에 정확히 판단하기 어렵지만, 모랑드가 마담 도피에 대해 털어놓았다는 데 주목하여 당시 정황과 맞춰보면, 두 사람이 연결되었다고 믿을 만하다.

가장 먼저 이런 의문이 생긴다. 테브노 드 모랑드가 표면상 다른 일로 포르 레베크 감옥에 갇혔다고 하지만, 마레가 마담 도피와 관련성을 심문하지도 않았는데 아무런 이유 없이 그를 안다고 털어놓았을 가능성이 있을까? 모랑드가 감옥에 갇힌 시점이 마담 도피가 마레에게 잡힌 뒤의 일이라는 사실에 주목할 필요가 있다. 게다가, 나중에 마담 도피는 남편이 꾸미는 일을 알고 영국으로 도망쳤는데, 그 전에 모랑드는 이미 영국으로 도망쳐 런던에 있었다. 셋째, 구르당 부인의 집에서 편지를 훔쳐서 『구르당 부인의 지갑』[11]이라는 책을 펴낸 익명의 작가를 당시 사람들이나 서지학자들은 테브노 드 모랑드로 지목한다. 그만큼 그는 노름과 매매춘의 세계에 정통했다. 예를 들어, 모랑드는 1765년 2월 롱프레 여인(la dame Lompré)이 운영하는 도박장에서 샤를 프랑수아 르 보와 함께 잡혔는데, 며칠 뒤에 파리 치안총감에게 보낸 탄원서에서 자신이 심한 성병에 걸렸기 때문에 치료를 받지 않으면 목숨을 잃을지 모르니 자비심을 베풀어 달라고 호소했다.[12]

그러나 1784년 『구르당 부인의 지갑』에 편지 10통과 함께 구르당 부인에게 얽힌 재미있는 사항을 추가해서 『구르당 부인의 편지』라는 책이 나왔는데, 19세기에 이 책을 재발간한 사람은 저자를 테브노 드 모랑드로 추정하는 데 좀 더 신중할 필요가 있다고 말한다. 그는 이 책의 문장구조가 모랑드의 글에서 볼 수 있는 구조와 같지 않으며 더욱이 필적이 다르다면서 원고의 사본을 제시했다.[13] 바스티유 문서와 프랑스 외무부에 보관된 문서 가운데 모랑드의 손으로 쓴 문서가 있는데, 19세기의 출판인이 제시한 원고의 필적과 비교해 보니 과연 달랐다. 이처럼 금서를 연구할 때, 익명의 저자를 밝혀내는 일은 무척 어렵다. 문제의 『구르당 부인의 지갑』이나 『구르당 부인의 편지』에 실린 편지를 누가 썼는가, 그것이 익명의 저자 한 사람의 작품인가 아닌가, 그 중에는 분명히 한두 가지 진짜 편지가 들어 있을 가능성은 없는가, 의문이 꼬리를 문다. 아무튼 질문을 간단히 정리할 수 있다. 모든 편지를 같은 저자가 창조한 것일까, 아닐까? 모랑드의 필적과 다르다면서 제시한 '원고의 사본'이라는 것이 오히려 익명의 한 저자가 모든 것을 창조하지 않았음을 말해주는 건 아닐까?

아무튼 『구르당 부인의 지갑』을 쓰지 않았다고 해서, 모랑드가 마담 도피 사건과 관계없다고 생각할 이유란 없다. 마레의 보고서에 단 한 줄이라도 두 사람의 관계가 나온다는 사실이 중요한 단서다. 파리 치안총감과 풍기감찰관 마레는 모든 관계를 파악하고 있었으며, 그 사실을 모랑드의 입으로 확인했다고 생각할 수 있다. 그리고 1768년에는 마담 도피가 그 유명한 뚜쟁이 구르당 부인도 몰랐고, 자신을 그곳에 데려간 기사가 자기 이름을 감추지 않고 말해주었다 해도 잘 몰랐을 가능성이 크다. 아마 모랑드가 얼마나 나쁜 사람인지 나중에 알았을 것이다. 다만 그것은 사료에 아무런 흔적을 남기지 않았다. 지금부터 우리는 구르당 부인의 세계를 자세히 살피겠지만, 이 책의 2부에서는 테브노 드 모랑드가 어떤 사람인지 조금 더 알아보려 한다.

구르당 부인의 지갑에서 나온 편지

『구르당 부인의 지갑』의 저자가 테브노 드 모랑드가 아니라는 주장도 설득력이 있다고 앞에서 말했다. 특히 이 책은 1773년부터 1783년까지의 편지를 싣고 있는데, 이 시기에 모랑드는 프랑스가 아니라 영국 런던에 있었기 때문에 문제가 더욱 복잡해진다. 그러나 당시 사람들 가운데 그 책을 모랑드가 썼다고 믿는 사람이 많았고, 그의 정보수집 능력, 특히 추문을 들춰내는 능력이 뛰어났다는 점을 생각해 보면 모랑드가 저자라고 믿고 싶어진다. 비록 저자를 알 길이 없더라도, 그리고 책에 실린 편지의 내용이 실제로 구르당 부인이 받은 편지가 아닌 창작품이라 하더라도, 그것을 풍기감찰관 마레가 파리 치안총감에게 정기적으로 올린 보고서와 비교해 봤을 때, 당시의 현실이 충분히 반영되었다는 사실을 확인할 수 있다.

이제부터 별도로 얘기하지 않는 한, 『구르당 부인의 지갑』에 실린 편지를 유형별로 분석하면서 이야기를 풀어나가려고 한다. 제일 먼저 저자가 이 책을 어떻게, 왜 쓰게 되었는지 살펴보자.

나는 사랑이 아니라 난봉기 때문에 파리에서 가장 유명한 신전으로 갔다. 다시 말해서, 나는 구르당 부인 집 응접실에서 어떤 제물이 나타나기를 기다렸다. 나는 책상을 보았다. 나는 쪽지나 한 장 써야 했기 때문에, 종이를 꺼내려고 서랍을 열었다. 그러나 편지를 쓸 만한 종이는 보이지 않고 편지만 가득 들어 있었다. 여인의 편지는 어떤 것인지 궁금해서 몇 장을 읽어보았다. 아주 재미있었다. 나는 한 상자를 주머니에 집어넣었다. 이렇게 해서 내가 금세기와 파리의 풍기에 관한 역사를 밝히려고 여러분께 보여줄 편지를 얻게 된 것이다.

나는 편지를 보낸 사람의 이름은 되도록 밝히지 않으려고 한다. 곤란한 일이 생길 수 있을 테니까. 그러나 아가씨들의 이름은 밝혀도 괜찮다고 생각했다. 왜냐하면 그들은 한 해에도 여러 번 이름을 바꾸니까.

『구르당 부인의 지갑』에는 1773년 12월 15일부터 1783년 8월 31일까지 모두 81통이 실렸다. 그리고 이듬해 나온『구르당 부인의 편지』에는 거의 같은 기간 동안의 편지가 모두 174통 실렸다. 이것은 초판이 성공했음을 증명한다. 그래서 초판이 나온 이듬해 두 배 이상의 분량으로 개정증보판이 나왔던 것이다. 나중에 나온 책에는 앞의 책에 있는 편지를 거의 다 실었으며, 그와 함께 새로운 편지, 날짜가 없는 편지를 실었다. 내용으로 분류하면, 1) 아가씨를 소개해 달라는 편지, 2) 구르당 부인의 평판을 보여주는 편지, 3) 아가씨들이 신상문제를 상의하는 편지, 4) 봉을 잡으러 다니고, 한밑천 후리는 공작을 보여주는 편지, 5) 구르당 부인 집의 필수품에 관한 편지, 6) 구르당 부인의 신변문제와 취향을 보여주는 편지로 나눌 수 있다.

첫 번째 유형의 편지에서 손님의 취향과 구르당에 대한 사례가 얼마나 되는지 볼 수 있다. 그 예를 하나 읽어보자.

나이는 열여섯, 금발, 키는 다섯 자 여섯 촌, 날씬한 몸매,
푸르고 사랑에 번민하는 눈, 작은 입, 예쁜 손, 날씬한 다리,
귀여운 발의 아가씨를 구해주시면 좋겠습니다.

부인, 당신은 파리의 모든 아가씨를 안다고 들었고, 아름다운 아가씨를 애첩으로 두려면 당신과 상의해야 확실하다고 들었기 때문에 이렇게 편지를 드립니다. 나는 1월 15일부터 20일 사이에 파리에 도착할 텐데, 그때까지 내가 원하는 아가씨를 준비해주기 바랍니다.

나이는 열여섯, 금발, 키는 다섯 자 여섯 촌, 날씬한 몸매, 푸르고 사랑에 번민하는 눈, 작은 입, 예쁜 손, 날씬한 다리, 귀여운 발의 아가씨를 구해주시면 좋겠습니다. 수고비로 50루이를 드리겠습니다.

나는 칼레를 거쳐 갈 테니까 내가 묵을 드 생 여관에 기별을 해주면 고맙겠습니다.

1773년 12월 15일, 런던에서

F*** 각하로부터

구르당 부인은 영국인 난봉꾼들에게도 잘 알려진 인물이었다. 그는 1760년대부터 영국인의 도움을 빌어 영국인 고객을 확보했다. 1763년 12월 17일 경찰 끄나풀은 영국인 포스크(Fauske)가 자기 동포는 물론 프랑스인을 구르당 부인 집에 끌어들이려고 몹시 바쁘게 돌아다닌다고 보고했다. 그는 당시 구르당 부인보다 훨씬 더 사업을 잘하던 남자 양복장이겸 포주 브리소의 집과 구르당 부인의 집을 비교하면서, 구르당 부인의 집에 가면 브리소 집보다 싼값에 예쁜 아가씨와 놀 수 있다고 선전했다.

그러나 그 당시만 해도 구르당 부인의 집에는 다른 집을 돌아다닌 뒤에 들어간 아가씨가 많았다는 사실을 난봉꾼이라면 누구나 알았다. 경찰 보고서 내용을 분석해 보면, 브리소의 집을 찾는 귀족은 실로 일류였고 수도 많았으며, 그들과 놀던 아가씨들이 1년이나 2년 뒤에는 구르당 부인 집에서 손님을 받고 있었음을 알 수 있다. 게다가 구르당 부인 집에서는 1인당 2루이나 3루이를 받으면서도 형편없는 음식을 내놓았다.[14]

그런데 10년 뒤에는 이 구르당 부인이 파리에서 제일가는 포주가 되었다. 영국인이 편지에서 제시한 사례비 50루이는 1,200리브르다. 여자를 한 명 소개해 준 대가로 받는 금액치고는 많다. 그러나 돈 많은 귀족이나 외국인 가운데 이 정도를 아무렇지도 않게 내놓을 사람은 많았다.

손님들의 공통 취향

난봉꾼은 대개 아무리 큰돈을 내고서라도 처녀를 원했다. 어떤 귀족은 얼굴을 따지지 않겠으니 처녀만 구해주면 40루이를 주겠다고 제안했다. 40루이를 받은 데서 10루이만 주고도 갓 사춘기에 들어선 풋풋한 소녀나 경험 없는 아가씨를 구하기는 쉬웠을 것이다. 그리고 가난한 환경, 특히 부모가 없는 소녀가 자기 몸을 온전히 지키기란 힘든 사회였기 때문에 나이가 낮아져야 처녀일 확률이 높았다.

1740년, 그랑발(Grandval père)이 쓴 1막짜리 산문 연극.《뚜쟁이》(L'Appareilleuse)의 제1장에서도 바로 이 문제를 다루었다.[15] 뚜쟁이 노릇을 하는 마담 앙부아젤은 시골에서 올라온 열네 살짜리 조카딸을 그리피니(Monsieur Gripigni)에게 돈을 받고 넘겨주려 한다.

> 마담 앙부아젤 : 우리 애기는 크지도 않고 작지도 않은 것이 천사같이 고와요. 기가 막히게 예쁘죠. 그리피니씨, 게다가 그 애는 숫처녀예요. 장담할 수 있어요. 그 순진한 것이 남자가 어떻게 생겼는지도 몰라요. 자기 남동생도 못 봤을 정도라고 장담할 수 있죠. 이렇게 좋은 물건을 싸게 드리지요.
>
> 그리피니 : 오, 아무렴요, 앙부아젤 부인, 지극히 당연한 말씀. 열네 살짜리 숫처녀라, 어떻게 생겼는지 보고 싶어 죽겠군요. 파리에서

는 아주 희귀한 일인데. 내가 처녀 행세를 하는 아가씨들에게 속을 뻔한 일이 한두 번이 아니지요.

마담 앙부아젤 : 선생은 이런 속담도 몰라요? 숫처녀란 깃털이 나자마자 하늘로 날아오르는 자고새 새끼와 같다.

그리피니 : 오 저런. 이 지방에서는 그것들이 털도 제대로 나기 전에 하늘로 날아오르는 경우도 자주 있다지요.

마담 앙부아젤 : 아, 그럼요. 파리의 기후는 여자에게 좋아요. 이곳의 여자는 일찍부터 원기왕성하답니다.

그리피니 : 당신은 언제 당신 것을 잃었는지 기억하세요?

마담 앙부아젤 : 정말이지, 기억하려 해도 아무 것도 기억할 수 없네. 열 살도 채 못 되어서 벌써 부인네들처럼 했으니까.

그리피니 : 당신 조카딸 문제로 되돌아갑시다. 내가 얼마 내면 되겠어요? 정말 그 아이가 숫처녀라면 최소한의 값으로 말이요.

마담 앙부아젤 : 좀 생각해 보세요. 당신이 꺾어보면 처녀인지 아닌지 알 텐데 무슨 증거가 필요해요? 속임수란 없어요. 내게 20루이만 내세요. 그러면 나중에 나더러 고맙다고 할 걸요.

문학작품에서 자주 나타나는 주제는 현실세계에서도 흔히 있었던 일이다. 다음은 경찰 보고서에 실린 딱딱한 내용을 본인이 말하는 자전적인 형식으로 바꾼 글이다.

부르셀(Bourcelles)
본명은 마리 비오(Marie Viot)예요. 잘 부탁드려요. 지금 픽퓌스에 살아요. 가마슈 자작(le vicomte de Gamaches)님이 절 돌봐 주세요.

파리에서 태어났어요. 아버지는 구두장이였고, 어머니는 양말 집는 일을 했어요. 이젠 두 분 모두 이 세상 사람이 아니지만. 사실, 살아계셨다면 나를 어떻게 생각하셨을까요? 그분들도 따지고 보면 불행하게 사셨죠. 아버지는 비세트르 병원에서, 어머니는 오텔 디외 병원에서 숨을 거두셨어요. 지긋지긋한 가난 때문이죠.

　나는 일찍이 집을 나왔어요, 어떻게 나오게 되었느냐구요? 집에서 살 때, 블랑샤르 씨 사무소 직원을 만났고, 또 어떤 공증인 사무소 점원을 만났지만, 이들에게 차례로 버림받았어요. 그러다가 후작의 아들 행세를 하는 드롱시에르를 만났어요. 그는 내게 반했지만, 나 때문에 망하지는 않았어요. 일주일에 겨우 3리브르를 주면서 군것질 이나 하라고 했으니까요. 그때 겨우 열네 살짜리가 뭘 알았겠어요. 그저 군것질값만 주면, 뭐든지 내주었을 테니까요. 그때 우리는 생 쥘리앵 데 므네스트리에 근처에 살았는데, 그는 나를 집에서 빼내 미 용사의 집에서 기술을 배우게 했어요. 하지만 나는 미용을 배우고 싶지도 않았고, 또 드롱시에르에게노 싫증났기 때문에 부모님께 연 락해서 데려가 달라고 했어요. 그렇게 해서 다시 집으로 갔지요.

　나는 우리 부모님을 미치게 만들었어요. 내 멋대로 생활했거든요. 그러다가 근위대의 발레(Ballet)라는 분을 처음 알게 되었죠. 그분은 여기 저기 나를 데리고 다니면서 세상을 보여주고, 오페라의 무도회 에도 데려갔어요. 거기서 리 가펠 후작(marquis de la Capelle)을 만났 어요. 프로방스 지방에서 올라온 후작은 늙어 노망이 들었지만, 여 자를 무진장 밝히는 분이셨어요. 대뜸 내 주소를 묻고, 다음 날 같 은 곳에서 만나자고 하셨어요. 이렇게 해서, 후작님이 또다시 나를 부모 곁에서 떼어 놓았죠. 코르들리에 수도원 근처 바투아르 거리(rue du Battoir)에 가구 딸린 방을 얻어주셨죠. 그러나 3일 뒤에는 거기서 나와 버렸어요. 변태같은 늙은이! 어떤 포도주 상인이 나를 찾아와 그 늙은이가 얼마나 무서운 사람인지 알려주길래, 겁을 먹고 그 길로 도망쳐서 다시 부모님께 돌아갔던 거죠. 이번에도 부모님은 나를 몹시 따뜻하게 반겨주셨답니다.

그런데 그 늙은 후작이 내게 선물을 안겨주었어요. 내가 도망친 뒤, 프로방스 출신의 청년 르 메르(Le Maire)에게 자기와 나 사이의 이야기를 들려주었다고 해요. 르 메르는 나를 찾아왔어요. 나는 그 젊은이에게 반했죠. 우리는 사랑했고, 아기까지 낳았어요. 물론 나나 그나 아기를 기르기 어렵기 때문에 업둥이를 길러주는 곳에 몰래 버렸죠.

지금 생각하면, 르 메르는 노망난 늙은 후작이 내게 복수로 보낸 선물이었던가 봐요. 그는 나를 비참하게 만들어 놓고, 나를 구해주기는커녕, 우리 부모님 허락을 받아 어떤 포주에게 데려가 넘겼어요. 포주 이름은 기억하지도 못하지만, 다행히 그 여자가 내게 좋은 사람을 여러 명 소개해주었어요. 그중에 팔레 루아얄 관리인 몽타망(Montamand) 씨가 있었죠. 오를레앙 공작의 부대 사령관 비서 퐁텐(Fontaine) 씨도 있었어요. 퐁텐 씨에게 빠져 곧 르 메르라는 사람을 잊었어요. 르 메르는 빚을 지고 포르 레베크(Fors l'Evêque) 감옥에 갇혔으니, 그도 뭐 잘 되지는 않았죠.

나를 거둬준 포주는 내게 충고했어요. 두 분 가운데 한 사람을 골라, 내 배 속에서 자라기 시작하는 새 생명의 아버지라고 믿게 만들라고요. 퐁텐 씨가 아기 아버지이건 아니건, 그는 계속해서 나를 만났고, 아기 낳는 것도 지켜봐 주실 것 같았어요. 참 너그러운 분이죠. 나를 그 집에서 빼내주시고, 500리브르, 아니 600리브르나 써서 가구를 들여놓아주기도 하셨죠. 나는 두 분 가운데 더 젊은 퐁텐 씨에게 호감을 보여드렸던 것 같아요. 그렇지만 몽타망 씨, 물론 퐁텐 씨보다 훨씬 늙었지만, 그분도 계속 사귀었죠. 몽타망 씨가 퐁텐 씨보다 힘이 떨어지지만요.

그런데 아기가 예정일보다 3주 먼저 태어났어요. 퐁텐 씨는 화가 났어요. 몽타망 씨는 나와 퐁텐 씨 사이에 아기 때문에 불화가 생기자 좋아했고요. 이 기회에 나를 독차지하겠다고 생각했나 봐요. 내게 달콤한 말을 들려주고, 무지갯빛 약속을 늘어놓았지만, 결국 두 달 뒤에는 떠났어요.

살 길이 막막하지만, 배운 도둑질이 있으니 또 살아야 했죠. 나는 생토노레 거리에 퐁텐 씨가 얻어준 방을 내놓고 나와서, 프루아망토 거리(rue Froidmenteau)로 이사했어요. 그렇게 굴러먹다가 드보(Devaux) 양을 알게 되었어요. '예쁜 독일여자'(la Belle allemande)로 알려진 그와 사귀면서 그랑주 바틀리에르 거리(rue Grange Battelière)에 있는 그의 집으로 들어갔어요. 거기서 가마슈 자작(le vicomte de Gamaches)을 정복했어요. 자작님은 몇 년 동안 내게 눈독을 들였다고 하시더군요.

이렇게 해서 3년 전부터 픽퓌스에 살게 되었죠. 자작님은 대로변 14번지에 있는 마담 라페르(Madame Laferre)의 집에 세를 얻어서 나를 들어앉혔어요. 나는 자작님만 위해서 살았죠. 아주 조용히, 조신하게요. 자작님은 작년부터 군대로 돌아가 계시지만, 나는 그분만 생각하며 삽니다. 자작님은 떠나시기 전 샹파뉴 지방 에페르네 근처에 1만 2,000리브르를 주고 땅을 구해놓으셨죠. 나는 거의 7개월 동안 거기 살면서 안주인 행세를 하지만, 사람들이 나를 제대로 대접해주지 않아서 무척 속상했어요. 지금은 비교적 태도를 바꿔서 상냥하게 대해주지만요. 나는 포도 수확이 끝난 뒤에 다시 픽퓌스로 돌아왔어요.

자작님은 가끔 내게 돈을 부쳐주세요. 나는 아주 검소하게 삽니다.

종복(수행 하인) 한 명, 시골 아낙 한 명을 고용했을 뿐이죠. 내가 벌써 스물여섯 살, 아니 스물일곱이던가? 아무튼 이 나이에도 아직 매력이 있어요. 키는 작고 아담하지만, 몸매가 괜찮고, 갈색 머리가 예쁜 얼굴에 잘 어울려요. 내 성격도 좋다고 소문이 났어요. 나는 자작님을 믿고 따르지만, 자작님은 아직 내게 풍족하게 돈을 보내지는 않아요. 자작님은 지금 루앙(Rouen)에 가셨습니다. 형님인 가마슈 후작의 연대에서 기마대장 노릇을 하고 계시죠.

구르당 부인은 처녀를 구하지 못해도 상관없었다. 처녀를 만들 수 있는 재주를 가졌으니까. 앞에서 마담 뒤 바리가 아직 랑송이었을 때 이야기를 읽었듯이, 수렴성 화장수로 처녀를 만들고 몸가짐을 교육시키면 몇 번 정도 처녀로 팔 수 있었다. 18세기의 경찰 보고서에는 이 같은 사례가 자주 나온다. 풍기감찰관 마레가 파리 치안총감에게 올린 보고서를 살펴보자.

마레(Marais, 풍기감찰관)
치안총감님, 오늘, 1760년 1월 18일, 그랭빌 선생(M. de Grainville)이 포주 라 라포스(La Laffosse)의 아가씨 아르누(Arnould)와 정을 통한 말씀을 드리려 합니다.
엘리자베트 아르누는 샹파뉴 지방 렝스에서 목수 딸로 태어났는데, 지금은 양친 모두 세상에 없습니다. 열아홉 살 난 이 아가씨는 키가 크고, 야윈데다가 얼굴도 볼품이 없고, 멍청하게 보이기까지 합니다. 첫 경험은 랑(Laon)에서 부르주아 카를리에와 했습니다. 그 집 하녀였지요. 하녀의 처녀성은 바깥주인의 것이나 다름없는데, 이 아가씨도 예외가 아니었습니다. 4년을 그 집에서 하녀 노릇을 하다가 파리로 올라와서 1년 반만에 사창가로 들어갔습니다. 라 빌레트(La Villette), 드뷔르(Debure), 외드(Eudes) 같은 포주 밑에서 일하다가 마지막으로 데 풀리 거리(rue des Poulies)에 사는 포주 라 라포스 집으로 들어갔습니다.

지난 3일, 데 프티 샹 새 거리(rue neuve des Petits Champs)에 사는 그랭빌 선생이 다녀갔지요. 그랭빌 선생은 금리 2만 5,000리브르를 받아 생활하는 부자입니다. 그가 아르누에게 반했습니다. 당장 아르누를 그 집에서 데리고 나오고 싶었지만, 신중하게 포주에게 물어봤지요. 이 아가씨가 다른 집에서도 일을 한 적이 있느냐구요. 만일 그렇다면 데려갈 마음이 없었던 거지요. 하지만, 라 라포스 같은 포주가 그 마음을 모를 리 없겠지요. 닳고 닳은 아가씨도 약물을 이용해서 처녀처럼 만들어 높은 값을 후려내는 판에, 곧이곧대로 대답해줄 리 없지요.

그랭빌 선생은 이튿날 아르누 양을 빼내 방을 얻어 들어앉혔습니다. 10루이나 들여 새 옷도 사주었습니다. 그리고 이틀 뒤, 아르누 양의 과거를 알게 되었습니다. 자기가 사랑하는 둘시네아(동 키호테가 그리던 이상적인 여성)의 거짓에 화가 난 그는 자기가 사준 옷을 빼앗고, 엉덩이를 차듯이 쫓아냈습니다. 분을 삭이지 못한 채 라 라포스네 집으로 달려가 이세 나시는 이 집에 발을 들이지 않고, 보호도 해주지 않겠다고 소리소리 질렀습니다. 그랭빌 선생이 그렇게 망신당한 적은 없었겠지요. 그러나 그가 아주 욕심이 많은 사람이라서, 다른 이들은 그렇게 당해 싸다고 생각합니다.

여기서 잠깐 경찰 보고서가 남게 된 연유를 설명할 필요가 있다. 1667년 루이 14세는 파리 치안총감직을 신설했는데, 치안총감 밑에는 모두 11개 부서를 두었다. 제1국은 종교, 제2국은 풍기, 제3국은 건강, 제4국은 생활필수품, 제5국은 도로, 제6국은 치안, 제7국은 학문과 예술, 제8, 9, 10국은 수공예와 기술, 하인, 일용직 노동자, 제11국은 가난한 사람을 각각 맡아서 동향을 보고하고 대처했다. 11개 부서장은 자기가 부리는 병력과 끄나풀을 활용해서 보고서가 올라오면, 다시 정리해서 상부에 올렸다. 이렇게 남아 있는 보고서는 특히 18세기의 사회를 이해하는 가장 기본적인 사료다.

이 책에서 이용하는 사료는 제2국에서 만든 보고서이다. 이 보고서에는 특히 '연애 이야기'(Anecdotes galantes)라는 제목이 붙어 있다. 앞으로 가끔 소개하는 일화를 통해서 독자는 당시 정보망이 얼마나 잘 운영되었는지 알 수 있을 것이다. 음란소설에서 이야기를 풀어나가는 방법으로 '훔쳐보기'(voyeurisme)가 있는데, 그것은 바로 18세기의 문화를 반영했음을 알 수 있다.

18세기 극작가로서 유토피아적 공상소설 『2440년』을 쓴 메르시에는 『파리의 모습』(Tableau de Paris)에서 하인의 25퍼센트 정도가 경찰 앞잡이였다고 말한다. 프랑스 혁명이 일어날 때까지 모두 16명의 치안총감 가운데 열두 번째 치안총감을 지낸 사르틴(de Sartine, 1759-1774)은 루이 15세에게 어느 날 이렇게 말했다고 한다.

"전하, 길에서 세 사람이 이야기를 나누면, 그중 한 명은 소신의 부하지요."

풍기감찰관은 호텔, 여인숙, 논다니 집, 거리에서 정보원들이 모은 정보를 정리하여 한 부를 파리 치안총감에게, 또 한 부를 루이 15세의 애첩인 마담 드 퐁파두르(Madame de Pompadour)에게 보냈다. 그러니까 이 보고서를 읽은 사람 중에 국왕도 포함되었으리라고 추정할 수 있다. 다음의 보고서도 흥미롭다.

25살이나 26살쯤 된 아르상 양은 키가 크고 잘빠졌으며 얼굴도 예쁘고 갈색 머리에 피부는 하얗고 가슴도 훌륭합니다. 생긴 것과는 달리 속이 좁습니다. 플랑드르 지방의 릴르에서 세탁부의 딸로 태어났습니다.

지금은 파리의 멜레 거리에 사는 조각가 로렝의 집에 사는데, 4년 전 보르도에서 파리로 온 파고 씨를 봉으로 잡게 되었습니다. 파고 씨는 2년 전 코메디 프랑세즈의 발레 댄서인 다비드 양에게 아주 돈을 많이 줬다고 알려진 사람입니다. 다비드 양은 4년 전부터 사창가로 굴러먹던 여자인데 파고 씨에게 처녀라고 허풍을 떨어서 한밑천 단단히 후려냈다고 합니다.

파고 씨는 50살이나 믹은 사람이지만 세상물정을 살 모르나 봅니다. 아르상 양은 처녀 행세를 하지는 않았지만, 파고 씨는 2주일 전 6인용 은 식기, 옷 여러 벌을 사줬을 뿐만 아니라, 가구를 사주고 2,600리브르나 되는 빚을 갚아준 뒤 매달 생활비로 1,000리브르를 주기로 했다고 합니다. 사람들 얘기로, 파고 씨는 적어도 3만 리브르의 연금을 만지며 실제로 현금도 많다고 합니다.

우리는 아르상이 실제로 빚을 지지 않고서도 빚을 졌다고 연극을 했을 가능성을 생각할 수 있다. 이런 아가씨들은 자신을 따라다니는 남성을 만나면, 어떻게든 자신의 몸값을 올리려 했다. 그리하여 함께 살기 전에 자기 빚을 갚아달라는 조건을 내거는 일도 많았다.

다양한 취향

구르당 부인도 가끔 손님의 취향에 맞지 않는 아가씨를 보내는 실수를 했던가 보다. 어떤 후작은 자기 집에 귀족 손님을 초대해 놓고 구르당 부인에게 아가씨를 보내달라고 하여 시중을 들게 했는데, 지난번에는 예쁘지도 않은 아가씨들이 조신한 척까지 하는 바람에 흥을 깼다고 불평하는 편지를 보냈다. 또 그는 곧 여러 귀족을 초대하는데 그때는 잘 노는 아이를 보내달라고 부탁하는 한편, 초대할 귀족의 이름을 나열하면서 구르당 부인이 얼마나 신경을 써야 할지 암시했다.

구르당 부인의 단골손님 가운데에는 귀족뿐만 아니라 종교인도 많았는데, 이들은 주로 뒷문을 이용했다. 1775년 8월쯤에 어떤 원장 신부는 "오늘 토요일, 저녁 다섯 시에 뒷문으로 갈 테니, 예쁜 아이를 준비해주고, 거울이 달린 규방을 내달라"고 주문했다. 이 편지에서 보듯이 종교인 가운데도 자기가 하는 행위를 거울을 통해서 확인하고 싶은 사람이 있었나 보다. 그는 현실에 가상현실을 더해서 쾌락을 늘리려는 심리를 보여준다.

다음은 종교인에게 순결을 허락한 프랑수아즈 브락(François Brac)의 실제 이야기다.

난 베르네(Vernet)의 성 근처에서 24년 전에 태어났어요. 외과의사인 아버지는 일찍 돌아가시고, 어머니가 혼자 저를 키웠지요. 몸은 잘 빠졌고, 갈색머리에, 검은 눈이 크고 예쁘다는 소릴 들어요. 얼굴은 구석구석이 반듯하고 고상하대요. 살은 눈처럼 하얗죠. 가슴은 조금 빈약하지만 제대로 자리를 잡았답니다. 아버지도 없이 자란 여자 몸으로 이 세상에서 어떻게 살겠어요? 순진한 시골 처녀들이 가는 길은 뻔해요. 군인의 꾐에 빠지지 않으면, 근처의 도시로 나가 부르주아 집 하녀로 취직했다가 주인이나 그 집 아들에게 몸을 망치지 않으면 그나마 다행이죠.

열다섯 살 때 르 망(Le Mans) 대성당 참사회원이던 뫼니에 신부에게 처음 몸을 드렸어요. 신부님은 처녀를 처음 만난 것 같아요. 저를 가지신 뒤에는 의무감 때문인지 3주 동안이나 극진히 대해주셨죠. 할아버지는 르 망에서 음식점을 하셨는데, 제가 신부님 얘기를 해드렸죠. 사람들은 우리가 신부님 돈을 뜯어내서 그 돈으로 편안하게 살았다고 말하는가 봐요. 그러나 그런 말은 당치 않아요.

어쨌든 나는 그 뒤 파리로 왔어요. 할아버지는 7년 전에 돌아가시고요. 나는 할아버지의 소작지를 빌린 쿠파르 씨네 집에 가서 하녀방에서 세 달을 살았지요. 쿠파르 부인은 남편이 하녀와 바람을 피운다는 사실을 눈치 채고 하녀를 쫓아냈거든요. 구파르 부인은 자기 고향에서 온 어떤 여인에게 나를 어디로 보내달라고 부탁했죠. 나도 그 집에 있으면 필시 자기 남편과 놀아날 것이 뻔하니까, 그런 꼴 당하기 전에 손을 쓰자는 뜻이었겠죠.

나는 페로(Perrault) 부인에게 끌려갔어요. 페로 부인은 이 세계에서 알아주죠. 나는 거기 사는 아가씨들 틈에 끼게 되었어요. 그렇게 3주를 살다가, 잡혀서 병원에 들어갔어요. 아시잖아요, 병원이 어떤 곳인지. 그건 구치소와 다름없잖아요. 물론 심한 성병에 걸린 아가씨는 치료도 해주죠. 거기서 열일곱 달을 썩었어요.

세상 밖으로 나왔다고 뭐 뾰족한 수가 있나요? 참 여러 집을 돌아다녔어요. 그러다 이름이 사탱(Satin)인가 하는 남자를 만났죠. 그때 입시세관의 서기로 일하던 사람이지요. 파리에 물건을 들여다 팔려는 사람은 세금을 내야하고 그걸 입시세라고 하지요. 그는 그런 세금을 걷는 사무실에서 일하는 사람이었죠.

나는 사탱에게 조금 못할 짓을 했어요. 그가 번 돈을 모두 써버렸어요. 인정사정 보지 않았죠. 그래도 그는 나를 막지 않았어요. 그를 홀랑 벗겨먹은 뒤, 나는 뜻하지 않게 또 봉을 잡았어요. 베르트랑 씨를 만났죠. 그는 상스(Sens)의 징세인인데, 내게 물건과 돈을 많이 주었어요. 베르트랑 씨는 사탱의 사촌동생과 결혼했어요. 요즘 이 여자는 사탱 양이라는 이름으로 비외 오귀스탱 거리(Rue des Vieux Augustins)에서 삽니다. 나는 지금 가까이 지내는 사람이 하나도 없어서 카니발을 기다리면서 살지요. 어디서 어수룩한 인간 하나 걸리면, 꿰차고 뼛속까지 파먹으려고요.

구르당 부인의 손님 가운데에는 누구를 찍어서 소개해 달라는 사람도 있었다. 1775년, 어떤 공작은 생 드니 거리에서 어떤 고아를 보고는 그 아이를 데려다 달라고 부탁했다. 그 아이는 아주머니 손에서 자라는 조제핀인데, 이런 종류의 아이는 유혹하기 어렵지 않을 거라고 하면서, 일주일 안으로 데려오는 조건에 사례비로 25루이를 보냈다.

어떤 사람은 젊은 시절 잘 놀았고 이제 55세가 되었다고 자신을 소개하면서, 자기가 살아 있음을 느낄 수 있도록 되살려줄 것이 필요하기 때문에 한 가지 구경거리를 마련해 달라고 부탁했다. 그는 벌거벗은 여자 둘이서 서로 사랑하는 장면을 보고 싶다고 했다.

고객의 편지에는 외로운 부인, 남편에게 만족하지 못하는 부인의 편지도 있다. 그중에는 남편에게 복수하는 길은 자기가 남편을 배신하는 길이므로 자기에게 일을 시켜달라고 하는 내용도 있었다. 또 외로운 밤에 동무가 되어줄 아가씨를 보내달라는 여성도 있었다. 어떤 후작 부인은 구르당 부인을 통해 욕구를 충족했음을 전했다.

나는 극도로 질투심이 많은 남편의 야만스러운 멍에를 떨쳐버리고 싶습니다. 이 괴물은 지난 4년 동안이나 나를 가만 놔두었기 때문에 이제는 몸이 달아 죽을 지경입니다. 나는 이처럼 살면서 지금까지 가장 견디기 힘든 고통을 당했지만, 이제는 남편에 대한 정절을 지키지 않으려는 생각만 듭니다. 내 몸속에 활활 타오르는 맹렬한 불길을 어떻게 하면 진정시킬 수 있겠습니까?

아아, 마담, 당신은 그 방법을 아시겠지요. 제가 호소해야 할 사람은 바로 당신입니다. 내 고통의 소리에 귀를 기울여 주세요. 물론 내게는 하인이 셋이나 있으니까 충분히 만족할 수 있었을 거라고 말씀하시겠지요. 하나는 결혼을 했는데, 침대에서 아주 왕성하고 노골적인 마누라와 늘 함께 잡니다. 내가 그 녀석에게 봉사라도 시키려고 부르면 이 불쌍한 녀석은 인제나 나른한 모습으로 나타납니다. 둘째 놈은 에셸 거리의 옷가게 점원 아가씨를 알고 지냈는데, 여자가 이놈을 자주 만나러 와서 함께 놀았다고 합니다. 그렇게 놀다가 작은 장애를 일으켰다네요. 마지막 놈은 크고 욕망도 강하지만, 나를 행복하게 만들어주는 순간에 뻣뻣하게 굳어버리고 맙니다. 나처럼 남자 복이 없는 후작 부인이 어디 있겠습니까?

그러니까 마담, 나는 이제 오순절(금욕기간)을 끝내고 싶습니다. 내게 일요일 오전 열 시까지 가장 열렬히 정열을 바칠 건장한 남자를 소개해주셔서 나를 위로해주기 바랍니다. 내가 귀족이고, 또한 돈도 풍족히 주겠지만, 소개받은 남자에게 아무 일이나 시키지는 않으리라는 사실을 주지시켜주기 바랍니다. 또한 나는 은혜를 아는 여자라는 사실도 알려 주십시오. 나는 하나를 받으면 반드시 두 배로 갚고, 때로는 세 배도 주는 사람입니다. 내게 잘 해주시면 당신도 만족하게 될 것입니다.

오직 건강한 남자면 바랄 것이 없습니다. 상대가 푸주한이면 또 어떻겠습니까? 나는 농부 마누라처럼 대접을 받으면 그뿐이지요.

1783년 3월 21일, 파리에서
G*** 후작 부인으로부터

후작 부인은 사흘 뒤 구르당 부인에게 편지를 써서 아주 고맙다는 뜻을 전한다. 그는 어느 남자 손님 못지않게 후하게 소개비를 치르면서 뒷날을 부탁했다.

나는 어제 당신 집에서 이제까지 맛본 적이 없는 행복을 맛보았습니다. 내가 평소에 바라던 일이 모두 이루어졌지만, 당신에게 제대로 감사의 말을 할 시간이 없었습니다. 당신이 내게 해준 봉사는 하도 큰 것이라서 내가 어떻게 감사해야 할지 모를 지경입니다. 일단 나는 감사의 표시로 50루이를 더 보내드립니다. 내게 생 로슈 교회 근처에 아파트를 구해주세요. 그러면 나는 미사나 그 밖의 일을 보러 다닌다고 핑계를 대고 거기서 당신이 어제 소개해준 호색한과 지냈으면 합니다. 만일 그런 사람이 있으면 다시 소개해주기 바랍니다. 나는 우리 고집쟁이 폭군 영감을 파리에서 오쟁이 진 남편으로 만들어 동네

방네 소문을 내서 복수하려 합니다.

1783년 3월 24일, 파리에서

G*** 후작 부인으로부터

* * *

　나를 정복한 두 명이 내게 얼마나 꿈같은 즐거움을 가져다주었는지 당신에게 제대로 설명할 수 없어 유감입니다. 그러나 특히 두 번째 사람에 대해서 다시금 아낌없이 칭찬하고 싶습니다. 나는 무엇보다도 그의 큰 물건을 보고 겁을 먹었습니다. 그가 처음 들이밀었을 때 나는 아픔을 느꼈고, 그가 찌를 때마다 중지하고 싶은 마음이 들었지만 결국 그는 내게 들어왔습니다. 당신의 후작 부인은 겨우 조금 피를, 아주 조금 흘린 대가로 이루 설명할 수 없는 쾌감을 여섯 번이나 느꼈습니다. 마담, 나는 지금 이 세상에서 가장 행복한 여인이랍니다. 단지 잔인한 남편의 소름끼치는 시선을 무시하는 일만 빼고 말입니다.

그럼 안녕, 당신의 친구로부터.

1783년 3월 27일, 파리에서

G*** 후작 부인으로부터

　쾌락에는 신분의 귀천도 없음을 보여주는 편지를 읽어보았다. 이것이 '쾌락의 공화국'에서 일어나는 일이었다. 전통적 신분사회, 개인보다는 가문이나 신분이 더욱 중시되던 앙시앵 레짐의 프랑스에서 육체적 쾌락을 매개로 신분을 뛰어넘는 관계가 형성되었다. 이런 관점에서 볼 때, 성을 다루는 문학은 전통 가치관을 비웃고, 나아가서는 체제 전복적인 내용을 알게 모르게 퍼뜨렸다.

다음에서 보는 짤막한 편지는 구르당 부인의 여성 고객도 다양한 취향을 가졌다는 점을 보여준다. 남자 손님의 편지에서 남자 상대를 구해달라는 내용은 없었지만, 여자 손님의 편지에서는 여자 상대를 구하는 편지도 있었다.

구르당 부인, 오늘 밤, 우리 별장으로 예쁜 아가씨 두 명만 보내주세요. 특히 혀와 손가락을 잘 놀리는 아가씨로 말입니다. 그럼 안녕.

1783년 6월 3일

N*** 백작 부인으로부터

'혀를 잘 놀리는' 아가씨란 얘기를 재미나게 하는 아가씨일까, 아니면 혀로 다른 일을 잘하는 아가씨일까? 이 짧은 편지는 이렇게 엉뚱한 상상의 세계로 우리를 안내한다.

호객행위를 하는 사람도 있었다. 그는 영국인 두 명이 파리에 새로 왔는데, 그들에게 접근하여 구르당 부인 집에 대해 설명해주었다고 했다. 그들이 한번 가보고 싶다고 했고, 덩치 큰 여자를 좋아한다고 하니 실수하지 말고 잘 준비해두라고 하면서, 편지를 전하는 심부름꾼에게 소개비로 2루이를 보내달라고 부탁했다. 돈이 있어야만 전당포에 맡긴 옷을 찾아 '코메디 이탈리엔'에 나가 영국인들을 만나 구르당 부인의 집을 선전해 줄 수 있기 때문이라는 것이다.

이처럼 첫 번째 유형의 편지에서 우리는 구르당 부인의 고객들이 어떤 취향을 갖고 있는지 살펴보았다. 통풍 때문에 한 달이나 구들장을 지고 있다가 이제 나았기 때문에 바람기 있는 부르주아 아가씨를 대달라는 편지, 남편이 아파서 직장에 나가지 않았기 때문에 구르당 부

남자 손님의 편지에서 남자 상대를 구해달라는 내용은 없었지만,
여자 손님의 편지에서는 여자 상대를 구하는 편지도 있었다.

인 집에서 애인을 만나지 못해 안타깝다는 어느 부인의 편지, 마음에 드는 여자라면 하룻밤에 1,000루이(2만 4,000리브르)도 선뜻 쓸 수 있는 '코메디 이탈리엔'의 어느 남자 배우 이야기, 18개월 만에 휴가를 얻어 파리에 왔는데 용기병 대위 셋과 함께 갈 테니 예쁘고 잘 노는 아이들과 샹파뉴 포도주를 준비해 놓으라는 편지, 함께 불로뉴 숲에 가서 코메디를 보고 생클루에서 생선 스튜를 먹을 아가씨를 마련하라는 주문, 쥘리, 로제트, 윌랄리에게 아침에 입는 평상복에 머리는 땋아서 어깨까지 늘어뜨리고 기다리게 하라는 주문 따위도 있었다. 난봉꾼들은 돈을 많이 내고서라도 처녀를 정복하려는 공통점을 보여주면서도, 각자 자기 나름대로 다양하게 쾌락을 추구했다.

18세기 극장

마리 프랑수아즈 다니엘(Marie Françoise Daniel)

나는 로렌 지방 낭시 근처에서 태어났어요. 부모가 아무 것도 내세울 것이 없는 집에서 태어난 년이 뭐 뾰족한 수가 있겠어요? 그래서 열두 살인가 열세 살 먹던 해에 파리로 왔죠. 밥이라도 먹을 수 있다면 아무 집에나 들어가 식모살이라도 할 작정이었죠. 첫 번째로 들어간 집이 여인숙이었죠. 세상 물정도 모르는 아이가 거친 사람들이 드나드는 여인숙에서 심부름을 하는 모습을 상상해 보세요. 얼마나 힘들었겠는가. 내가 견디지 못해서 도망쳐 나오는 경우도 있고, 일을 잘하지 못하면서 밥만 축낸다고 해서 쫓겨난 경우도 있었죠. 그래서 여러 집을 돌아다녔어요.

어떤 부르주아 집에서 일하다가, 남자를 알게 되어 주인의 허락을 얻고 결혼했어요. 알고 보니 내가 그를 구원해주었던 거죠. 천하에 몹쓸 인간이었는데, 내가 눈이 멀었지, 그런 인간하고 살림을 차리다니. 그런데 결혼 뒤 몇 달 만에 그가 나를 구해주었어요. 그가 말도 없이 사라져 준 거죠. 나쁜 인간도 어쩌다 좋은 일을 하는 수가 있나봅니다. 실은 내가 모아 놓은 돈도 없고, 살림살이도 형편없으니까, 더 이상 내게 기댈 것이 없었다는 거죠.

나도 하녀 일을 그만두고 보르페르 거리(Beaurepaire)에 가구 딸린 작은 방 하나 얻어 이사했죠. 그리고 쉽게 사는 방법을 골랐죠. 포주를 여러 명 알게 되었어요. 그들 중 한 사람이 한 번씩만 파티에 불러줘도 굶지는 않거든요. 마침내 방세도 아까우니까, 어느 한 집에 붙박이로 들어앉을 생각을 했죠.

마침 라 파리(La Paris)가 당시에 가장 잘 나가는 포주였죠. 라 파리는 수탉처럼 벼슬을 잔뜩 세울 때라서, 거기 들어가면 다른 데보다 더 기회가 많이 올 것 같았죠. 라 파리는 바뉴 거리(rue Bagneux)에 논다니 집을 갖고 있었죠. 나는 로제트(Rozette)라는 이름을 받고 일하기 시작했어요. 그러나 오래 있지는 않았죠. 나는 거기서 손님이 내 매력에 대해 지불하는 값이 너무 싸다고 생각해서 일을 그만두겠다고 말했습니다. 그런데 마침 어떤 도매상인이 내게 반해서, 라 파리 부인에게 나를 데려가겠다고 제안했으니, 라 파리 부인은 얼씨구나 그 제안을 받아들였죠.

나는 이렇게 해서 라 파리의 집에서 나와 원래 내가 구해 놓았던 집으로 돌아갔고, 거기서 도매상인을 맞이했죠. 내 팔자는 완전히 달라졌어요. 그분은 내게 돈을 아끼지 않았어요. 그래서 한 밑천 톡톡히 챙겼습니다. 그러나 하늘 아래 영원한 것이 없다고 하죠. 특히 우리 세계에는 대개 하룻밤 풋사랑에서, 어쩌다 단골로 발전하고, 때로는 1년도 관계를 지속하지만, 대개 짧게 끝납니다.

이번에는 수도원장 신부 무쟁(abbé Mougin)이 내게 잘 해줬어요. 그분은 바자르(Bazar) 성당 참사회원으로 1년 수입이 1만 리브르라고 하네요. 반년 동안 내게 푹 빠졌죠. 신부는 사람 아닌가요? 외로운 사람이 정을 그리워하는 것이 뭐가 이상하나요?

그 다음 여러 명이 나를 거쳐 갔죠. 일일이 기억하기도 어려울 정도로 사소한 일이죠. 흔하면 기억하지 못하잖아요. 특별한 것만 기억해도 머리가 빠개질 일이잖아요. 아무튼 사람 많이 안다고 해서, 손해 볼 일은 아니죠. 그게 원칙입니다만, 나는 참 어리석었죠. 누구 아기인줄도 모르고 몇 명을 낳았어요. 뭔가 '자연을 속이는 기술'(피임법)이 있다고 듣긴 했지만, 나같이 아무런 교육도 받지 못한 년은 생기는 대로 낳아야 하죠. 정 기르기 어렵다면 버리기도 하지만, 나는 그렇게 하지는 않았어요.

사람들은 내가 돈을 아낀다고 하기도 하고, 사치스럽고 자신만 안다고 말하기도 하죠. 아무튼 나는 남에게 잘 보이려고 치장하는 데는 돈을 아끼지 않아요. 그래야 살 수 있기 때문이죠. 내가 잡아야 할 봉을 놓쳐서는 안 되잖아요. 한 오륙 년 전쯤인가, 춤 선생이 있었죠. 나는 코메디 프랑세즈에 들러리역이라도 맡으려고 그에게 돈을 썼죠. 그렇게 해서 들어간 곳이라 남들과 잘 지내려고 까탈을 부리지도 않았는데, 다른 아가씨들이 떼를 지어 벨쿠르(Belcour) 씨에게 나를 내보내라고 압력을 넣었어요.

극단에서 본의 아니게 쫓겨난 뒤, 춤을 추러 라 베르트랑 부인이나 다른 사람이 여는 모임에 자주 나갔어요. 어떻게든 먹고살아야 하니까요. 시원찮게 먹고살면서도, 눈을 부지런히 굴렸지요. 그물에 묶어버릴 만한 부지기 없을까 살피던 차에, 마음에 드는 신사가 나타났습니다. 그에게 친절한 눈길을 보내서 몇 번 성공했어요. 그렇게 해서 미국인이면서 회색 총사단 소속인 파파렐(Paparel)이라는 사람을 알게 되었죠. 그는 내게 홀딱 반해서 석 달도 안 되는 사이에 거의 100루이나 쏟아 부었어요.

그러나 그는 백만장자가 아니었기 때문에, 곧 돈 씀씀이가 달라지더라고요. 우리 세계에서 돈이 의리고, 돈이 아름다움이고, 돈이 생명이지요. 아무리 생명이 간당간당하는 늙은이도 돈만 많이 가지고 온다면 죽어 넘어가는 시늉을 할 수 있는데, 그 반대로 아무리 잘 생기고 젊고 힘이 세다 해도 돈이 없으면, 금세 찬밥 신세죠. 나는 배우지도 못했고, 앞으로 살아야 할 날이 더 많기 때문에 냉정해져야 하죠. 내게 돈을 많이 썼다 해도, 내가 그에게 해 준 것도 있잖아요. 그가 돈을 가져 오지 않으니, 나도 당연히 그를 냉대하기 시작했죠.

남들은 나를 독한 년이라고 할지 모르겠어요. 나는 그에게 3년 뒤에 갚도록 6,000리브르짜리 어음을 쓰라고 했죠. 3년 뒤면, 그가 부모의 동의를 받지 않고서도 모든 일을 결정할 나이이니까요. 그는 내가 돈을 구해 오라고 할 때마다 가족을 찾아갔다가 오더니, 완전히 '배째라' 정신으로 어음을 갚을 생각이 없다고 하더군요. 나 참 어이가 없어서. 어디 두고 봅시다, 내가 그 돈을 받아낼지 못 받아낼지.

나는 10년 전부터 달비니(Dalbigny)라는 이름을 사용합니다. 남들이 욕을 해도 달비니가 욕먹지, 마리 프랑수아즈 다니엘이 욕먹는 것은 아니니까 상관없답니다. 지금 생각하면, 우리 부모님이 돈을 물려주지는 못했더라도, 미모를 물려주신 것은 참으로 잘한 일이예요. 사람들은 소설 『브리옹 양의 이야기』를 많이 읽은 것 같은데, 브리옹 양이 명언을 했잖아요. "평범하게 태어나서 물려받은 재물이나 까먹는 것보다, 미모를 물려받는 것이 더 낫다. 그것은 재물보다 더 확실한 유산이다"라고요. 나는 키가 작지만, 그런대로 아담하고, 머리는 갈색에 둥근 얼굴이죠. 눈은 검고 이글거려요. 입이 조금 커서 헤픈 듯한데, 그 속에서 살짝 드러나는 이가 보는 사람의 넋을 쏙 빼놓죠.

그래서 결혼도 할 수 있었죠. 남편이요? 있는 듯 없고, 뭐 그런 사람이예요. 굳이 알고 싶다면 알려드리죠. 지금 열심히 배를 몰고 있을 겁니다. 재판 받을 짓을 했는데, 판사에게 대들다가 갤리선에 노 젓는 도형수가 되었답니다. 사람들이 뭐라 하던 신경 끄고 삽니다. 우리 같은 인생에 손가락질 하는 사람 몇이나 되겠어요. 일일이 대 꾸하거나 신경 쓰지 않고, 그럴수록 더욱 콧대를 높이고 살아야, 사 람들이 무시하지 못하죠. 나는 생 외스타슈 거리에서 몽마르트르 거 리와 거의 만나는 지점의 오른쪽 첫 번째 집에 삽니다. 우리 집은 마 차가 드나들 만한 대문이 있을 정도로 큽니다. 나는 좋은 가구를 갖 춰놓았고, 다이아몬드 패물뿐 아니라 그것을 걸칠 만한 훌륭한 옷도 장만했으니, 낭시 근처 촌년이 크게 성공한 거죠, 안 그래요?

위의 사례에서도 잠깐 나오듯이, 창녀와 극장은 밀접한 관계다. 극 단의 무용수나 들러리 역을 맡는 무명배우는 매매춘의 세계에 단골로 등장한다. 논다니 집 전속 창녀들은 손님을 잡으려고 극장에 갔다. 이 렇게 해서, '코메니 이탈리엔', '코메디 프랑세즈', 또는 '오페라' 같은 극 장이 자주 등장한다. 극장에서도 은근히 창녀들이 와주기를 바랐다. 몸을 파는 미녀들이 호화롭게 차려 입고 극장에 나타나는 것 자체가 남자들에게는 좋은 구경거리였기 때문이다.

'복살'(Vauxhall, 또는 Wauxhall)에서 '르두트 시누아즈'(Redoute chinoise) 를 기획한 사람은 1781년 6월 15일 마담 구르당에게 공짜표를 80장이 나 보낸다는 편지를 썼다. 이 표를 가지면 일요일, 종교 축일, 목요일 을 제외하고는 공짜로 극장에 들어갈 수 있었다. 당시 입장료는 30수 (1.5리브르)였다.

'복살'은 원래 영국 런던에서 1732년에 처음 문을 열었다. 노르망디 출신의 프랑스인 풀크 드 브레오테(Foulques de Bréauté)가 열었기 때문에 처음에는 '풀크 홀'(Foulques-Hall)이었는데, 나중에 '복스 홀'로 잘못 알려졌고, 프랑스에서 모방하여 열었을 때 '복살'이라 불렀다. 18세기 후반, 파리에는 입장료를 받고 구경거리를 제공하는 공원이 많이 생겼는데, 복살도 그런 종류의 공원이었다. 구경거리를 제공하고, 구경이 끝난 뒤 손님들이 춤을 추게 하는 공원 가운데 제일 먼저 문을 연 것은 이탈리아 출신으로 꽃불을 제조하는 장 바티스트 토레(Jean-Baptiste Torré)의 공원이었다. 토레는 1764년 생 마르탱 문 근처의 신작로에 '복살 데테'(Vauxhall d'été, 여름 복살)를 열어, 그곳에 무대를 설치하고 바닥에 1,200명이 앉을 수 있게 했다. 1766년 7월에는 《에트나 화산에 있는 불카누스의 대장간》(Forges de Vulcain sur le Mont Etna), 같은 해 10월에는 《지옥에 간 오르페우스와 에우리디체》(Orphée et Eurydice aux enfers)를 공연하여 수많은 관객을 동원했다. 그러나 불꽃놀이 때문에 화재가 날까봐 두려워하던 이웃 주민들이 탄원서를 제출하는 바람에 송사에 휘말리고 결국 문을 닫았다.

토레는 1768년에 다시 극장을 열어 '페트 포렌'(Fêtes foraines, 장터의 잔치)이라 불렀지만, 사람들은 그 극장을 언제나 '토레의 복살'이라고 불렀다. 이 극장은 화려한 무대 장치와 조명을 갖추고 음악회를 열거나, 장대 끝에 햄이나 소시지를 매달아 놓고 여러 가지 시합의 상으로 준다든지, 무도회를 열거나 예쁜 아가씨들로 하여금 잡동사니 물건을 팔게 하여 잔치 분위기를 더욱 높였다. 토레는 짤막한 연극을 공연하기도 했다. 점점 공연 종목이 늘어나자 극장 주인은 이름을 '페트 포렌'에서 '페트 드 탕페'(Fêtes de Tempé)라고 바꾸면서 1769년 5월 24일 정식으로 문을 열었다. '탕페'는 그리스의 템피로서 아폴론과 뮤즈 신들이 노닐던 곳이다. 개관일의 행사는 실로 장관이었다고 당대의 이야기꾼들은 전한다.

『바쇼몽의 비망록』(Mémoires secrets de Bachaumond)은 같은 날짜에 다음과 같이 기록한다.

> 모든 왕족, 모든 대신, 파리 치안을 담당한 중요한 판사들이 페트 드 탕페의 개관을 앞두고 자정에 토레의 집에 모였다. 토레는 그들 앞에서 화려한 조명을 시범으로 보여줬다. 이 천재적인 예술가는 왕국의 주요 인사는 물론 대중에게 두루 실력을 인정받았다. 대중은 자신들을 즐겁게 해주려고 정부가 관심을 갖고 노력한다는 사실을 알고 대단히 만족했다. 그리고 가장 바쁘신 정치가들도 이 날만큼은 일손을 놓고 즐거운 시간을 보냈다. 이러한 구경거리는 로마에서도 현자와 영웅도 얕보지 않았던 중요한 행사였다.
>
> 우리나라에서 아주 새로운 것이 나타나면 사람들이 비상한 관심을 보여주는데, 이 극장이 오늘밤 문을 열었고, 사람들이 실제로 큰 관심을 보여주었다. 아름다운 부인, 신사, 파리의 우아한 아가씨들이 이 쾌락의 극장을 더욱 화려하게 장식하려는 욕심에 구름 같이 몰려들었다.

극장은 몹시 화려했다. 사방에 거울을 달아 온갖 조명과 장식을 더욱 빛나게 만들어, 사람들을 황홀하게 만들었다. 그러나 좋은 것도 계속 보면 싫증이 나게 마련이다. 더욱 자극적이고 새로운 볼거리를 준비하지 못하면, 사람들의 발길은 뜸해진다. 게다가 상부에서는 문을 닫으라고 명령했다. 1771년 5월, 샹젤리제에 '콜리제'(Colysée) 극장이 문을 열었기 때문이다. 오늘날 샹젤리제가 번화가지만 당시에는 변두리였기 때문에 콜리제는 그다지 성공하지 못하고 10년 정도 버티다가 문을 닫았다. 그리고 토레는 1773년 다시 '복살'의 문을 열었지만 전처럼 번성하지는 못했다. 토레가 죽은 뒤 복살은 1780년 초 저절로 문을 닫았다.

'복살 디베르'(Vauxhall d'hiver)는 1769년 생 제르맹 시장에서 문을 열었다. 파리의 부르주아 루이 클레르 모랭, 건축가 니콜라 르누아르, 그리고 자크 가브리엘 위기에가 세웠다. 이곳에서는 1,500리브르의 상금을 걸고 복권을 추첨하거나, 무도회, 음악회를 열었다. 토레의 '복살'에서 하던 대로 예쁜 여인들을 앞세운 장사에는 젊은이가 들끓었다. 그러나 1785년에 팔레 루아얄이 파리의 유행을 이끄는 중심지가 되면서, 이 극장은 그것을 본받아야 한다고 생각한 나머지 생 토마 뒤 루브르 거리로 옮겨 '팡테옹'(Panthéon)으로 거듭났다.

1785년 7월 7일, '복살 데테'(Vauxhall d'été)가 예전에 토레의 극장이 있던 곳 가까이, 생 마르탱 신작로(Boulevard Saint-Martin)에 문을 열었다. 『바쇼몽의 비망록』에서 이에 대한 기록을 보자.

복살 데테가 별로 시기도 좋지 않은 오늘 문을 열었다. 애호가들은 그다지 몰려들지 않았다. 이 극장에는 훌륭한 살롱이 있어서 오케스트라의 음악에 맞춰 춤을 출 수 있고, 정원에서는 여러 가지 범주의 축제를 열 수 있다.

구르당 부인에게 공짜표를 보냈다는 '르두트 시누아즈'는 1780년 6월 28일 생 로랑 거리의 북쪽에 처음 문을 열었다. '중국식 무도장'이라고

극장을 연 사람은 한 장소에 여러 가지 종류의 오락을 모아서 사람들을 끌어들이려고 생각했다.
그리하여 극장에서는 연극과 춤, 온갖 곡예를 보여주었다.

옮길 수 있는 이 극장은 정오부터 밤 11시까지 문을 열고, 무도회, 또는 외바퀴 타기, 고리 찌르기(말을 타고 달리면서 고리를 찌르는 경기)처럼 각종 재주를 부리는 볼거리를 제공했다.

이 극장을 연 사람은 한 장소에 여러 가지 종류의 오락을 모아서 사람들을 끌어들이려고 생각했다. 그리하여 이 극장에서는 연극과 춤, 온갖 곡예를 보여주었다. 입장객은 구경거리를 보고 아름다운 정원에 나가 거리의 가수가 부르는 최신의 노래를 들으며 산책했다. 이 극장은 1785년 중국풍의 건물로 탈바꿈하면서 번성했다. 차 마시는 곳, 식당, 무도회장이 함께 있어서, 사람들은 여러 가지로 흥을 돋우었다. 입장료는 원래 30수(1.5리브르)였다가 나중에는 36수로 올랐다.[16]

파리에서 극장의 역사는 갈로-로마 시대까지 거슬러 올라간다. 그러나 중세 그리스도 교회는 다신교 시대의 극장에서 부도덕한 모습을 보고, 그리스도교의 정신에 맞는 신비극, 성사극, 그리스도의 수난극을 적극 권장했다.

이리하여 파리에서는 젊은이들이 신비극을 공연하려고 신심회(confréries)를 조직하기도 했다. 이들이 조직한 모임은 '법원 서기 조합'(Clercs de la basoche), '걱정 없는 아이들'(Enfants sans souci), '예수 수난의 신심회'(Confrères de la Passion) 같은 것이었지만, 마지막 조직만 1402년 샤를 6세의 특허장을 통해 공식 인가를 받았다. 16세기에 이 조직은 먼저 코키예르 거리(rue Coquillière)에 둥지를 틀었다가, 에티엔 마르셀 거리 20번지에 해당하는 오텔 드 부르고뉴(Hôtel de Bourgogne)에 자리를 잡았다. 그리고 1629년 이 극단에서 마레(Marais)의 극단이 갈라져 나와 비에유 뒤 탕플 거리에 자리를 잡았다.

1658년, 희극 작가 몰리에르가 루브르 궁전의 맞은편 생 제르맹 로세루아 교회 옆에 극단을 세웠다가 건물이 헐리는 바람에 팔레 루아얄로 옮겼다. 이 극단은 작가가 죽는 1673년까지 이곳에서 연극을 공연했지만, 작가가 죽자마자 마레의 극단과 합쳐서 마자린 거리의 오텔 드 게네고(Hôtel de Guénégaud)에 자리를 잡았다. 이 건물은 플랑시 후작(Marquis de Plancy)인 앙리 드 게네고의 저택이었다. 오늘날 루브르 박물관의 맞은편 센 강가의 조폐국(Hôtel des Monnaies) 자리에 있다.

'예수 수난의 신심회'는 1677년에 해체되었는데, 루이 14세는 1680년 이들과 오텔 드 게네고의 극단을 합치도록 하고, 이들에게만 파리에서 공연할 수 있는 권리를 주었다. 바로 이들이 '코메디 프랑세즈'가 되었다. 이들은 1770년부터 1781년 사이에는 튀일르리 궁으로 옮겨서 공연을 했다.

1750년부터 정부의 미움을 받아 28년 동안 파리에 발을 들이지 못하던 볼테르는 1778년 루이 16세의 특별 허가를 얻어 파리로 돌아갔고, 그의 연극 《이네레》가 1778년 8월 30일 이 튀일르리 궁의 임시 극장에서 처음 무대에 올랐다. 볼테르는 계몽사상가의 왕이었다가, 이때 확실히 계몽사상가의 신이 되었다. 볼테르는 그로부터 두 달 뒤 본 거리(rue de Beaune) 모퉁이의 오텔 드 빌레트에서 과로로 세상을 떴다.

그 사이 극단은 뤽상부르 근처에 오데옹(Odéon) 극장을 지어 1782년 이사했다. 새 극장은 종래의 극장과 근본적으로 달라졌다. 바닥에서 구경하는 손님들도 이제 긴 의자에 앉게 되었다.

1789년 혁명이 일어난 뒤 배우들은 귀족주의자와 공화주의자로 나뉘었다. 1792년 이들은 더 이상 서로 마주할 수 없을 정도가 되었고,

18세기의 관객 가운데 칸막이 좌석을 이용하는 사람은 주로 귀족과 상층 부르주아였다.
귀족은 자기 전용객석을 빌려두든지 하인을 시켜서 미리 자리를 잡아두게 했다.

결국 탈마(Talma)를 중심으로 열성분자들은 오늘날 '코메디 프랑세즈'의 자리로 옮겼다.

18세기의 관객 가운데 칸막이 좌석을 이용하는 사람은 주로 귀족과 상층 부르주아였다. 귀족은 자기 전용객석을 빌려두든지 하인을 시켜서 미리 자리를 잡아두게 했다. 극장 앞의 회랑에는 왜가리 깃털을 꽂은 모자를 쓴 상인이 따끈한 차를 팔았고 구두닦이가 손님의 구두를 닦았다. 아래층에 서서 보던 사람들은 나중에 긴 의자가 마련되어 앉아서 보게 되었지만, 무대에서 일어나는 일을 시원하게 볼 수 없었다.

코메디 프랑세즈 같은 극장은 1716년부터 1782년 사이 입장료가 거의 변동이 없어서, 가장 싼 자리가 1리브르에서 1.5리브르, 칸막이 좌석(loge)은 4리브르에서 6리브르 사이였다. 그리고 1760년대부터 생긴 더욱 특별한 칸막이 좌석은 1년에 500리브르, 평생 3,000리브르에 빌릴 수 있었다.[17]

사람들은 네 시쯤 점심을 먹고 차를 마신 뒤, 다섯 시 반에 음악 연주와 함께 시작하는 연극을 보러 극장에 갔다. 아래층 서민들은 2층에 앉는 귀족이나 상층 부르주아의 부인, 원래는 비천한 출신이었지만 남자를 잘 만나서 호화롭게 차려 입은 애첩, 그리고 아직 살림을 차려줄 사람을 만나지 못했고, 그날따라 손님과 약속도 없기 때문에 남자의 눈을 끌려고 노력하는 창녀를 보는 것도 빼놓을 수 없는 즐거움으로 알았다. 연극은 박수나 야유를 받으면서 아홉 시까지 했다.

18세기에는 극장에서 공연을 방해할 정도로 시끄러운 행위를 금지하는 왕령이 여러 번 반포되었다. 예를 들어, 1747년 4월 1일자 왕령은 다음과 같다.

극장의 바닥 층에서 극을 보는 관객들(대개 서민층)이 극장에 드나들 때, 그리고 연극이 시작하기 직전이나 막간에 휘파람을 불거나, 야유의 함성을 지르는 일이 없도록 해야 한다.[18]

이탈리아 배우들은 16세기에 파리에 처음 나타났다. 당시 사람들은 카트린 드 메디시스(Catherine de Médicis)와 아들 앙리 3세가 불러온 이 배우들을 '젤로지'라고 불렀다. 또 앙리 4세의 부인이며, 남편이 죽은 뒤 고향을 그리워하는 마음을 담아 뤽상부르 궁을 짓도록 했던 마리 드 메디시스(Marie de Médicis)는 어린 시절 자신이 즐겼던 이탈리아 극을 보고 싶어 '피델리' 극단을 불렀다.

1644년, 마자랭은 스카라무슈(Sacaramouche)가 속한 극단을 불렀다. 이 극단은 1660년경에는 팔레 루아얄에서 몰리에르의 극단과 교대로 공연을 했다. 이탈리아 극단은 1680년 이후에는 오텔 드 부르고뉴에 완전히 정착했다. 이곳은 프랑스 극단이 창설되면서 비게 되었기 때문이다. 이렇게 해서, 이들은 코메디 프랑세즈의 진정한 경쟁자가 되었다.

게다가 1684년에는 프랑스 말로 공연할 수 있는 허가까지 받아내고는, 당시 세태까지 풍자하는 작품을 공연했다. 이들은 마담 드 맹트농(Madame de Maintenon)을 놀림감으로 삼았다. 이 부인은 루이 14세의 두 번째 비가 된 사람이었기 때문에, 루이 14세의 미움을 사서 1697년 문을 닫았다.

루이 14세가 죽은 뒤 1716년 이탈리아 극단은 섭정 오를레앙 공의 보호 아래 팔레 루아얄에 모였다가 오텔 드 부르고뉴에 다시 정착했고, 1720년부터 마리보(Marivaux)와 손을 잡고 활동하면서, 1723년에는 왕립극단이 되었다. 이들은 1760년까지 일련의 풍자작품, 소극, 무언극, 무용극 공연으로 큰 성공을 거두었다.

이 극단은 잠시 불바르 뒤 탕플(Boulevard du Temple)로 자리를 옮겼다. 이들은 곡예, 어릿광대 놀이를 가지고 서민들을 즐겁게 해주었다. 토매생(Thomassin)과 카를랭(Carlin)은 대중의 우상이었다. 여성으로서 마담 파바르(Madame Favart)나 마담 뒤가종(Madame Dugazon)도 이름을 날렸다.

그러나 세월이 흐르면서 이탈리아 풍의 성격은 점점 프랑스에 동화되었다. 아를르캥(Arlequin), 팡탈롱(Pantalon), 피에로(Pierrot) 같은 인물은 파리 사람이 되었던 것이다.

1783년, 이 극단은 불바르 드 라 쇼세 당탱(Boulevard de la Chaussée d'Antin)의 오텔 드 슈아죌의 정원에 새로 지은 파바르(Favart) 관으로 옮겼다. 이때부터 이 거리는 불바르 데 이탈리엥(Boulevard des Italiens)이 되었다. 1793년부터 이 극장은 오페라 코미크 나시오날이 되었다.

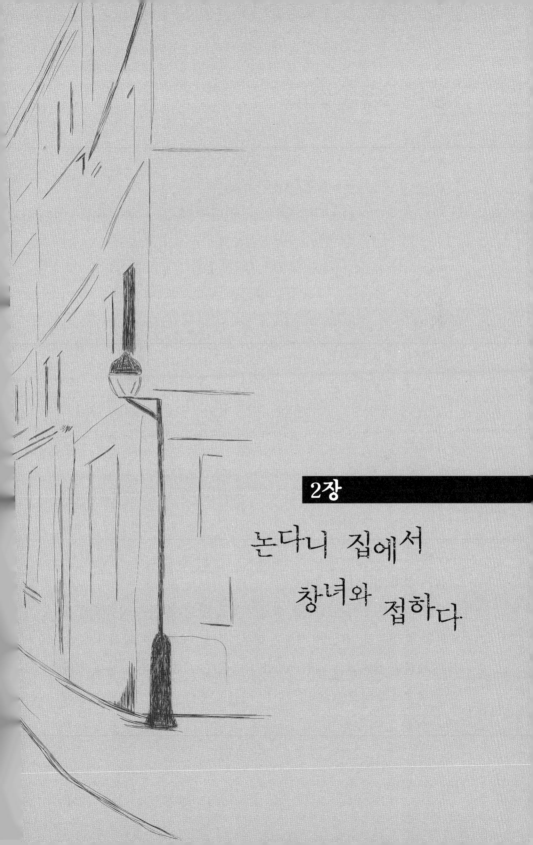

2장

논다니 집에서
창녀와 접하다

논다니 사업의 성격

마담 도피 사건은 구르당 부인이 손님의 흥을 돋우려면 어떤 속임수도 마다하지 않았음을 보여준다. 정숙한 부인을 유인하여 단골손님의 술자리에 함께 앉혀 평판을 나쁘게 만드는 것은 그나마 얌전한 '가장 무도회'다. 마담 도피는 구르당 부인이 누구인지 가면을 벗기지 못했다. 그만큼 마담 도피는 다른 사람보다 피해를 적게 입었다.

1776년 10월 15일, 어떤 자작은 '코메디 이탈리엔'에 갔다가 후작의 애첩을 보고 마음에 들었다면서 구르당 부인에게 소개해 달라고 도움을 요청했다. 자작은 후작의 질투가 무섭기 때문에 그의 집에는 갈 수없고, 마침 애첩이 한때 구르당 부인 밑에서 일했다는 말을 듣고 다리를 놓아 달라고 부탁했던 것이다. 이 편지가 가짜라 할지라도, 실제로구르당 부인이 사업상 여자를 타락시키는 사례를 찾기란 어렵지 않다.다음은 실제 일어난 사건이다.

국왕은 특정 분야에서 걷을 세금 총액을 한 번에 내는 사람에게 징세권을 주었다. 그러나 이 제도는 정부와 주민 모두에게 불리하고, 오직 징세권을 불하받은 사람에게만 유리했다. 그래서 루이 14세 시대의 재무대신 콜베르는 여러 분야의 세금을 한데 묶어 징세권을 불하했다. 예를 들어 소금세, 특별소비세, 취득세 따위를 한데 묶었다. 18

세기 초 섭정기에 통화위기를 겪은 뒤, 혁명이 일어날 때까지 점차 사정이 좋아져서, 1726년에 결정적으로 정비된 총괄징세 청부업은 수지맞는 장사였다. 업자는 6년에 한 번씩 일정한 보증금을 내면서 권리를 땄다. 1730년에는 소금세, 관세, 특별소비세, 국유지이용료, 입시세, 담배세를 걷는 권리가 되었다. 국가는 이 제도를 통해서 모든 수입의 41퍼센트 이상 46퍼센트까지 걷었다.

보증금이라 해도 처음에는 100만 리브르나 되었고, 1768년에는 156만 리브르가 되었기 때문에 아주 부자가 아니라면, 또 정부에 튼튼한 줄이 없다면 권리를 따내기 어려웠다. 게다가 이들은 국가에 돈을 빌려주기도 했다. 예를 들어 1755년에는 6,000만 리브르, 1768년에는 7,200만 리브르를 빌려주었다. 이들은 100만 리브르까지 이자 10퍼센트, 그 초과 금액에 대해서는 이자 6퍼센트를 받았다. 징세권을 가진 사람은 모두 40명이었다가 최대 87명까지 늘어나기도 했다. 이들은 이자와 함께 고정급 2만 4,000리브르, 사무실 운영비 4,200리브르, 그리고 지방 출장비 1,500리브르를 받았다.[19]

총괄징세 청부업자 당제(Dangé de Bagneux)[20]는 아주 부유한 난봉꾼으로 소문난 사람이었다. 그는 사교계에서 기품 있는 여성을 보았다. 이 여성은 남편과 함께 얼마 전에 파리에 왔다. 이 부부는 왕에게 청원할 일이 있었기 때문에 왔던 것이다. 당제는 부인이 신선하고, 사랑스럽고, 쾌활한 데 더욱 마음이 끌렸다. 그는 이리저리 그 부인의 주위를 맴돌면서 접근하려 했지만, 뜻대로 하지 못했다. 그리하여 더욱 조바심만 내다가, 결국 구르당 부인을 만나러 가서 돈을 얼마든지 쓸 테니 그 부인을 소개해 달라고 부탁했다.

구르당 부인은 그 부인의 하녀부터 사귀었다. 그는 하녀의 도움을 받아 그 집으로 들어갔다. 구르당 부인은 자신이 장신구장수라고 말했다. 그는 자기가 노리는 먹잇감에게 보석이며 옷감, 그리고 온갖 호화로운 물건을 보여주면서 그의 취향을 파악했다. 그 부인은 1만 에퀴(금화 단위, 6만 리브르)짜리 보석을 만지작거렸지만 정작 아쉬워하면서도로 내려놓았다. 노련한 뚜쟁이가 그 장면을 놓칠 리 없었다.

"마담, 사실 이 물건은 값이 나가면서도 그만큼 부인에게는 어울리지 않지요. 오늘은 가져오지 않았지만, 언젠가 저희 가게에 한번 들러주세요. 이 물건보다 값도 싸면서 부인께 더 잘 어울리는 물건이 많으니까요."

구르당 부인은 상대방의 눈치를 살피고 이렇게 덧붙였다.

"이 보석도 사실은 싸게 사실 수 있어요. 임자가 돈이 급해서 내놓았는데, 조금 뜸을 들이면 그가 급한 김에 아주 싸게 내놓을 수도 있지요. 아무튼 다음에 우리 집에 오시면 그때쯤 이 보석을 싸게 구하시던가, 다른 물건을 마음껏 고르시던가 하실 수 있겠지요. 그냥 보시는 데 돈이 드는 것도 아니니, 바람이나 쐬이실 겸해서 한번 들러주세요."

구르당 부인은 당제를 만나 자신이 한 일을 자랑삼아 늘어놓았다.

"당제 님, 그 부인의 눈이 상당히 높더군요. 1만 에퀴짜리 보석만 만지작거리면서 다른 물건에는 눈길도 주지 않더군요."

"아, 그래요? 상당히 돈이 많이 들겠군요."

"천하의 당제 님이 그깟 몇 푼 때문에 벌벌 떠시는 모습이 밖에 알려질까 두렵군요. 그렇게 쉬운 여자라면 나한테까지 부탁하지는 않으셨겠죠. 나도 위험을 무릅쓰고 하는 일인데 여기까지 와서 망설이시면 곤란하죠."

"뭐, 벌벌 떠는 것이 아니라……."

"그럼 절실하게 원하는 일이 아니시군요. 잘 알았습니다. 내 경험으로 볼 때, 아무리 정숙한 부인도 약점은 있게 마련이랍니다. 더욱이 아름다운 보석 앞에서 마음의 빗장을 잠그는 사람을 한 번도 보지 못했는데…… 이제 살짝 뜸만 들이면 되는 일을……."

"마담, 알았소. 내가 세상에서 가장 아름다운 보석을 맞춰서 가져 갈 테니, 일만 잘 성사시켜주시오."

당제는 당장 보석상을 만나러 가서, 아주 훌륭한 다이아몬드 장신구를 맞추어, 구르당 부인에게 보냈다. 구르당 부인은 정숙한 부인에게 기별을 보냈다. 젊은 여자라면 누구나 그렇듯이 이 부인도 귀가 솔깃해져 일요일 교회에 간다는 핑계를 대고 자칭 장신구장수 집으로 찾아갔다. 구르당 부인은 그를 장신구 방으로 안내하고 여러 가지 아름다운 물건을 마음껏 구경하게 하면서, 당제에게 사람을 보냈다. 구르당 부인은 이것저것 순진한 부인의 몸에 걸쳐보게 하더니, 마침내 당제가 보낸 물건을 보여주었다.

"이것 참 아름답죠?"

"네, 지난번에 우리 집에 가져와 보여주신 것보다 더 아름답네요. 그런데 이건 아름다운 만큼 더 비싸겠지요?"

"아니, 그렇지 않아요. 직접 주인을 만나서 흥정해 보실까요?"

구르당 부인은 젊은 부인의 대답을 듣지도 않고 곧바로 방문을 열었다. 그때 당제가 뛰어들었고, 구르당 부인은 두 사람만 남겨 놓고 밖으로 나가서 방문을 잠가버렸다. 젊은 부인은 순식간에 일어난 일에 당황하여 문으로 뛰어갔으나 잠긴 문을 열 수 없었다. 당제는 흥정이 끝난 줄 알고 마구 달려들었다. 젊은 부인은 화가 나서 당제를 밀쳤다.

"아니, 부인, 왜 이러십니까? 이미 모든 얘기를 잘 끝내놓고서."

"무슨 얘기를 끝냈다는 겁니까?"

"여기가 어딘 줄 모르고 온 것처럼 시치미 떼지 마세요."

"도대체 무슨 말씀인가요?"

난봉꾼은 어떻게든 젊은 부인을 잡아 욕심을 채우려고 노력하면서 구르당 부인과 자기가 계약을 맺은 내용을 말해주었다. 젊은 부인은 벌벌 떨면서 울며불며 애원했지만, 몸이 달아오른 호색한의 귀에는 그 소리가 제대로 들리지 않았다. 구르당 부인은 밖에서 비밀구멍으로 방 안을 엿보면서, 좋은 가문의 부인을 먹이로 삼는 난봉꾼이 욕심을 채우도록 내버려 두었다. 그러나 난봉꾼은 늙었기 때문에 욕심을 채우지도 못하고 먼저 지쳐버렸다. 그리하여 젊은 부인은 더욱 심한 꼴을 당하지 않았다.

늙은 호색한은 젊은 부인의 목에서 다이아몬드 목걸이를 벗겨달라고 하더니 주머니에 넣고 저주를 퍼붓고 나갔다. 젊은 부인이 분을 삭이지 못한 채, 구르당 부인을 병원에 집어넣겠다고 으름장을 놓자, 구르당 부인은 그를 잘 구슬려 진정시켰다.

"마담, 진정하세요. 나도 좋은 일 좀 해보겠다고 하다 보니 이렇게 되었어요. 그 늙은이가 그런 꿍꿍이속이 있을 줄 내가 알았겠어요? 그만 진정하고, 내 말을 잘 들어보세요. 나를 병원에 가두는 것은 천천히 해도 늦지 않잖아요. 나도 그 늙은이에게 속았어요. 다행히 아무

일 없이 끝났으니 내 마음도 편하답니다."

젊은 부인이 조금 진정하자 구르당 부인은 덧붙여 말했다.

"사실, 부인 같은 분이 우리 집에 오셨다는 것만 해도 가문에 먹칠하는 일이겠지요. 다행히 우리 집 뒷문으로 들어오셨으니, 나만 입을 다물면 남편분은 모르시겠지요. 부인께서 내 머리채를 잡아끌고 병원으로 데려가도 할 말이 없습니다. 그렇게 해서 분이 풀린다면 그렇게 하셔도 좋아요. 나는 아무 말 없이 죗값을 치를 테니까요. 내가 어리석어서 남편분께도 죄를 지었군요."

젊은 부인은 남편에게 거짓말을 하고 구르당 부인의 집으로 간 것에 가책을 느끼고, 그 일을 없던 일로 하기로 했다.

구르당 부인의 사업이 잔인한 면도 있지만, 남에게 영향을 끼치는 사람의 도덕성을 가늠하는 유쾌한 사례도 제공한다. 구르당 부인은 파리뿐만 아니라, 베르사유에도 이름을 떨쳤다. 그 자신이 주장하듯이 루이 15세의 애첩 마담 뒤 바리를 처음 발굴했기 때문만은 아니었을 것이다.

1770년 1월 어느 날 구르당 부인은 아가씨 두 명을 데리고 베르사유로 갔다. 어떤 거물급 인사의 주문대로 두 명을 그에게 소개해주고 재미있게 놀다가, 다시 아가씨 둘과 파리로 되돌아갔다. 그런데 그만 파리에 거의 도착했을 때, 마차 바퀴가 빠졌다. 구르당 부인과 아가씨 두 명은 마차에서 내렸다. 그때 마침 타르브(Tarbes)의 주교 로리(Michel François Coüet du Vivier de Lorry)가 그 곁을 지나갔다. 이 주교는 1728년 메스에서 태어나 1764년 방스의 주교를 거쳐 1769년부터 타르브의 주교가 되었다. 그의 수입은 해마다 3만 리브르였다. 주교 로리는 여성들의 처지를 딱하게 여겨 자기 마차에 태워주겠다고 했다.

구르당 부인은 자신이 주교의 마차에 타고 가는 상황이 아주 우스꽝스럽겠다고 상상하고 얼른 주교의 제안을 받아들였다. 주교는 구르당 부인이나 아가씨의 옷차림을 보고서도 그들이 무슨 일을 하는지 모르는 것이 분명했다. 그날따라 베르사유로 오가는 사람들이 많았고, 그들 가운데 로리 주교와 구르당 부인을 모두 알아보는 사람도 많았다. 이 이상한 동행에 대해 금세 소문이 쫙 퍼졌다. 이야기는 마담 뒤 바리의 귀에도 들어갔다. 마담 뒤 바리는 루이 15세에게 그 이야기를 들려주었다. 루이 15세는 궁중사제장을 불러 타르브 주교의 부적절한 행위를 꾸짖으라고 명령했다. 타르브 주교는 어쩔 줄을 몰랐고, 궁중사제장은 사태를 제대로 파악했다.

타르브는 피레네 산맥 근처의 도시이기 때문에 그곳 주교가 구르당 부인을 잘 몰랐으리라고 생각할 수 있겠지만, 고위 성직자는 5년에 한 번씩 모이는 성직자회나 그 밖의 일로 파리에 갈 일이 자주 생겼다. 그러므로 고위 성직자 가운데에는 구르당 부인이나 다른 단골 포주와 거래를 하는 사람도 있었으므로, 단지 타르브가 파리에서 멀기 때문에 주교가 구르당 부인을 몰랐다기보다, 원래 로리 주교가 여색을 멀리했기 때문에 그런 일이 생겼다고 보는 편이 논리적이다. 종교인의 경우, 겨우 한두 명이 구르당 부인을 안다고 해도, 사람들은 종교계가 모두 타락한 듯이 생각하게 마련이다.

아무튼 바람둥이 루이 15세가 로리 주교를 나무라도록 한 것도 우스운 일이다. 자신은 그보다 더 물의를 빚을 짓을 많이 한 사람이 아니던가? 예를 들어, 루이 15세는 네 자매를 차례로 애첩으로 삼았기 때문에 근친상간이라고 생각하는 사람이 많았다. 프랑스인은 1740년 대까지만 해도 루이 15세를 '사랑받는 루이'(Louis le Bien-Aimé)라고 불렀지만, 그는 여자를 너무 밝혔기 때문에 인기를 잃었다. 역사가들은 절대군주의 상징이 변화하기 시작하는 실마리를 여기서 찾는다.[21] 그가 죽은 뒤, 프랑스인들은 루이 16세를 '대망의 왕 루이'(Louis-le-Désiré)라고 부르면서, 선왕보다 선정을 베풀어주기를 바랐다.[22]

구르당 부인의 평판, 그리고 병원

『구르당 부인의 지갑』에 실린 편지 가운데 첫 번째 유형은 손님들의 취향이 하나같이 처녀를 좋아하는 공통점을 가지면서도, 다양한 방식으로 쾌락을 추구하는 모습을 담았다. 두 번째 유형의 편지는 구르당 부인의 평판을 보여준다. 이 유형에 속하는 편지는 별로 많지 않지만, 보통 사람이 느끼는 분노, 그 집에 드나드는 사람들의 평판, 경찰이나 판사의 생각을 읽을 수 있다. 여기서도 '편지'를 먼저 소개하고, 그 내용과 비슷한 실제 사례를 살펴보도록 한다.

1780년 12월 20일자의 편지는 여염집 부인이 구르당 부인에게 보낸 것이다. 그 부인은 구르당 부인이 자기 딸에게 보낸 편지를 읽고 화가 났다. 아마 부인의 딸이 정숙했기 때문에 편지를 받고 어머니와 상의했거나, 편지가 딸의 손에 들어가기 전이나 후에 읽을 수 있었을 것이다. 아무튼 그 부인은 구르당 부인이 쓴 편지를 파리 치안총감에게 가져다주어, 파리에서 몰아내야겠다고 으름장을 놓았다. 이 편지를 쓴 부인은 그런 대로 살만했고, 더욱이 정숙했던 것 같다. 경찰 보고서에서는 부모가 딸을 포주에게 넘기는 경우가 가끔 나타나기 때문이다. 한술 더 떠서 어미와 딸이 함께 매매춘을 하는 사례도 있다.

마리 다셰르(Marie Dascher)

난 몸 하나는 잘 빠졌어요. 키는 작아도, 아직 한창 때니까요. 짙은 밤색 머리칼이 흰 피부와 잘 어울려요. 조금 갸름한 얼굴에 눈빛이 살아 있죠. 조금 들창코가 맘에 안 들지만, 어찌 보면 귀엽대요. 턱이 못생겨서 탈이지요. 아버지는 외과의사인데 지금 고향인 노르망디의 코(Caux)에 사셔요. 열일곱 살인 나는 어머니를 따라 일 년 반 전부터 파리에 와서 살지요.

어머니는 파리에서 미모와 매력으로 돈 좀 만져보겠다고 상상하지요. 우리는 셋방에 삽니다. 우리는 어쩌다 테르느지엥이라는 노름꾼을 알았어요. 그는 모사꾼인데, 우리 엄마가 반했지요. 그래서 파리에 오게 된 것이기도 하구요. 그의 소개로 포주인 라 브르제(la Brezée) 여인을 알게 되었어요. 이 포주는 생탄 거리(Saint Anne)에 사는데, 우리 모녀는 그 집으로 갔지요. 라 브르제는 나를 보고 루이 15세 전하를 위해서 태어났다고 말하더니, 우리 모녀를 베르사유로 보냈어요.

왕궁에는 옷만 점잖게 입으면 아무나 들어갈 수 있잖아요. 나는 노르망디풍으로 입었죠. 엄마와 나는 베르사유 궁전의 회랑을 하루 종일 어슬렁거렸어요. 전하께서는 내게 눈길을 주셨지만, 크게 신경 쓰지 않으시더라고요. 뭔가 조금 부족했나보죠? 아무튼 누군가 우리 뒤를 밟더군요. 사실, 전하가 아니라는 것이 아쉽긴 해도, 아무면 어때요? 여러 나으리들이 뒤를 따라다니데요. 그러다가 마침내 빌루아 후작(marquis de Villeroy)님이 나를 고르셨어요. 후작님과 잠깐 즐긴 뒤 파리로 돌아갔죠.

그 뒤로 라 브르제가 보내주는 손님을 날마다 맞이했지만, 그놈의 지긋지긋한 가난이 발뒤꿈치에 붙어서 떨어지지 않았어요. 좀 더 적극적으로 살아야겠다고 마음먹고는 티르부댕 거리(rue Tireboudin)의 양복장이 브리삭(Brissac)에게 인사를 갔죠. 브리삭은 그 동네 사창가를 드나드는 신사를 잘 아니까 누구든 소개해주리라 믿었죠. 브리삭은 역시 거물급 이름을 많이 알고 있었어요. 그는 나를 라 발리에르 공작(le duc de La Vallière), 쥐밀락 백작(le comte de Jumilhac)과 연결시켜주려고 노력했죠. 쥐밀락 백작이 누굽니까? 지난해 말(1759년 11월 23일) 재무총감이 되신 베르탱(Bertin)과 처남매부간이죠. 그 밖에도 슈아죌 백작(le comte de Choiseul), 레 므나(les Menas)의 지사를 지내신 드퀴리(DeCuris) 선생에게도 소개해주려고 했죠. 내가 욕심을 너무 부렸는지, 그분들이 나를 싫어했는지, 아니면 그럴 기분이 아니라서 그랬는지 모르겠지만, 아무도 나를 들어앉히려고 하지 않았어요. 나는 단지 가구 몇 점 필요하다고 했을 뿐인데요.

지금은 오페라 악사였던 카프랑 씨(M. Capran)가 조금씩 주는 돈을 받아 근근이 살아가죠. 솔직히 말씀드리기로 약속했으니까 비밀을 털어놓겠습니다. 실은 페르스나 후작(Marquis de Persennat)님이 몰래 다녀가시면서 돈을 조금씩 남겨 놓습니다. 후작님은 내가 무용을 배우게 해주셨습니다. 내가 지금 살고 있는 크루아상 호텔에 드나들면서 남의 눈을 피하려고 하인 복장을 하고 오십니다.

포주 브리소(Brissault)가 나를 척보고 돈을 당겨 준 적이 있는데, 지금 자기와 일을 하자고 하네요. 만일 그렇지 않으면 돈을 갚으라고 성화를 부립니다. 그가 소개해 준 페르스나 후작은 지금까지 수없이 아가씨를 갈아치운 사람이지요. 쉽게 얻고 쉽게 버리는 사람이니 어디 믿을 수 있어야지요. 나는 가구를 사달라고 하는데, 그분은 그저 달콤한 말만 늘어놓습니다. 가구만 사주면 그 말을 들어줄 의사가 충분한데 말입니다.

1774년 12월, 어떤 주교는 구르당 부인 집에서 성병에 걸렸기 때문에 자기 교구에 내려가서 건강을 회복해야겠다고 불평했다. 그 주교는 구르당 부인 같은 사람은 '병원'에 들어가 마땅하다고 협박했다.

주교 같은 고위 성직자가 성병에 걸렸다는 것은 굉장히 물의를 빚을 만한 사건이었다. 그러나 종교인도 사람이기 때문에 그들 중에서 가끔 자신을 억누르지 못하는 사람이 나올 수 있다.

수많은 교단에서 베네딕트 수도회를 본받아 종교 규율을 좀 더 강화해달라고 계속해서 왕에게 졸랐다. 왕은 결국 1767년과 이듬해 사이 성화에 못 이겨 교단의 규율을 검토할 위원회를 구성하도록 지시했다. 이 위원회는 렝스 대주교 로슈 에몽, 부르즈 대주교 펠리포, 나르본 대주교 디용, 툴루즈 대주교 브리엔, 그리고 아를 대주교 쥐밀락으로 구성되었다. 당시 사람들은 이들에게 다음과 같은 시를 지어 종교인에 대한 불만을 표시하고, 야유를 퍼부었다.

> 난봉꾼 주교님 다섯을,
> 매독과 궤양에 좀먹은 주교님 다섯을 뽑아서
> 가장 덜 외설스러운 것을 개혁하라는 임무를 주었다.
> 혹단 나무에 먹을 칠해서 희게 만들려고 하는지.[23]

풍기감찰관 마레는 생 루이라는 창녀의 집에서 한 수도사를 현행범으로 잡았다. 그는 자신이 겪은 일을 진술하고 서명하였다. 바로 다음과 같은 기묘한 일이다.

아래와 같이 서명한 나, 오노레 레냐르는 55세입니다. 성 아우구스티누스 교단의 수도 참사회원이며, 성 카테리나 수녀원 경리계입니다. 나는 피기에 거리에 있는 생 루이의 집에서 풍기감찰관 마레 선생에게 잡혔음을 인정합니다.

나는 어제 그 집에 내 발로 가서 펠릭스 양과 놀았습니다. 나는 펠릭스 양의 옷을 벗겼지만, 외투를 손에 감싼 채 만졌습니다. 오늘은 펠릭스 양은 물론 그의 친구인 쥘리 양도 함께 놀았습니다. 그 아가씨들은 내 법복을 벗기고 여자 옷을 입힌 뒤 연지를 찍고 애교점을 붙여주었습니다. 나는 바로 이 상태에서 현행범으로 잡혔습니다.[24]

이 이야기에 나오는 애교점이란 살갗을 더욱 희게 보이도록 붙이는 것이었다. 그러나 그것은 붙이는 곳마다 다른 뜻을 전했다. 영국에서는 한때 정치적인 뜻을 담아 얼굴의 왼쪽이나 오른쪽에 붙여 자신이 토리당인지 휘그당인지 밝혔다 한다. 프랑스에서도 얼굴에 붙이는 부위에 따라 정숙, 바람기, 신중함을 뜻했다. 예를 들어, 삼갈 줄 아는 여인으로 보이고 싶으면 애교점을 턱에 붙였다.

종교인의 변태행위에 대해 당시의 증언을 하나 더 들어본 뒤, '병원'에 대해 알아보기로 하자.

자크 루이 메네트라(Jacques-Louis Ménétra, 18세기 유리장인)
내 일터의 맞은편 건물 4층에는 허름한 유곽이 있었는데, 거기서 신음소리가 들리고 난 뒤, 사람들의 아우성도 들렸지요. '수녀원장'(포주)이 밖으로 나오고, 사람들이 모여들었습니다. 사람들이 수군거리는데, 들고보니 누군가 불쌍한 아가씨를 죽였다는 겁니다. 나는 통 제조업자 집의 견습공 두 명과 함께 위로 올라갔어요. 문을 두드렸죠. 안에서 신음소리가 들렸어요.

"당장 문 열어, 열지 않으면 부수고 들어간다. 지금 경찰이 오고 있다."

마침내 문이 열렸습니다. 우리는 머리에서 피를 흘리며 앉아 있는 아가씨를 보았습니다.

"도대체 어떤 괴물이 이런 짓을 했어요?"

아가씨는 문을 가리켰죠. 문 뒤에는 원장신부가 숨어 있었습니다. 우리는 그에게 달려들었습니다. 그는 모자와 외투를 버리고 도망치려고 했습니다. 우리는 그때 외투 밑에서 아홉 가닥의 채찍을 보았습니다. 가닥마다 끝에는 바늘이 달려 있었죠.

"저 인간도 바로 저 채찍으로 때려줘야 해. 그래야 정신 차리지."

신부는 무릎을 꿇고 싹싹 빌었습니다. 사람들은 채찍을 빼앗았지요.

'병원'이 얼마나 무서운 곳이기에 툭하면 병원에 넣겠다고 으름장을 놓았던가? 병원의 역사를 잠시 짚어보면, 그것은 구호시설에서 출발했다. 그러므로 종교계가 운영했다. 주교는 자기 교구에서 모든 자선행위를 책임졌다. 11세기 파리에는 생트 오포르튄(Sainte-Opportune), 또는 생트 카트린(Sainte Catherine) 구호원을 설치했는데, 13세기부터는 시골에서 파리로 오는 아가씨들이 그곳에 머물렀다. 더욱이 순례자의 숙소인 생 자크 오 펠르랭(Saint-Jacques-aux-Pélerins)이나 생 자크 뒤 오 파(Saint-Jacques-du-Haut-Pas) 같은 시설도 생겼다.

구호원(hospice)은 병원(hôpital)과 같은 뜻으로 쓰이는 말이지만, 규모로 구별하는 수가 있었다. 병원이 구호원보다 더 규모가 컸다. 노트르

병원의 한 부분을 이루고 있는 '수용소'(Force)야 말로,
주로 창녀로 분류된 여인들을 수용하던 곳이다.

담 대성당이 세운 구호원으로 출발한 오텔 디외(Hôtel-Dieu)는 참사회원들이 관리했다. 그러나 1505년 파리시 정부가 인수해서 관리하기 시작했다. 처음에는 침대 300개 규모였는데, 14세기부터 100명에서 150명 정도의 환자를 받기 시작해서 16세기에는 침대 500개에 1,000명 이상 수용했다. 당시 가정에서나 구호원에서나 침대는 두 사람 이상이 함께 쓰는 경우가 많았기 때문이다. 그리고 가벼운 병이 걸린 환자, 회복기 환자, 산모, 중환자를 나누기 시작했는데, 이것은 위생을 생각하기 시작했기 때문이다. 물론 그 수준은 아직 초보단계였다. 아무튼 오텔 디외에서는 청소를 자주 하고, 일주일에 한 번 호청을 1,000장씩 빨았다. 환자의 머리를 자르고 다듬어주었고, 여름에는 환기를 했으며, 겨울에는 쇠난로를 이리저리 끌고 다녔다. 15세기 말, 14년 동안 1만 7,000명이 치료를 받고 나갔다고 한다.[25]

중세에는 한센병 환자를 치료하는 생 라자르(Saint Lazare) 병원이 생긴 뒤, 1200년경 룰(Roule) 마을에도 생겼다. 맹인 전문병원도 13세기에 생겼다. 이렇게 오텔 디외는 종합병원의 성격이었다면, 다른 병원은 전문화되었다. 16세기 초, 오텔 디외는 건물을 더욱 크게 늘려서 전염성 환자와 비전염성 환자를 나눠서 치료하기 시작하고, 16세기 말부터 외과의사들이 전문적인 진료를 시작했다. 15세기까지만 해도 파리대학교 의학부에서는 2년마다 의사를 3명에서 6명까지 배출했다. 하지만 모두 파리에만 머물 수는 없었기 때문에 의사는 늘 부족한 상태였다. 더구나 외과의의 지위는 모호했다. 정식 의사라 부르기도 힘들었고, 주로 전문적인 이발사였다. 의사가 수술을 하지 못하도록 하던 시대에, 이들은 피를 뽑고, 종양을 자르고, 상처가 덧나지 않게 불로 지지는 일을 했다. 의사가 드물던 시대에 이들은 싼값에 치료를 해주었다. 15세기부터 외과의는 생 콤(Saint-Côme) 중등학교에서 해부학과 조제를 간단히 배운 뒤 환자를 보았다. 외과의가 전문가 행세를 하게 되면서, 의사들은 몹시 화가 나서 그들을 비판했지만 별로 영향을 끼치지 못했다.[26]

성병에 걸린 종교인이 화가 나서 구르당 부인같은 사람을 협박할 때 들먹이던 '병원'이란 다름 아니라, '종합병원', 또는 '살페트리에르 병원'(La Salpétrière)으로서, 아가씨들 사이에서는 '큰 집'(grande maison)으로 불리던 곳이다. 그곳에서 남긴 기록을 보면, 1779년에만 6,500명 이상을 수용한 병원이자 감호소였다. 그러나 당대에 『병원에 관한 보고서』(Mémoire sur les hôpitaux, Paris, 1788)를 남긴 트농(J. R. Tenon)은 겨울에는 8,000명, 여름에는 7,000명을 수용했다고 말하면서, 자신은 8,000명까지 수용된 경우를 보았다고 했다.[27] 그 가운데 4,000명에서 5,000명은 가난한 사람들이었다. 이 병원의 한 부분을 이루고 있는 '수용소'(Force)야 말로, 주로 창녀로 분류된 여인들을 수용하던 곳이다. 1760년경 이 수용소는 1,100명에서 1,200명까지 수용했다.

구르당 부인 같은 직업을 가진 사람, 구르당 부인 밑에서 일하는 사람은 언제나 이런 병원, 수용소에 대한 두려움을 완전히 떨쳐버릴 수 없었다. 이 시대의 문학작품에 나타난 내용은 그 두려움을 가장 잘 보여준다. 노르망디의 코(Caux) 출신으로 창녀가 된 여인은 손님의 역겨운 요구를 거절하자 그의 협박을 받았다.

그는 내게 화를 내면서 이렇게 말했다. 이 망할 계집, 만일 당장 내 ㅈ을 입에 넣지 않으면 순찰대를 불러다 널 병원에 데려가게 하겠어. 병원이라는 말 한마디에 나는 머리카락이 쭈뼛했다. 왜냐하면 이 세상에서 그 어떤 것도 창녀에게 이 비참한 숙소보다 더 두려움을 느끼게 만들지는 못하기 때문이다.[28]

사치단속령²⁹⁾

지금까지 매매춘의 세계와 거기 드나드는 다양한 손님들을 살펴보았다. 귀족, 상층 부르주아뿐만 아니라 서민, 병사들도 그 문턱을 넘나들었다. 남성들은 대부분 자기 수입에 맞는 집을 골라 성을 샀다. 이쯤에서 우리는 당시 신분사회를 화려하게 수놓던 귀족의 겉모습과 수입에 대해서 잠시 알아볼 필요가 있다.

오늘날 베르사유 궁전, 파리의 루브르 궁전, 마레(Marais) 지역의 웅장한 저택을 보면, 당시 왕, 왕족, 귀족이 얼마나 화려하게 살았는지 충분히 추측할 수 있다. 영화 《위험한 관계》(The Dangerous Liaisons)나 《바텔》(Vatel)을 보면 귀족의 삶을 지탱해주는 평민의 모습은 마치 그림자 같다. 평민이 없다면 귀족도 존재하지 못하는 것이 이치지만, 실제 생활에서 평민은 귀족 덕택에 살아가는 것처럼 보인다. 이 같은 모습은 무엇보다도 앙시앵 레짐의 신분사회가 규정한 겉모습 때문에 생겼다.

프랑스 혁명은 사람의 겉모습을 과거와 다르게 바꿔놓았다. '혁명의 겉모습'은 '겉모습의 혁명'으로 이루어졌다. '상퀼로트'라는 말은 '겉모습의 혁명'을 상징한다. 퀼로트(culottes, 당시 귀족들이 입던 반바지)가 아닌, 오늘날 우리가 입는 긴 바지 모양이 혁명과 함께 널리 퍼졌다. 그렇다면 혁명을 겪기 전의 겉모습은 어떠했던가? 그것은 신분사회의 규약을 보여준다. 16세기 휴머니스트의 왕이라 불리운 에라스무스 이래 예절은 절제된 겉모습에 관한 규칙을 제안했다. 사람들은 되도록 남의 눈을 끌지 않으면서도 사회적 등급과 신분을 보여주도록 겉모습을 꾸며야 한다고 생각했다.

서열의 꼭대기부터 각 신분은 그에 걸맞은 겉모습을 갖추었다. 종교인은 머리 한가운데에 삭발례를 한 흔적을 지니고 다녔고, 가톨릭 개혁 이후에는 법의로 표시를 했다. 귀족층은 칼을 차고 전통 귀족의 옷을 입었다. 법관은 길거나 짧은 관복을 입었다. 농촌에서는 칙칙한 색의 옷을 입다가 잔치 때야 비로소 한 번쯤 부자연스러운 멋을 냈다. 16세기부터 18세기까지 예절에 대한 담론에는 어김없이 옷감과 색깔, 장식의 선택에 대한 이야기가 나온다. 몸가짐을 규정하는 규범은 교회나 가정에서, 밥상에서, 놀이나 사교 모임에서 얼굴 표현과 몸가짐, 옷차림을 각자 자기 조건에 맞도록 절도 있게 선택하라고 했다.

사치단속령(les lois somptuaires)은 중세부터 유럽 문명에 끼어들어 19세기까지 존속했다. 프랑스에서도 1485년부터 1660년까지 귀족의 겉모습에 관한 보호 방법을 자세히 규정했다. 1515년 정부는 귀족만이 비단을 이용하도록 했다. 비로드는 상층 귀족, 수자는 일반 귀족만이 이용할 수 있게 만들었다. 주교 이상의 고위 성직자에게도 비로드로 만든 망토를 걸칠 권리를 주지 않음으로써 그들의 겸손을 강조했다. 비로드, 수자, 호박단, 카믈로(모직물)는 법관의 서열대로 이용하는 직물이었다. 부르주아 계층과 서민은 서지(serge)와 아마포를 이용했다. 그러나 17세기가 되면서 비단 생산량이 많아지자 평민이 이용하는 것을 심하게 단속하지 않았다. 그 대신 장식천을 단속하기 시작했다. 이를 테면 옷의 레이스를 규제했다. 장식품의 숫자도 신분에 맞게 정했다. 군 장교의 옷에 붙이는 장식선도 1665년 이러한 정신에 맞춰 규제했다.

색깔에도 등급이 생겼다. 16세기, 진홍빛은 상층 귀족만 사용하는 색이었다. 서민은 오직 결혼식 때만 진홍빛을 이용할 수 있었다. 부르주아 계층은 잿빛과 갈색, 농업 노동자는 푸른색 천을 이용해야 했다. 17세기에는 궁정과 군대에서 색깔이 통일되었고, 법관은 반드시 검은색 옷을 입었다. 17세기 후반에는 색에 대해서도 신경썼지만, 옷의 형태를 더 많이 생각해야 했다. 비단이 많이 생산되어 옷과 망토가 더욱 넓어지고 길어졌기 때문에, 국왕은 1665년 무엇보다도 군인의 옷을 규제하고 통일하려고 노력했다.

16세기 말부터는 금과 은을 보통 사람의 옷감이나 장식에 사용하지 못하게 하려고 노력했다. 이와 함께 1583년, 1700년, 1702년 계속해서 법을 제정하여, 다이아몬드와 진주의 사용도 규제했다. 한마디로 겉모양으로 사회적 서열을 분명히 드러나게 만들려고 애썼다. 1567년과 1787년의 법은 심지어 요리의 수가 너무 많은 것도 규제했다. 이처럼 사치단속령은 시대마다 내용의 차이가 있었다. 그 목적은 어디까지나 생활양식의 최전선에서 사치를 몰아내는 데 있었다. 사치란 때로는 생산력이 소비욕에 미치지 못할 때 생기는 것이기 때문이다.

17세기 초부터 사치 때문에 귀금속이 국고에 들어오지 않고 낭비된다고 생각하는 경향이 우세해지면서, 사치단속령은 경제를 망칠 수 있는 모든 사치와 싸움을 벌였다. 이때부터 왕은 귀족과 부르주아 계층을 쥐어짜면서 사치품은 오직 궁중에서만 소비할 수 있는 것으로 한정했다. 사치단속령은 사회적인 모방을 통제하려는 모든 장치를 동원했지만, 결과적으로 궁정의 사치를 과시하는 꼴이 되었다. 사람들은 그러한 사치를 무대 공연에서 보거나, 소책자에 묘사된 내용을 가지고 꿈꾸거나 상상할 수 있었다. 그러므로 낭비가 사회질서에 가져올 위험을 지적하는 사람들은 모든 공연이 신흥 부자에게 겉모습의 허영을 불러와 사회질서를 위협한다고 판단했다. 그러나 사치의 재현과 금지는 새로운 사치와 모조품을 만들어내게 마련이었다. 이렇게 해서, 겉으로 모든 사회 등급이 뒤섞이는 문이 열렸다.

1720년 로 체제가 붕괴한 뒤, 사치단속령은 사실상 힘을 잃었다. 이제는 옷을 크게 규제하지 않았다. 개인은 직접 자기 재력을 과시하게 되었다. 라 브뤼예르는 "금리가 1,000리브르만 되면 얼굴에 나타난다"고 말했으며, 볼테르는 1762년 누구나 자기 능력에 맞는 옷을 입을 권리가 있음을 밝힌다. "가난한 사람의 누더기나 부자의 옷을 규제해서는 안 된다. 양측은 모두 평등한 시민으로서, 똑같이 자유롭기 때문이다. 각자 자기 능력껏 입고, 먹고, 산다." 혁명기 국민공회가 비로소 이러한 자유를 법제화했다. 그때까지 18세기에는 직업인 단체나 사회적 등급에 맞는 옷을 입어야 했다. 고대 로마 시대의 소박함을 찬양하는 취향이 사치 풍조와 싸움을 벌였다. 그렇긴 해도 브르타뉴 같은 지방에서는 여전히 사치단속령을 활발히 적용해 나갔다. 신분이 높을수록 옷의 깃도 높았다. 디드로나 미라보 후작(미라보 백작의 아버지이며 경제학자)이 사치를 막아야 한다고 생각했을 때, 그들은 사치를 뿌리 뽑아야 한다고 생각하는 대신, 사치품에 무거운 세금을 매겨야 한다고 생각했다. 이제 국가가 더 이상 사치에 신경을 쓰지 않아 보이자, 사치는 사회적으로 맹렬한 비판을 받았다.

귀족이 화려한 겉모습을 유지하려면 얼마를 벌어야 했을까? 귀족의 조건은 천차만별이었다. 역사가 프랑수아 블뤼슈(F. Bluche)에 따르면, 프랑슈 콩테 지방의 젊은 귀족은 연봉 300리브르를 받고 군인이 되었고, 육군 소위 브라즐로뉴는 원호연금 500리브르를 받으면서 힘겹게 살았다고 한다. 이 정도면 도시 임금노동자의 수입과 비교해서 더나을 것이 없다. 당시 숙련노동자가 일당 1.5리브르를 벌었고, 그중에서 특히 인쇄공은 하루 2리브르 이상을 받았기 때문이다. 1년에 280일 정도 일한다고 보면 400리브르 정도는 벌었다는 말이다. 그러나 전통 귀족의 평균 수입은 상층 부르주아 평균 수입의 2배 이상 되었다. 피츠 잠 공작은 매년 여름 부르본에서 강가의 집을 빌리는 데만 1,224리브르를 썼다. 거물급 귀족의 수입은 1년에 수십만에서 300만 리브르까지였다. 스트라스부르의 주교는 1년에 40만 리브르를 받았고, 재판장 몰레는 해마다 거의 35만 리브르를 받았다. 오를레앙 공은 1740년에 금리 200만 리브르를 받았고, 혁명 직전 콩티 공의 수입은 370만 리브르 이상이었다.

창녀가 되는 이유, 창녀의 종류

창녀가 되는 이유는 여러 가지였다. 가난도 한 이유였지만, 그보다 앞서는 이유도 많았다. 우선 경찰 보고서에서 한 가지 사례를 읽어 보자.

마리 안 슈비용(Marie Anne Chevillon)

1746년에 태어났으니, 이제 열여섯 살이죠. 브리 콩트 로베르(Brie-Comte-Robert)에서 태어났어요. 아버지는 밀을 체로 치고 고르는 일을 하면서 입에 풀칠하다가 저세상으로 떠나셨죠. 어머니도 데려갔어요. 어릴 때부터 잘 못 먹어서 그런지 몸이 야위었죠. 다행히 키는 보통이랍니다. 계란형 얼굴에 코도 반듯하고, 검은 눈이 살아 있다고들 하네요. 입은 크지도, 작지도 않고, 그저 적당해요. 이도 가지런하고, 피부는 하얗죠. 크게 배우지는 못했지만, 재치 있는 말을 우아하게 하는 덕에 남들이 귀여워해주었습니다.

포도주 상인 풀랭(Poulain)이 같이 살자고 해서 2년 동안 살았습니다. 물론 아기는 낳지 않았어요. '자연을 속이는 기술'을 쓰지 않았는데도 안 생기더군요. 잘된 셈이죠. 살다보면 다투게 되고, 나 같은 년은 버림받기 쉽기 때문이지요.

풀랭과 헤어지고, 곧바로 파리로 왔어요. 쉬지 않고 부지런히 걸으면 하루나 이틀이면 올 수 있는 곳이고, 고향에서는 얼굴이 팔려서 더 이상 살고 싶지 않았어요. 아무래도 대도시에 가면 일자리도 많잖아요. 마침 언니가 파리 고등법원 변호사 드 라 브로스 댁에서 하녀 노릇을 하고 있었기 때문에, 알음알이로 남의집살이를 하기도 쉽다고 생각했죠. 물론 생각보다 간단치는 않았지만요. 현실을 너무 몰랐던 거죠. 금세 그러한 계획을 접었어요.

내 또래 아가씨를 알게 되었는데, 라 페도 거리의 라 바렌(La Varenne)네 집을 드나드는 창녀였어요. 그가 이끄는 대로 그 집에 드나들며 남자들과 놀았죠. 물론 다른 포주의 집에도 드나들었죠. 우리 둘은 죽이 잘 맞아서 함께 세 달 동안 잘 놀고 다녔죠. 그러다가 한군데 정착해야겠다고 결심했어요. 라 바렌 부인이 나를 받아준다고 했기 때문이죠. 새 이름도 지었어요. 레오노르(Léonore)가 탄생하게 되었답니다.

우리가 자유롭게 이 집 저 집에서 부르면 가서 놀고 돈을 받아쓰는 것도 좋지만, 한군데 소속되어 사는 것도 좋습니다. 왜냐하면 단골이 생기고, 잘만 하면 팔자도 고치기 쉽기 때문이죠. 과연, 세 달 뒤, 해군 함장 드 생 뱅상(M. De St. Vincent)씨가 내게 꽂혀서 라 바렌 부인에게 나를 데려가겠다고 말했어요. 라 바렌 부인은 내게 받을 돈이 있으니 먼저 갚고 데려가라고 했지요. 상투적인 흥정이잖아요. 그러나 뱅상 씨는 어리숙하지 않죠. 라 바렌이 달라는 돈을 모두 주지 않고 나를 빼내서, 오를레앙 생토노레 거리(rue d'Orléans St. Honoré)의 빵집 2층에 방을 얻고, 라 바렌에게 주지 않고 남은 돈으로 가구를 사들였어요. 두 달 동안 함께 살면서 내게 옷도 사주고 돈도 주었어요. 그러다가 부대로 돌아갔죠.

산 입에 거미줄 치는 일 없다고, 마침 파리에 오신 비르템베르그

백작님이 나를 한 달만 돌봐주시기로 약속하셨어요. 백작님은 포부르 생 제르맹의 부슈리 거리에 있는 함부르크 호텔에 묵고 계시면서, 딱히 내게 얼마를 주겠다고 약속하지는 않았어요. 그래도 그런 분이라면 입으로 모든 걸 때우려는 사람보다는 한두 푼이라도 더 쥐어줄 것이 분명하니까 난 속으로 옳다구나 했죠. 과연 백작님은 가끔 내게 돈을 주시고, 속옷도 많이 사주셨어요.

백작님이 떠나신 뒤, 샤토 선생(M. Chateau)이 내게 선물을 주면서 찾아오셨어요. 그분은 파리 지사의 비서관이세요. 선물뿐만 아니라 돈도 주셨죠. 그런데 남자들은 왜 그렇죠? 자기는 바람을 피우면서, 나 같은 여자한테 정절을 바라는 게 말이나 됩니까? 물론 자기가 주는 돈으로 치장하고 다른 남자의 마음을 사로잡는 꼴은 못 봐주겠다는 심정도 이해합니다. 그렇다면 한 번 말로 경고해주면 안 되나요? 내가 미용사 포샤르(Pochard)와 사귀는 것을 알고는 그날로 발을 끊을 긴 뭐랍니까?

포샤르는 미용사이고, 내가 거기 가는 이유는 결국 자기한테 잘 보이려는 것인데, 어쩌다 시시닥거렸다고 삐져서 발걸음을 끊다니요! 지금 생각하면 샤토 선생이 옳았는지 모르죠. 그분이 안 오시니 돈도 없고, 돈이 없으니 포샤르에게 갈 일도 없고, 이래저래 나는 빈털터리가 되었답니다.

지금 나는 몽마르트르 거리와 크루아상 거리가 만나는 모퉁이 집에 세를 얻어 살고 있습니다. 요즘은 제조업자 몇 명이 나를 찾아오지요. 그중에서 딱 한 사람에게 마음이 있어요. 르 메냥(Le Maignant)이라고 아주 부자인데, 그의 코를 꿰려고 그물을 펼쳐놓고 기회만 엿보고 있지요. 캐나다 출신 사업가인데, 먼저는 리슐리외 거리의 음료수장수 르 무안(Le Moyne) 집에 사는 생틸레르(St. Hilaire)와 3주 동안 사귀다가 차버리고 나를 쫓아다닌답니다. 뭐 내가 잘나서라기보다는, 생틸레르가 샛서방을 들였기 때문입니다만. 사람들은 내가 샛서방을 보다가 차인 사실을 알고 있기 때문에, 아마 르 메냥이 내게 코를 꿰이는 일이 없을 거라고 말하지요. 그러나 두고 보라죠. 사람 일은 잘 모르는 거잖아요.

19세기 초, 의학박사 파랑 뒤샤틀레(A.-J.-B. Parent-Duchatelet)는 창녀에 대한 사회학적 연구를 내놓았다. 그가 관찰한 결과 거의 모든 창녀는 그 생활을 시작하기 전부터 얼마 동안 무질서한 생활에 젖어 있었다. 그러나 그는 이 같은 이유란 개인적인 것이라고 말하면서, 좀 더 현실적인 이유를 다음과 같이 꼽았다.

게으름이 첫째 이유였다. 그는 수많은 아가씨가 일하지 않고 쉽게 돈을 벌어 쓰고자 하는 욕망 때문에 창녀가 되었다고 분석했다. 둘째 이유는 가난이었다. 셋째는 허영심으로서, 수많은 아가씨, 특히 파리 같은 대도시의 아가씨들은 화려한 옷을 입고 빛을 내보려고 창녀가 되었다. 넷째, 남자들의 꾐에 빠졌다가 버림받고 고향으로 되돌아 갈 용기가 없기 때문에 차라리 창녀가 되었다. 다섯째, 가정문제, 예를 들어 계부나 계모의 학대를 피해서 집을 나왔다가 창녀가 되었다. 여섯째, 집이나 공장에서 좋지 못한 행실을 배우고 나서 창녀가 되었다. 일곱째, 공장 같은 데를 다니다가 일자리를 잃고서 창녀가 되었다.[30]

창녀는 여러 부류였다. 첫째는 사회 각계각층의 기혼 여성으로서 몸을 파는 부류, 둘째는 여러 극장에 속한 배우, 들러리역, 무용수 가운데 몸을 파는 부류, 셋째는 첩으로 사는 부류가 있었다. 특히 세 번째 부류는 호화로운 집에 하인까지 부리면서 사는 여자부터, 초라한 방 한 칸에서 이따금 찾아오는 남자에게 의존하는 여자까지 여러 층으로 분류할 수 있다. 이 세 부류야말로 야망, 자만심, 오만, 욕심, 사기, 거짓말, 잔꾀, 거짓 꾸밈, 부정, 배신, 음흉이라는 악덕을 가졌다고 한다.[31]

넷째 부류는 부르주아 계층의 여인, 여자 노동자, 가게 점원으로서, 일과시간이 끝나면 포주의 집으로 가서 밤을 지냈다. 이런 여자는 사치에 대한 욕망 때문에 일을 했다고 한다. 그러나 다른 한편으로 당시에는 여성을 더 차별했기 때문에, 똑같은 일을 하고서도 남성의 절반밖에 벌지 못하는 생활고에 시달리는 여성이 마지막 수단으로 매매춘의 세계로 발을 들여놓는 상황에 대해서도 생각할 수 있다.

다섯째 부류는 여관에 살면서 몸을 파는 아가씨들이다. 이들은 자기 주소를 널리 뿌려 놓고 손님이 오면 받거나 유명한 포주가 부르면 가서 놀아주고 사례를 받았다. 이렇게 출장을 가는 경우 이들은 주문대로 가게 여점원, 노동자, 시골에서 막 올라온 순진한 처녀 노릇을 해낸다. 『구르당 부인의 편지』에도 이와 관련된 내용이 나온다.

> 당신이 말한 아가씨를 월요일에 보내줘야 한다는 사실을 잊지 마시오. 아가씨에게 부르주아식의 옷을 입히고, 나이 든 아낙을 어미라고 해서 함께 보내시오. 그들 손에는 서류를 들려서 마치 내게 청원서를 내려 오는 것처럼 하시오. 나는 문지기에게 그런 사람들이 올 테니 들여보내라고 말해두겠소. 그들 이름은 뒤부아 모녀라고 하시오. 내가 얼마나 너그러운 사람인지 당신에게 보여주겠소.

이들은 자기 주소를 널리 뿌려 놓고 손님이 오면 받거나 유명한 포주가 부르면
가서 놀아주고 사례를 받았다.

이 편지는 1776년 2월 26일 어떤 재판장이 쓴 것이라고 했다. 그는 성상납을 받으면서도, 사회적 체면 때문에 마치 청원서를 받는 것처럼 꾸미려고 했다. 구르당 부인이 송사에 휘말렸을 때, 이를 봐주는 대신 성상납을 받으려고 한 정황도 있다.

여섯째 부류는 바로 논다니 집 전속 창녀다. 이들은 포주의 보호를 받으면서 먹고 입고 머리를 손질하고 화장을 한다. 이들은 포주를 '엄마'(maman)라고 부른다. '엄마'는 이들에게 필요한 것을 모두 대주기 때문에, 이들은 오직 '엄마'를 위해서 일을 하고, 자신들은 단지 '리본값'(les rubans)만 받는다. 리본값이란 이 세계의 곁말로서, 단골손님이나 봉이 주는 돈을 뜻한다.

마지막으로, 거리에 나가 직접 손님을 끄는 매춘부가 있었다. 이들은 가끔 포주가 부르면 가거나, 특정 포주를 대신해서 호객행위를 하는데, 이 경우 이익을 반으로 나누었다.[32]

화류계 명심보감

18세기에는 "화류계에 들어가 자연으로부터 받은 매력을 가지고 한 밑천 잡으려는 아가씨를 위한 지침"이 있었다.[33] 이 지침이 순전히 어느 작가의 상상에서 나온 것인지, 실제로 그러한 집에서 오가는 이야기를 정리한 것인지 알 수 없다. 그러나 마흔 가지나 되는 지침을 읽어보면, 굉장히 현실적이라서 있음직하다는 생각이 든다. 그 세계에서 밥을 먹고사는 사람들이 지침대로 몸가짐, 마음가짐을 조금도 흐트러지지 않게 유지하여 손님을 대한다면 성공할 만했다. 사실 이러한 지침은 모든 서비스 업종까지 확대해서 적용할 수 있다.

1. 절대적으로 청결하라. 입 냄새를 풍기지 않도록 하라. 세상에서 가장 예쁜 입에서 나오는 불쾌한 냄새를 참을 사람은 없다. 또한 쾌락의 샘도 깨끗하게 만들어 늘 신선한 매력을 지니도록 하라. 사랑의 신은 자기 창을 시궁창에 찌르고 싶어 하지 않는다.

2. 언제나 즐거워하라. 슬픈 얼굴은 당신을 지겹게 보이게 만들어 사람들을 멀리하게 만든다. 만일 당신이 변덕스러운 사람이라 할지라도 쾌활한 상태에서 변덕을 부려야 한다는 점을 잊지 말라.

3. 당신을 보살펴주는 사람의 성격을 연구하라. 그가 원하는 것이 무엇인지 미리 알아서 챙겨야 하기 때문이다. 당신은 장갑처럼 부드

럽게 굴어야 한다.

4. 사랑의 행위에서 비록 아무런 쾌감을 느끼지 못한다 해도 마치 가장 큰 쾌감을 느낀 체 하라. 그래야만 상대방은 자기가 당신을 즐겁게 해줄 수 있다고 믿으면서 더 큰 즐거움을 맛볼 것이다. 사람들은 대체로 자기가 느끼는 행복을 남과 나누기 좋아하는 법이다.

5. 남자들의 괴상한 취미에도 적절히 대응할 줄 알아야 한다. 그러나 그 전에 상대방에게 조금 싫은 내색을 지은 뒤, 사랑을 위해서 당신이 양보한다고 믿게 하라. 이것이야말로 중요한 기술이다.

6. 재치 있는 정신을 기르고 음악이나 춤 같은 즐거운 재능을 계발하려고 노력하라. 사람들은 예쁜 얼굴만 보고 오랫동안 지낼 수 없다.

7. 당신이 상대방의 열정을 알고자 한다면 사랑을 하고 난 뒤 시험하라. 만일 그의 욕망이 여전하다면 진정 당신을 사랑하는 것이다. 그러나 만족하는 척 하면서도 곧 당신을 홀로 내버려 둔다면 그의 애정이 오래가지 못할 것이며 단지 육체적 감각에만 바탕을 두었다는 증거다.

8. 당신의 상대가 당신을 존중하도록 만들라. 비록 당신이 보잘 것 없는 가정에서 태어났다 할지라도 상대와 똑같은 신분처럼 굴어야 한다. 사랑은 우리 모두를 평등하게 만들어놓았으니까.

9. 당신이 거느린 사람을 잘 대해주어라. 그러나 그들이 언제나 당신과 자기 사이에는 차이가 있음을 느끼도록 만들라. 될수록 그들에게 배신감을 안겨주지 않도록 하라. 그래야만 그들이 비록 당신의 비밀을 안다 해도 황금 같은 무게로 입을 열지 않을 것이다.

10. 당신 집에서는 당신만이 연인을 가질 수 있음을 명심하라. 당신 하녀가 연인을 가지는 것을 묵인하지 말라. 그들이야말로 주인의

피를 빠는 흡혈귀가 되기 때문이다.

11. 남자를 취향대로 고르지 말고, 오직 돈 많은 남자를 잡아라. 그리고 상대가 망하면, 뜸들이지 말고 헤어져라. 만일 당신 남자가 당신과 헤어지기 바라면, 당장 그를 대신할 남자를 구하라. 아무런 가치도 없는 사람을 절대로 붙들고 늘어지지 말라.

12. 거짓 눈물을 흘리고, 감상적인 말, 명예로운 말, 거짓말, 잔인한 말도 할 줄 알아야 한다. 그러나 이러한 무기를 쓸 때는 아주 조심해야 성공할 수 있음도 잊지 말라.

13. 당신의 남자로부터 될수록 많이 뽑아내려고 노력하라. 그를 우려먹을 방법을 연구하되 노골적으로 써먹지 말라. 특히 당신이 그런 관심을 갖고 있음을 드러내지 않도록 노력하라.

14. 낭비벽이 있는 척하라. 그래야만 남자가 당신에게 돈을 많이 주게 될 것이다. 그렇지만 진짜 낭비하지는 말라.

15. 당신에게 살림을 차려준 사람 말고도 젊고 돈 많은 남자를 연인으로 두라. 당신은 그로부터 선물을 받을 수 있을 테니까. 그러나 그를 기둥서방으로 삼지는 말라. 그러면 그는 여느 여인의 기둥서방처럼 당신을 반드시 파멸시킬 것이다.

16. 만일 당신 연인이 신중하게 행동하려 들지 않고 당신이 정해준 시간이 아닌 때 불쑥 찾아온다면, 당신이 그를 사랑하더라도 버려야 한다. 당신은 언제나 "플루투스(재물의 신)에게 사랑을 희생시켜야 한다"는 숭고한 금언을 새기고 있어야 한다.

17. 당신은 당신에게 옷을 선물할 어린 남자 요정을 가질 수도 있다. 그러나 그가 너무 어리고 높은 신분이어서는 안 된다. 당신은 그와 함께 사람들 앞에 나서고, 그의 시중을 받아야 할 테니까 말이다. 당신은 당신 남자에게 그를 친척이나 일 때문에 아는 사람이라

고 소개하면 별일 없을 테지만, 만일 남자가 싫은 내색을 하면 곧 젊은 요정과 헤어져라.

18. 늙은 벼락부자 한두 명쯤 알아두라. 당신은 그들에게 가끔 친절하게 굴라. 그러다가 필요한 때 경비를 지불하게 하고, 당신 남자가 집에 없을 때 놀러오게 만들라.

19. 당신보다 더 예쁜 여자 친구를 갖지 말라. 당신은 남자를 빼앗기게 된다.

20. 당신이 어떤 여인과 함께 사람들 앞에 나서야 할 때에는 사람들이 당신에게만 관심을 갖게 만들라.

21. 당신이 너무 알려지지 않도록 하라. 사람들은 "나는 지금 별로 알려지지 않은 아가씨에게 살림을 차려줬다"고 말하기 좋아하니까.

22. 애교를 부리되 천박하지 않게 하라. 남들 앞에서는 조신한 척하고 연인과 둘이 있을 때만 장난꾸러기가 되라.

23. 당신의 말을 조금 꾸미노록 하라. 모호하지만 즐거운 말은 사람의 마음에 들지만, 이름을 대면서 하는 말은 식상하기 쉽다. 맹세를 쉽게 하지 말라. 일단 맹세를 하려면 우아하게 하라. 예쁜 여인의 입에서 나오는 맹세는 매력 있는 것이니까.

24. 술을 취하도록 마시지 말라. 술에 취하면 짐승처럼 되기 쉽다. 즐겁고 유쾌한 기분을 느낄 만큼만 마시라. 그러나 술을 마셔도 기분이 좋아지지 않는다면 술을 삼가려고 노력하라. 샹파뉴 몇 잔을 마시면 새로운 매력과 우아함을 얻는 여인이 있다.

25. 분을 바르지 마라. 그것은 피부를 파먹고 윤기를 사라지게 만들기 때문이다. 연지를 알맞게 쓰도록 하라. 그야말로 자연스러운 것이기 때문이다.

26. 비싸지는 않더라도 우아한 옷을 입도록 하고 자주 바꿔 입도

록 하라.

27. 거울을 자주 보되 유행의 노예가 되지 않도록 하라.

28. 행동을 신중히 하라. 처신을 잘못하다가 병원에서 숨을 거두는 여인이 많다.

29. 당신 남자가 당신을 떠날 때 당신에 대해 악담을 하지 못하게 하며, 헤어지고 나서도 언제나 일정한 관계를 유지하도록 하라.

30. 다른 사람의 감정을 잘 다스려라. 자주 연극을 보고 원한, 결별, 화해의 장면에서 어떻게 하는지 배우라. 남의 첩살이를 하는 여인은 조금은 연극배우 노릇을 해야 한다.

31. 당신이 외국인의 첩이 된다면 다른 것을 고려할 필요가 없다. 그들이 머무는 시간이 짧기 때문에 적극적으로 자존심을 조종해서 뭉텅이 돈을 쓰게 만들라. 아가씨는 오직 상대를 바꾸는 과정에서만 돈을 벌 수 있다.

32. 신분이 낮은 남자의 첩이 되지 말라. 사람들은 자기보다 낮은 신분의 사람의 뒤를 잇는 것을 좋아하지 않는다. 사람들은 이렇게 말하기를 좋아한다. "내 첩은 전에 아무개 공작, 또는 아무개 후작, 또는 아무개 백작의 첩이었지."

33. 연극인의 첩이 되지 말라. 생활의 기복이 너무 심하고 견딜 수 없는 농담을 견뎌야 하기 때문이다.

34. 만일 어떤 대신의 첩이 된다면, 그것보다 더 재산을 모을 수 있는 길은 없을 것이다. 그러나 서둘러서 한밑천 잡아야 한다. 잠자리에 들 때는 대신이었다가 깨어나니 다른 사람에게 그 자리를 빼앗기는 경우가 많으니까.

35. 반드시 오페라의 증서를 한 장 갖도록 하라. 그래야만 경찰의 명령에서 벗어날 수 있다. 그걸 받는 데 큰 어려움은 없다. 돈만 내

면 받는다.

36. 남자 포주를 친구로 삼아라. 그들은 당신이 낀 연회를 주선하고, 외국인이나 높으신 나리들에게 당신을 천거할 수 있기 때문이다. 그러나 그들과 계산을 정확히 하도록 하라. 그들은 별로 셈을 제대로 해주지 않기 때문이다.

37. 주교 같은 거물급 종교인을 피할 이유란 없다. 그들은 사람들이 흔히 하는 말처럼 껍데기를 벗기기 좋은 상대다. 더욱이 속이기도 쉽다. 그들은 정해진 시간에만 오고 옷차림이 눈에 띄기 때문에 밤을 지내고 가는 일이 별로 없다. 더욱이 그들은 쉽게 갈아치울 수 있다.

38. 첩살이를 하는 아가씨는 아기를 갖지 않도록 조심해야 한다. 몸매를 엉망으로 만들고 아프로디테 여신이 사는 곳과 그 주변의 매력을 파괴하기 때문이다.

39. 자주 밤샘하지 않도록 하고 독주를 너무 많이 마시지 말라. 여인을 망치는 일이기 때문이다.

40. 끝으로, 첩살이를 하는 아가씨는 자기에게 돈을 가져다주는 손이라면 그 어떤 손이라도 잡아야 한다.

'사랑은 모두를 평등하게 만들었으니까', '발가벗은 상태에서는 당당하게 행동하라'고 권고하는 처세술은 몇몇 가시를 빼면 모든 사업에서도 통할 만하다. 적당히 연극도 할 줄 알고, 매정하게 맺고 끊을 줄도 알아야 하며, 몸이 밑천이기 때문에 몸을 상하지 않도록 술을 절제하고, 첩 노릇을 하려면 되도록 신분을 고려하라는 권고는 신분사회의 문화를 반영할 뿐만 아니라, 오늘날의 매매춘의 세계에서도 유효할 것 같다. '쾌락의 공화국'에서는 물질의 합리화야말로 가장 기본 원칙이다. 몸의 위생, 건강을 지켜야 돈이 따르게 마련이니까. 또 아무리 돈을 많이 벌었다 해도, 병치레하면서 돈 잃고 생명까지 잃으면 물거품 같은 인생일 테니까.

'화류계의 명심보감'이 아니라도 유명한 뚜쟁이나 포주는 자기 집에서 통하는 규칙을 정해 놓았다. 포부르 생 제르맹에서 아가씨를 데리고 장사하던 플로랑스는 모두 18개조의 규칙을 정했다. 제1조에서 "자기 매력을 이용해서 이익을 보려는 모든 아가씨나 부인은 자신을 상인으로 생각하고 오직 이익과 벌이만 생각할 것"을 강조하고, 제4조에서는 "남보다 돈을 후하게 내면서도 별다른 속셈이 없는 사람을 우선 모시라"고 가르치며, 제7조에서는 "돈을 받고 하는 사랑에는 아무런 불쾌감을 가질 것이 없으니, 돈을 내는 남자의 모든 변덕을 견디라"고 인내를 요구한다. 제12조에서는 외국인과 프랑스 인이 한꺼번에 자기를 원할 때에는 망설이지 말고 외국인을 선택하라고 권한다.[34]

플로랑스의 좌우명과 구르당 부인의 지침을 비교해 보면, 역시 구르당 부인의 것이 더욱 냉정하고 현실적이다.

1. 모든 아가씨는 서로 정직한 관계를 유지해야 하고 서로에 대해 바보 같은 이야기를 하지 말아야 한다. 만약 이를 어기면 구르당 부인의 사랑을 잃을 것이며, 두 번째에는 한 달 동안 일을 얻지 못한다.
2. 자기 동료에게 손찌검을 하는 아가씨는 영원히 추방한다.
3. 욕을 하고 화를 내는 아가씨는 그날 번 돈을 벌금으로 내야하고, 사흘간 늙은이 시중을 들게 한다.
4. 모든 아가씨는 하녀에게 부드럽고 친절하게 대해야 한다. 만일 하녀에게 불만이 있다면 직접 구르당 부인에게 알려야 하며 스스로

가르치려 들지 말아야 한다. 만일 이를 어길 경우 하루치를 벌금으로 내고, 이틀간 늙은이 시중을 들어야 한다.

5. 손님에게 정직하게 대하지 않아서 손님의 정당한 불평을 사는 아가씨는 세 달간 일을 못하고, 다시 그럴 경우 영원히 떠나게 한다.

6. 어떤 아가씨도 남자 미용사나 하인과 친하게 지내서는 안 된다. 이를 어길 경우 영원히 추방한다.

7. 아가씨를 손님에게 소개하려고 응접실로 부를 때, 그 누구도 큰 소리로 자기가 좋아하는 아가씨 이름을 불러서는 안 된다. 단지 얼굴과 행동으로 손님을 즐겁게 만드는 아가씨가 최고지, 자기네끼리 서로 친하다고 불러주어서는 안 된다. 이를 어길 때, 사흘 치 일당을 벌금으로 내고 보름 동안 늙은이 시중을 든다.

8. 손님이 아가씨 마음에 들지 않는 방식으로 놀자고 할 때 아가씨는 그를 거절해도 좋다. 그러나 즉시 구르당 부인에게 그 사유를 정확히 보고해야 한다.

9. 만일 아가씨가 자기를 규방으로 안내한 하녀의 입을 통해 손님이 시킨다는 말을 듣지도 않았는데도 옷을 벗는다면 팔 일치 일당을 벌금으로 내고 보름간 늙은이 시중을 든다.

10. 건강이 좋지 못하면서도 알리지 않는 경우 영원히 추방한다.

11. 늙은이를 잘 모시지 않는 아가씨는 팔 일치 벌금을 내고, 또다시 그런 일이 있으면 보름치 벌금을 낸다. 세 번이나 그렇게 한다면 육 개월간 일을 못 한다.

12. 이상한 취미에 동조할 때 하녀가 말리는 말을 듣지 않는다면 팔 일치 벌금을 내고 한 달간 늙은이 시중을 든다.

13. 밖에서 출근하는 아가씨가 손님에게 자기 집 주소를 알려주는 경우 영원히 추방한다.

14. 아가씨들은 집안의 가구와 집기에 대한 책임이 있다. 손님을 모시다가 가구에 손상을 입힌 경우 현장을 떠나기 전에 알려야 한다. 그렇지 않으면 아가씨가 변상해야 한다.

15. 어떤 아가씨도 창가에 앉아 거리를 내다보지 못한다. 어길 경우, 하루치 벌금을 내야한다.

16. 밤참 때 너무 마시고 실수하는 아가씨는 하루치 벌금을 내고 이틀간 늙은이 시중을 든다.

17. 갱년기에 들어선 사실을 알리지 않는 아가씨는 보름간 늙은이를 모신다.

18. 시내에서 연회를 한 뒤 정확히 셈을 하지 않으면 영원히 추방한다.

19. 손님의 물건을 훔치는 아가씨는 영원히 추방한다.

20. 모든 벌금은 이 집에서 봉사하다가 병에 걸리는 아가씨를 보살피는 기금으로 쓴다.

'늙은이 시중'이 자주 나오는 것으로 봐서, 그것은 무거운 벌이 분명하다. 대부분의 아가씨는 늙은이보다 젊은이를 상대하는 편이 더 쉬웠을 것이다.

사랑하는 엄마, 늙은 호색한들이 밤참을 먹을 때면 제발이지 저를 보내지 말아주세요. 늙은이들에게 몹시 시달려야 하기 때문에 힘이 듭니다. 그들은 우리 몸을 계속 주무르면서 못살게 굴며, 우리는 사람의 것이라기보다는 차라리 주름투성이의 가죽 같은 물건을 잡고 한없이 흔들어줘야 하기 때문이지요. 거기서 무슨 즐거움을 얻겠어요? 지극한 고통만 얻을 뿐. 저는 자유분방한 생활에서 돈도 벌고 쾌락도 얻고 싶어요. 사랑하는 딸이……

1783년 6월 12일, 파리에서

마드무아젤 뤼세트 올림

제10조는 중요하다. 특히 성병을 앓으면서 적절한 조치를 취하지 않고 손님에게 옮기는 경우 그 화가 구르당 부인까지 미치기 때문에 그러한 일을 엄중히 예방해야 했다. 제13조는 단골손님을 빼가려는 아가씨를 매장하는 규정이다. 제15조의 경우, 일종의 호객행위를 단속하려는 의도를 보여준다. 구르당 부인의 집 동네가 모두 그 집을 너그럽게 생각하지 않았고, 경찰도 풍기단속을 철저히 해야 할 의무가 있었으므로, 구르당 부인은 되도록 책잡힐 일을 하지 말아야 했다. 특히 창가에 앉아서 지나가는 사람들에게 장난을 치거나 유혹하는 행위는 경영자에게 대단히 위험했다. 제18조의 경우, 시내에서 연회를 할 때, 구르당 부인은 아가씨에게 필요한 돈과 비상금을 합쳐서 충분히 줘보내고 나중에 남는 돈을 돌려받았다. 그때, 정직하지 못한 행위가 발생할 수 있었기 때문에, 그것을 방지하는 조항이라 하겠다.

구르당 부인의 가훈은 대체로 아가씨들을 일과 돈으로 통제하려는 원칙을 담았다. 가훈을 읽으면서, 우리는 반대추론도 할 수 있다. 아가씨들은 아무리 돈을 내는 다 같은 손님이라도 변덕스럽거나, 변태행위를 즐기거나, 아주 무능력하거나, 이른바 업계에서 '진상'이라고 통하는 사람보다는 나긋한 사람을 서로 차지하려고 머리를 굴리고, 싸움까지 했던 것 같다.

하녀와 창녀 사이에도 갈등이 존재했음을 본다. 하녀는 자존심을 앞세우며 창녀를 우습게 여겼고, 창녀는 손님이 우선이므로 조금이라도 준비가 제대로 안되었을 경우 하녀를 탓했을 것이다. 결국 그 손해는 구르당 부인에게 고스란히 돌아가기 때문에, 규칙에 명시했다. 그리고 하녀는 아가씨가 구르당 부인의 지침을 충실히 따르면서 손님을 대하는지 아닌지 관찰하고 보고하는 역할을 했기 때문에, 아가씨에게는 못된 시누이 정도의 위치였을 것이다.

구르당 부인은 고객 만족도를 높이려고 노력하고, 아가씨가 손님의 평점을 낮게 받을 때 쫓아내기도 했다. 게다가 아가씨와 집안에서 부리는 남성(미용사, 하인, 요리사)이 부적절한 관계로 발전하는 것도 경계의 대상이었다. 그것은 결국 구르당 부인에게 거짓 정보와 손해를 가져다주기 때문이다. 또한 수많은 벌금제도와 벌, 추방은 하녀를 구하는 일보다 창녀를 구하는 일이 쉬웠음을 반증하기도 한다.

아가씨들의 하루

쾌락의 세계에도 규율이 있었다. 더욱이 조직사회였고, 이익을 내야하는 사업이었기 때문에, 다른 경쟁자보다 특이하고 진기한 구경거리와 기술을 익혀야 했다. 또한 손님을 받지 않는다고 아무 일도 하지 않고 있다가는 뒤처지고 잊히기 쉬웠다. 아가씨들은 굳이 누가 시키지 않아도 익혀야 할 일이 있음을 알았다.

아가씨들은 포주에게 돈을 벌어주고, 한 살림 차려줄 사람을 만나는 것을 바랐기 때문에, 손님에게 여러 가지 즐거움을 주는 방법을 익혀야 했다. 한마디로 말해서, 엄격한 포주 밑에서 질서, 정직, 예의를 배우고, 손님에게 온갖 육체적 즐거움을 베푸는 기술을 익히는 것이다.

이들은 아침 여덟 시에 일어나 목욕하고, 아홉 시에 모두 한 자리에서 아침을 먹는다. 열 시에 미용사가 와서 아가씨들의 머리와 화장을 도와준다. 이들은 속이 비치는 실내복을 입고 간단하지만 우아한 장신구를 달고 지낸다. 팔, 다리, 어깨, 가슴, 발은 대개 맨살을 드러낸다.

화장을 한 뒤, 모두 화려한 살롱에 모여 작업을 시작한다. 각자 여자로서 해야 할 일을 한 가지씩 한다. 바느질이나 뜨개질을 하는가 하면, 기타나 하프를 연주하고, 흥이 나면 노래도 부른다. 춤과 노래는 저녁 손님들을 위해서 반드시 익혀야 하는 과목이었다. 손님 가운데 새로 나온 노래 가사를 사가지고 오는 사람이 있었다. 그가 가사를 주면서 어느 곡에 맞춰서 불러야 한다고 지정을 해주면, 아가씨는 그 곡조에 맞춰서 가락을 뜨면서 노래를 했다.

아침나절에는 단골손님 가운데 특정 아가씨를 좋아하는 사람이 찾아오기도 했다. 다른 아가씨는 질투해서도 안 되고 그 손님이 찾는 아가씨를 조용히 불러서 내보내줘야 했다.

오후에 늦점심이 끝난 뒤 손님이 찾아오기 시작하면 그들에게 아이스크림이나 시원한 음료를 대접하고, 손님 취향에 맞춰 차를 대접하기도 했다. 거기서 손님은 자유롭게 자기가 원하는 여자를 고르게 된다.

여자를 고르는 방법은 두 가지였다. 하나는 직접 보고 고르는 방법이었고, 둘은 간접적으로 보고 고르는 방법이었다. 직접 고르는 경우, 자기가 알던 아가씨를 부르거나, 또는 대기실에서 무관심한 척 앉아 있는 아가씨 가운데 한 명을 지목했다. 간접적인 방법은 응접실에 걸린 초상화 가운데에서 마음에 드는 용모의 아가씨를 부르는 것이었다. 벽에 걸린 초상화를 엎어 놓은 것은 그 주인공이 지금 바쁘다는 뜻이었다.

신분을 드러내지 않고 논다니 집을 출입하는 사람은 좀 더 특별한 대우를 받았다. 그가 비밀 층계를 이용해서 포주를 찾으면, 포주는 조용한 방으로 그를 안내한다. 포주는 그에게 '미인들의 책'(Livre des beautés)을 줘서 아가씨를 고르게 한다. 이것은 아가씨들의 신체 조건을 적고 가죽으로 표지를 만들어 묶은 그림첩이다.

특별한 손님은 포주를 만나서 1루이를 주고 여기까지 들어와 아가씨를 골랐다. 이 돈에는 간단한 음식까지 포함되었다. 만일 손님이 조금 눈치가 있어서 포주에게 1루이가 아니라 2루이라도 준다면 포주는 그 손님을 더욱 정중히 모셨다. '수녀원장'은 단순한 신상명세첩이 아니라 '열정의 등록부'(Le Registre des Passions)를 가져다준다. 그것은 아가씨들의 특기를 자세히 적은 책이다. 그뿐만 아니라 그 집의 방마다 어떤 즐거움이 기다리고 있는지 자세한 시설도 함께 적었기 때문에, 어떤 아가씨와 어떤 방에서 어떤 일을 할 수 있는지 손님에게 알려주는 책이었다.

일단 '수녀원장'이 손님의 취향을 알고 나면 그가 지목한 아가씨와 연결된 줄을 당겼다. 아가씨는 비밀 통로를 따라 손님이 지정한 방으로 가서 소파에 아무렇게나 흐트러진 자세로 누워서 기다렸다.[35]

이러한 집에서 손님에게 해줄 수 있는 일은 어떤 것이었으며, 그 값은 얼마였을까? 다행히 로숑 드 샤반은 1750년대에 이름을 날리던 포주 라 파리(La Paris)의 집에 관해 재미있는 글을 남겼다. 로숑 드 샤반은 극작가가 되기 전에 이 책을 무플 당제르빌과 함께 쓰고 바스티유에 갇혔다. 저자는 라 파리의 집에 갔다가 별 재미를 보지 못해 실망이 크던 차에, 라 파리의 곁방에서 두루마리가 눈에 띄어 몰래 가지고 나왔다. 그 두루마리에 적힌 글이 바로 이 책의 제목인 『여러 가지 초벌그림, 또는 룰 저택의 역사를 위한 비망록』이었다.[36] 30년 뒤에 『구르당 부인의 지갑』의 저자가 구르당 집에서 편지를 한 묶음 집어가지고 나와 책을 쓴 수법은 분명히 이 같은 선배가 가르쳐준 것이었다. 이처럼 어떤 책은 다른 책을 낳는 영감의 원천이 된다.

로숑 드 샤반의 책에서 당시 손님이 즐기던 방식과 값을 알 수 있다. 논다니 집은 '짧은 시간'(Passade), '저녁이나 밤참'(Dîner et souper), 그리고 '온 밤이나 외출'(Couchers et Promenades)의 세 종류를 제공했으며, 세 가지 모두 상, 중, 하로 등급을 나누었다. 손님은 자기 형편대로 아홉 가지 가운데 하나를 골랐다.

	1. 짧은 시간	2. 저녁이나 밤참	3. 온 밤이나 외출
1등급	12리브르	24리브르	48리브르
2등급	6리브르	12리브르	24리브르
3등급	3리브르	6리브르	12리브르

'프랑스 혁명'이 정치, 사회, 문화의 모든 면을 크게 변화시켰고, 공포정이 '정치적 순결'만을 강요했다 할지라도, 다시 말해서, 반혁명(anti-révolution), 반동혁명(contre-révolution)을 용납하지 않았다 할지라도, 육체적 순결을 우습게 아는 쾌락의 세계에는 제대로 영향을 끼치지 못했다. 혁명기에도 논다니 집은 여전히 장사를 했다. 1790년, 쾌락을 찾는 사람들이 다니던 논다니 집은 다양했다.

'흑인들의 집'(Bordel des Negresses) — 마드무아젤 이자보가 경영하는 가게로, 혼혈(유럽과 아메리카 원주민, 유럽과 아프리카) 여성을 만나는 논다니 집.

'처녀들의 집'(Bordel des Pucelles) — 마담 모르강이 경영하는 논다니 집. 처녀가 있다는 말은 믿을 수 없으나, 손님에게 온갖 여성을 소개한다.

'멋진 아가씨들의 집'(Bordel des Elégantes) — 오페라 배우였던 마드무아젤 데르비외가 경영하는 집. 부유한 손님만 드나들고, 아가씨는 주로 오페라 배우나 무용수다. 호화판 음식과 여흥을 즐기고 난 뒤,

짝을 맞출 수 있다.

'부르주아 아가씨들의 집'(Bordel des Bourgeoises) – 마담 뒤크레가 운영하는 집. 금화 2루이(48리브르)를 내면, 좋은 음식을 먹고, 자신이 원하는 부르주아 아가씨와 오후 3시부터 9시까지 잘 수 있다. 아가씨는 그 뒤 집으로 돌아가 부모에게는 연극을 보고 오는 길이라고 말한다.

'잿빛 점원 아가씨들의 집'(Bordel des Grisettes et Marchandes) – 이 집에서는 "밤중에 보면 모든 고양이가 회색이다"라는 가훈을 걸고 장사를 한다. 마드무아젤 앙드레는 6리브르부터 12리브르를 받고 음식을 대접한다. 그는 자기 수고비로 3리브르만 받는다.

'시골 아가씨들의 집'(Bordel des Provinciales) – 마담 들로네의 논다니 집. 코(Caux), 아를랑(Arlanc), 플랑드르 지방의 아가씨들이 자기 지방의 옷을 입고 사투리를 쓰면서 시중을 든다. 12리브르를 받지만, 온 밤은 15리브르다.

'호색가들의 집'(Bordel des Paillards) – 마담 라페리에르의 빵집. 그는 더운 음료를 제공하여, 늙은 호색가들을 흥분시킨다. 이러한 기술로 늙은이는 땀을 흘리면서 자극을 받게 된다. 이때 마담은 채찍으로 늙은이를 더욱 흥분시키고 쾌감을 느끼게 한다. 채찍은 가시가 달린 것, 매듭을 지은 것, 깃털로 만든 것의 세 종류다.

'모든 여성의 집'(Bordel Mixte) – 마담 블롱디가 두 군데나 운영하는데, 아가씨나 기혼여성, 여러 나라에서 온 여성을 모두 제공한다. 소녀부터 30대 부인까지, 봐줄만 한 여성부터 한물간 여성까지 모두 제공하면서, 단 한 번에 3리브르부터 24리브르까지 받는다.

고민 상담

밖에서 혼자 살거나 남의 첩살이를 하는 아가씨는 주로 포주에게 편지로 보호를 요청했다. 마드무아젤 로즈는 집에서 부모 허락도 받지 않고 나와 구르당 부인 집을 드나들었다. 그런데 부모가 어떻게 해서 그가 사는 집을 알아냈고, 본가로 강제로 끌고 가려 했다. 아마 그 뒤에는 집안 망신을 시켰다고 감옥에 넣을 것이 뻔하므로 로즈는 두려워하며, 구르당 부인이 경찰과 끈이 닿으니 부모에게 끌려가 감옥에 들어가지 않도록 손을 써달라고 호소했다.

그 시대의 가족은 규모가 작은 사회, 또는 국가와 같아서, 가장은 가족 구성원을 공권력의 힘을 빌려 처벌할 수 있었다. 이렇게 해서, '가족수인'(prisonnier de la famille)이 생겼다. 가족의 요청으로 수감할 경우, 경비를 전적으로 가족이 대는 경우, 국가가 대는 경우, 일정한 조건을 다는 경우로 나눌 수 있었다. 가족수인이 되는 사례로는 신앙문제, 풍기문제가 많았다.

구르당 부인에게 쓴 편지 가운데에는 좀 더 현실적인 내용으로 아가씨들끼리 싸우는 얘기, 손님과 놀다가 손님끼리 싸우는 바람에 아무런 잘못도 없이 경찰에 잡혀가 구원을 청하는 얘기가 있는가 하면, 동성애 문제도 나타났다.

마담, 만일 제게 관심을 보여주지 않으시면 저는 어찌될지 몰라요. 제가 겪은 일을 말씀드릴게요. 지난 화요일, 저는 니콜 집에 갔는데요. 젊은이 셋이 제 집에서 함께 밤참을 먹자고 제안했어요.

저는 그러자고 했죠. 그리고 밤참은 아주 즐거웠어요. 술도 많이 마셨죠. 그러나 돈을 내야할 때가 되자, 셋이 서로 싸우기 시작해요. 금방 칼을 빼들어요. 제가 말리려 해도 소용없어요. 저는 도움을 청했지요. 마침 집 앞을 지나던 순찰대가 제 방으로 들어오는데 싸우던 사람 가운데 한 명이 칼을 맞고 쓰러졌어요.

순찰대는 우리를 모두 체포하고, 한편으로 검사를 찾고, 다른 한편으로는 의사를 불렀어요. 검사는 조서를 꾸민 뒤 저를 생 마르탱(창녀의 감옥)으로 보냈어요. 칼부림을 한 사람들은 수도원 감옥(주로 군인을 넣는 감옥)에 보내고, 다친 사람은 집으로 실어갔어요. 그는 위독하대요.

마담, 세게 잘못이 없는 줄 아시겠죠? 마담의 도움만 기다립니다. 마담은 제가 곤경에 빠질 때마다 늘 도와주셨죠?

마담, 늘 존경합니다. 저는 마담에게 앞으로도 성실히 봉사하겠습니다. 안녕히 계세요.

1774년 1월 4일, 생 마르탱에서

마드무아젤 빅투아르 올림

＊　＊　＊

경찰 하사관인 보지엥 씨는 저에게 내일 아침 열 시까지 경찰서로 나오라고 명령했습니다. 아마 제가 니콜레의 집에서 윌랄리와 다툰 일 때문일 거예요. 저는 이 일에 대해서 보지엥이 원하는 대로 해줄 테니까 확실히 유리한 대접을 받겠지요. 일을 원만히 해결하려면 이렇게 하는 수밖에 없겠죠.

하지만, 엄마, 내일 제가 들고 갈 편지 한 장만 써주세요. 엄마는 그와 잘 아시잖아요.

1781년 12월 23일, 파리에서

마드무아젤 로제트 올림

＊　＊　＊

사랑하는 엄마, 저는 앞으로 쥐스틴하고는 함께 밤참 모임에 나가고 싶지 않아요. 쥐스틴은 남의 호의를 제대로 받을 줄도 모를 뿐만 아니라 적당히 취하면 언제나 옷을 홀랑 벗고는 우리더러 자기처럼 하라는 거예요. 새침데기라는 소리는 듣고 싶지 않고, 손님들의 기분을 상하게 하고 싶지도 않아서 할 수 없이 따라야 해요.

사람이 자유분방하게 놀 수는 있어요, 하지만 몸을 팔아도 비열하게 팔수는 없잖아요?

1781년 10월 19일, 파리에서

마드무아젤 비올레트 올림

＊　＊　＊

사랑하는 엄마, 비올레트가 제 험담을 했다지요? 전 그 애처럼 얌전빼면서 뒷구멍으로는 머슴이나 미용사와 좋아지내는 어리석은 아이를 경멸해요. 조신한 척하는 계집애들은 우리처럼 쾌활한 애들보다 더 못된 것들이지요. 우리는 남이야 뭐라건 상관치 않고 논다는 말 이외에는 들을 말이 없지요.

사려 깊은 비올레트가 제 아무리 무슨 말을 한들 제가 변하겠어요? 그 계집애한테 한 말씀 해주세요. 제발 입 좀 닥치고 있으라고요. 만일 나를 다시 화나게 만들면 눈을 뽑아버리겠어요.

그 계집애는 저와 함께 밤참에 나가지 않겠다고 하는데 그건 저도 마찬가지예요. 그러니 엄마가 잘 좀 중재해주세요. 나머지는 엄마가

시키는 대로 할 테니까요.

1781년 10월 19일, 파리에서

마드무아젤 쥐스틴 올림

＊　＊　＊

　마담의 현명한 가르침을 따르지 않고, 아르테미즈(구르당 부인 집의 아가씨 이름)를 따라나선 제가 눈이 멀었나 봅니다. 그 여자는 제게 약속한 재산을 만들어주기는커녕 단지 자기의 짐승 같은 열정만 실컷 채우려고 했습니다. 그걸 위해 그는 제가 싫어하는 짓을 손가락으로 하게 만들었습니다. 재산이라는 말이 저를 유혹했어요. 왜냐하면 마담의 첫 번째 가르침은 사랑하는 사람을 만족시키되 오직 모든 행복과 즐거움의 유일한 원칙이라 할 황금을 빼내기 위해서 그렇게 하라는 것이었습니다. 그런데 두 달 동안이나 저는 한 푼도 만지지 못했습니다. 그는 제가 어떤 남자에게 눈길만 줘도 질투합니다.

　그러나 저는 그걸 최대한 이용하리 합니다. 제가 당신의 선의를 잘못 알았다는 것이 불행이었습니다. 당신이 저를 오늘밤 아가트(Sainte Agathe)의 자리에 앉혀주시면 좋겠습니다. 당신은 제게 우선권을 약속하셨지요. 저는 이처럼 회개합니다. 당신의 우정으로 제 후회를 받아주시기 바랍니다. 오늘 토요일에 뵙게 되면 영광이겠습니다.

1782년 3월 20일, 파리에서

마드무아젤 아르센 올림

＊　＊　＊

　사랑하는 엄마, 저는 250리브르짜리 약속어음을 막지 못해 방금 이곳에 잡혀왔습니다. 상업 재판관은 저를 당신 집에 가지 못하게 할 뿐만 아니라, 제 빚을 갚기 위해 제 물건을 전당포에 잡힐 시간도 주지 않습니다. 약속어음은 그 교활한 시계장수 앙드레에게 속아서 발행한 것입니다. 튀일르리에서 장사를 하는 그가 제게 4루이도 나가지 않는 시계를 250리브르에 팔아넘겼어요.

　사랑하는 엄마, 여기 오셔서 저 좀 꺼내 주세요. 제가 그동안 엄마 말씀을 얼마나 잘 들었는지 아시잖아요. 당신 도움이 없으면 저는 어찌될지 몰라요. 저는 평생 엄마에게 고마운 마음을 간직하고 살 거예요.

1782년 2월 17일, 감옥에서
마드무아젤 플뢰리 올림

금전문제도 구르당 부인이 해결해 줘야 할 중요한 문제였다. 오페라에 출근하는 마드무아젤 플로르는 후작이 살림을 차려줬는데, 그가 떠나자 갑자기 돈문제가 생겼다고 우는 소리를 했다. 자기는 후작보다 나은 사람들이 유혹해도 넘어가지 않았는데 후작은 자기를 버렸다고 툴툴대면서, 빚쟁이들이 그 사실을 알면 자신을 못살게 굴 것이므로 당장 15루이를 변통해주면 좋겠다고 구원을 청했다.

밖에서 사는 아가씨들이라고 해서 모두가 구르당 부인에게 구원을 청하지는 않았다. 어느 정도 자기 생활을 가지려고 노력하는 아가씨도 있었다.

　어제 늙은 징세관의 별장에서 밤참을 준비하라고 엄마가 준 돈 10루이 가운데 쓰고 남은 돈 5루이를 돌려드립니다. 사실 어젯밤에는 참 재미있게 지냈어요. 그분은 저를 홀딱 벗겨 놓고 자기도 벗고 나서 네 발로 땅에 엎드려 저를 태우고 방안을 돌았어요. 저는 거꾸로 앉아서 말을 탔죠. 그분이 방안을 도는 사이 저는 그분의 엉덩이에 채찍질을 했어요. 한 시간 반쯤 그렇게 놀았어요. 방안에 달린 거울

속에 비친 우리 모습을 보니 웃음을 참을 수 없었어요. 참으로 남자들이란 묘한 취미를 가졌어요.

그런데 엄마, 오늘 밤에 오라는 엄마의 명령을 따를 수 없어요. 오늘은 애인과 함께 지내겠어요. 사람이 언제나 플루투스(재물의 신)가 되기란 어렵잖아요? 가끔은 진실한 사랑이 필요하니까요.

토요일, 마드무아젤 쥘리 올림

당시 몸을 팔던 아가씨도 애인을 가졌음을 알 수 있다. 대체로 가발 공급자나 남의 집 하인, 또는 미용사가 이들의 애인이 되기 쉬웠다. 좀 더 성공한 아가씨는 뺀질뺀질한 건달을 애인으로 두었다. 이 기둥서방은 인맥을 이용해서 아가씨에게 손님을 물어다주고, 돈을 나눠썼다. 그러나 뒤 바리 백작처럼 여자를 '젖소'처럼 부리기만 하고, 벌어주는 돈으로 술과 노름을 일삼는 악질 '오라버니'도 있었다.

이러한 기생오라비는 노름판에서 속임수나 쓰고, 포주와 짜고 아가씨를 타락시키고, 외국인을 선술집이나 극장에서 만나 껍질을 벗기는 일을 업으로 삼았다. 몸을 파는 아가씨 가운데 뜻밖으로 순진한 아가씨가 '기생오라비'의 밥이었다. 이들은 그만큼 진실한 사랑에 굶주리는 약점을 가졌다. 그리고 경찰이 이러한 사기꾼의 뒤를 밟기도 하지만, 때로는 이들 자신이 경찰 앞잡이 노릇을 하면서 안전한 생활을 했다. 경찰과 사기꾼은 서로 돕는 공생관계였다.

자기 생활을 찾고자, 일거리를 주는 포주의 말을 정중히 거절하는 쥘리의 편지에서 재미있는 장면의 의미를 이해하고 지나가야 한다. 현실사회의 가치가 뒤집힌 세상, 그것은 모든 문학작품이 보여주는 세계다. 이 편지에서도 이중, 삼중의 장치가 나타난다. 돈을 주고 색을 사는 손님이 동물 노릇을 한다, 고용된 아가씨가 손님의 등에 탄다, 그런데 아가씨는 거꾸로 탄다, 현실세계에서 창녀가 말을 거꾸로 타는 경우는 벌을 받을 때인데, 밤참에서 인간 노새를 거꾸로 타는 것은 재미다. 그리고 그들은 자신들의 행위를 거울로 비춰 본다. 좌우가 바뀌는 거울의 세계에서 창녀와 손님의 뒤집힌 관계는 또다시 뒤집혔다. 현실과 이상(평등주의)이 뒤섞여 경계가 무너졌다.

전쟁과 장사

『구르당 부인의 지갑』에 실린 편지는 1770년대 초부터 1783년까지 주고받은 것인데, 이 기간에는 사회적·정치적으로 굵직한 사건이 많았지만, 편지에는 거의 반영되지 않았다. 단지 막바지에 접어든 아메리카 독립전쟁의 여파가 아가씨들의 생활에 타격을 주었다는 사실을 읽을 수 있었다.

루이 15세가 죽자, 곧 뒤를 이은 루이 16세는 중농주의 사상을 받아들인 튀르고에게 재무총감직을 맡겼는데, 이것은 곡물 거래의 자유를 보장하는 정책을 예고했다. 그러나 그 정책은 곡물값을 올리는 결과를 가져왔다. 게다가 흉년이 들고 빵값이 치솟아서 서민의 생활이 더욱 고달파졌다. 그러자 서민은 폭동을 일으켰다. 이것을 '밀가루 전쟁'(la guerre des farines)이라 부른다. 그리고 세간에서는 귀족과 귀족주의자들이 연합해서 서민을 굶어죽게 하려는 음모가 있다는 말까지 나돌았다. 이처럼 밀가루 파동은 파리 서민을 울렸지만, 구르당 부인의 집 아가씨들과는 별 상관이 없었다.

구르당 부인의 집에는 그런대로 사회 지도층 인사가 드나들었기 때문인지, 밀가루 파동 같은 걱정거리와 상관없이 살았던 듯하다. 그러나 아메리카 독립전쟁이 계속되자 무엇보다도 군인이 외출, 외박을 나오지 못했고, 또 외국인, 특히 영국인이 파리에 들어오지 않았기 때문에, 이들을 상대로 한 여자 장사가 큰 타격을 받았다. 1783년 파리 평화조약을 맺을 때까지 이 집과 관련이 있던 아가씨의 편지에는 커다란 근심이 나타난다.

사랑하는 엄마, 파리에는 영국 사람이 하나도 없고, 모두가 전쟁에 나간 것 같아 아무 일도 없기 때문에 리용으로 가렵니다. 거기서 비르지니가 했던 것처럼 제조업자들을 잡아야겠어요. 엄마를 다시 뵙게 되면 기쁘겠어요. 만일 리용에 시킬 일이 있으시면 부탁하세요. 나중에 편지를 쓸 게요. 안녕히 계세요.

1781년 6월 15일, 파리에서
마드무아젤 젤미르 올림

비르지니는 오페라의 무용수로 일하다가 한물간 여자였다. 그는 1773년 리용으로 떠나서, 6개월 만에 6만 리브르 정도를 벌었다고 한다. 그는 손님의 나이에 맞춰 하룻밤에 15루이부터 25루이까지 값을 정해놓았다. 그곳 제조업자 사이에 소문이 나기 시작하자 그들은 너도 나도 한번씩 그를 가지려 했고, 거의가 첫 관계에서 아주 만족했기 때문에 계속 손님이 끊이지 않았다고 한다. 그러나 제2의 비르지니가 되겠다고 리용에 간 젤미르는 그다지 성공하지 못했다.

사랑하는 엄마, 엄마가 제게 부탁하신 옷감을 합승마차 편으로 보내드려요. 보내주신 어음으로 샀어요. 돈이 30리브르나 남았기 때문에 덧신을 사서 함께 보냅니다. 제 맘대로 제일 예쁜 걸로 골랐어요.

엄마 심부름 보고는 이 정도로 그치고, 제 사업에 대한 보고나 드리지요. 리용의 사업도 심상치 않아요. 이제 아무런 가치가 없어요. 그러나 그런대로 먹고살만 해요. 큰 재산 모은 것은 없지만 제 돈을 까먹고 살지는 않아요. 이제 파리를 떠난 지도 얼마 지났으니, 새 이름을 가지고 새 기분으로 다시 나타날까 합니다. 사랑하는 엄마, 안녕히 계세요.

1781년 8월 4일 리용에서

마드무아젤 젤미르 올림

*   *   *

사랑하는 엄마, 제게 일을 주신지 100년이나 지났어요. 집세도 밀렸고, 사방에서 빚쟁이 성화가 이만저만이 아니에요. 빌어먹을 전쟁이 우리를 망쳐놓고 있어요. 전쟁이 국가에 재앙을 가져온다고 해도 우리에게 주는 고통만 하겠어요? 제발, 당신의 딸 모렐을 좀 생각해 주세요.

1779년 9월 7일, 파리에서

마드무아젤 모렐 올림

*   *   *

외국인이 하나도 안 옵니다. 나는 리슐리외 거리의 호텔과 포부르생 제르맹의 호텔을 샅샅이 뒤졌습니다. 겨우 장교와 소송인 몇 명만 만났습니다. 이들은 우리의 사냥감이 못됩니다.

내가 지금까지 숱한 경험을 해봤지만, 이렇게 기근이 든 것은 처음입니다. 나는 호텔 문지기들을 삶아뒀습니다. 누군가 도착하면 곧 내게 알려주기로 약속을 받았습니다. 그래야만 내가 파리 시내를 누비고 다니면서 허탕을 치는 수고를 덜 수 있습니다.

마담, 손님이 없어서 난처한 것은 마담뿐만이 아니라는 사실을 믿어주세요. 나는 곧 좋은 시절이 오길 바라고, 그렇지 않으면 어디다 머리를 내두를지 나도 모른다는 사실을 믿어주세요.

1782년 1월 7일, 파리에서

파리는 1대 이상 사는 사람과 일 때문에 갔다가 정착하는 사람, 국내외 여행자가 뒤섞이는 곳이었다. 문화사가 다니엘 로슈(Daniel Roche)는 1750년대부터 젊은 기혼남 가운데 파리 출신은 30퍼센트도 안되고, 젊은 부인 가운데에는 50퍼센트 정도였다고 계산한다. 파리는 문화의 중심지답게 많은 외지인을 끌어들였다. 1750년대에는 파리 출신이 아닌 사람이 평균 9만 명 정도에서 10만 명까지 있었다. 2,000개에서 3,000개 사이의 숙박업소에 드나든 사람은 2만 5,000명에서 3만명 정도였다. 1774년부터 1789년까지 파리에 들어온 외국인은 모두 1만 5,808명이었는데, 영국인이 3,597명, 22.7퍼센트로 가장 많고, 그 다음이 오스트리아령 페이바(벨기에) 사람이 2,216명, 14퍼센트, 독일인 2,162명, 13.6퍼센트, 스위스인 1,726명, 10.9퍼센트, 이탈리아인 1,090명, 6.8퍼센트, 그리고 네덜란드, 리에주, 사보이에서 온 사람이 모두 2,200명 정도, 그 밖의 나라나 파악할 수 없는 사람이 2,740명이었다. 에스파냐, 포르투갈, 동유럽 같은 곳에서 온 사람은 기껏해야 각 100명 정도였다.[37]

마담, 만일 이 편지 심부름꾼에게 36리브르를 보내주시지 않으면 오늘밤 영국인들과 밤참을 먹으라는 명령을 들을 수 없네요. 왜냐하면 그 사이 먹고살 길이 막막해서 옷을 전당포에 잡혔거든요. 그러니까 옷도 찾고, 머리도 새로 하고, 신도 한 켤레 새로 사야겠어요.

오랫동안 일을 못했기 때문에 몹시 궁짜가 들었답니다. 만일 전쟁이 1년만 더 갔어도 우리 같은 불쌍한 아가씨들은 모두 굶어죽고 말았을 거예요. 그러나 하늘이 도우사 평화가 오고 이제 외국인이 쏟아져 들어온다잖아요?

마담, 저는 늘 마담을 존경하면서 충실히 봉사하겠습니다.

1783년 2월 23일, 파리에서

마드무아젤 로레트 올림

물론 전쟁 중이라고 해서 모든 아가씨가 궁핍해졌다고 보기 어렵다. 어려워진 아가씨는 그 세계에서 뒤처진 사람이었을 것이다. 잘 나가는 아가씨, 남자를 잘 만난 아가씨는 온천장으로 휴양도 다녔다. 마드무아젤 그랑발은 1781년 6월 3일 텔레젠과 온천장에 가게 되었으니 혹시 부탁할 일이 있으면 시켜달라는 내용의 편지를 구르당 부인에게 보냈다. 텔레젠은 노름판의 물주이기 때문에 그다지 경제적으로 궁핍하지 않았다. 사회에 위기가 닥치면, 가장 늦게 타격을 받는 계층은 서열상 가장 높은 곳에 있는 귀족이었는데, 이들은 서민과 전혀 다른 세계에 살면서 노름을 즐겼다. 이들이 계속 노름을 하는 한, 그 곁에 사는 사람들에게도 살 길은 있었다.

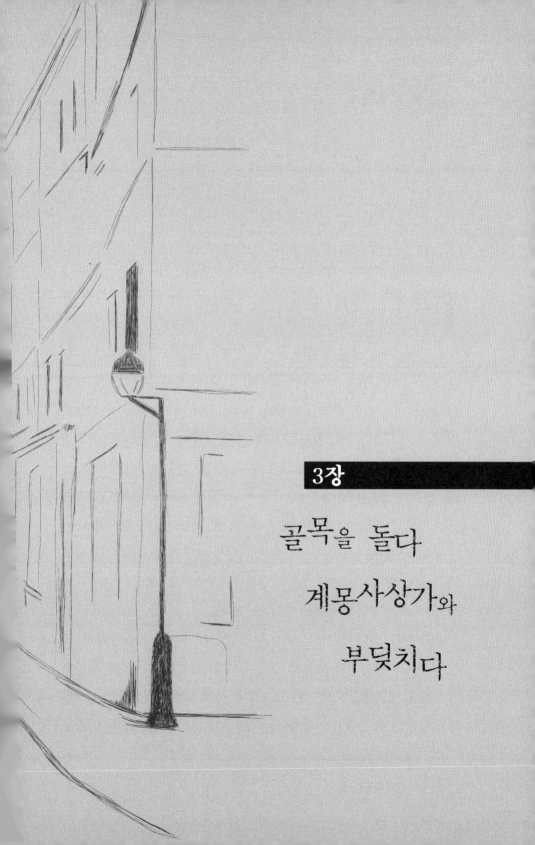

3장

골목을 돌다
계몽사상가와
부딪치다

노름의 세계

노름판에서는 카드놀이나 주사위놀이를 했다. 카드놀이는 14세기 후반부터 유럽 지배층 사이에 널리 퍼지고, 곧 대중에게도 빠르게 전파되었다. 15세기부터는 다양한 놀이 방식이 발달했다. 그와 동시에 카드 제조업자는 생산 방법과 조건을 개선해 나갔고, 16세기에는 직업인 단체를 조직했다. 그리하여 15세기 중엽부터 19세기 중엽까지 카드 만드는 공정은 거의 변함이 없었다. 16세기부터 제조업자는 자기 상표를 공식 등록했다. 제조업자는 1583년부터 세금을 냈다. 보통 카드에는 한 벌 당 1수, 타로(tarot)카드의 경우 2수를 냈다. 1613년 루이 13세는 클럽(일명 클로버)의 장군(Jack) 카드에 상표를 인쇄토록 했다. 1751년에는 카드 한 장당 1드니에(12분의 1수)를 세금으로 냈다. 그래서 18세기 중엽 국왕이 카드 소비세로 벌어들이는 돈이 130만 리브르나 되었다. 이처럼 카드가 국가적으로 막대한 세원이었다는 사실만 가지고도 카드놀이가 얼마나 성행했는지 알 수 있다.

대도시에는 '유희장'이나 '도박장'이 많았다. 한 마디로 말해서 모든 계층이 카드놀이와 노름을 즐겼다. 특히 상류사회의 귀족 사이에서 노름은 사교생활의 활발한 요소였다. 루이 14세 시대부터는 궁정에서도 군주와 측근들이 노름을 즐겼다. 루이 14세는 신하들과 노름을 하고 도시에 있는 도박장에서 돈을 따기도 했다. 거물급 인사들은 경찰 끄나풀이 감시하는 유희장을 드나들었다. 1750년경 마담 드 모나스트롤, 베르빌 후작 부인, 마담 드 보게, 마담 데스티약 같은 귀족 부인이 경영하는 도박장 네 곳에는 사드, 발랑티누아, 테세, 그라몽, 마이유부아, 비예르, 당탱, 브리삭 같은 거물급 가문의 귀족 남녀가 드나들었다. 리브리 후작은 대규모의 야바위꾼이었고, 장리스 백작이나 비오메닐 남작은 하룻밤에 몇 집안의 가산에 해당할 만한 돈을 잃었다. 비밀 도박장도 성행했는데, 파리에서는 주로 생토노레 거리에 줄줄이 늘어서 있었다. 비밀 도박장을 운영하는 사람의 90퍼센트는 여성이었고, 게다가 독신이었다. 물론 귀족이나 부르주아 계층이 단골 논다니 집으로 가서 술을 마시며 노름판을 벌이고 난 뒤 아가씨를 데리고 자는 경우는 경찰 보고서에 흔히 나온다.

낭시에 주로 하던 노름에는 비리비(Biribi)와 파라옹(Pharaon)이 있다. 이탈리아에서 루이 14세 시대 초기에 들어온 비리비는 1부터 70 사이의 숫자에 돈을 걸고 자루에서 똑같은 숫자를 꺼내면 64배를 받는 노름이다. 파라옹은 역시 이탈리아에서 비롯된 오카(Hoca)가 17세기에 금지되었을 때부터 대신 나타난 노름이다. 오카는 세 가지 숫자를 표시한 판 위에 참가자가 각각 돈을 걸고, 물주는 번호가 적힌 공 30개가 들어 있는 자루에서 공을 하나씩 꺼내서 참가자에게 나눠준다. 참가자가 자신이 건 번호와 일치하는 공을 가졌을 경우 건 돈의 28배를 받는 노름이다.

파라옹은 오카를 아주 간단하게 만든 노름이다. 노름꾼은 물주 앞에 두 군데로 나눠 돈을 놓는다. 물주는 카드를 한 장씩 뽑아 자기 오

귀족이나 부르주아 계층이
단골 논다니 집으로 가서 술을 마시며 노름판을 벌이고 난 뒤
아가씨를 데리고 자는 경우는 경찰 보고서에 흔히 나온다.

른쪽과 왼쪽에 엎어놓는다. 물주가 카드를 뒤집었을 때 높은 수가 나온 곳이 이긴다. 물주는 낮은 수에 건 돈을 가져오고, 높은 수에 건 돈을 두 배로 돌려준다. 만일 카드 두 장이 같은 수라면, 물주가 양쪽에 건 돈을 모두 먹는다.

루이 세바스티앵 메르시에

노름은 인간에게 진짜로 편견을 심어줍니다. 그것은 노동, 절약, 예술에 대한 사랑을 대신합니다. 인간은 운명, 우연, 숙명같이 공상적인 것 앞에서 비굴해집니다. 노름은 재산상의 불평등을 바로잡는 대신, 오히려 황금을 가진 사람, 가장 탐욕스러운 사람에게 더 많은 황금을 가져다줍니다. 노름에 미치는 사람들은 합법적인 방법으로 부자가 되려는 생각을 하지 못하게 됩니다. 그들은 노름에 미쳐 더욱 어리석어지고, 속고 난 뒤에는 마침내 모든 희망을 잃어버립니다.

바보 같은 사람들이 음흉한 사람들을 이기려고 씨름하는 곳에서 우리는 온갖 부끄러운 열정, 분노, 회한, 잔인한 기쁨으로 일그러진 얼굴들을 만납니다. 그러므로 노름판을 지옥이라고 부르는 것은 온당합니다. 이러한 악덕을 벌하지 않고서 없앨 방법은 없습니다. 그러나 악덕이 휩쓸고 지나가는 사람들의 가슴 속에서 악덕은 분쇄할 수 없는 존재입니다.

성병의 두려움

여러 사람을 상대하는 여성의 이야기에서 성병이 빠질 수 없다. 당시의 문학은 성병을 '선물'(le cadeau)이라 했다. 2부 말미에서 살펴볼, 18세기 유리 장인인 메네트라도 여러 번 선물을 받았다. 물론 그는 구르당 부인의 집에는 드나들지 못했다. 메네트라가 남의 가게에서 일할 때와 구르당 부인이 점점 날리기 시작할 때가 시기상 차이 나기 때문이다. 아무튼 메네트라는 남의 애인이나 아내, 과부, 창녀, 포주와 수없이 재미를 보았다.

'선물'은 돌고 돌았다. 창녀와 상대해서 병을 얻은 이는 반드시 '복수'했다. 의도적으로 옮기는 복수건, 걸린 줄도 모르는 상태에서 쾌락을 좇다 남에게 옮겨주건 '선물'이라는 표현은 익살맞다. 특히 직업여성은 성병에 걸린 뒤에도 증상이 제대로 나타나기까지 여러 남자를 상대했기 때문에 성병이 돌고 돌았다. 이렇게 해서 성병은 사회문제가 되었다. 쇼데를로 드 라클로(Choderlot de Laclos)가 쓴 『위험한 관계』(Les liaisons dangereuses)의 주인공 메르퇴이 후작 부인도 나중에 성병에 걸려 비참하게 된다. 예방의학이 발달하지 못하고, 더욱이 치료법도 제대로 찾아내지 못한 '생물학적 앙시앵 레짐'에서는 흔한 일이었다. 구르당 부인에게 병원에서 보낸 편지는 비참한 현실을 전해준다.

마담, 나는 당신이 나를 타락시킨 날을 얼마나 저주하는지 알기 바랍니다. 하늘이 내려다본다면, 당신도 내가 받은 고통을 몽땅 받게 되겠지요. 나는 듣도 보도 못한 고통을 겪었어요. 그 불행에서 벗어나려고 내가 한 일이란 3년 동안이나 병원에 갇혀 있었던 일뿐이지요.

결국 어떤 꼴이 되었는지 아세요? 이가 반쯤 빠지고 젊음은 간 곳 없이 되었지요. 아, 불쌍한 아가씨가 바람을 피우는 대가가 어떤 것인지 진작 알았다면 나처럼 되는 아가씨는 하나도 없을 텐데.

그러나 당신 같은 나쁜 여자는 아가씨를 꼬이기 위해 행복한 미래를 약속하지요. 당신 말대로라면 그들의 나날은 행복할 거고 한밑천 톡톡히 잡게 되겠지요. 아, 하늘이시여, 내게 죽음을 주시고, 내가 당신 같은 뚜쟁이의 마지막 제물이 되게 해주시며, 당신을 한 줌의 재로 만들어주시길.

1779년 2월 15일, 비세트르 병원에서
마드무아젤 로잘리

이 편지는 최악의 상황까지 간 여자의 이야기다. 로잘리가 갇힌 병원인 비세트르는 특히 종합병원(살페트리에르)에 격리 수용되었던 창녀 가운데 성병에 걸린 사람을 옮겨서 치료하거나, 일반인 가운데 성병 치료를 받겠다고 자발적으로 의사를 표현한 사람을 치료하는 곳이었다. 그런데 이 두 경우 모두 파리 치안총감이 허가를 해주어야 병원 사무국에서 받아들일 수 있었다. 이 병원에서 치료를 받던 환자는 1765년에 1,000명, 1789년에 2,000명이었다.

이른바 중환자의 치료는 6주에서 2달까지 걸렸다. 요양, 엄격한 식

사 제한, 피뽑기와 장 청소, 열흘 동안의 목욕이 포함되었고, 무엇보다도 온몸을 수은 제재로 골고루 문질러서 땀을 흘리고 침을 잘 분비토록 했다. 이 같은 치료의 목적은 무엇보다도 4체액을 균형 있게 조절하는 것이었다. 더욱이 종교적 치료도 곁들였다. 일주일에 한 번씩 고해를 하고 미사에 참가하고 설교를 듣는 일도 필수적인 치료 과정이었다. 대부분의 환자는 회복기에 영양가 있는 국물을 제공받고 완전히 나아서 퇴원했다. 그러나 병원의 의사와 근무자의 나쁜 태도에 대한 불만이 당시의 문학작품들에도 나타나 있다.[38]

물론 성병이 걸렸다고 모두 국가가 운영하는 병원에 가지는 않았다. 개인병원도 있었기 때문이다. 병이 가벼운 경우, 개인병원에서 충분히 치료할 수 있었다.

엄마, 이제 저는 완전히 건강을 되찾았어요. 사랑의 호의에서 비롯된 일로 고통을 당하고, 육체의 쾌락을 가져다주는 샘에서 고통을 길어야 한다는 것은 참으로 잔인한 일이겠지요. 이제 당신이 시키는 대로 할 수 있게 되었어요.

1778년 6월 6일, 파리에서
마드무아젤 로르 올림

포주는 '물 관리' 차원에서 아가씨들의 건강을 정기적으로 검사할 필요가 있었다. 특히 공동생활을 하면서, 하인, 하녀로부터 거동이 수상한 아가씨가 있으면 보고를 받았으므로, 근처의 단골의사에게 보낼 수도 있었다.

마담, 오늘 아침 말씀하신 대로 아가씨들을 검진했습니다. 대체로 건강에 이상이 없습니다마는, 로제트는 40일 격리 기간을 둬야겠습니다. 쥘리의 경우는 아직 뭐라고 단정할 단계가 아닙니다.

1775년 8월 18일, 파리에서

외과 의사 M*** 드림

쥘리는 어떻게 될까? 아직 의사도 확실히 단정하지 못하는 단계라고 한다면, 그가 정말로 병에 걸리지 않은 경우, 아니면 병에 걸렸지만 기본체력을 갖추었기 때문에 증세가 악화되지 않은 경우를 생각해볼 수 있겠다. 그러나 병에 걸렸고, 증세가 완전히 나타나기 전에 남자와 관계를 맺고, 그에게 '선물'을 전달해주게 된다면? 1763년, 실제로 일어난 일을 경찰 보고서에서 살펴보자.

지난 일요일, 튀일르리 궁에서 열린 무도회는 별로 빛나는 것이 되지 못했습니다. 눈에 띄는 여자라고 해봤자 겨우 대여섯 명뿐이었으니까요. 그런데 마드무아젤 라포레스트는 거기서 아주 큰 모욕을 받았습니다. 사실은 다음과 같습니다.

슈발리에 드 브종은 이 아가씨와 한동안 함께 살면서 아주 잘해줬습니다. 그런데 그는 아가씨와 가장 화끈한 정사(une glanterie des plus chaudes, 성병에 걸려 생식기가 화끈거린다는 뜻)를 가졌습니다. 그는 그 느낌을 생생하게 간직하고 있으며, 복수할 기회를 찾고 있었습니다. 아가씨가 자기에게 선물을 주었다고 동네방네 소문을 낼까 생각하다가 마침내 그 무도장에 나타난 것을 보고, 아가씨의 등에 음탕한 장난의 말을 써서 붙여 놓았습니다.

마드무아젤 라포레스트는 등에 '영국식 외투'(rédingote anglaise, 콘돔)라는 딱지를 붙이고 무도장을 여러 바퀴나 돌았습니다. 마침내 그의 친구 하나가 그 딱지를 뜯어주었습니다. 아가씨는 너무 창피해서 도망치듯 무도장을 빠져나갔습니다. 사람들은 그의 뒤에서 야유를 퍼부었고, 슈발리에 드 브종은 몹시 만족했습니다.

만일 반대의 경우가 생겼다면 어떠했을까? 사료가 부족해서, 여성이 자신에게 성병을 옮겨준 남성을 공개적으로 모욕한 사례를 볼 수 없는 것일까? 아니면, 남성이 여성을 정복하고, 첩을 두면서, 사회적 신분과 재력을 자랑하는 일은 별로 흥이 되지 않았지만, 여성이 공공연히 남성을 찾아다니고, 샛서방을 두다가 병을 옮긴 남성을 모욕한다면, 그것은 제 얼굴에 침을 뱉는 행위가 아니었을까? 18세기 프랑스가 제아무리 계몽된 사회로 나아가고 있었다 해도, 여성에 대해 여전히 편견을 갖는 사람이 많았음을 계몽사상가의 사례를 통해 살펴볼 필요가 있다.

계몽사상가의 편견

18세기 프랑스에서 이름을 날린 루소는 한 명이 아니었다. 1750년대까지 이름을 날린 장 바티스트 루소가 있는가 하면, 어느 틈엔가 그보다 더욱 유명해진 장 자크 루소가 있었다. 우리가 잘 알다시피, 장 자크 루소는 실제로 "자연으로 돌아가라"는 말을 하지는 않았지만, 그 말을 생각나게 하는 사람이다. 그는 『학문과 예술에 관한 논고』, 『인간 불평등 기원론』, 『신 엘로이즈』, 『에밀』, 『사회계약론』을 써서 인간으로 하여금 자연스럽게 감정과 이성을 발전시키는 방법, 인간이 진정한 자유를 누리는 사회를 구성하는 원리가 무엇인지 설명했다. 그러나 그는 『에밀』에서 남자 아이 에밀의 교육에만 전념하고, 그의 짝이 될 소녀 소피의 교육을 소홀히 했는가 하면, 심지어 "여자가 술 먹는 남자보다 더욱 사회를 망친다"고 말했다.[39]

장 자크 루소만이 아니다. 미라보 백작은 성병에 대해 '과학적' 냄새를 풍기는 처방을 제시하지만, 오늘날의 관점으로 볼 때 실효를 의심할 만한 내용이다. 미라보 백작이 쓴 『들춰진 커텐, 또는 로르의 교육』[40]에서 성병에 대한 설명과 함께 남성과 여성에 대한 기본적인 편견을 들여다보자.

(로르는 의붓아버지에게 남자와 여자의 권리에 대해서 배운다. 로르는 신체 구조상 여자가 남자보다 더 많은 사람을 상대할 수 있기 때문에 여자에게도 남자 못지않은 권리가 있는 것이 아닌지 묻는다. 아버지는 그렇지 않으며, 만일 여자가 그렇게 한다면, 자연의 일반 법칙으로부터 지나치게 멀어지는 것이라면서 다음과 같이 비유를 들어 설명한다.)

먼저, 나는 네게 자연의 일반 법칙을 더욱 알기 쉽고 분명하게 해줄 비유를 들어주겠다. 만일 단지 스무 개에 똑같은 액체를 부어 넣고 그 단지에서 넘치는 액체를 그릇에 받아냈을 때, 그 액체의 성격은 조금도 바뀌지 않는다. 그것이 만일 휘발성 액체라면 옮기는 과정에서 조금 약해질 뿐이다. 그러나 단지 하나에 스무 가지 이질적 액체를 부어넣는다면 그 액체는 부글거리고 본래의 성격이 바뀌게 된다. 만일 이 단지를 비운 뒤 헹구거나 닦아내지 않은 채, 다시 말해서, 발효한 액체가 묻은 단지 속에 효모 한 방울만 떨어뜨려도 스무 가지 액체 가운데 한 가지의 본질을 바꾸기 충분할 것이다. 또는 스무 가지 혼합 액체 한 방울을 취한다거나, 스무 가지 가운데 한 가지 액체만 들어 있는 그릇에 그 한 방울을 넣는다 해도 결과는 마찬가지일 것이다.

이 같은 보기에 대한 결과는 다음과 같다. 건강한 남자가 여자 여럿과 성교를 할 때, 그는 아무런 병을 얻지 않는다. 그것은 마치 단지 여럿에 똑같은 액체를 붓는 것과 같은 이치이기 때문이다. 그러나 아주 건강한 여인이라 할지라도 남자 여럿과 성교를 하면 한 사람 한 사람에 의해서는 병에 감염되지 않겠지만, 여러 사람의 정액이 여자 체내의 열 때문에 더욱 빠르게 발효되어 가장 위험한 결과를 낳는다.

젊고 예쁘고 자유롭고 독립적이지만 최하층민이기 때문에 별 교

장 자크 루소만이 아니다. 미라보 백작은 성병에 대해
'과학적' 냄새를 풍기는 처방을 제시하지만,
오늘날의 관점으로 볼 때 실효를 의심할 만한 내용이다.

육도 받지 못하고, 보살핌도 못 받고, 깨끗하지도 못하고, 별 주의도 하지 않는 부인이 어쩔 수 없이 하루에 여러 남자를 상대한다면, 또는 늙고 교활한 여인들이 자기 매력을 이용해서 이익을 취하려는 여성에게 이 남자 저 남자를 상대하게 만든다면, 또는 어떤 여인이 색욕을 밝히거나 자유분방하기 때문에 하루에도 여러 남자를 잇달아 받아들인다면, 그 여자는 곧 병에 감염될 것이다. 그것은 같은 단지에 여러 가지 액체를 부어넣는 것과 같은 이치이다.

그는 지극히 심한 대하증이나 월경불순, 또는 자궁염에 걸릴 것이다. 서로 다른 남자의 정액은 기질상의 차이 때문이건, 그들의 건강 상태가 다르기 때문이건, 같은 곳에서 뒤섞이게 되는데, 그곳은 이미 여러 번 오염된 액체가 있거나 적어도 그러한 환경을 제공하는 곳이기 때문에, 이들의 정액은 열 때문에 더욱 쉽게, 그리고 더욱 빠르게 발효하고, 성질이 변하여 산화하고, 독을 만들어낸 물질보다 더 섬세한 독이 된다. 이를 통해서 우리는 여인이 부정을 저지르기에 적합하도록 창조되지 않았고 매춘에도 적합하지 않다는 사실을 증명할 수 있다.

이처럼 건전한 물리학과 이성과 경험에 근거한 이야기에 따라, 이 사람 저 사람과 교접하는 부인을 볼 수 있었던 때에는 생명의 원천이 오염되었음이 틀림없다. 불행히도 아주 일반적인 것은 비록 가장 비천한 신분에서 오염이 시작되었다 할지라도 가장 거물급까지 오염되었다는 사실이다.

그러나 오염은 실제로 존재하거나 잠재해 있으므로 계몽된 남자, 다시 말해서 오랜 경험에 바탕을 둔 지식을 갖춘 남자가 자신의 원칙에서 오염을 멈추는 방법을 찾을 필요가 있으며, 만일 그러한 방법을 찾는다면 남에게도 알려야 할 필요가 있음은 의심의 여지가 없다.

(그렇다면 미라보는 어떤 방법을 내놓는가?)

귀여운 로르야, 여기서 다시 한번 스폰지의 장점을 생각하자꾸나. 그러나 그것만 가지고는 안 된다. 그것을 사전에 아주 가는 소금을 탄 물에 적셔야 한다. 그 액체는 강력한 알칼리성을 띠기 때문에 오염된 액체의 산성염과 빠르게 결합하고, 순간적으로 그 액체의 활동을 탕진시키고 그 성격을 바꿔 중성염으로 환원시키고, 그 결과 당사자 가운데 한 사람이 오염될 수 있는 성적 결합에서 오염을 막아준다.

여인은 이 스폰지를 이 혼합물에 담근 뒤 몸 안에 집어넣으면, 연달아 여러 남자와 교접을 해도 아무런 해를 입지 않는다. 심지어 건강치 못한 남자도 받아들일 수 있다. 아니면, 오염된 경우 좀 더 확실한 방법을 찾자면 교접이 끝나자마자 끈을 당겨 스폰지를 밖으로 꺼내서 앞서 말한 물로 씻고 적셔서 쓰면 된다. 또는 번번이 이 물에 스폰지를 담갔다 쓰면 좋다. 그러고 나서 스폰지를 맹물로 씻어 두었다, 다시 사용할 때 소금물에 담갔다가 쓰면 된다.

만일 건강한 남자가 병에 걸린 여자와 결합하는 경우, 그도 역시 준비한 스폰지를 여자의 몸속에 넣을 수 있다. 그러나 일을 끝낸 뒤에는 유리병이나, 도자기, 또는 사기그릇에 이 물을 담고 귀두를 씻어야 한다.

(미라보는 여기서 굉장한 처방전을 제시한다.)

승홍(염화수은) 열여덟 알갱이를 유리로 만든 약연에 곱게 간다. 거기에 과실주, 또는 그보다 더 나은 것으로는, 곡주를 조금 넣는다. 그것을 다시 간다. 이렇게 해야만 미세한 가루가 기화하는 것을 피할 수 있다. 그리고 여기에 술을 전보다 더 많이 첨가하면서 계속 갈아 완전히 용해시킨다. 스위스 콩과식물을 넣고 차처럼 달인 물 세 숟가락 분량을 이 용액에 첨가한다. 유리 증류기에 물을 넣고 잿불

위에서 증류해서 아(亞)셀렌산염이나 그 밖의 잡스러운 염기를 제거한 가장 순수한 물 2파인트(0.93리터×2)를 붓는다. 이 혼합물에 다시 석회수 2파인트를 부어 전체가 4파인트로 만든다.

석회수는 부드럽게 소화한 소석회 2파운드를 가지고 만든다. 소석회를 물에 담근 뒤, 그릇을 기울여 맑고 잘 침전된 석회수 2파인트를 얻는다. 이 물을 올이 고운 천이나 회색 종이에 거른다. 이 석회수를 앞의 혼합물과 섞으면, 승홍과 결합하여 승홍의 성질을 바꾸어 알칼리염으로 만든다. 이것은 병원체의 산성염과 결합하여 중화시키고 그 효과를 약화시킨다.

이 약이면 충분하다. 이 약이 최고이기 때문이다. 그러나 여기에 녹각이나 뱀으로 만든 휘발성 염기(각성제) 열여덟 알맹이를 첨가할 수도 있다. 그러나 첨가하지 않아도 무방하다.

여인에게 국부나 질 세척을 권장할 수 있다. 그들은 절대적으로 청결해야 하기 때문이다. 그리고 항상 목욕을 하는 나라에서는 성병이 별로 없다는 사실로 보아도 세척의 필요성은 증명된다.

(미라보는 위 처방대로 만든 물약을 쓰면 더욱 확실하게 성병을 막고, 치료도 할 수 있다고 말한다.)

그리고 더욱 안전하려면 금속은 안 되고 상아로 만든 작은 실린더로 요도에 이 화합물을 집어넣어 씻어야 한다. 이 부분이 아주 미묘한 감각을 느낀다면 이 화합물 절반에 장미수나 질경이물을 섞어 쓰면 좋다. 사랑하는 로르야, 나는 내가 수없이 경험한 결과 아주 확신하는 것만 말했다.

나는 이 밖에도 여인은 본성적으로 남자처럼 부정을 저지르지 못하도록 타고났다는 이유를 아직도 수없이 들 수 있다. 그러나 자연은 여인의 마음과 태도를 더욱 변덕스럽게 만들어 주었음은 변함이 없다. 어떤 대상이 우리의 느낌을 자극해도 우리가 이 사건을 겪지 않을 때 우리는 아주 행복하다. 그리고 그것이 우리에게 중요하다면 전부를 잃지 않기 위해 작은 희생도 치룰 줄 알아야 한다.

미라보의 처방은 당시의 사회학적·의학적 관심을 반영한다. 깨끗하게 몸을 간수하면 병을 막을 수 있다는 믿음은 특히 남녀관계에서 어느 정도 일리 있는 것이었다. 세척의 중요성은 오늘날에도 강조하는 내용이다. 또 스폰지를 '페서리'(여성용 피임기구의 하나)로 사용하는 방법은 피임과 성병예방에 도움을 준다. 그러나 남녀의 신체구조의 차이가 지켜야 할 규범의 차이로 나아가는 것은 논리적 비약이다. 구르당 부인의 집에서 갖추었던 '비데'도 깨끗한 몸과 질병예방에 필요했다.

우리는 당시의 경찰 보고서에 나오는 이야기를 통해 스폰지를 사용하던 관행을 확인한다.

치안총감님, 혹시 푸앵시네 선생과 오페라 여가수 마드무아젤 뒤브리욀의 정사에 대해서 들어보셨는지요. 만일 들어보지 못하셨다면 이야기해드리겠습니다. 무대 뒤에서는 그 이야기를 하면서 웃음꽃을 피우는데 사실임이 분명합니다.

그 공주님은 어느 날부터 이 작은 원숭이에게 호의를 보이기 시작했고, 푸앵시네 선생은 어느 날 저녁 곤드레만드레 취해 가지고 아가씨 집에 가서 그를 정복했습니다. 그런데 아가씨는 아기를 갖고 싶지 않았기 때문에 몸속에 스폰지를 넣어두고, 가는 명주실을 몸 밖으로 나오게 해놓았습니다.

푸앵시네 선생이 술기운과 사랑의 힘 때문에 아주 격렬하게 움직였고, 스폰지는 아가씨 몸속으로 더욱 깊이 들어갔습니다. 손가락 끝으로 쉽게 잡을 수 있던 명주실도 더 이상 잡을 수 없게 되었습니다. 그걸 꺼내려고 이리저리 애쓰다가, 마침내 공주님은 머리카락을 마는 기구를 가지고 꺼내려고 했지만 역시 헛일이었습니다. 그러나 역시 머리가 잘 돌아가는 푸앵시네는 핀셋과 가는 막대를 가지고 명주실을 잡아 끌어내고 결국 스폰지도 다시 낚아챌 수 있었다고 합니다.

프랑스 인구는 1700년경 2,000만 명 이하였다가 1789년 2,700만에서 2,800만 명으로 약 30퍼센트 늘었다. 유럽에서 단일국가로 인구가 가장 많은 나라는 프랑스였지만, 인구증가율은 달랐다. 참고로, 독일은 17세기 '30년 전쟁' 이후 인구가 회복되기 시작해서 1750년대까지 두 배인 1,600만 명이 되었고, 1800년경에는 2,600만 명 정도로 50년 사이에 1,000만 명 정도 늘었다. 영국은 1750년에 약 600만 명에서 1800년 약 1,000만 명으로 늘었다. 프랑스의 인구증가율이 상대적으로 낮은 이유가 어디 있을까? 지식인 계층, 일부 직업여성이 '자연을 속이는 기술'을 이용했다고 하는데, 일반인은 전혀 피임방법을 몰랐을까? 1793년 혁명기에 전쟁에 독신자를 먼저 내보냈기 때문에 결혼하는 사람이 급격히 늘어났지만, 이듬해의 출산율은 여느 해의 평균치보다 낮았음을 보면서, 피임의 관행이 널리 퍼졌다고 이해할 수 있다. 한 마디로, 프랑스의 18세기는 '쾌락주의'(hédonisme)가 승리하는 시대였다. 당시 '철학적 음란서적'(pornogrphie philosophique)의 독자들은 아기를 갖지 않고 즐거움만 추구할 수 있는 '쾌락주의'를 배울 수 있었을 것이다.

덫을 놓아 봉 잡기

18세기에는 대화체 문학과 서간체 문학이 있었다. 고대 그리스의 플라톤을 효시로 많은 사람이 대화체로 글을 남겼다. 여기서 읽는 『구르당 부인의 지갑』은 서간체 문학에 속하는데, 18세기 초에 나온 몽테스키외(Montesquieu)의 『페르시아인의 편지』(Lettres persanes)가 좋은 예다. 그리고 마담 리코보니(Marie-Jeanne Riccobonni)의 작품은 수많은 독자를 사로잡았고, 많은 사람에게 본보기가 되었다. 당시 사람들은 편지를 주고받는 당사자의 마음으로 편지를 읽으면서 실컷 울었다. 1761년, 장 자크 루소가 쓴 『쥘리, 또는 신 엘로이즈』(Julie, ou La Nouvelle Eloïse)야 말로 수많은 독자를 펑펑 울게 만들었다. 서간체 문학은 사실적인 환상을 쉽게 불러일으켰기 때문이다.[41]

1782년에 첫 발간된 피에르 쇼데를로 드 라클로(Pierre Choderlos de Laclos)의 서간체 소설 『위험한 관계』(Les Liaison dangereuses)는 여러 차례 영화, 연극으로 각색되어 현대인에게도 즐거움을 주었다. 특히 1988년 스트븐 프리어즈(Stephen Frears)가 《위험한 관계》(Dangerous Liaisons)로, 또 1989년 밀로슈 포먼(Miloš Forman)이 《발몽》(Valmont)으로 영화화했다. 우리나라에서도 《스캔들-조선남녀상열지사》라는 영화가 이 작품을 원작으로 삼고 있다. 흔히 영화가 아주 재미있으면 원작까지 보고 싶어지지만, 정작 원작의 편지를 읽으면 전혀 다른 세계가 펼쳐진다. 메르퇴이 후작 부인과 발몽 자작이 중요한 축으로서 이야기를 이끌어나가고, 또 군사 작전처럼 여러 사람을 가지고 노는 모습을 머릿속에 그리기란 그리 쉽지 않다. 그만큼 이야기가 얽히고설켜서 복잡하기 때문이다. 우리가 당대의 풍속과 서간체 문학에 익숙하지 않기 때문이기도 하리라.

그러나 『구르당 부인의 지갑』에 실린 편지를 읽으면서, 그의 사업을 상상하기는 비교적 쉽다. 특히 네 번째 유형, 즉 '봉을 잡으러 다니고, 한밑천 후리는 공작을 보여주는' 편지를 보면, 구르당 부인이 단지 손님의 취향에 맞는 여자를 골라서 바치는 수동적인 장사만 하는 것이 아님을 알 수 있다. 그는 손님을 물색하여 필요하다면 덫을 놓고 오랜 공작 끝에 큰 '봉'을 잡아 한밑천을 후리는 능동적이고 공격적인 사업도 했다. 앞에서 보았듯이, 아메리카 독립전쟁 때문에 영국인이 프랑스에 오지 않아 아가씨는 물론 호객꾼도 어려움을 겪었다. 이제 파리 평화조약이 체결되고 다시 영국인이 몰려들자 아가씨도 살판이 났고 호객꾼의 발걸음도 바빠졌다. 다음에 소개하는 편지는 구르당 부인에게 손님을 물어다 주는 사람이 1783년 2월부터 한 달 동안 구르당 부인과 짜고 영국인을 후리는 방법을 보여준다. 『위험한 관계』를 읽고 영화를 만든 사람처럼, 독자들도 다음의 편지 몇 통을 읽으면서 영화로 각색해 보면 재미있을 것이다. 편지를 보낸 사람은 모두 'D***'라는 호객꾼이다.

1783년 2월 19일, 파리에서

마담, 제가 여기저기 심어놓은 심부름꾼들은 영국인이 많이 들어왔다고 합니다. 그러니까 이제부터 마담은 제일 예쁜 아이를 데리고 여러 극장, '복살', 공원의 산책로에 나가야 합니다. 저는 어수룩한 봉이 없나 찾으러 다닐 테니까요.

저는 리슐리외 거리의 '러시아 호텔'에 젊은 영국인이 투숙한 것을 보았지요. 그 영국인은 아주 충성스러운 사람을 하인으로 고용했습니다. 저는 내일 그 하인을 통해서 영국인을 위해 통역을 해주겠다며 파리의 구경거리를 안내할 작정입니다.

일단 그의 집에 발을 들여놓으면 그의 취미가 무엇인지 알아낼 수 있고, 그 뒤에는 마담과 제가 함께 일을 꾸밀 수 있겠지요. 이를 테면 제가 영국인과 함께 가는 극장에 마담도 나타나는 것입니다. 만일 마담이 데리고 있는 순진한 아이를 그에게 애인으로 소개해줄 수만 있다면 일은 끝납니다.

그 아이에게 우리가 시키는 대로만 행동하도록 일러두면, 영국인을 빨리 조종하게 될 것입니다. 우리가 전쟁 때문에 입은 손해를 그 같은 횡재를 통해서 보상받아야겠지요.

내일 제가 장래 비둘기와 대면한 내용을 보고하겠습니다.

당신에게 헌신적인 D***로부터

* * *

1783년 2월 20일, 파리에서

마담, 지금 막 영국인을 만나고 나오는 길에 몇 자 적습니다. 그는 제가 제의한 봉사를 기꺼이 받아들였습니다. 우리는 오늘 저녁 '코메디 이탈리엔'에 가기로 했습니다. 저는 사람을 시켜 3층 칸막이 객석을 빌려두라고 했습니다. 그 자리는 왕의 관람석 곁의 3호석이니, 마담은 왕비의 관람석 곁에 자리를 마련하시기 바랍니다.

저는 마담이 데리고 나오는 예쁜 아가씨를 보고 영국인이 어떤 표정을 짓는지 관찰해 두겠습니다.

그러나 아가씨는 수수하게 차려 입히십시오. 일단 아가씨의 신선함에 반하게 만드는 정도로 그쳐야 하니까요. 그처럼 신선한 아가씨를 정복하려면 공을 많이 들여야 한다는 사실을 알려줄 필요가 있습니다.

그럼, 오늘 밤, '코메디 이탈리엔'에서 뵙기로 하죠. 꼭 나오셔야 합니다. 중간에 제가 잠깐 자리에서 빠져나와 영국인과 제가 주고받은 얘기를 마담에게 전해드리겠습니다. 안녕히……

*　*　*

1783년 2월 21일, 파리에서

영국인은 '코메디 이탈리엔'에서 본 아가씨에 대해 제게 수없이 말했습니다. 그는 완전히 사로잡혔습니다. 그는 자기가 이곳에 머무는 동안 그렇게 생긴 아가씨를 애인으로 갖고 싶다고 말했습니다. 저는 그가 원하는 일을 이루기란 별로 어렵지 않노라고 대답해줬습니다.

그리고 만일 우리가 다시 한번 그 아가씨를 극장에서 만나게 된다면, 제가 그의 뒤를 밟아 어디 사는지 알아놓겠다고 약속했습니다. 그리고 제가 보건대 아가씨는 집안 형편이 그다지 풍족하지 못한 것 같다고 말해주었습니다. 만일 누군가 친절한 사람이 함께 살면서 잘 대해준다면, 무척 고마워할 것이라고 덧붙여 말해주었습니다. 그는 제게 대단히 고맙다고 하면서, 만일 자기 행복이 걸린 이 문제를 해결하도록 도와준다면 큰 사례를 하겠노라고 약속했습니다.

제가 보기에 그는 아무래도 사랑에는 풋내기 같습니다. 우리에게는 놓칠 수 없는 보물이겠지요.

우리는 오늘 저녁 '오페라'에 갑니다.[42] 우리는 층계식 좌석에 앉겠습니다. 마담은 우리보다 먼저, 다섯 시 십오 분까지 도착하십시오. 아가씨는 장신구에 신경을 쓰지만 부자연스럽지 않고, 아주 소박하게 차리도록 하십시오. 안녕.

*　*　*

1783년 2월 22일, 파리에서

어제 우리가 '오페라'에 도착하자마자 영국인은 마담과 아가씨를 알아보고 제 팔을 잡아끌면서 이렇게 외쳤습니다.

"저기, 보세요, 저 아가씨를. 아, 난 가장 행복한 남자입니다."

저는 그를 진정시키느라고 조금 애를 먹었습니다.

그는 그때부터 오직 그 아가씨만 생각했고, 오페라에는 신경도 쓰지 않았습니다. 그리고 기회가 생길 때마다, 제가 당신 뒤를 밟아 집을 알아놓겠다고 한 약속을 잊지 말라고 말했습니다.

결국 저는 그의 마음에 들려고 제1막이 끝난 뒤 밖으로 나갔다 들어가서는, 사람을 시켜서 당신에 대한 정보를 모으도록 했으며, 그밖에 필요한 사항도 모두 지시해 놓았다고 말해주었습니다. 그 말을 듣고서야 조금 안심하더군요.

저는 오늘 아침 아홉 시에 그의 숙소로 찾아갔습니다. 사랑에 불타는 우리의 젊은이는 밤에 한숨도 못 잤다고 합니다. 그는 제가 발을 들여놓기 무섭게 제게 물었습니다.

"좋은 소식이 있습니까? 나는 가장 행복한 남자요, 아니면 가장 불행한 남자요?"

"미안합니다만, 그 마담이 어디 사는지 확실히 알아내지 못했습니다. 그러나 아직 불행해 하지 마세요. 지금 시내에 사람들을 풀어 정보를 모으고 있습니다. 누구라도 24시간 안에 제일 먼저 만족할 만한 정보를 물어오는 사람에게 10루이를 주겠다고 약속해 놓았으니까, 곧 좋은 소식이 오겠죠."

"아, 24시간, 너무 깁니다. 상금을 더 올리세요. 내가 25루이를 내겠소."

마담, 우리는 오늘 밤 '코메디 프랑세즈'에 갑니다. 그러나 오늘 밤에는 거기 오지 마십시오. 아무 데도 나가지 말고 집에만 계세요. 제 생각에 우리 영국인은 사랑하는 아가씨를 찾으려고 극장이란 극장은 모두 뒤지고 다닐 겁니다.

내일 다시 편지를 드리지요. 그때 마담이 해야 할 일을 자세히 알려드리겠습니다. 안녕히……

*　*　*

1783년 2월 23일, 파리에서

어젯밤 우리 영국인은 자기 사랑을 보지 못해 머리가 돌아버리지 않았나싶을 정도였습니다. 제가 예측했던 대로 우리는 극장이란 극장을 헤집고 다녔습니다.

그는 기분이 완전 엉망이 되었습니다. 그 고뇌를 삭여주지 않으면 머리가 돌아버릴까 두려울 정도까지 왔습니다.

저는 그에게 이렇게 말해주었습니다.

"꼬마 아가씨는 부모를 여의고 지금 아주머니 집에 얹혀산다고 합니다. 아주머니는 그다지 넉넉하지 못하지만, 없는 살림에도 아가씨를 위로해주려고 극장이나 무도회에는 데리고 다니지요. 그러니까 며칠 안으로 어디선가 반드시 만날 수 있을 테니 제발 진정하세요."

그러고 나서 저는 오늘 저녁 '오페라'의 가면무도회에 가보지 않겠느냐고 슬쩍 떠보았습니다. 혹시 그 아가씨를 만날지도 모르겠다면서요. 그는 뛸 듯이 기뻐하더군요.

오늘 밤 그곳에 꼭 오셔야 합니다. 꼬마 아가씨에게는 아주 작은 가면을 씌우도록 하세요. 그래야만 우리 영국인이 그 아가씨를 쉽게 찾을 테니까요. 만일 작은 가면을 씌워 놓아도 그가 알아보지 못한다면, 적당한 때 가면을 벗으라고 하세요. 그러나 무도장을 떠나지는 마세요.

영국인이 아가씨를 알아보기만 한다면 그는 곧 아가씨에게 달려갈 겁니다. 그러니까 아가씨한테 순진하게 굴라고 잘 일러두셔야 합니다. 그렇지만 아가씨도 그에게 호감을 가진 척은 해야겠지요. 그리고 그에게 혹시 지난 목요일 저녁에는 '코메디 이탈리엔'에, 금요일 저녁에는 '오페라'에 오지 않았느냐고 물어보라고 하세요. 그는 아가씨가 자기를 눈여겨봤다는 사실에 기분이 좋아질 겁니다.

저는 영국인이 아가씨와 이야기를 하는 동안 마담을 만나서 다음 일을 의논토록 하겠습니다.

* * *

1783년 2월 24일, 파리에서

마담이 오페라의 무도회장을 떠나자마자 우리도 그곳에서 나왔습니다. 영국인은 아가씨가 자신에게 들려준 말에 홀딱 반했습니다. 그는 아가씨가 재치도 있고 순진하다고 자랑을 늘어놓더니 자기도 아가씨를 사랑하지만 아가씨도 자기를 사랑하는 것이 분명하다고 덧붙여 말했습니다.

저는 어째서 그렇게 생각하느냐고 물었습니다. 그는 아가씨가 '코메디 이탈리엔'과 '오페라'에서 자기를 봤다고 말했으며, 대화를 나누는 사이 아가씨가 몇 번 한숨을 쉬는 소리를 들었기 때문에 그렇게 믿는다고 대답했습니다.

저는 그에게 이렇게 말했습니다.

"각하, 제 생각에는 그건 아주 좋은 표시입니다. 그리고 그보다 한층 더 다행스러운 일이 있습니다. 각하께서 아가씨와 이야기하는 동안 저는 그의 아주머니를 만났지요. 각하 이야기를 하니까, 아주머니는 화요일 저녁을 먹은 뒤 한 번 찾아오라고 허락했습니다. 저는 일찍부터 이러한 순간을 기대했습니다."

그러니까 마담은 화요일 아침에 우리 집에 오셔야겠습니다. 앞으로 어떻게 해야 할지 논의하기 적당한 장소가 우리 집 말고 딱히 없기 때문입니다. 아가씨에게는 계속해서 정열을 보이긴 해도 도가 지나치지 않고 조신하도록 일러둬야 합니다.

그리고 두 사람 모두 슬픈 표정을 지으세요. 그러면 제가 그 이유를 묻겠습니다. 마담은 잠시 뜸을 들이다가, 얼마 전 1만 2,000리브르의 부도가 났다고 대답하세요. 그리고 그 돈은 마담에게도 아주 큰돈이지만, 그보다는 아무 것도 가진 게 없는 마담의 조카에게 더 큰 일이라고 말씀하세요. 곧이어, 마담은 시계를 보고, 공증인과 만날 약속을 잡았기 때문에 나가야 한다고 하시면서, 다음에 마담에게 일이 없을 때 한 번 놀러 오면 좋겠다고 말씀하세요.

그 다음 일은 제가 알아서 처리하겠습니다. 저는 영국인을 올가미에 단단히 걸려들도록 하겠습니다.

화요일, 오전 중에 우리 집에 들르셔야 합니다. 아직도 마담께 일러드릴 자잘한 일이 남아 있으니까요. 그럼 안녕히……

* * *

2월 25일 자정, 파리에서

저는 영국인과 밤참을 먹으러 나왔습니다. 그는 이 세상에서 가장 열렬한 사랑을 하는 사람이 되었습니다. 그는 제게 잠시도 쉬지 않고 아가씨의 불행에 대해 말했습니다. 그는 내일 1만 2,000리브르짜리 어음을 가져가 아가씨에게 주려합니다.

저는 그에게 아주 너그럽다고 말해주었으며 또 그래야만 애인의 마음을 완전히 사로잡을 수 있을 거라고 말해주었습니다. 그는 지갑에 그 어음보다 더 많은 가치를 지닌 연애편지를 넣어주려고 마음먹은 것 같습니다.

우리는 정오쯤 마담의 집으로 가겠습니다. 그러니 마담은 열 시경에 저희 집으로 와주세요. 그때 아가씨의 복장이나 화장, 머리모양에 대해 몇 가지 알려드리겠습니다. 그래야만 그가 아가씨의 아름다움에 반할 테니까요.

그는 아침에 생토노레 거리의 상점에서 산 지갑을 아가씨에게 선물로 줄 것입니다. 아가씨더러 당장은 열어보지 말라고 일러두시기 바랍니다. 그러나 우리가 마담 집을 나선 뒤 곧바로 다음과 같은 내용의 편지를 쓰도록 하라고 하십시오.

각하, 만일 제가 지갑 속에 무엇이 들어 있는지 알았다면, 지갑을 받지 않았을 겁니다. 저는 아주머니에게 지갑에 대해 말씀드리지 않았어요. 아주머니께서는 다섯 시 전에 외출하실 테니까 다섯 시에 혼자 오시면 고맙겠습니다. 각하께 제가 받은 어음을 돌려드리고 편지에 대해서도 화를 내겠어요. 만일 오시지 않으면 우리 사이는 나빠지겠지요.

영국인은 반드시 약속 시간에 갈 것입니다. 저는 그에게 이렇게 말하겠습니다.

"각하, 이번에는 혼자 가십시오. 제가 가면 오히려 분위기가 어색해질 테니까요. 게다가 저는 저녁 먹은 뒤에 약속이 있어서, 각하만 그 아가씨 집 앞에 모셔다 드리고 빠지겠습니다. 그 편이 더욱 좋겠지요."

아가씨는 영국인과 만날 때 영국인의 요구에 순순히 따르면 안 될니다. 반드시 저항해서 사랑의 초심자라는 점을 믿게 해야 합니다. 그러나 결국에는 영국인의 요구를 들어주라고 하십시오. 그 뒤에는 슬퍼하면서, 자신이 패배한 대가를 더 많이 받도록 연극을 하라고 하십시오.

영국인은 분명히 제게 자기가 승리했다고 신나서 이야기할 것입니다. 그러면 저는 그 다음 일을 알아서 처리하겠습니다. 그러니 제가 앞에서 부탁한 것을 하나도 어김없이 실행하시면 고맙겠습니다. 그럼, 안녕히······

*   *   *

1783년 2월 27일, 파리에서

저는 오늘 아침 일찍 각하를 찾아뵙고 건강이 어떠한지 물은 뒤 어제 오후에 어떻게 지냈는지 물었습니다.

"아, 세상에서 가장 즐거운 시간을 보냈소."

하면서 그는 아가씨와 만났던 일, 아가씨를 정복한 일을 털어 놓았습니다.

그는 프랑스에 머무는 동안 어떻게 하면 아가씨와 함께 살 수 있을지 제게 물었습니다. 그는 아가씨가 마담의 곁을 떠나 자기와 살아주기만 한다면 집을 한 채 구해서 가구를 제대로 갖춰 주겠다고 했습니다. 그는 아가씨가 마담과 함께 오늘밤 '오페라'의 무도회에 간다는 말을 듣고 거기서 아가씨를 만나기로 약속했는데 그때 그처럼 제안하겠다고 합니다.

아가씨는 그 제안에 대해 아주 기쁘다고 말해야 하지만, 마담의 동의를 받지 않고서는 그 제안을 받아들일 수 없으며, 만일 동의를 받지 않은 채 마담의 곁을 떠나면 마담은 아가씨를 감옥에 보낼 수 있다고 대답하도록 가르치세요.

그러면 영국인은 반드시 제게 그 일을 상의할 테지요. 저는 마담과 이 문제를 담판 짓겠다고 말하여 영국인을 안심시키겠습니다. 우리는 이때를 이용해서 한밑천 톡톡히 잡으면 됩니다. 마담은 제가 지금까지 희망하던 일이 성취되고 우리의 사업이 정상 궤도에 올랐다는 사실을 아시겠지요?

* * *

오늘 새벽, '오페라'의 무도회에서 나오면서 영국인은 아가씨에게 들은 이야기를 전부 제게 들려주면서 제 의견을 물었습니다. 아가씨는 자기 역할을 제대로 했습니다.

그는 제게 마담의 동의를 얻어오라고 부탁했습니다. 저는 정오에 마담을 만나러 가겠으며 두 시까지 전권 대사의 업무 보고를 들을 거라고 약속했습니다.

저는 그에게 이렇게 말할 작정입니다.

"각하, 마담이 처음에는 반대를 하더군요. 데려갈 때는 온갖 달콤한 얘기를 하면서, 막상 데려가면 시큰둥해져서 나쁘게 끝나는 관계를 많이 보았으니, 호의는 고맙지만 자기 조카를 그렇게 잃고 싶지 않다고 했습니다. 그래서 저는 마담에게 각하가 얼마나 조카따님을 사랑하는지 한참 설명을 한 뒤, 마지막으로 솔깃한 말을 들려주었습니다. 각하가 마담의 조카따님을 위해서 1,000루이를 내놓아 그 이자로 생활을 보장해주겠다고 약속했습니다. 이 말을 듣고서야 마담은 동의했습니다."

이 정도면 되겠죠? 그럼 안녕히……

* * *

28일, 오후 4시

우리의 영국인 각하는 오늘 은행에 들렀습니다. 그는 1,000루이뿐만 아니라 그의 우상을 위한 집을 얻고 거기에 새로 들일 가구를 사는 데 필요한 돈도 찾았습니다. 우리는 아마 6시쯤 마담을 뵈러 가서 모든 일을 마무리 지으려 합니다.

하느님의 가호로 우리가 꾸민 일은 잘 되었습니다. 마지막으로 꼬마 아가씨에게 신중하게 처신하도록 당부해주세요. 아가씨는 제가 쇼세 당탱에 봐둔 집에 며칠 내로 이사하게 될 겁니다. 그럼 안녕히……

＊　＊　＊

3월 3일, 오후 1시

영국인은 이제 애인을 소유한다고 생각하면서 기뻐서 어쩔 줄 모릅니다. 그는 계속해서 일꾼들을 재촉합니다. 제 생각에 목요일까지는 집이 마련될 겁니다.

영국인은 오늘 아침 다이아몬드, 여러 가지 장비, 그리고 말을 몇 필 샀습니다. 아, 우리 셋이 지금까지 했던 모험은 얼마나 근사합니까? 아가씨더러 자기 애인에게 해야 할 일을 잘 가르쳐 두시고, 제가 아가씨에게 해주는 충고를 따르도록 일러두세요.

아가씨가 새집으로 이사한 뒤에는 마담을 자주 만나지 못하게 되며, 만나도 아주 조심해야 된다는 사실을 아셔야 합니다. 왜냐하면 새집 주위에 사는 사람들이 마담이 누구인지 알아볼지 모르고, 영국인이 지금까지 속았다는 사실을 깨달으면 모든 일은 물거품이 될 테니까요.

우리가 결국 챙기게 되는 돈은 3만 6,000리브르이며, 영국인이 아가씨를 사랑하는 한 그는 아가씨를 절대 떠나지 않을 것입니다. 그럼 안녕……

＊　＊　＊

1783년 3월 5일, 파리에서

아가씨가 들어갈 작은 궁전이 완공되었습니다. 실내장식은 더할 나위없을 정도입니다. 우리의 영국인은 거의 미쳤습니다. 잘된 일이지요. 우리는 이 열병 환자가 자기 재산을 탕진할 때까지 아가씨를 버리지 않게 되기만 기도합시다.

저는 영국인이 자기 여신을 쾌적하게 생활하게 만드는 데 쓰라고 준 돈 1,000루이보다 500루이나 더 썼습니다. 마담께서는 제가 이 일을 성사시키려고 얼마나 노력했는지 아시겠지요.

영국인은 지금 아가씨의 집에 들일 하인을 고르느라고 정신이 없습니다. 그는 잘생긴 남자를 원합니다. 마담도 아시다시피 우리의 요정이 진짜로 사랑하는 애인이야말로 잘생겼으니까 즉시 우리에게 보내주세요. 저는 그를 영국인에게 소개해서 집사장으로 채용하게 만들겠습니다. 그는 영국인이 집에 없을 때 먼저 와야 합니다. 그래야만 그에게 몇 마디 일러두어 앞으로 낭황하지 않고 일할 뿐만 아니라 우리를 배반하지 않게 할 수 있을 테니까요.

영국인은 방금 마차를 타고 왕실 향수 제조업자인 파리종네 집으로 향했습니다. 그는 아가씨의 화장품을 50루이 어치나 구입할 예정이라고 말했습니다. 저는 이런 식으로도 그의 돈을 빨아 먹을 수 있으리라 믿습니다. 그럼 안녕히……

* * *

1783년 3월 10일, 파리에서

아가씨는 마침내 자기 집에 들어갔습니다. 영국인은 전보다 더 아가씨를 사랑합니다. 만일 이 일이 3개월만 지속된다 해도, 영국인은 이 나라에 많은 돈을 흘리게 되겠지요. 그러나 제가 걱정하는 일은 영국에서 그의 아버지가 몹시 편찮다는 편지가 왔다는 점입니다. 그는 아가씨만 없다면 즉시 떠났을 거라고 제게 말했습니다.

그는 바다를 건널 때 심하게 멀미를 하기 때문에 쉽게 떠날 수 없다는 핑계를 대면서 용서를 구하는 편지를 썼습니다. 이처럼 편지를 보낸 뒤, 그는 공공장소에 얼굴을 내밀기 어렵게 되었습니다. 거기서 같은 영국인을 만날 것이 뻔하고, 그들은 그가 아버지의 병을 간호하러 떠나지 않았다는 사실을 비난할 것이 뻔하기 때문입니다. 그의 아버지는 웬만한 사람이 다 알 정도로 거물이라서, 영국인이라면 그가 병에 걸린 사실을 압니다.

아가씨는 아가씨대로 처신을 잘하니, 걱정하지 마세요. 그럼 안녕히……

* * *

1783년 3월 18일, 파리에서

우리의 영국인은 아주 나쁜 소식을 받았습니다. 그는 영국으로 출발하고 싶어 합니다. 그는 아가씨를 데려가려 하지만 아가씨는 그의 제안을 거절한 것처럼 보입니다. 그러나 저는 아가씨가 결국 그의 말을 듣지나 않을까 걱정입니다. 왜냐하면 아가씨가 영국인을 몹시 좋아한다는 사실을 저는 알아차렸기 때문입니다. 만일 영국인이 몹시 이로운 조건을 내걸면서 계속 아가씨를 조른다면 쉽사리 동의를 얻을 것입니다.

대단히 미안하게 되었습니다. 우리는 쉽게 그들을 등칠 수 있었고, 그들을 지배하는 일도 식은 죽 먹기였는데 말입니다.

앞으로 사태를 봐가면서 긍정적인 일이 있을 때 마담에게 알려드리도록 하겠습니다. 그럼 안녕히……

* * *

1783년 3월 18일, 저녁 5시, 파리에서

큰일이 났습니다. 꼬마 아가씨가 오늘밤 영국인과 함께 떠납니다. 영국인은 가구를 실내장식업자에게 돌려주고, 또 말과 마차를 마구 상인에게 되돌려 주면서 손해배상도 해주었습니다.

그는 공증인에게 4,000에퀴(2만 4,000리브르, 또는 1,000루이)를 맡겨 꼬마 아가씨에게 평생 연금을 마련해주었습니다. 그는 내게 한 마디도 하지 않고 이 일을 오늘 아침 직접 처리했습니다. 저는 오후 세 시에 그와 함께 밥을 먹을 때 이 사실을 겨우 알았습니다.

영국인은 자기 아버지가 회복하건 사망하건, 그 즉시 되돌아 올 것이라고 확실히 말했습니다. 그는 제가 지금까지 해준 일에 감사했고, 자기와 영국에 가지 않겠느냐고 물었습니다. 저는 호의에 감사했지만, 거절했습니다.

저는 지금에야 비로소 그로부터 해방되었습니다. 내일 아침 10시, 저는 마담과 우리의 일을 상의하러 가겠습니다. 우리는 어떻게 이 같은 손실을 보상받을지, 또 어떻게 다른 사업을 벌일지 상의하도록 해야겠습니다. 그럼 안녕히⋯⋯

* * *

1783년 5월 5일, 파리에서

영국인과 함께 떠난 아가씨가 제게 편지를 보냈습니다. 저는 바쁘기 때문에 별로 할 말이 없지만 아가씨의 편지를 전해 드립니다. 그럼 안녕히⋯⋯

1783년 4월 20일, 런던에서

선생님, 저는 선생님이나 엄마가 각하를 알게 해주셔서 얼마나 고마운지 결코 잊을 수 없습니다. 각하는 제게 굉장히 잘해주십니다. 그분은 제게 훌륭한 집을 장만해주셨

저는 오늘 저녁 '오페라'의 가면무도회에 가보지 않겠느냐고
슬쩍 떠보았습니다.
혹시 그 아가씨를 만날지도 모르겠다면서요.
그는 뛸 듯이 기뻐하더군요.

습니다. 그 밖에도 모든 것에 세심한 주의를 기울여 주고 계십니다.

그분의 아버님께서는 아직도 편찮으십니다. 그분은 몹시 쇠약해지셨습니다.

만일 제가 이 나라에서 선생님과 엄마에게 해드릴 수 있는 일이 있다면, 제게 시켜주세요. 기꺼이 그 일을 해서 제 고마움을 표시하고 싶어요.

제게 편지를 쓰시려면 웨스트 민스터 지구의 미스 베빌 앞으로 보내세요.

언제나 선생님과 엄마께 충실하도록 노력하겠습니다.

구르당 부인은 호객꾼과 짜고서 프랑스 사정을 잘 모르는 영국인을 속여 돈을 벌려고 했지만, 영국인이 아버지의 병 때문에 자기 나라로 되돌아가면서 결국 모든 계획이 틀어지고 말았다. 모든 사업이 어찌 계획한 대로 되겠는가? 우리는 주인공들이 일을 꾸미고, 그 일을 성사시키려고 꼬리에 꼬리를 무는 거짓말을 하는 모습을 보면서 전혀 낯설지 않다고 생각한다. 비록 『위험한 관계』보다는 훨씬 간단한 구조이긴 해도, 그 나름대로 훌륭한 얘깃거리이며, 오늘날에도 충분히 일어날 수 있는 일이기 때문이다.

『구르당 부인의 지갑』에는 비슷한 성격의 편지가 더 있다. 다음은 호객꾼 D***가 또 다른 영국인에게 덫을 놓는 이야기다.

1783년 4월 3일, 파리에서

저는 내일 어떤 영국인의 집에 통역사로 들어갑니다. 그러나 그는 분별 있는 사람이라서 호락호락 우리에게 넘어갈 것 같지 않습니다. 우리는 아마 그에게 가벼운 연회 정도만 권할 수 있을지 모릅니다.

참고로, 그는 예술 애호가입니다. 그는 여자를 찾으러 다니는 것이 아니라 뭔가 배우려고 여행을 다니는 사람입니다. 그는 자기가 프랑스를 떠나기 전에 파리와 그 주변에 대해서 마치 거기서 태어난 사람처럼 잘 알고 싶다고 말했습니다.

저는 그에게 마담이 소장한 파스텔화 몇 점과 그 밖의 그림을 보러 가자고 제안해서 마담의 집으로 데려가려 합니다. 저는 마담이 어떤 사람인지 감추지 않겠습니다. 그러니 우리가 방문하는 날 저녁에는 예쁜 아가씨를 준비해 두시기 바랍니다. 마담 집에서 제공할 수 있는 가장 예쁜 아가씨로 말입니다. 그래야만 그가 낚싯밥을 물겠지요. 저는 그가 극장에 출연하는 아가씨에게 반하기 전에 마담의 집에 있는 아가씨에게 반하도록 만들고 싶습니다.

마담은 제가 마담의 사업을 제 일처럼 자상히 돌본다는 사실을 충분히 아시겠지요. 그럼 안녕히……

*　*　*

1783년 4월 10일, 파리에서

저는 영국인에게 마담의 집에 있는 그림에 대해 말했습니다. 그는 될 수 있는 대로 빨리 그 그림을 보고 싶어 합니다.

오늘밤, 우리는 시장에 가고 '복살'에 가려 합니다. 마담도 그곳에 예쁜 아이를 데리고 나오시기 바랍니다. 만일 그가 그 아가씨를 눈여겨본다면 우리의 사업은 쉽게 풀릴 수 있겠지요. 그러나 그는 자신은 다른 영국인처럼 첩을 두기를 원치 않는다고 말했습니다. 그리고 그는 여자들과 파티를 여는 편을 좋아하며, 만일 자기가 엉뚱한 생각이 들면 비용이 많이 들지 않는 범위 안에서 기꺼이 파티를 열 수도 있다고 말했습니다.

이렇게 볼 때, 우리는 그에게서 얼마 정도 후려낼 수 있을 것으로 저는 믿습니다. 그러나 그 이상의 가치는 없을 것 같습니다.

그럼 오늘밤에 뵙겠습니다. 되도록 얼굴이 많이 팔리지 않은 참신

한 아가씨를 데리고 나오시기 바랍니다. 그럼 안녕히……

* * *

1783년 4월 11일, 파리에서

우리의 영국인은 어젯밤 마담과 함께 온 아가씨에 대해서 말했습니다. 그는 그 아가씨를 갖고 싶어 하며, 내게 오늘 아침 마담 집에 가서 아가씨와 3시에 저녁 약속을 받아오도록 부탁하면서, 마담과 계약을 맺고 오라는 임무를 주었습니다.

그는 가장 맛있는 음식을 원합니다. 그러니 마담이 정성껏 준비해 주시기 바랍니다. 저는 정오까지 그에게 대답을 해줘야 합니다. 저는 제 임무를 완수했다고 말할 작정이며 그에게 드는 비용이 15루이라고 말하겠습니다. 우리는 그의 비위를 얼러 맞춰야 합니다.

아참, 그는 샹파뉴 지방의 포도주, 특히 거품이 나는 포도주를 좋아한다는 사실을 귀띔해 드리지요. 그럼 안녕히……

* * *

1783년 4월 12일, 파리에서

영국인은 마담과 아가씨에게 몹시 만족했습니다. 그는 맛난 음식과 포도주에 대해 거듭 자랑을 늘어놓았습니다. 그는 자기가 떠나기 전에 마담 집에 몇 번 더 들러서 저녁을 먹겠다고 약속했습니다.

마담은 '오텔 드 라 페(평화호텔)'와 '파를르망 당글르테르(영국의회)'에 도착한 영국인들을 낚으려면 심부름꾼을 몇 명 시골로 보내야 합니다. 만일 제가 지금 영국인과 헤어지게 되면 그 일을 제가 맡을 수 있습니다.

그렇지만 마담은 S***에게 그 임무를 맡기면 좋겠지요. 그야말로 일류 모사꾼입니다. 저는 그에게 후한 점수를 줄 수 있습니다. 그러나 제가 그의 비둘기를 낚아챈 뒤로 우리 사이가 나빠졌습니다. 그럼 안녕히……

　우리는 마담 구르당과 공모해서 영국인에게 덫을 놓던 D***가 자신과 사이가 틀어진 S***를 천거하는 후한 인심에 어리둥절해진다. 그가 오로지 마담의 사업을 도와야 한다는 신념에 찼기 때문일까? 아니면, 무슨 꿍꿍이가 있기 때문일까? 다음의 편지를 보면, D***의 본심을 추측할 수 있다.

　　7월 2일, 오후 4시, S***로부터
　　마담, 미안합니다. 영국인은 아마 딴생각만 하는가 봅니다. 그는 아가씨를 거들떠보지도 않았습니다. 저는 아가씨에 대해 여러 번 말하면서 그의 마음을 떠보았습니다. 그러나 그는 자기가 한 번 보고 반할 만큼 성에 차지는 않았다고 대답했습니다.
　　또 자신은 자연이 요구한다면 욕망의 충동에 기꺼이 따르지만, 그렇지 않고서는 조금도 마음이 움직이지 않는다고 대답했습니다.
　　그러나 그는 다음과 같이 말했습니다.
　　"이 문제에 대해서 나는 마음이 쉽게 변합니다. 사람들이 내게 공작부인이라는 별명을 가진 구르당 부인이 있다고 하더군요. 그의 집에서는 원하는 것을 모두 얻을 수 있다고 그러더군요."
　　그래서 저는 그 부인을 잘 안다고 말해주었습니다. 영국인은 그렇다면 되도록 빨리 가보자고 말했습니다.
　　제가 지금까지 말씀드렸듯이 그를 우리의 그물에 몰아넣기란 쉽지 않을 것 같습니다. 그의 주머니에서 몇 기니 정도만 후려내도 다행이라고 생각합니다.
　　요사이 영국인이 모두 자기 나라로 돌아갑니다. 그럼 안녕히 계세요.

D***는 구르당 부인에게 S***를 천거해서 일을 맡기도록 했다. 그렇게 해서 S***는 일을 맡았지만, 결국 자신의 무능을 인정하는 편지를 구르당 부인에게 보내게 되었다. D***는 자신과 사이가 틀어진 사람을 천거하는 너그러운 사람처럼 보이고, 또 개인의 감정을 넘어서 오직 구르당 부인의 사업을 도우려는 사람처럼 보인다. 그러나 그 스스로 말하듯이, 그는 S***의 먹이를 가로챘으며, 그 때문에 둘 사이가 틀어졌다. 그리고 그가 노렸듯이, S***는 맡은 일을 깔끔하게 처리하지 못하고, 오직 구르당 부인에게 먹잇감을 데려다주는 역할만 하는 것으로 나타났다. 포주, 호객꾼, 아가씨, 손님 사이의 얽히고설킨 관계가 손에 잡히듯 그려진다.

아레티노의 체위

구르당 부인 집에는 그림이 많았다. 그런데 어떤 내용의 그림이었을까? 분명 여염집의 점잖은 그림과는 달랐다.

> 1776년 5월 1일, 파리에서
>
> 마담, 저는 아레탱의 체위 그림 40점을 가지고 있습니다. 저는 로마에 가야 하기 때문에 그림을 팔고 싶습니다. 제 생각에 이런 그림을 걸 만한 곳으로 마담의 집 규방처럼 적합한 곳은 없습니다. 1년 전에 어떤 공작님이 100루이(2,400리브르)를 내겠다고 하셨지만 저는 거절했습니다. 적어도 1,000에퀴(6,000리브르)는 받아야 할 테니 말입니다.
>
> 만일 마담께서 관심이 있으시면, 오늘 오후나 내일 오전 내내 집에 있을 테니 방문해주시기 바랍니다.

아레탱의 체위 그림이란 무엇일까? 이 그림은 이탈리아의 작가 아레티노(Pietro Aretino, 1492-1556)의 이름으로 나온 책의 내용과 관련된 40가지 성교 체위를 모은 것으로 알려졌지만, 사정은 조금 다르다. 이 그림에 대해서는 3세기에 걸친 역사를 추적해야 한다.

1524년, 화가 율리우스 로마누스는 16가지 성교 체위를 그렸고, 마르칸토니오 라이몬디는 그것을 판화로 제작했다. 곧 이 자유분방한 그림은 로마에서 유통되자마자 크게 물의를 빚었고, 교황은 마르칸토니오를 구금했다. 아레티노는 교황 클레멘스 7세에게 간청해서 판화가를 석방시켜주었다. 1525년, 아레티노는 율리우스 로마누스의 그림을 설명하는 방식의 소네트(14행시)를 지어 출판했다. 이 책도 유럽 전역에 빠르게 보급되었다.

그리고 이러한 판화를 모방한 작품이 쏟아져 나왔다. 로소, 카랄리오, 페리노델 바가 같은 사람은 여러 신의 변신을 주제로 한 판화를 내놓았다. 줄리오 보나소노는 신들의 사랑을 주제로 한 판화 14점을 제작했다. 그리고 16세기 말, 아니발 카라치는 전혀 새로이 16개 체위를 그렸다.

17세기, 페트로 데 요데는 판화 20점을 제작해서 "아레티노의 체위"라는 이름으로 판매했다. 18세기에는 페트로의 판화를 새로 제작하는 한편, 그 밖의 판화도 제작해서 "아레티노의 체위"라는 이름으로 팔았다.

"아레티노의 체위"는 수많은 사람에게 '쾌락주의'를 가르치는 교재가 되었다. 글을 모르는 사람에게도 판화는 직접 내용을 전달하기 때문에 국가기관이나 종교기관은 음란서적 못지않게 자유분방한 판화도 열심히 추적했다. 구르당 부인의 집에 이러한 그림이 필수품이라는 사실을 어찌 부인할 수 있겠는가?

우리는 다음의 편지에서 또 다른 필수품에 대한 정보를 얻을 수 있다.

마담, 저는 마담의 법률을 따르는 아가씨들에게 가장 유익한 물건을 찾아냈습니다. 수렴성 연고로서, 바르면 15분 이내에 효과가 나타나기 때문에 가장 많이 사용한 물건도 새것처럼 만들어주는 연고입니다.

값은 한 병에 1루이입니다. 한 병 보내드리오니 시험 삼아 써보시기 바랍니다. 그럼 안녕히……

1774년 1월 2일, 파리에서
향수 제조업자 프로방스로부터

추신) 저희 집은 트루스바슈 거리에 있습니다. 저는 수렴성 연고 외에도 피부 표백제, 입 냄새 제거용 사탕도 갖추어 놓았습니다. 또한 주름을 펴고 젊음을 주는 화장품도 있습니다.

우리는 마담 뒤 바리가 젊었을 적에 구르당 부인이 수렴성 화장수를 바르게 해서 처녀라고 속여 100루이를 받았다는 이야기를 앞에서 읽었다. 구르당 부인에게 그 효과를 증명하는 재미있는 편지가 전달되었다.

나는 단단히 속아서 파리 시내에서 한 발자국도 옮겨 놓지 못할 지경에 이르렀습니다. 나는 마담 집에서 벌써 일곱 번이나 골탕을 먹었는데 이번에는 전보다 더 심했습니다. 왜냐하면 이번에는 선물을 두 가지나 받았기 때문입니다. 나는 당신이 당신 집 아가씨들과 규방을 제대로 관리하는 법을 배워야 하도록 병원에 집어넣어도 시원치 않습니다.

그러나 당신은 내가 내 명예를 위태롭게 하면서까지 당신을 경찰에 고발하지 않는다는 걸 다행으로 생각해야 합니다. 한마디로 말해서, 그래봤자 내가 받은 고통이 조금도 가벼워지지 않을 테니 말입니다.

MESSALINE DANS LA LOGE DE LISISCA

글을 모르는 사람에게도 판화는 직접 내용을 전달하기 때문에
국가기관이나 종교기관은 음란서적 못지않게
자유분방한 판화도 열심히 추적했다.

내가 당신 집에 갔을 때 10루이나 주고 들어간 규방에서 작은 병을 본 것이 불행의 시작이었습니다. 아가씨에게 그 병에 든 연고가 무엇인지 물었더니 그 거짓말쟁이 아가씨 말은 그건 일술 트는 데 바르는 연고라는 것이었습니다. 마침 내 입술이 말라서 터졌기 때문에 나는 당신 집에서 나설 때 옳다구나 하고 입술에 그걸 발랐습니다. 내 생각에 한 밤 자고 나면 입술이 부드럽게 될 줄 알았지요.

그런데 오늘 아침 일어나니 입술이 더욱 당기고 형태를 알아볼 수 없을 정도로 되었고 게다가 아프기까지 합니다. 얼굴이 흉측하게 변했어요. 당신 집에서 쓰는 연고니까 당신은 그것을 남용할 때 생기는 부작용에 대한 처방도 알리라 믿습니다.

나는 의사를 만나 볼 용기도 나지 않습니다. 의사는 괴물 같은 내 몰골을 보고 속으로 웃을 게 뻔하니까요. 내 입술을 고치는 방법을 빨리 알려주세요. 당신은 내가 이런 꼴로 미사를 집전할 수 없다는 사실을 잘 알지 않습니까? 입술만 고쳐주면 다른 병에 걸린 것에 대해서는 없던 걸로 해줄 수 있습니다.

1783년 3월 17일

원장 신부 Q***로부터

수렴성 연고, 수렴성 화장수의 위력을 원장 신부가 증명하는 내용은 『구르당 부인의 지갑』과 그 속편 『구르당 부인의 편지』에 실린 편지 가운데 가장 재미있다. 먼저 원장 신부의 이름(Q***)은 말장난이다. 프랑스 말에서 엉덩이, 또는 바보를 뜻하는 말(cul)과 발음이 같다. 더욱이 창녀의 생식기에 바르는 연고를 고위 종교인이 입에 발랐다는 설정은 독자에게 아주 못된 상상을 불러일으키기 충분하다. 더군다나 그는 성병까지 걸려서 아래 위가 모두 망가지지 않았던가! 이 편지에서 종교인의 위선을 고발하는 내용과 함께, 고위 종교인과 창녀가 물질세계에서 평등한 가치를 지닌 존재라는 주장을 읽을 수 없을까? '화류계의 명심보감'에서 "사랑은 모두를 평등하게 만들었다"고 했음을 기억하자.

유대인 아브라함은 구르당 부인에게 보낸 편지에서 자신은 화장품 못지않게 필수적인 물품을 판다고 자랑한다. 그는 "중국제 고리, 중국제 공, 분무기와 밸브가 달린 각좆이나 단순한 각좆, 영국식 외투(콘돔), 성병 치료약을 판다"고 말한다.

각좆의 경우, 신라 시대의 물건이 경주 안압지에서 출토된 만큼 세계 어느 나라의 여성도 옛날부터 사용했음을 알 수 있을 정도로 그 역사는 오래되었다. 우리나라에서는 이 물건이 그 뒤로 별로 개량되지 못했다. 그러나 아브라함이 파는 물건에서 보듯이, 프랑스인은 각좆에 분무기나 밸브를 달아서 썼다. 더운 물이나 우유를 넣어 따뜻하게 사용하고, 또 정액과 비슷한 액체를 뿜어내게 만들었다. 18세기에 나온 음란서적에는 어김없이 각좆 이야기가 나오고 있어서, 당시의 쾌락주의 경향을 보여준다. 『샤르트뢰 수도원의 문지기 동 부그르 이야기』, 『동 부그르의 누이 쉬종 이야기』, 『동 부그르의 누이 쉬종의 딸 마르그리트 이야기』는 모두 각좆에 대해 설명한다.

구르당 부인 집의 필수품 가운데 간접경험을 통한 정신교육과 육체교육의 교범이 있다. 그것이 무엇인지 서적 행상인의 편지에서 알아보도록 하자.

마담, 저는 방금 홀란드에서 동판화를 곁들여 발간한 훌륭한 책들을 받았습니다. 그것은 '처녀, 샤르트뢰의 문지기, 헌 옷 깁는 마르고, 아레티노의 성교 체위, 교회의 영광, 창녀, 수녀원의 기쁨, 코르들리에 수도회 총회, 수녀들의 대담'으로서, 사교계에 들어온 젊은 아가씨들을 교육하는 데 필요한 책입니다. 또한 '프리아포스 송가, 색광'도 있습니다. 마담께서 마음에 드는 책이 있으면 제게 알려주세요. 정해주시는 시간에 책을 가져가 뵙겠습니다.

1780년 6월 22일, 파리에서

서적 행상인 D***로부터

'처녀'는 볼테르의 『오를레앙의 처녀』(La Pucelle d'Orléans)를 말한다. 1755년에 처음 나온 이 작품은 1789년까지 35가지나 다른 판본을 가졌다. 또 제르베즈 드 라투슈(Jean-Charles Gervaise de Latouche)가 쓴 『샤르트뢰 수도원의 문지기 동 부그르 이야기』(Histoire de dom B....., portier des Chartreux, écrite par lui-même)도 보인다. 이 작품은 1745년에 처음 나온 뒤, 1788년까지 19가지 다른 판본으로 나올 만큼 지속적으로 성공했다. 『샤르트뢰 수도원의 문지기』(Le Portier des Chartreux), 『구베르동의 이야기』(Histoire de Gouberdom), 또는 주인공의 이름을 딴 『사튀르냉의 회고록』(Mémoires de Saturnin)은 그 변형이다.

『헌 옷 깁는 마르고』(Margot la ravaudeuse, par M. de M***)는 푸즈레 드 몽브롱(Charles-Louis Fougeret de Montbron)의 작품이다. 1748년에 처음 발간된 뒤 1784년까지 6가지의 다른 판본으로 나왔다. 『교회의 영광』(Lauriers ecclésiastiques, ou campagnes de l'abbé de T***)은 라 모를리에르(Charles-Jacques-Louis-Auguste Rochette de La Morlière)의 작품이다.

1748년 상상의 지명인 '룩수로폴리스'(Luxuropolis)에서 발간되었다고 하면서 나온 뒤 1788년까지 적어도 12가지 다른 판본으로 나왔다. 이 가짜 출판지의 지명은 '사치의 도시'라는 뜻이며, 이것만 봐도 풍자작품임을 쉽게 알 수 있다.

『창녀』(Fille de joie, ouvrage quintessencié de l'anglais)는 영국의 존 클릴런드(John Cleland)의 원작을 『헌 옷 깁는 마르고』의 작가가 번역해서 출판한 작품이다. 1751년 이후 1788년까지 적어도 15가지 다른 판본으로 나왔다. 『수녀원의 기쁨』은 원래 『수녀원의 베누스, 또는 속옷 바람의 수녀』(Vénus dans le cloître, ou la religieuse en chemise)라는 제목으로 1683년에 처음 나온 책인데, 1782년까지 적어도 22가지 다른 판본으로 나왔으며, 『수녀원의 기쁨, 또는 견식 있는 수녀』(Les délices du cloître religieuse éclairée), 또는 『견식 있는 수녀, 또는 수녀원의 기쁨』(La nonne éclairée, ou les délices du cloître)으로도 거듭 출판되었다. 그러나 '코르들리에 수도회 총회', '수녀들의 대담'은 정확히 무엇을 뜻하는지 확인하기 어려웠다.[7]

영원한 남성의 상징인 『프리아포스 송가』(Ode à Priape)는 피롱(Alexis Piron)의 시로서, 18세기 초부터 거듭 발간되었다. 또 『색광』(Foutromanie, poème lubrique en six chants)은 세낙 드 멜랑(Gabriel Sénac de Mailhan)의 시로서, 1780년 '사르다나폴리스'(Sardanapolis)에서 발간되었다. 아시리아의 마지막 왕인 '사르다나팔루스의 도시'에서 발간되었다고 거짓 출판지를 적은 이 작품과 피롱의 시는 모두 경찰의 끈질긴 추적을 받았다.

다이아몬드와 애완견

구르당 부인의 취미, 재산을 늘리는 방식을 보여주는 마지막 유형의
편지를 읽을 차례다. 구르당 부인은 전당포를 경영하는 투기꾼과 친하
게 지내면서 자기 보석을 처분하거나 돈이 급한 사람의 보석을 싸게
사들여 이득을 보았다.

마담, 당신이 제게 말한 보석을 처분할 좋은 기회가 생겼습니다. S
백작은 3개월, 6개월, 9개월짜리 어음을 가지고 사업을 할까 생각하
고 있습니다. 그가 제때 돈을 갚지 못할 가능성이 있습니다. 그러나
아무 것도 잃을 것은 없습니다. 돈을 늦게 받는다는 것일 뿐. 그동안
큰 이자를 받으면 됩니다.
백작이 몹시 급하기 때문에 보석을 자세히 들여다보지 않겠지요.
관심이 있으시면 이 편지를 전하는 사람에게 곧바로 답장을 해주시
기 바랍니다.

1월 3일 아침 9시, 파리에서
전당업자 레오나르 드림

구르당 부인은 흠 있는 보석을 속아서 샀거나 손님으로부터 받은 뒤
제값을 받고 처분하고 싶어서 전당업자와 공모하는 것 같다. 예나 지

금이나 전당포를 찾는 사람 가운데에는 급한 불을 끄려고 손해인 줄 알면서도 물건을 잡히거나 돈을 빌려 쓰는 사람이 많았다. 18세기 문서를 보면, 가정불화의 원인 가운데 가장 심각한 것이 남편이나 아내가 침대를 저당 잡히는 일이었다. 부부생활의 터전을 저당 잡힌다는 것은 가정생활이 끝장났다는 뜻이었기 때문이다. 아무튼 구르당 부인이 속아서 샀건, 누구인지 유흥비 대신 내놓았건, 흠 있는 보석을 원하는 대로 값을 쳐서 받으려는 속셈을 드러내는 편지를 읽으면서, 우리는 어느 시대, 어느 사회에서건 돈에 궁한 사람이나 어수룩한 사람이 구르당 부인 같은 사람들의 먹이가 된다는 사실을 확인한다.

금은 세공업자나 마구 대여업자가 구르당 부인의 주문을 어떻게 처리했는지 알리는 편지도 있다. 구르당 부인의 집에는 거물급 손님이 많이 드나들었기 때문에 훌륭한 은 식기로 음식을 대접하는 일이 필수적이었기 때문이다. 또한 파리에서는 오순절 기간의 수요일, 목요일, 금요일에 유한 계층의 모든 사람이 불로뉴 숲의 롱샹으로 마차를 타고 나가 자기 마차와 말을 과시하는 풍습이 있었다. 남의 첩살이를 하는 아가씨도 마차를 타고 나가서 그 호화로움을 과시하고, 그로써 자기 연인이 얼마나 자기를 사랑하는지 자랑했다. 물론 남의 첩이 되지 못한 아가씨는 전세 마차를 타고 나가 '신데렐라'의 꿈을 실현코자 했다.

구르당 부인은 금강석(다이아몬드)에도 관심을 가졌다. 사실, 오늘날에도 이 보석에 관심 없는 여성이 과연 얼마나 되겠는가? 18세기의 경찰 보고서는 첩을 둔 남자가 거의 어김없이 다이아몬드를 선물한다고 적었다. 모두 알다시피, 금강석은 경도 10의 보석이기 때문에 금강석끼리 서로 비비면서 가공할 수 있음을 17세기에야 비로소 알게 되었다.

그때까지는 인도에서 주로 금강석이 산출되었지만, 18세기 초 브라질의 금강석이 발굴되면서 유럽의 부자들은 금강석에 대한 취미를 더욱 충족시킬 수 있었다.

금강석은 남녀 간에 사랑의 표시로 끼어들었고, 또 정치 무대에서도 크게 한몫 했다. 루이 16세의 대관식에 등장했던 '리슐리외 추기경의 교회'는 누구나 갖고 싶을 명품이었다. 루이 13세의 대관식 때 리슐리외 추기경이 선물했기 때문에 이러한 이름이 붙었다. 프랑스 왕의 대관식을 거행하는 렝스 대성당의 제단 밑에 보관하던 이 보물은 황금을 거의 46킬로그램이나 사용해서 만들었다. 여기에 루비 355개, 다이아몬드 9,013개를 박아 넣었으니 얼마나 호화로웠을지 짐작하기 쉬울 것이다.[44]

우리는 '목걸이 사건'(l'affaire de collier)으로 다이아몬드가 왕실의 권위를 떨어뜨리는 데 얼마나 이바지했는지 안다. 보석상 뵈메르와 바상즈(Böhmer & Bassange)는 호화로운 다이아몬드 목걸이를 만들어 마담 뒤 바리에게 팔려고 했지만, 그것을 사줄 루이 15세가 갑자기 죽는 바람에 팔지 못했다. 보석 상인들은 막대한 돈이 목걸이에 잠긴 바람에 자금의 압박을 받았고, 어떻게 해서든 팔려고 눈이 벌게졌다. 마침내 그들은 아메리카 독립전쟁 말기에 왕비 마리 앙투아네트에게 팔려고 내놓았다. 그 값은 무려 160만 리브르였기 때문에, 왕비는 그만한 돈이 있으면 영국과 대적할 배 한 척이라도 더 사야한다고 말하면서 거절했다. 이렇게 해서, '목걸이 사건'이 시작되었다.

자칭 발루아 가문의 후손이라는 마담 라 모트는 남편과 짜고 스트라스부르의 주교이며 궁중 사제장인 로앙 추기경을 속이는 일을 꾸몄다. 왕비의 신임을 얻고 싶어 안달이던 추기경은 라 모트가 레토 드 빌레트를 시켜 위조한 왕비의 편지를 보고 왕비가 목걸이에 관심이 있다고 믿었다. 라 모트는 추기경을 믿게 만들려고 왕비를 닮은 창녀 올리바를 고용해서 캄캄한 밤에 숲에서 추기경을 잠시 만나도록 일을 꾸몄다. 추기경은 라 모트에게 돈을 일부 주고, 보석상에게 약속어음을 주어 목걸이를 사서 왕비에게 전달하도록 했다. 그러나 그 뒤에도 왕비가 목걸이를 하지 않는 것을 보고 이상하게 여겨 라 모트를 추궁했지만, 이미 목걸이를 해체해서 빼돌릴 계획을 실행하던 라 모트 부부는 로앙 추기경을 계속 속였고, 보석상은 그 나름대로 약속 날짜가 지나도 돈을 받지 못하자 왕비에게 직접 대금을 청구했다.

이렇게 자신이 모르는 사이 사기 사건에 뒤얽혔음을 알게 된 왕비는 1785년 8월 15일 아침 왕에게 달려갔고, 잠시 후 왕은 국새경과 궁부내신을 불렀다. 왕비는 로앙 주기경을 고발하면서 왕의 재판을 요구했다. 그날은 성모승천일이라 추기경은 궁중 사제장의 복장을 갖추고 미사를 집전하러 가다가 체포되어 바스티유 감옥에 갇혔다. 이 사건은 곧 세간의 주목을 끌고, 그동안 신용을 잃은 왕비를 더욱 나쁘게 헐뜯는 여론을 조성하게 만들었다. 추기경은 심문을 받을 때 라 모트 백작 부인에게 속았다고 주장했다. 그러나 백작 부인은 추기경의 추궁을 받기 전부터 자기가 위험에 처할 경우 그 죄를 추기경과 유명한 치료사였던 칼리오스트로에게 뒤집어씌우려는 계획까지 마련해 두었다. 치료사가 라 모트를 맹목적으로 믿지 말라고 추기경에게 주의를 주었기 때문에, 라 모트는 그를 눈엣가시로 생각했던 것이다.

라 모트 부부는 목걸이를 팔아서 바르 쉬르 오브에 집을 한 채 사두었지만, 로앙 추기경에게는 그 사실을 끝내 숨겼다. 마담 라 모트는 단지 자기가 궁중에서 신임을 잃었고 왕으로부터 파리를 떠나 조용히 살라는 명령을 받았기 때문에, 신변을 정리하고 시골로 떠나야겠는데 시간이 필요하니 24시간만 추기경 집에 숨겨주면 일을 마친 뒤 떠나겠다고 말했다. 추기경은 그들을 숨겨주었고, 그들은 하루 반이나 그의 집에서 보낸 뒤 바르 쉬르 오브로 도망쳤다. 이것이 추기경을 옴짝달싹하지 못하게 만든 올가미였음을 정작 추기경 자신은 몰랐다.

로앙 추기경은 감옥에서 라 모트 백작 부인의 이름만 거론했기 때문에 부인만 잡히고 남편은 영국으로 도망칠 수 있었다. 추기경을 종신형 정도의 엄벌에 처해야 한다고 주장하는 사람도 많았지만, 추기경은 원체 거물급이기 때문에 콩데 공을 움직여 이 사건을 파리 고등법원에서 다루도록 만들었다. 1년을 끈 심리가 끝난 뒤, '목걸이 사건'은 다음과 같은 판결로 끝났다.

1. 왕비의 서명이 든 문서는 가짜다.
2. 남편 라 모트는, 결석 재판으로, 죽을 때까지 군선의 노 젓는 형벌에 처한다.
3. 라 모트 부인은 채찍형을 받은 뒤, 양 어깨에 'V'자 낙인을 찍고, 목에 밧줄을 걸어 병원에 죽을 때까지 가둔다.
4. 문서 위조범 레토 드 빌레트는 왕국에서 영원히 추방한다.
5. (마리 앙투아네트 역할을 한) 올리바에 대한 소송은 기각한다.
6. 칼리오스트로는 무혐의 처분한다.
7. 로앙 추기경은 무혐의 처분한다.

목걸이 사건은 공식적으로 이렇게 끝났지만, 로앙 추기경은 궁중 사제장직에서 쫓겨나 오베르뉴에 있는 자기 소유의 수도원으로 추방되었다. 그러나 추기경보다 더 큰 피해를 입은 사람은 왕비와 국왕이었다. 진작부터 왕비는 시동생과 문제를 일으켰다고 의심을 받았는데, 이번에는 추기경과 한밤중에 몰래 만났다고 비난받았다. 물론 왕비는 억울했다. 그러나 사람들 머릿속에는 왕비에 대한 나쁜 인상이 쉽게 사라지지 않고, 오히려 더욱 나빠졌다. 왕비의 허영과 무분별한 행동은 자신에게 비난의 화살을 퍼붓게 만드는 데 그치지 않고, 왕권을 비웃음의 대상으로 만들었고, 심지어 왕비가 낳은 아이의 아버지까지 의심하게 만들어 왕조의 정통성을 뒤흔들었다.[45]

이렇듯 다이아몬드는 여성의 환심을 사는 데 알맞은 품목이었다. 왕족이든 귀족이든 평민이든 여성 가운데 다이아몬드에 유혹 되지 않는 사람이 있었겠는가? 더욱이 구르낭 부인처럼 오직 재산만이 자기를 보호해 줄 힘이라 믿는 사람에게 재산의 가치는 물론 화려함을 돋보이게 만드는 다이아몬드야말로 중요한 패물이 아닐 수 없었다. 사업상 후줄근한 사람보다 화려하게 치장한 사람을 더 믿는 것이 일반 심리이기 때문에 다이아몬드는 훌륭한 장식이었다.

구르당 부인은 아는 사람이 많았지만 진실한 친구는 없었을지 모른다. 그만큼 그는 정붙일 상대를 찾았을 터인데 그 상대로 개가 포함되어 있었다.

사랑하는 엄마, 오래전부터 엄마는 귀여운 암캉아지 한 마리를 원하셨죠? 마침 누가 제게 아주 예쁘고, 부인들이 기르기 안성맞춤으

마침 누가 제게 아주 예쁘고,
부인들이 기르기 안성맞춤으로 키워놓은 개를 한 마리 주었습니다.
그걸 보내드리니 마음에 드시면 받아주세요.

로 키워놓은 개를 한 마리 주었습니다. 그걸 보내드리니 마음에 드시면 받아주세요. 엄마가 기뻐하실 일을 해드릴 수 있다면 저는 그걸로 만족입니다. 왜냐하면 엄마는 제게 그보다 더 많은 일을 해주셨기 때문이지요. 사랑하는 딸……

마드무아젤 펠메 올림
1782년 1월 20일, 파리에서

물론 구르당 부인은 그 개를 잘 키웠다. 그러나 개는 얼마 뒤 병이 났다. 다음은 수의사의 편지다.

마담의 암캐는 이제 건강을 완전히 되찾았습니다. 내일 사람을 보내 찾아가시기 바랍니다. 치료비는 75리브르입니다. 거기에는 입원비, 약값, 제 수당이 포함되어 있습니다.

1782년 3월 8일, 파리에서
리요네 드림

이 편지에서 우리는 구르당 부인이 애완견에게 얼마나 정성을 쏟았는지 본다. 리요네는 당시 장안에서 가장 소문난 수의사였다. 명의로 소문났던 만큼 치료비는 비쌌다. 그는 50만 리브르 이상을 내고 이 직업의 면허를 땄다고 한다. 그는 부르고뉴 베르농에 20만 리브르짜리 영지를 사들였다. 리요네는 이렇게 재력도 있었고 이름도 날렸다. 그가 결정적으로 이름을 날리는 계기는 루이 15세의 애첩인 마담 드 퐁파두르의 암캐를 치료해주었기 때문이다. 이때부터 그는 1,200리브르를 받고 왕실의 모든 개를 보살피는 주치의가 되었다. 그는 아들에게 판사직을 사주기도 했다.

사실, 개 치료비로 75리브르는 아주 비싸다. 물론 개값도 천차만별이었다. 루이 16세가 사냥에 데리고 다니던 개를 기르려고 마련한 사육장은 12만 리브르였고, 영국에서 들여온 사냥개는 한 마리당 1,000리브르짜리였다. 구르당 부인의 개값이 얼마인지는 몰라도, 치료비를 빵값과 비교해 보면 더 실감이 난다. 1760년대 노동자 가족(성인 남녀와 아이 2명)이 일주일 빵값으로 2리브르 2수 6드니에가 필요했으며,[46] 1780년대에는 빵값이 2배로 올랐다. 오른 빵값으로 따질 때, 75리브르는 29주치 빵값이다. 그만큼 우리는 구르당 부인처럼 악착같이 돈을 버는 사람이 아낌없이 정을 쏟는 대상은 오히려 말을 못 하지만 언제나 충성스럽게 따르는 개일 수 있다는 사실을 이해한다.

계몽시대 여성의 삶

　지금까지 우리는 매매춘의 세계라는 창으로 18세기 프랑스의 수도 파리에서 일어난 일을 살펴보았다. 그러면서 주로 성 풍속을 중심으로 당시 사람들의 삶을 그 주변까지 읽어 나갔다. 이제 우리는 특수한 직업인의 세계가 아니라 평범한 서민 여성의 삶부터 부르주아, 귀족 여성의 삶까지 살펴볼 차례다. 그래야만 계몽시대 여성에 대해 좀 더 분명하게 알 수 있기 때문이다.

　18세기 중엽 파리 시민이 대략 50만 명이었으니, 여성을 그 절반으로 보면, 15세 이상 30세까지의 여성 가운데 매매춘의 세계에 살거나 그 경계선을 넘나든 여성은 얼마나 되었을까? 1762년 파리 치안 총감이 왕에게 바친 보고서에는 6~7천 명 정도가 파리에서 창녀 노릇을 한다고 적혀 있다. 레티 드 라 브르톤은 『포르노그라프』(Le Pornographe)를 쓰고 '창녀에 관한 글'이라 설명하면서, 프랑스 혁명 전의 창녀 수를 2만 명까지 높게 보았다. 1802년 치안장관 푸셰(Fouché)는 창녀의 수를 3만 명 정도로 파악했고, 1810년 치안당국은 실제로 창녀 노릇을 하는 여성이 1만 8천 명인데, 그 가운데 절반이 첩살이를 한다고 보았다. 거칠게 보아 성인 여성 10명 가운데 약 2명에 해당하는 숫자다.

SI TU LA CHERCHE LA VOICY

그림 속에서 실패를 들고 있는 여성에게는 머리가 없다.
남자가 찾는 여자란 생각할 줄도 모르고,
그저 실을 가지고 옷감이나 짜는 일을 천직으로 아는
존재라는 내용이다.

이처럼 수많은 여성이 매매춘의 세계와 관련되었던 시대라 해도, 가장 평범한 삶은 부부가족, 또는 핵가족 형태로 유지되었다. 사람들은 대체로 같은 신분에서 제 짝을 찾았고, 평민은 같은 직업 안에서 짝을 찾는 경향이 우세했다. '동족결혼'은 특히 농부, 날품팔이들 사이에게서 각각 높은 비율을 보여 주었다. 귀족은 수적으로 적었기 때문에 도시와 지방의 범위를 넘어서, 게다가 왕족은 국경을 넘어서 짝을 찾았다. 평민의 경우, 대체로 같은 공동체 안에서 짝을 찾지 못하면 이웃 공동체에서 구했지만, 그 범위가 별로 넓지 못했다. 농촌에서는 반지름 10킬로미터를 넘는 곳에서 짝을 찾는 경우는 아주 드물었다.

결혼은 사랑보다는 경제문제를 해결하기 위한 것이었다. 조금 과장해서 말하자면, 어린애를 낳으려는 결혼은 왕조를 유지하거나, 대물림할 가산이 많은 귀족에게나 있는 일이라고 할 수 있다. 하지만 평민층의 경우에도 수많은 노동이 전통적으로 부부 위주로 조직되었기 때문에 결혼과 출산을 해야 했다. 그러므로 자발적으로 독신생활을 선택하는 종교인(제1신분)을 제외하고, 독신의 여자나 남자는 불행했다. 특히 여자가 더욱 불리하고 불행했기 때문에, 여자는 여러 성자에게 빌거나, 여러 가지 마술과 종교적 가르침을 뒤섞어 실천하면서 어떻게든 짝을 찾게 해달라고 빌었다. 예를 들면, 결혼과 관련된 성인 조각상을 바늘로 찔러 귀찮게 하는 식이었다. 농촌과 달리 도시에서는 독신의 비중이 높았는데, 도시민의 약 10퍼센트 정도에 해당하는 종교인과 남의 집살이를 했던 하인, 하녀 때문이었다.

그럼, 당시 사람들은 몇 살에 결혼했을까? 왕족이나 대귀족의 경우 남자는 평균 21살, 여자는 평균 18살로 평민층보다 훨씬 빨랐다. 일부

지역의 차이와 예외는 있지만, 대체로 17~18세기 프랑스의 평균 초혼 연령은 남자 27~28살, 여자 25~26살이었다. 특히 늦은 결혼의 경향은 18세기에 더욱 늘어났다. 무엇보다도 두 사람이 정착할 만한 물질적 수단을 마련해야 했기 때문이다. 여기서 문제가 발생했다. 하나는 사춘기 이후 결혼할 때까지 성욕을 다스리는 문제였고, 다른 하나는 대체로 40살을 경계로 여성의 가임 기간이 끝난다는 사실이었다. 특히 초혼 연령이 높아지면서 실질적인 가임 기간이 약 15년 정도였기 때문에, 이 시간이 인구의 구조를 결정짓는 중요한 요소였다. 더욱이 여성이 젖을 먹여 아기를 키워야 했던 상황도 자녀의 터울을 조절하는 중요한 요인이었다. 그래서 우리가 흔히 예상하는 것과 달리, 계몽시대에는 부부가족, 핵가족이 가장 일반적인 형태였다.[47]

부부가족 속의 여성은 '바지'를 입지 못했다. 그럼에도 그 시대에 남녀의 역할을 풍자하는 그림은 부부가 바지를 잡아당기는 모습을 담아, 여성이 점점 남성의 영역을 침범하는 현실을 걱정한다. 바지는 곧 가정의 주도권을 뜻했다. 남편이 입는 바지를 빼앗는 여성이 늘었다고 해도, 여전히 대부분의 여성은 남성보다 불리한 지위에 있었다. 17세기 『여성들의 불완전함』의 속표지 그림은 "여기 그대가 찾는 여자가 있다"는 설명을 달아 여성을 상징적으로 표현했다. 그림 속에서 실패를 들고 있는 여성에게는 머리가 없다. 남자가 찾는 여자란 생각할 줄도 모르고, 그저 실을 가지고 옷감이나 짜는 일을 천직으로 아는 존재라는 내용이다.[12] 18세기 계몽사상가의 저서에서도 여성의 모습을 왜곡해서 보여주는 데서 우리는 그 시대의 집단정신 자세를 읽는다.

『백과사전』을 책임편집하고, 그 자신도 수많은 항목을 쓴 디드로

(Diderot)는 『경솔한 보배』에서 여성은 머리로 생각하는 존재가 아니라 보배, 다시 말해서 생식기, 아니 그보다는 성기로 속마음을 털어놓는다고 했다. 그 보배는 생각이 깊지 못해서 할 말, 못할 말을 가리지 못하는 '경솔한 보배'다.[49] 장 자크 루소는 『에밀』에서 에밀의 교육 과정을 훌륭하게 마련해주었지만, 그의 짝이 될 소피의 교육은 아주 간결하게 다루었다. 더욱이 『달랑베르에게 보내는 편지』에서는 "여자는 술 먹는 남자보다 더 위험한 존재"라고 말했다.[50] 여성, '연약한 성'(sexe faible)에 대한 편견은 볼테르, 몽테스키외, 칸트에게도 있었다. 이러한 그릇된 상을 담은 계몽주의 시대의 텍스트들은 결혼에 대해서도 남녀 불평등을 공공연히 인정한다.

> 부부가 헤어지지 않으려면 한쪽이 다른 한쪽보다 우월해야 한다. 부부가 평등해지면 결혼생활은 곧 파경을 맞는다. 결혼은 분명히 남편과 부인 간의 민주주의와는 양립할 수 없다. 이것은 참으로 역설이다. 왜냐하면 결혼은 자발적인 계약을 바탕에 두었다고 하면서도 실제로는 종속적 계약에 근거한 것임이 드러나기 때문이다.[51]

루이 15세의 공식 애첩 퐁파두르 부인과 마담 뒤 바리, 루이 16세의 왕비 마리 앙투아네트는 최고의 지위를 누렸음에도, 당시 사람들은 이들에게 가장 왜곡된 여성상을 투영했다. 퐁파두르 부인은 루이 15세가 귀족 자매를 차례로 애첩으로 갈아치운 뒤, 부르주아 계층의 여성으로는 처음으로 공식 애첩이 되었다. 그는 바람기 있고 사람 좋은 루이 15세의 곁에서 온갖 사치를 일삼으면서 18년 동안 정치를 주무르는 가운데 오스트리아 황위 계승 전쟁이나 7년 전쟁의 원인을 제공했다고 비난받았다.[52] 또 마담 뒤 바리도 평민 출신이었지만, 창녀로 몸을 팔다가, 뒤 바리 백작에게 걸려 이른바 '젖소' 노릇을 했다. 그렇게 살다가, 루이 15세가 퐁파두르 부인을 잃고 말년에 접어들자, 그 외로움을 달래주는 상대가 되었고, 베르사유 궁에서 갓 시집온 마리 앙투아네트에게 멸시를 당하는 한편, 왕의 대신들과 고등법원의 싸움의 중심에 섰다.[53]

마리 앙투아네트는 오스트리아에서 시집온 뒤로 7년 동안이나 루이 16세와 첫날밤조차 제대로 치르지 못한 채 시동생 아르투아 백작과 친하게 지냈기 때문에 온갖 포르노그래피 문학과 판화의 놀림감이 되었다. 1778년 마리 앙투아네트가 임신을 하고, 1779년에 그 사실을 놀리는 포르노그래피성 시 "샤를로와 투아네트의 사랑"(Les amours de Charlot et Toinette)이 나왔다. 제목의 샤를로는 아르투아 백작(Charles Philippe, comte d'Artois)의 애칭이다.

특히 혁명 직전에 터진 목걸이 사건에서는 오스트리아 대사를 지낸 로앙 추기경과 관계가 있었던 것처럼 그릇된 소문에 시달리면서 왕국의 온갖 고통을 가져오는 괴물의 모습으로 표현되었다. 결국 앙투아네트는 자기가 지은 죄보다 훨씬 큰 벌을 받았다. 그는 남편 루이 16세와 함께 1792년 8월부터 탕플 감옥에 갇혔다가, 루이 16세가 1793년 1월 처형된 뒤 계속 학대와 모욕을 받았다. 결국 그해 10월 일반 반혁명분자처럼 혁명재판소에서 남성 배심원과 남성 재판관의 심판을 받고 처형당했다.

이처럼 앙시앵 레짐의 사회에서 여성의 지위는 항상 불리했고, 늘 왜곡된 모습으로 나타났다. 현실생활에서 여성이 약자였기 때문에 그것의 반영이기도 하지만, 또 한편으로는 이런 왜곡이 여성을 약자로 만드는 수단이기도 했다. 우리는 이를 통해 당시의 집단정신을 이해할 수 있다. 그러나 이처럼 왜곡된 모습은 어디까지나 표상이었다. 표상은 그 대상을 상징적으로 표현하긴 해도, 그 대상에 대하여 모든 것을 말해주지는 않는다. 결국 우리는 실제 가족 속에서 여성이 맡은 역할을 보면서 당시의 여성들의 평균적인 삶을 이해해야 한다.

  귀족부터 평민까지 모든 여성은 무엇보다 아내와 어머니 역할을 맡았다.[54] 귀족 여성이라 하더라도 결혼을 하고 아기를 낳는 일만큼은 피하기 어려웠다. 그러나 18세기 후반의 귀족 여성은 사랑을 앞세운 결혼을 생각하게 되었다.[55] 물론 평민 여성도 자기 자신을 위해서 남편을 선택하는 사례가 늘었다. 그렇지만 현실에서의 찌든 삶과 남편의 폭력을 견뎌야 하는 사람도 많았다. 때문에 우리는 가족의 기능 가운데 사랑보다 더 기본적인 경제활동에 주목해야 하고, 여성의 역할도 이 측면에서 살펴봐야 한다. 귀족과 상층 부르주아의 경우, 여성에게 경제적인 일은 거의 없었고 대체로 여가생활과 관련된 일만 있었기 때문에, 여성의 일이란 평민층 이야기이다. 앙시앵 레짐 말기, 인구의 90퍼센트에 달하는 농민과 소시민 가운데 절반을 차지하는 여성은 가정에서 맡은 일 말고도 돈벌이를 해야 했다. 14세 이상의 여성 가운데 적어도 90퍼센트가 일을 했다.[56] 당시 남자는 결혼할 상대로부터 일정한 경제적 보상을 기대했기 때문에 혼전의 처녀도 일자리를 찾았다. 가족의 부양비용을 절약하는 동시에 지참금을 마련하여 결혼 시장에서 경쟁력을 갖춰야 했기 때문이다.[57]

  도시 장인의 아내는 가사를 돌보고 경제활동을 함께 했다. 장인은 반드시 결혼해야 했는데, 그의 아내는 자기 집에서 함께 사는 직공들의 어머니 노릇을 해주어야 했다. 이처럼 장인의 아내는 집안일과 경제활동의 경계가 분명치 않은 상태로 남편의 활동을 돕다가, 남편이 먼저 죽으면 사회적으로 그의 뒤를 이었다. 또한 특정 직종의 남성이 죽으면, 그의 아내는 자매나 딸과 일을 나누면서 돈을 벌기도 했다. 예를 들어 제본업자의 아내나 딸은 책을 꿰매면서 일당으로 1,5리브르를 벌었다.

이것은 여성이 하는 일치고는 고임금이었다. 아마 제본업자가 노동의 가치를 정할 때 가족에게 특별히 배려한 덕택일 수도 있다. 왜냐하면 부부가 방적공 또는 방직공으로 같은 직장에서 일할 때, 같은 일을 하고서도 남자는 1리브르 정도, 여자는 그 절반도 못 받았기 때문이다.

프랑스의 규정과 관행은 여성이 남성 가장의 권위에 종속된 가족경제와 밀접한 관계를 맺으면서 일해야 했다. 아버지가 가난한 미혼여성은 농촌에서는 약 80퍼센트가 12살에 집을 떠나 농업노동자로 또는 인근 도시의 가정부로 일했다. 이들은 집에서라면 보통 무료로 하는 일을 돈을 받으면서 했다. 여성이 인근 도시에서 일자리를 찾는 경로도 대체로 "계절별로 일자리를 바꾸는 남성 노동자들이 이미 더듬어 간 길"을 따랐다.[58] 이들에게는 늘 위험이 따랐다. 특히 하녀를 마음대로 다루어도 좋다고 생각하는 주인이 성폭력을 휘둘렀기 때문이다. 아기를 마음대로 버리거나 죽이지 않도록 마련한 장치인 '임신신고' 제도는 불륜의 사랑과 함께 불평등한 관계 속에서 성폭력의 희생자가 얼마나 많았는지 보여준다.[59]

농촌이나 도시의 여성은 모두 젖어미 노릇을 하면서 돈을 벌 수 있었다. 왕실에서 왕자나 공주가 태어나면 건강한 여성을 스무 명 이상 젖어미로 고용한다. 평민 계층에서도 젖어미를 고용했다. 일자리를 빼앗기지 않으려면, 아기를 남에게 맡기고, 일당보다 더 많은 돈을 젖어미에게 주는 한이 있더라도 그렇게 해야 했다. 도시 주위 농촌의 아낙은 모두 농업노동을 하면서, 돈을 벌려고 도시민의 아기를 대신 길렀다. 도시의 아낙도 귀족이나 부르주아 또는 도시노동자 부부의 아기에게 젖을 대주었다. 또한 도시에서 발달한 공장의 노동이 반드시 도시민에게만 일자리를 만들어주었다고 말하기 어렵다. 원료를 대주고 초보적 기술을 가르쳐주면서 완제품을 걷어가는 도매상, 제조업자는 도시 부근의 농촌에서 값싼 노동력을 찾았기 때문이다. 도시에서는 방직공장이나 방적공장, 옷가게 점원, 가정부의 일뿐만 아니라, 파리 같은 대도시의 일정 구역에서 양말이나 옷을 깁는 여성이 많았다. 게다가 파리 여성 가운데 약 13퍼센트가 드나든 매춘의 세계도 여성에게 일자리를 제공했다.[60]

　가장의 권위가 질서를 유지하는 18세기 가정에서 여성이 맡는 역할만으로 여성의 지위를 이해하기란 부족하다. 왜냐하면 여성의 위치를 제대로 알려면 질서가 깨지는 가정도 살펴보아야 하기 때문이다. 특히 봉인장(lettre de cachet)을 요청할 정도로 가족의 질서가 위협을 받는 상황을 보면, 가정에서 여성이 차지하는 위치가 더욱 선명하게 드러난다. 위기상황은 모든 문제를 가장 날카롭게 부각시켜서, 평소 잘 보이지 않던 요소까지 드러나게 만들어주기 때문이다. 국가는 봉인장을 발행하여 가족문제에 끼어들 수 있었다. 부부 갈등이 있을 경우, 어느 한편이 봉인장을 발행해 달라고 요청했는데, 그 이유를 분석해 보면,

대체로 남편이 아내에게 폭력을 저지르는 경우가 많았다. 아내의 지참금을 까먹고, 배우자의 봉급을 대신 받아쓰고, 상대 몰래 상대의 물건을 팔아서 술을 마시거나 즐기는 데 쓰고, 침대를 팔아먹는 일은 대체로 남편이 여성의 분노를 사는 원인이었다. 물론 아내가 술을 먹고 남편을 때리는 경우도 있었지만, 남자의 폭력이 훨씬 많았다. 더욱이 침대는 아무리 가난한 부부라 할지라도 가정에서 가장 중요한 가구이며 부부생활의 바탕이었기 때문에, 그것을 팔아먹는다는 것은 가족이 아님을 선언하는 것과 마찬가지였다. 가정불화의 원인으로는 폭력이 가장 많았고, 그 다음으로 미침(folie)과 무신앙이 있었다.

2부

문학의 공화국

지금부터 우리는 18세기 프랑스 왕국에서 "문학의 공화국"을 찾아가려 한다. 그러나 그곳의 인구가 너무 많기 때문에 일부만 표본으로 추려서 살피려 한다. 시오라네스쿠가 편찬한 사전에서 우리는 18세기에 책을 한 권이라도 발간한 사람이 거의 4,000명이라는 사실을 알 수 있다.[61] 그리고 이들은 모두 18세기의 어느 시점에서 따로 살다간 사람들이기 때문에 서로 모르는 경우가 많았다. 공통점이라고는 단지 18세기 출판의 역사에 한 가지 이상의 제목을 보탰다는 사실이다.

우리가 계몽사상가라고 부르는 사람들의 경우도 이와 비슷하다. 그러므로 서로 잘 모르거나, 같은 시기에 활동했다 할지라도 서로 비판하고 논쟁하던 사람들을 하나로 묶어 공통점을 찾는다는 것은 그들의 실체를 파악하기보다는 오히려 그들에 대한 허상을 창조하는 일이라고 비판받을 만하다. 그럼에도 우리는 개인적으로 미묘한 차이를 보여주는 그들에게서 어떤 공통점을 찾으려고 노력하고, 동시대인들 가운데서 다른 점을 이해하려고 노력해야 한다. 그들은 아카데미, 살롱, 프리메이슨에 참여하여 활동하거나 『백과사전』을 편찬하는 공동 작업에 참여했기 때문에, 그들의 공통점을 가려내는 일이 전혀 불가능하지는 않다.

모든 사람은 알게 모르게 자기가 처한 사회적 지위를 드러낸다. 우리가 계몽사상가로 분류하는 사람들은 인류의 행복과 발전, 이성과 양심의 자유로운 활동, 자유와 평등, 권리와 상호 의무, 정치적 합의에 대한 원리를 설명하려고 노력했다.

2부에서 다룰 작가들은 체제가 거부하는 작품을 썼기 때문에 바스티유 감옥에 갇혔다는 공통점을 가졌다. 비록 그들 모두가 일급사상가 대열에는 들지 못한다 해도, 표현의 자유를 구속받았다는 점에서 주목할 만하다. 우리는 그들을 통해서 앙시앵 레짐의 권력이 작동하는 방식, 흔히 전제정의 상징이라고 알고 있는 바스티유 감옥의 실상을 일부나마 이해하는 길로 들어선다. 작가들이 감옥에 갇혔다고 해서, 굉장한 투쟁을 벌였다고 말하기는 어렵다. 그래도 그들이 표현의 자유를 구속받은 사람들이라는 점에서 그 시대의 성격, 게다가 변덕스러운 방식으로 작동하는 권력장치에 대해 이해할 수 있도록 해주기 때문에 우리는 그들에게 주목할 수 있다.

그리고 프랑스 국립도서관의 '지옥'이라는 특별한 책꽂이에 꽂힌 작품도 2부에서 다룰 대상이다. 18세기도 여느 시대처럼 '비공시성이 공존'하는 시대였고, 권력이 말의 질서를 지배하던 시대였다. 민주화된 시대에는 정치적 권력 외에도 다양한 문화 권력이 말의 질서를 지배한다. 즉, 다수의 문화가 권력이 된다. 그러나 18세기와 같은 신분사회에서는 소수가 말의 질서를 지배한다. 그럼에도 고리타분한 생각, 현실에 맞는 생각, 미래지향적인 생각이 함께 공존하면서 각축했다. 금서가 반드시 미래지향적이거나 혁명적이라서 금지되었다고 보기 어렵다. 특히 '지옥'에 들어간 금서는 음란한 내용 때문에 문제가 되었다. 그러한 금서 가운데 정치적인 의미를 가진 금서, 특히 정치적 포르노그래피가 우리의 흥미를 끈다.

따라서 2부를 여는 글에서 '철학서적'의 뜻을 되짚어본 뒤, 귀족을 향해 마구 포탄을 쏘아대던 '갑옷 입은 신문장이' 테브노 드 모랑드에 대해서 알아보겠다. 그는 신분을 사칭하고, 매매춘과 도박의 세계에서 충분한 경험을 쌓은 뒤에 감옥의 쓴맛을 보고 나서 자신을 감옥에 보낸 귀족을 마음껏 비웃고 공격하려고 영국으로 피신했다. 그는 본국에서 자신을 체포하려고 경찰력을 파견한다는 사실을 뛰어난 정보력으로 미리 알고 적절히 대응한 뒤, 루이 15세의 애첩에 대한 중상비방문을 작성해서 왕의 돈을 후리려고 하였고 일단 성공했다. 그 뒤, 프랑스를 위해 영국의 해군, 정치 정보를 캐서 보고하는 첩자 노릇을 했다. 그의 생활은 여느 작가와 달랐지만, 당시 권력과 서로 이익을 나누면서 공생하는 점에서 몇몇 작가를 대표하였다.

그리고 다음 장에서는 검열제도의 제물로 바스티유에 갇혔던 작가들을 살피고, 마지막 장에서는 프랑스 국립도서관의 깊숙한 곳에 모아 놓은 금서를 몇 가지 골라서 읽어본 뒤, 끝으로 평민으로서 자서전을 남긴 메네트라의 글을 발췌해서 평범한 사람들의 일상에서 '쾌락의 공화국'이 어떻게 구현되는지 살펴보기로 하겠다.

프랑스 파리에 있는 국립도서관에는 희귀자료 열람실이 있다.
그 열람실의 일부가 '지옥'이다.
지옥은 미풍양속을 해친다고 생각하는 작품을 진열하는 책시렁을 지칭
하는 말이다.
사진은 1995년 센 강변의 새 국립도서관으로 옮길 때까지 사용하던 옛날
국립도서관의 열람실 모습이다.

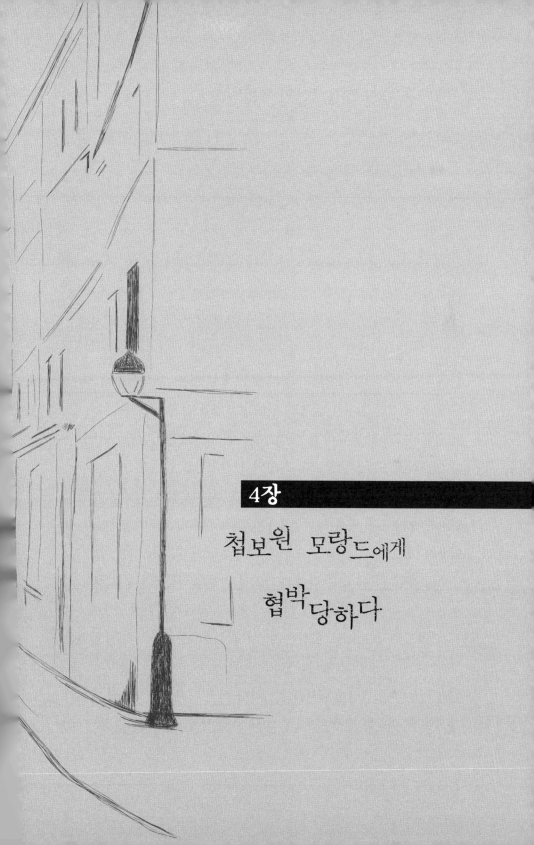

4장

첩보원 모랑드에게

협박 당하다

매매춘, 음란서적, '철학서적'

　1부 '쾌락의 공화국'에서 우리는 『구르당 부인의 지갑』과 그 증보판인 『구르당 부인의 편지』를 18세기 프랑스 사회를 들여다보는 창으로 이용했다. 특히 두 작품은 루이 15세 치세 말기 매매춘의 세계에서 가장 이름을 날리던 구르당 부인이 받은 편지를 모아 놓은 것이기 때문에, 우리는 당대 매매춘의 세계를 자세히 엿볼 수 있었다. 그러나 두 작품에 실린 편지가 실제로 구르당 부인이 받은 편지인지, 아니면 익명의 저자가 상상해서 만들어낸 위작인지는 분명치 않다. 서지학자와 역사학자 모두 두 작품이 상상의 산물이라고 믿는다. 바로 그 때문에 이 책에서는 당시 경찰 보고서를 함께 읽으면서, 구르당 부인의 편지가 보여주는 세계가 현실세계와 전혀 다르지 않다는 사실을 확인하려 했다.

　오늘날의 독자에게 두 작품은 그다지 외설적으로 보이지 않으며, 실제로 이 시대에 두 작품보다 더 외설적이고 노골적인 내용을 담은 작품은 많았다. 그럼에도 경찰은 이 두 작품을 판매한 서적 행상인을 무더기로 잡아넣었다. 왜냐하면 두 작품 모두 군주정 시대의 금기를 깼기 때문이다. 그런데 금서를 취급하다 잡힌 서적상이 오늘날 우리에게 중요한 개념을 전해준다. 렝스(Reims)의 서적상 위베르 카쟁(Hubert

Cazin)은 바스티유 감옥에 갇혀 심문을 받을 때, 그의 집에서 압수한 문서에 대해 질문을 받았다.

철학적 품목(articles philosophiques)이 무엇을 뜻하나요?
그것은 서적상끼리 금서를 지칭하는 말입니다.

그런데 금서란 신(종교), 왕(정치), 성(풍속)의 세 가지 금기를 자유롭게 다루는 책을 말하기 때문에, 당시 서적상은 금서, 다시 말해서 '철학적 품목'에 음란서적을 포함시켰음을 알 수 있다.

다시 말해서, 경찰이 '나쁜 책'으로 분류하는 것을 서적상은 '철학책'으로 분류했는데 오늘날의 역사가는 어떤 표현이 옳은 것인지 안다. 18세기 계몽사상가는 자기가 생각하는 것을 널리 알리기 위해 그때그때 가장 적합한 방식을 택했다. 볼테르는 『철학사전』(Dictionnaire philosophique)에서 여러모로 물의를 빚을 내용을 말했고, 『오를레앙의 처녀』를 써서 지배층을 놀렸다. 디드로는 『경솔한 보배』(Les Bijoux indiscrets)를 썼고, 미라보 백작은 『에로티카 비블리온』(Erotika Biblion), 『들춰진 커텐』(Le Rideau levé) 따위의 책을 썼다.

계몽사상가는 독자를 계도하려고 사람들의 호기심을 자극하는 줄거리에 철학적 내용을 담는 방법을 썼다. 그러므로 서적상이 장 자크 루소의 교육철학을 담은 『에밀』이나 정치철학을 담은 『사회계약론』을 음란서적이라 할 『수녀원의 베누스』, 볼테르의 시 『오를레앙의 처녀』, 크레비용 피스의 『소파』(Le Sopha), 또한 음란서적으로 유명한 『색광』이나 『샤르트뢰 수도원의 문지기 동 부그르 이야기』 같은 작품들과 함께 상자에 담아 '철학적 품목', 또는 '철학 책'이라고 딱지를 붙였던 것은 자연스러운 일이었다.

　여기서 우리는 18세기 프랑스의 세 가지 금기를 자유롭게 비판하는 작품 가운데 특히 성 도덕에 관한 책이 어째서 '철학서적'이 될 수 있는지 잠시 살펴보려 한다. 이미 앞에서 미라보의 『들춰진 커튼』을 인용했을 때, 계몽사상가의 자의식에 대해 눈치를 챈 독자가 있으리라 생각한다.

　　그러나 오염은 실제로 존재하거나 잠재해 있기 때문에, 계몽된 남자, 다시 말해서 오랜 경험에 바탕을 둔 지식을 갖춘 남자가 자신의 원칙에서 오염을 멈추는 방법을 찾을 필요가 있으며, 만일 그러한 방법을 찾는다면 남들에게도 알려야 할 필요가 있음은 의심의 여지가 없다.

　이처럼 계몽사상가는 자신이 발견한 원리를 남에게 알려야 한다고 생각했다. 그러므로 그들은 독자를 만나는 곳이라면 어디서나 자기 생각, 원리, 이론을 설명해야 한다고 믿었다. 그런데 '음란서적'도 다른 종류의 책과 같이, 어떤 책이 나오고 독자의 주목을 받게 되면 같은 부류의 책을 잇달아 나오게 만드는 영감의 원천 노릇을 했기 때문에, 이러한 종류의 책은 일정한 형식을 가지고 독자를 만났다.

　무엇보다도 먼저 지적해야 할 형식은 '훔쳐보기'(voyeurisme)이다. 거의 모든 음란서적은 이야기를 풀어나가는 방식으로 '훔쳐보기'를 활용한다. 이를테면, 남자건 여자건 주인공은 어렸을 때 우연히 어른의 성행위를 엿보면서 자연의 이치를 탐구하는 능력을 갖춘다. 남의 행위를 엿보면서 자신의 감정에 변화가 생기는 이유, 어른의 사랑처럼 자기가 자기 몸을 만졌을 때 느끼는 신비스러운 느낌에 대해 탐구하면서 '쾌락주의'의 문턱을 넘었다.

(사튀르냉은 앙브루아즈와 투아네트의 아들이다. 그러나 실은 앙브루아즈가 일하는 수도원 '신부들'과 이웃 수녀원의 수녀 사이에서 태어났다. 투아네트가 앙브루아즈의 아들을 낳았는데 곧 죽자 신부들이 이 부부에게 사튀르냉을 맡겨 키운 것이다.

사튀르냉은 어느 여름날 학교에 가지 않고 제 방에 들어가 낮잠을 자다가 투아네트의 방에서 나는 이상한 소리를 듣고 잠에서 깬다. 그는 이리저리 벽을 더듬다가 그림으로 막아 놓은 큰 구멍을 발견하고, 그림을 뚫고 옆방을 들여다본다. 거기서 투아네트가 폴리카르프 신부와 하는 일을 본다.)

얼마나 근사한 광경인가! 투아네트는 맨손처럼 발가벗고 침대에 누워 있다. 수도원의 경리계인 폴리카르프 신부도 투아네트처럼 발가벗고 무슨 일인가 하고 있었다. 그들은 무엇을 하고 있었나? 우리의 첫 조상이 이 땅을 사람으로 들끓게 하라는 하느님의 명령을 받고 했던 일을 하고 있었다. 그러나 이들은 첫 조상보다 좀 더 음탕하게 했다.

이러한 광경을 보면서 나는 갑자기 설명할 수 없는 기쁨, 생생하고 달콤한 느낌을 얻었다. 나는 신부 대신 일을 할 수만 있다면 목숨을 내놓아도 원이 없겠다고 생각했다. 그는 몹시 행복해 보였다. 내 몸속에는 까닭 모를 불길이 치솟아, 얼굴이 화끈거리고 가슴은 팔딱거려 숨이 찼다. 내가 손에 잡고 있던 베누스의 창은 힘차고 곧게 서서, 조금 앞으로 밀면 벽이라도 뚫을 지경이었다.

(신부와 투아네트는 잠시 쉬다가 다시 한 번 시작한다. 사튀르냉은 자신을 신부의 자리에 놓고 온갖 상상을 한다. 일이 끝난 뒤……)

금서란 신(종교), 왕(정치), 성(풍속)의 세 가지 금기를 자유롭게 다루는 책을 말하기 때문에, 당시 서적상은 금서, 다시 말해서 '철학적 품목'에 음란서적을 포함시켰음을 알 수 있다.

나는 잠시 가만히 있었다. 마치 신비한 빛이 터지는 것을 본 사람처럼 몹시 놀란 내 정신과 마음은 방금 본 일로 꽉 찼다. 나는 계속 놀랍게만 느꼈다. 자연이 내 가슴 속에 넣어준 지식은 오랫동안 구름에 덮여 있었지만, 이제 구름이 걷히자 분명하게 되었다.

(사튀르냉은 어른을 부러워하면서, 자기가 아직 어리다는 사실에 실망하다가 마침내 깨닫는다.)

그러한 쾌락을 느끼려면 반드시 성인이 되어야 하는가? 물론, 쾌락은 크기와 비례하는 것이 아닌 것처럼 보였다.

18세기의 프랑스 사회는 온통 '훔쳐보기'의 대상이었다. 경찰은 거물급 인사들의 사생활을 추적하고 엿본 뒤 보고서를 만들어 치안총감과 왕실에 전달했다. 어디 그뿐인가? 도서감찰관도 수많은 끄나풀을 풀어 작가들을 감시했다. 파리 치안총감 사르틴은 루이 15세에게 이렇게 말했다.

"전하, 길에서 세 사람이 얘기할 때, 그중 한 명은 소신의 부하입니다."

바로 이 말에 그 사회의 참모습이 담겼다. 훔쳐보기가 얼마나 자연스러운 일이었던가? 그러므로 음란서적에서 이야기를 풀어나가는 방식으로 훔쳐보기를 택한 것은 자연스러운 일이다. 그리고 훔쳐보기야말로 동서고금의 모든 권력이 하는 일이 아닌가?

그런데 공권력의 훔쳐보기는 궁극적으로 구성원을 통제하려는 데 있다. 그러나 계몽사상가가 이용하는 훔쳐보기는 성격이 달랐다. 그들이 훔쳐보기를 이용해서 궁극적으로 가르친 내용은 무엇인가? 그것은 반문화(anti-culture, 또는 contre-culture)의 철학을 퍼뜨리는 것이었다. 사회규범, 지배층이 강요하는 주류문화를 거부하거나, 대항하는 두 가지 의미의 반문화였다.

특히 가장 원초적 본능인 '쾌락주의'는 반드시 자녀 생산과 연결될 필요가 없었다. 그러므로 독자들은 대부분 정식교육을 받지 못했거나, 설사 정식교육을 받았다 할지라도 학교에서 피임법을 가르치지는 않았으므로, 이 같은 책을 읽으면서 피임법을 배웠다. 이러한 책에서 주인공은 엿보기 대상인 남자가 인내심을 발휘해서 '성교중단'(coïtus interruptus)을 하는 장면을 묘사한다. 다시 말해서, 남자는 질외사정을 하여 임신의 가능성을 낮췄다. 독자는 엿보는 주인공의 시각으로 '성교중단' 방법을 배우고, 더 나아가 세척의 장점은 물론 스폰지의 장점마저 배웠다.

반문화의 철학이란 무엇인가? 앞에서 말한 것 외에도, '반역사적인 문화'를 하나 더 추가할 수 있다. 말하자면, 자연의 철학이며, 유물론이다. 신분을 중시하는 전통사회의 가치관을 부정하는 철학이 '쾌락주의'의 밑바탕을 이루었기 때문이다. 다음의 일화가 적절한 예다.

어떤 아가씨가 앵무새를 한 마리 길렀다. 그는 연인 수백 명보다 새를 더 소중히 여겼다. 제 목숨처럼 사랑했다. 그런데 어느 날, 새가 날아가 버렸다. 아가씨는 몹시 슬퍼서 울며 머리를 쥐어뜯고, 탄식했다.

"아, 가엾은 앵무새, 그걸 다시 만날 수 있다면 어떤 대가라도 치르겠는데. 누구라도 그걸 잡아다 주는 사람에게 나와 한번 자게 해주련만."

이 베누스는 자기 자식을 데려다주는 사람에게 자기 몸을 허락하겠다고 약속했다.

이 맹세를 한 이튿날, 아주 건장한 물지게꾼이 손에 앵무새를 들고 찾아왔다.

"아가씨, 나는 어제 당신의 부엌에 물을 길어다 주면서 당신이 약속하는 말을 들었소. 자, 받으세요, 여기 앵무새를 잡아왔소. 당신은 아주 정직한 아가씨니까 약속한 보상을 취소하지는 않겠지요?"

앵무새의 여주인은 몹시 당황했다. 공작, 주교, 재판장을 모시던 침대를 물지게꾼이 더럽힐 작정이라니. 아가씨는 물지게꾼에게 약속한 것 대신 큰돈을 주겠다고 제안했다.

"어, 이 아가씨가, 내가 돈을 받자고 앵무새를 데려온 줄 아슈? 난 당신같이 예쁜 사람과 한번 자는 영광을 누리고 싶을 뿐이요. 아가씨, 이 자크(Jacques)란 놈이 비록 나으리들보다는 천하지만, 사랑에는 남 못지 않다우."

자기가 고상하다고 자부하던 아가씨는 긴 한숨을 내쉬면서 자존심을 누르려고 무진 애를 쓴 뒤 약속한 보상을 물지게꾼에게 해주기로 마음먹었다. 아가씨는 마침내 빚을 갚고 잠자리를 빠져 나오면서 아주 즐겁게 말했다.

"이 일이 그렇게 성가신 일은 아니로군. 자크도 다른 분들과 똑같은 남자였단 말이야."[62]

물지게를 져서 먹고 사는 사람은 파리에 2만 명 정도 있었다. 부르주아의 집에도 물을 충분히 공급하지 못하던 시대였기 때문에, 물지게로도 먹고살 길이 있었던 것이다. 물지게꾼은 7, 8층까지 물통을 지고 올라가는데, 하루에 30번 정도 오르내린다. 이러니 몸이 단련되지 않을 수 없다. 그들은 한 번에 1.5수에서 2수까지 받는다. 2수를 받고

30번 오르내린다 치면 3리브르를 번다. 더구나 이미 18세기 중엽부터 파리의 센 강물은 마시기 적합한지가 논란거리였다. 세탁부, 무두장이, 전분제조업자, 염색업자, 야금업자들이 센 강을 오염시켰기 때문이다. 그래서 메르시에(L.-S. Mercier)는 이렇게 말한다.

> 강물이 혼탁할 때도 사람들은 그 물을 마신다. 그들은 자신이 무슨 물을 마시는지 모르면서 마신다. 언제나 물을 마셔야 하기 때문이다. 그 물에 익숙하지 않은 사람이 마시면 설사를 한다. 그러므로 이방인은 특히 주의해야 한다. 성가신 일을 피하려면, 좋은 식초를 한 숟갈 타서 마셔야 한다.

앵무새를 찾아 준 물지게꾼의 이야기에서 우리는 사회적 신분의 귀천에 관계없이 모든 사람이 자연적 능력에서 평등하다는 '철학'을 배운다. 18세기 프랑스 사람들은 이러한 이야기를 스스럼없이 했고, 이러한 이야기는 '수기신문'(les nouvelles à la mais)이나 경찰 보고서를 통해서 글로 보존되고, '추문'(les chroniques scandaleuses)이라는 인쇄물로 확대재생산되어 왕국의 독자에게 전파되었다. 계몽사상가나 반계몽사상가, 요컨대 당시 지식인이 주장하던 자유와 평등의 원리는 평범한 사람이 이해하기 쉬운 험담이나 일화를 전하는 입말과 글말, 그것을 확대재생산하는 추문이나 음란서적 같은 인쇄물에 담겨서 암암리에 여론을 반영하거나 형성해 나갔다.

오늘날 민주화된 사회에 태어나 성인이 된 사람이면 누구나 참정권을 당연한 권리로 여기지만, 18세기 사람 가운데 자기가 정치와 직접 관련이 있다고 생각한 사람은 거의 없었다. 그렇지만 18세기 중엽 이후 전보다 빠르게 의사소통 체계가 발달하여, 사람들이 점점 같은 분위기와 사상을 공유했다. 인쇄물이 아직까지 가장 발달한 매체였고 정보와 물자가 반드시 사람과 함께 움직이는 시대였지만, 도로망이 정비되고 확장되면서 여행과 운송 속도가 절반으로 준 덕택에, 정보를 공유하기가 쉬워졌다. 더욱이 기초교육이 발달하여, 계몽사상가의 글을 읽을 수 있는 독자층이 두꺼워졌고, 비록 미미하지만 지식인의 수가 10배나 늘어났다. 전국적으로 직접 돈을 내고 책을 사서 볼 사람은 약 2퍼센트, 50여만 명이었다. 이들이 비록 뿔뿔이 흩어져 살아도, 정치적인 집단정신 자세를 갖출 만큼 정보의 전달 속도가 빨라졌던 것이다. 문인, 문필가와 법조계 사람들이 이들에게 여론을 형성하도록 해주었다. 고대 그리스 철학자들은 '의견'(doxa, opinion)을 정확한 지식이 아니라고 무시했지만, 18세기 지식인들은 '의견'을 공공의 영역으로 확장시켜 '여론'(opinion publique)으로 만들었고, 그것을 이끌어 나가면서 불합리한 제도를 비판했다. 경찰이 '음란서적', 또는 '나쁜 책'이라고 추적하던 것을 써서, 종교계의 위선을 고발하고, 왕이나 왕비의 지극히 사적인 성생활을 공론의 영역으로 끌어내어 왕조의 정통성을 뒤흔드는 한편, 사랑에는 신분의 귀천이 따로 없다는 내용을 전달하는 것도 이러한 맥락에서 이해해야 마땅하다. 이러한 뜻에서 음란서적을 그 시대의 방식대로 '철학서적'이라고 부르는 것은 당연하다.

중상비방문 작가 모랑드[63]

이제 계몽시대에 '철학서적'을 저술한 저자들을 살펴보기에 앞서 테브노 드 모랑드가 어떤 사람인지 구체적으로 알아볼 차례다. 앞에서 이미 말했듯이, 그가 실제로 구르당 부인과 관련된 두 작품의 저자인지 아닌지 알 길이 없지만, 마담 도피 사건과 관련이 있었다는 사실만으로도 우리의 관심을 끌 만하다. 더욱이 그는 매매춘과 노름의 세계를 드나들고, 온갖 추문을 모아서 중요 인사들을 공격하고 돈을 후려내다가, 신변의 위협을 느끼고 영국으로 건너가 똑같은 활동을 했다. 루이 15세의 애첩, 마담 뒤 바리의 과거를 들춘 작품을 써서 왕과 한 판 흥정을 하여 큰돈을 받기로 약속했지만, 왕이 급사하는 바람에 돈을 제대로 받지 못하자, 왕을 대신해서 그와 흥정한 극작가 보마르셰의 하수인이 되어 프랑스 정부를 위한 첩자 노릇을 하였다.

그의 활동을 보면서 우리는 혁명 전 프랑스에서 글을 써서 먹고 산다는 일이 얼마나 힘든지 알 수 있다. 볼테르 같은 사람은 인세를 가지고 먹고살았지만, 대부분의 작가는 왕의 도움을 받지 못하면, 경찰을 위하여 글을 쓰면서 푼돈을 얻어 쓰거나, 모랑드처럼 거물급 인사를 헐뜯는 글을 써서, 그것을 시중에 퍼뜨리지 않는 대가를 받아내곤 했던 것이다. 이제부터 모랑드가 어떻게 살았는지 살펴보자.

모랑드는 1741년 11월 9일 아르네 르 뒥(Arnay-le-Duc)에서 공증인의 3남 1녀 가운데 맏아들로 태어났다. 모랑드가 교육을 얼마나 받았는지 자세히 알 수 없지만, 『브리소에게 답함』에서 직접 한 말을 그대로 믿는다면, 그는 열일곱 살에 공부를 마치고, 열여덟 살에 아버지의 친구 용기병 대위를 따라 군에 들어갔다. 그러나 6개월도 안 돼서 집으로 돌아갔다. 1759년 7년 전쟁에 참가하려고 열심히 군사 훈련을 받다가 총에 맞아 다리를 절게 되었기 때문이다.

모랑드는 언제부터인지 자신을 '슈발리에 드 모랑드'(chevalier de Morande, 기사 모랑드)라 했다.[64] 군인이 되고 싶었지만 되지 못한 상태에서, 귀족 행세를 하려는 이중의 말장난이었던 것 같다. 1763년 전쟁이 끝나고, 더 이상 군에 갈 기회도 없는 모랑드는 아버지의 바람대로 법률을 공부하지 않고 문학을 좋아했다. 그는 자신을 가리켜 평범한 계몽사상가라기보다는 심술궂은 시나 쓰는 나쁜 시인이었다고 말한다.

모랑드는 자신을 대해주는 정도에 따라서 동네 아가씨들을 좋거나 나쁘게 노래했다. 특히 엘렌이란 아가씨의 마음에 들고 싶어서 그를 찬미하는 노래를 지어 불렀지만, 한동네 사는 다른 청년에게 빼앗겼다. 어느 날 모랑드는 그 청년과 싸웠다. 그가 한 다리를 잘 못 쓰게 된 뒤 더욱 난폭해졌는지 확실하지 않지만, 그는 연적에게 큰 상처를 입혔다. 이 일을 원만하게 마무리하려고 여러모로 노력하던 모랑드의 아버지는 마침내 봉인장을 신청하여 아들을 코르들리에 수도원 감옥에 넣었다. 그러나 말썽꾸러기는 두 번이나 도망쳤고, 세 번째는 잡히기 직전 또 도망쳤다.[65]

30세가 되기 전의 모랑드는 육체의 쾌락과 고통에 대응하면서 세상

모랑드는 자신을 가리켜 평범한 계몽사상가라기보다는 심술
궂은 시나 쓰는 나쁜 시인이었다고 말한다.
그는 자신을 대해주는 정도에 따라서 동네 아가씨들을 좋거나
나쁘게 노래했다.

이치를 깨우치는 루소의 에밀 같은 존재였다. 그에게 가장 중요한 좌우명은 "나는 살아야 한다"(Il faut que je vive)였던 것 같다.[66] 그는 1764년 5월 처음 파리로 갔다. 그는 파리에서 노름 집과 논다니 집을 드나들었다. 노름을 하다가 상대방을 심하게 모욕하거나 위협하고, 하숙집에서 남의 지갑이나 물건에 손을 대기도 했다. 그러다가 성병에 걸린 채 1765년 1월 포르 레베크 감옥에서 두 달을 보내야 했다.[67] 그 뒤에도 그는 밀통과 사기로 하루하루를 보냈다.

그러다가 리옹의 지사가 마음에 두고 있는 오페라 무희 다네지를 협박한 죄로 1768년 6월 23일 파리의 풍기감찰관 마레에게 체포되어 포르 레베크 감옥에 끌려갔다. 마레는 모랑드를 파렴치한 철면피라고 묘사하고, 방탕한 탈선행위로 이미 선량한 아버지의 재산을 3만 리브르나 축냈다고 치안총감 사르틴에게 보고했다. 이때, 마레는 테브노드 모랑드에게 마담 도피와 관련되었는지 물었던 것 같다. 그의 보고서에 '모랑드가 마담 도피에 대해 '끔찍한'(affreux) 얘기를 털어 놓았다'는 내용이 있기 때문이다. 그 뒤로도 모랑드의 씀씀이가 헤프고 늘 빚에 쫓긴 것은 아마 아버지가 뒤를 잘 봐주던 때에 들인 습관 탓인 것 같다. 마레는 모랑드를 감옥에 넣어달라고 고등법원의 변호사에게 탄원서를 제출한 사람은 바로 그의 아버지라고 보고했다.[68]

모랑드는 포르 레베크의 5층 감방 벽을 뚫고 침대를 찢어 끈을 만들어 외부와 편지를 주고받다가 들켰다. 그 때문에 지하 감옥에 갇혀 나흘 동안 벌을 받은 뒤, 아르망티에르에 있는 수도원 감옥으로 이감되어 이듬해 7월 17일까지 살았다. 그는 수도원장에게 말을 잘 듣겠다고 맹세한 뒤에야 비로소 석방될 수 있었다.[69] 이것이 모랑드가 체제에 순응하기로 약속한 첫 타협안이었다. 그러나 모랑드는 석방될 때의 약속을 무시했다. 그는 곧 자신을 가두는 봉인장을 발행한 궁부대신 생플로랑탱을 비난하는 시를 지었다.[70] 그러고는 감옥살이가 두려워 리에주, 브뤼셀, 오스텐데를 거쳐서 1769년 영국으로 도망쳤다.[71] 이렇게 해서 그는 1791년 프랑스로 돌아갈 때까지 이어진 20년 이상의 망명생활의 첫발을 내디뎠다.[72]

모랑드가 스스로 망명생활을 하면서도 '애국심'을 잃지 않았다고 말하긴 해도,[73] 애국심을 증명하기 전까지는 중상비방문 작가로 이름을 날렸다. 오늘날 우리가 알고 있는 모랑드의 모습도 대체로 이렇게 중상비방문으로 프랑스 정부의 중요한 인물을 돌아가면서 공격하는 작가의 모습이다. 그럼에도 애국심과 중상비방이 서로 모순되는 개념은 아니니까, 테브노 드 모랑드가 애국심이 없는 사람이라고 단정하기란 어렵다.

모랑드는 1771년 프랑스 대귀족들을 무차별 공격하는 『갑옷 입은 신문장이』를 써서 1,000기니를 번 뒤,[74] 중상비방문을 써서 먹고살기로 결심했다. 그는 거물급의 사생활을 엿보고 싶은 세간의 호기심을 충족시켜줄 수 있는 정보망을 갖추고 있었다. 그는 자신을 감시할 임무를 띤 쿠르셀마저 중상비방문의 자료를 제공하도록 만들었다.[75] 그는 파리에서 노름 집과 창녀들 사이에서 상류사회 인사들에 관한 추문을 많이 주워 담을 수 있었고, 자기와 비슷한 세계관을 가졌기 때문에 영국에 망명한 3류 문사들과 어울리면서 추문거리를 쉽게 얻을 수 있었다.

모랑드는 1773년부터 1774년 초 사이에 파리와 베르사유의 거물급 인사들에게 편지를 써서, "만일, 돈을 내지 않으면 은밀하고 파렴치한 일화들을 발간하겠다"고 으름장을 놓았다. 왕립건축물총감 마리니 후작(marquis de Marigny, 마담 드 퐁파두르의 동생) 같은 거물급 인사는 그와 협상했다. 뒤 바리 백작 부인도 비슷한 협박 편지를 받고, 에기용 공작에게 하소연했다. 이 대신은 영국 대사와 담판을 지었고, 영국 대사는 영국 정부에 그 내용을 알리는 편지를 썼다. 영국 왕은 자기 나라에서 병균을 퍼뜨리는 이 괴물을 납치하건, 템즈 강에 빠뜨려 죽이건, 또는 목 졸라 죽이건 상관하지 않겠다고 답변했다. 물론 그 일을 아주 비밀로 처리하고, 영국의 모든 법을 해치지 말아야 한다는 조건을 달았다.

프랑스 경찰은 모랑드를 납치하려고 비밀 작전을 수행했다. 그러나 파리 치안총감 휘하의 피네는 모랑드를 납치하러 영국에 파견된다는 사실을 당시 런던에 있던 마담 드 고드빌에게 흘렸다.[76] 파리에서 가장 자유분방한 여성으로 소문난 마담 드 고드빌은 피네가 보낸 편지를 받자마자 애인 모랑드에게 위험을 알려주었다.[77] 이처럼 모랑드는 안전하게 중상비방문 작가 노릇을 할 수 있었다.

모랑드는 경찰의 납치 작전을 미리 알고 피한 뒤, 반격에 나섰다. 그는 마담 뒤 바리에 관한 일화를 모아서 『어느 창녀의 비밀 회고록』(Mémoires secrets d'une femme publique)을 4권짜리로 발간하겠다는 취지서를 퍼뜨렸다. 그는 1765년부터 1768년 사이 파리의 논다니 집을 드나들면서 마담 뒤 바리가 될 여성을 직접 만났거나 정보를 많이 수집했음이 분명하다. 우리는 마레 보고서에서 장래 마담 뒤 바리가 될 보베르니에(한때 랑송이라는 이름을 썼다)가 손님을 상대하는 모습을 읽을 수 있다.[78] 창녀, 경찰 끄나풀, 귀족이나 평민 손님들이 함께 만나던 바닥에서 모랑드는 자기보다 한 수 위에 있을 뒤 바리 백작이 관리하는 보베르니에 관해서 잘 알았음이 분명하다. 그는 이해당사자들이 '5,000루이와 함께 그의 이름으로 연금 4,000리브르'를 지불하지 않으면 이 책자를 발간하겠다고 협박했다.

루이 15세는 극작가 보마르셰와 로라게 백작에게 이 문제를 해결하라고 명령했다. 이들은 서적상으로 가장하여 모랑드와 협상했다.[79] 보마르셰에게는 이 협상을 반드시 성사시켜야 할 이유가 있었다. 그는 그해 2월 26일 소송사건에서 진 뒤 명예를 회복하기 위해서 루이 15세가 맡긴 임무—평판이 나쁜 여성의 '명예'를 지켜야 하는 불명예스럽고도 내키지 않는—를 제대로 수행해야 했다.[80] 또 로라게 백작에게도 협상에 나설 이유가 있었다. 자칭 기사 모랑드는 로라게 백작을 집중공격하는 중상비방문을 써놓고 발간을 미루고 있었다. 로라게 백작은 그의 비서와 소송을 하고 있었기 때문에, 모랑드가 쓴 중상비방문을 어떻게든 막아야 했던 것이다.[81]

협상 초기에는 보마르셰보다 모랑드가 유리했다. 마침내 흥정이 끝나고, 모랑드는 3,000부를 파기하는 대가로 2만 리브르를 받고, 추가로 4,000리브르의 평생 연금을 받기로 했다.[82] 협상이 끝난 뒤, 마담 뒤 바리의 전기 3,000부는 단 한 권을 제외하고 모두 런던 근교에 벽돌로 지은 화덕에서 재로 변했다. 만일 이 작품이 다시 나타난다면, 모든 약속이 깨졌음을 증명하려고 보마르셰와 모랑드는 나머지 한 권을 둘로 나눠가졌다.[83] 이러한 사실을 놓고, 『성수반 위의 악마』의 저자는 "유명한 뒤 바리 백작 부인은 프랑스에서는 보기 드문 운명의 장난에 의해 바보 같은 루이 15세와 잠자리를 나누게 되었기 때문에, 갑옷 입은 신문장이(모랑드)가 몇몇 일화를 모아 책 한 권을 만들어 장 자크 루소가 모든 작품을 팔아도 만지지 못할 액수를 받고 팔았다"고 빈정댔다.[84]

보마르셰가 모랑드와 협상하려고 런던에 도착했을 때, 암스테르담의 마르 미셸 레이를 비롯하여, 브뤼셀, 루앙, 파리의 서적상들이 모랑드의 원고를 얻으려고 특파원을 보내놓은 상태였다.[85] 그러나 모랑드는 신변의 안전을 생각하여 이 서적상들보다는 프랑스 정부 측과 협상했다. 여기서 앙시앵 레짐 시대 중상비방문의 성격이 드러난다. 작가가 독자에게 책을 팔아서 살기보다는, 후원자의 도움으로 사는 일이 아직도 관행처럼 남아 있을 때, 모랑드가 쓴 책은 굳이 독자 개개인에게 판매하지 않더라도 어떻게든 돈만 벌 수 있다면 한꺼번에 팔아넘길 수도 있는 것이었다. 게다가 그것은 안전한 망명생활과 언제인지 알 수 없지만 인전한 귀국을 위한 타협책이었다.

그러므로 처음에는 모랑드가 보마르셰를 마음대로 요리하기 쉬웠을 것이다. 그러나 협상이 끝나자마자 루이 15세는 세상을 뜨고 루이 16세가 새 군주로 옥좌에 올랐다. 그리고 모랑드 같은 중상비방문 작가에게 '금광'과 같은 존재인 마담 뒤 바리도 가치를 잃었다. 모랑드는 프랑스 정부가 약속한 연금을 제대로 받지 못한 채 빚에 쪼들렸고, 그럴수록 보마르셰에게 매달려 정부가 연금을 빨리 지급하게 해달라고 보챘다. 고분고분하지 않은 모랑드가 빚에서 벗어나려면 보마르셰의 말을 들어야 했다.[86]

모랑드는 극작가 보마르셰와 만난 덕택에 국가에 봉사하는 기회를 얻었다. 우리는 보마르셰가 1775년 파리 치안총감 사르틴에게 보낸 편지 두 통을 가지고 모랑드가 프랑스 정부를 위하여 일하게 된 실마리를 찾을 수 있다. 보마르셰는 첫 번째 편지에서 모랑드에게 프랑스 정부가 약속한 연금 2,000리브르를 지불해줄 것을 촉구하면서, 그 대신 모랑드를 중요한 일에 이용할 수 있음을 강조했다.

그는 런던의 인쇄소 지하실까지 중상비방문 작가들을 추적하고 당황하게 만들 정도로 열의가 있으며, 이 부분에서 아주 쓸모 있는 염탐꾼 노릇을 할 수 있기 때문입니다. 또 그는 (영국) 야당의 구성원을 많이 알고 있기 때문에 우리에게 신선한 정치 소식을 그 누구보다 잘 전해줄 것입니다.[87]

날짜를 적지 않은 이 편지에 이어서 보마르셰는 1775년 6월 11일 파리 치안총감에게 또 편지를 썼다.

저는 베르젠 외무대신을 뵙고 모랑드에게 종신연금 2,000리브르를 내려주시어 그를 빚쟁이들의 압박에서 벗어나게 해주시면 좋겠다고 말씀드렸습니다. 이미 말씀드렸듯이, 저는 그를 밀렵꾼에서 훌륭한 삼림감시원으로 만들었습니다. 그는 국왕 전하께 여러모로 쓸모가 많을 것입니다.

그러므로 전하께 말씀드려 그에게 연금을 내리도록 해주시기 바랍니다. (…) 그러나 그에게 내리는 돈을 마치 제가 개인적으로 보상해주는 것처럼 하면 좋겠습니다. 그 돈이 정부가 아니라 제게서 나온 것처럼 하여, 정부가 그를 직접 대하면서 생길지 모르는 위험을 막고, 그를 언제나 제가 통제할 수 있게 할 필요가 있습니다.[88]

이 편지에서 우리는 모랑드가 극작가 보마르셰의 덕택으로 '밀렵꾼'에서 '훌륭한 삼림감시원'으로 봉사하기 시작했다는 점, 그러나 보마르셰는 모랑드를 아직도 편안하게 대하지 못할 위험한 존재로 보고 있다는 점, 그러므로 보마르셰가 프랑스 정부를 대신하여 모랑드를 다루는 편이 안전하리라고 생각했다는 점을 알 수 있다. 혹시 모랑드가 영국 정부에 잡힐 경우, 프랑스 정부가 아니라 보마르셰 개인을 위해 일한다고 주장하는 편이 유리했던 것이다.

보마르셰는 '갑옷 입은 신문장이'(모랑드)의 편지로 런던에서 돌아가는 일을 잘 알 수 있었다. 예를 들어, 1776년 6월 초, 루이 15세의 비밀조직에서 일하던 기사 데옹(chevalier d'Eon)이 영국 해군 부제독 워싱턴 셜리 경을 만나고 다니는 사실을 보고받았다.[89] 프랑스 정부는 데옹이 루이 15세가 죽은 뒤 비밀조직에 대해 영국측에 발설할까 늘 걱정하면서 특별 감시 대상으로 생각했다. 보마르셰는 모랑드의 정보수집 능력을 프랑스 정부를 위하여 활용하게 한다는 명분을 내세우면서, 사실은 자기를 위해서도 이용했다. 보마르셰는 런던에서 모랑드를 매개로 구축한 정보망을 활용하여 아메리카 독립전쟁에 프랑스가 개입하도록 적극적으로 노력했다.[90] 이 극작가는 모랑드의 동생(라자르 장 테브노 드 프랑시)을 아메리카에 파견하여 보고를 받기도 했다.[91]

모랑드는 런던으로 망명한 프랑스 중상비방문 작가들 속에서 '트로이 목마' 노릇을 하고, 무기판매업자 보마르셰의 사업을 간접적으로 도와주다가, 1778년 프랑스가 본격적으로 아메리카 독립전쟁에 개입하고 영국과 적대관계에 들어서자 런던에서 시골로 이사했다. 모랑드가 아직 본국에 돌아와도 좋다는 허락을 받지 못한 상태에서, 런던에 남

보마르셰는 모랑드의 정보수집 능력을 프랑스 정부를 위하여 활용하게
한다는 명분을 내세우면서, 사실은 자기를 위해서도 이용했다.

는 것이 이롭지 못할 이유가 있었음이 분명하다. 그것은 역시 그가 보마르셰와 밀접한 관계를 맺고 있었기 때문으로 해석할 수 있다. 보마르셰는 아메리카의 반란자들에게 무기를 공급하는 한편, 영국에서 발행해서 프랑스로 들어가는 신문 「쿠리에 드 뢰롭」의 사주와 밀접한 관계를 맺고 있었다. 이 신문이 프랑스에게 이로운 정보를 제공한다는 이유로 전쟁 때 탄압을 받게 되자, 보마르셰에게 정보를 제공하는 한편 간접적으로 이 신문을 돕던 모랑드는 런던에서 조용히 자취를 감추는 편을 택했을 것이다.

모랑드는 3년 동안 보마르셰와 관계를 끊고 시골에 살았지만, 언제나 런던의 동향을 민감하게 파악하고 있었음이 분명하다. 1781년 그는 영국에서 암약하던 프랑스 간첩 라 모트가 잡히자 그 대신 일하겠다고 자청했기 때문이다.[92] 그는 1788년 4월 28일 외무대신 몽모랭 백작에게 보낸 보고서에서 자신의 행적을 '밀렵꾼' 시절의 인상만 가지고 판단하지 말아달라고 했다. 그는 '젊은 날의 저돌적인 격정, 1년 동안의 감옥생활에 대한 추억'과 함께 '아버지가 새로 봉인장을 신청한 데' 대해 두려움을 느꼈기 때문에 런던으로 망명했지만, 그 뒤에는 국가를 위해서 봉사했다고 자신 있게 말했다.[93]

우리는 모랑드가 자기 활동에 대한 정당한 보수를 받아야 한다고 주장하려고 쓴 이 보고서를 어느 정도 비판적인 눈으로 읽어야 한다. 그가 공적을 부풀리거나, 자기가 한 일이 특히 위험한 일임을 강조하여 그 대가를 톡톡히 받고 싶었음을 헤아릴 필요가 있다. 그러나 아무리 그의 보고서를 냉정하게 읽는다 해도, 그가 위험을 무릅쓰고 수집한 영국 해군 동향에 관한 정보의 가치를 무시할 수는 없을 것이다.[94]

그리고 비록 그가 보마르셰와 맺은 관계를 끊을 수는 없었지만,[95] 1781 년 런던 주재 정보수집 책임자인 육군준장 보두앵에게 간첩활동을 하겠다고 제안할 때는 이 극작가의 사주를 받지 않고 독자적으로 판단했던 것 같다. 이렇게 해서, 그는 자신이 혁명기에 발행할 신문의 이름처럼 런던에서 '애국적 감시자'(L'Argus patriote)노릇을 하기 시작했다.

비밀정보원 모랑드

영불해협의 양쪽에서 간첩은 죽음과 직결된 일을 했다. 디드로의 『백과사전』에서는 간첩(espion)에 대해서 이렇게 정의하고 있다.

> 간첩은 다른 사람의 행동, 활동을 조사하고, 특히 군대에서 일어나는 일을 알아내면서 돈을 받는 사람이다. 군사 기지에서 간첩을 적발하면, 그 즉시 목을 매단다. 각국 대사는 법의 보호를 받는 첩자인 경우가 많다고 빅포르는 말한다.[96]

그렇다면 영국에서 프랑스를 위하여 정보를 수집하는 활동도 『백과사전』에서 말하듯이 즉시 목을 매다는 일이 었을까? 이 같은 의문에 대한 답을 찾기 위하여, 우리는 먼저 영국에서 일어난 대역죄 재판을 통해서 모랑드의 비밀정보원 활동이 얼마나 위험한 일인지 살펴볼 필요가 있다.

1781년 7월 17일 런던에서 발행하는 신문 「쿠리에 드 뢰롭」에는 대역죄인 프랑수아 앙리 드 라 모트(영국 이름은 프랜시스 헨리 드 라 모트)의 재판 기사가 실렸다. 올드 베일리 법정에서 검찰총장은 1월 11일 대역죄로 체포한 라 모트의 '음흉한 공작'에 대해 고발했다. 라 모트는 영국의 모든 배에 관한 정보를 모아 프랑스에 보고했다. 그리하여 프랑스가 영국보다 강점을 가진 경우 프랑스가 길목을 지키다가 영국 해군을 격파하게 도와주고, 영국이 프랑스보다 강점을 가진 경우 프랑스가 미리 영국 함대를 피할 수 있게 도와주었다. 보고서에는 "우리의 상선이 납치되고, 우리의 상업이 막대한 손실을 입었다"고 써 있다.[97] 검찰총장이 죄상을 낱낱이 밝힌 이 정보원은 구체적으로 무슨 정보를 어떻게 프랑스에 넘겼을까? 그리고 이 정보원은 어떤 사람들과 접촉했을까?

라 모트는 알자스 지방의 다케르만 남작으로서 7년 전쟁 시 수비즈 공의 군대에서 대령으로 복무했고, 전쟁이 끝나고 부대가 해체되자 일정한 수입이 없기 때문에 남작령을 팔아넘긴 뒤에는 원래 이름인 프랑수아 앙리 드 라 모트를 사용하면서 영국에 정착했다.[98] 그는 1778년부터 영국 해군과 상선의 동향을 주로 파악하여 도버 해협 건너편으로 보냈다. 그는 리처드 오틀리의 집에 세 들어 살면서, 프랑스 첩자 발트롱과 함께 정보를 수집했다. 발트롱은 아이작 니콜라스 로저를 고용한 뒤 자기 친구라면서 라 모트를 소개해주었다.[99] 라 모트는 로저를 매개로 스티븐 래트클리프를 고용하여 정보를 불로뉴에 있는 도매업자 스미스에게 보내거나, 오스트리아령 페이 바(벨기에 지방)의 오스텐데에 있는 르페브르에게 보냈다. 그리고 르페브르는 자기가 받은 물건을 파리로 보내거나, 칼레에 있는 드셍에게 보냈다. 라 모트는 루틸로를 고용하여 스핏헤드나 포츠머스를 드나드는 영국 군함의 출발지와 도착지를 포함하는 모든 움직임을 파악하게 했다. 그리고 라 모트는 똑같은 정보를 두 가지 경로로 본국에 보냈다. 만일 어느 한쪽이 탈이 나도, 다른 쪽은 무사히 전달될 수 있다고 계산했기 때문이다.

그것은 어느 한쪽의 심부름꾼이 성실치 못한 것을 입증할 수 있는 방법이기도 했다. 그는 이러한 방법으로 래트클리프가 성실한 심부름꾼이 아니라는 사실을 알아차렸지만, 이미 이 심부름꾼의 고발로 영국 경찰의 추적을 받고 있었다.

래트클리프는 포크스톤에서 소형 쾌속선을 소유하고 있었다. 그는 로저에게 고용되어 짐을 바다 건너 불로뉴까지 전하는 일을 하면서 한 번에 20리브르를 받았다. 그러나 래트클리프는 문득 의심이 들었기 때문에 샌드위치에 사는 상인 스튜어트에게 속내를 털어 놓고, 로저가 전한 물건을 그에게 가져갔다. 스튜어트는 곧바로 힐즈버러 경의 사무실로 물건을 가져갔고, 거기서 조심스럽게 내용을 검토하고 베낀 뒤 다시 봉하여 래트클리프에게 보내서 아무 일도 없던 듯이 불로뉴로 가져가게 했다. 그리고 과연 누가 이런 일을 시키는 장본인인지 추적했지만 뜻대로 되지 않자, 마침내 래트글리프로 하여금 로서에게 불평을 털어놓게 했다. 래트클리프는 약속한 돈을 제대로 받지 못하는 이유를 따졌다. 결국 래트클리프 앞에 라 모트가 나타나 설명했다.

처음의 물건 서너 개는 원하는 대로 잘 들어갔습니다. 그러나 그 뒤에는 무슨 일인지 똑같은 정보를 다른 경로로 보냈을 때보다 더 늦게 프랑스에 도착했습니다. 그러므로 약속한 돈을 줄 수 없습니다. 만일 이제부터라도 제때에 물건을 전해준다면, 20리브르 외에 100기니라도 주겠습니다.[100]

라 모트의 공작금은 대체로 얼마나 될까? 그는 오틀리에게 집세 1년치로 100기니, 로저에게 한 달에 8기니, 래트클리프에게 한 번 심부름에 20리브르, 루털로에게 한 달에 50기니와 큰 선물을 주었다. 그리고 장신구 상인인 로저에게서 가끔 인쇄물이나 장신구를 사서 자기가 모은 정보와 함께 불로뉴나 오스텐데로 인편에 보내고, 가끔 우편으로 파리로 발송하기도 했다. 라 모트와 함께 일하는 발트롱은 본국의 지령을 받을 때면 소호의 그릭 스트리트 20번지에 있는 로저의 집으로 가서 함께 밥을 먹고, 로저가 우체국에 가서 프랑스에서 보낸 우편물을 찾아오기를 기다렸다. 지령이 담긴 우편물은 6드니에, 1수 6드니에, 또는 2수까지 내고 찾아왔다. 지령은 언제나 영어로 작성된 편지에 담겨 있었다. 아마 프랑스어 편지보다 영어 편지가 좀 더 평범하게 보였기 때문일 것이다.[101] 이처럼 라 모트는 전쟁 중에 목숨을 걸고 적국의 정보를 수집하면서 아낌없이 돈을 썼다. 그만큼 돈을 많이 받았기 때문이다. 라피트 드 펠포르의 『성수반 위의 악마』를 보면, 그는 매달 2,000에퀴(1만 2,000리브르)를 받았다고 한다.[102]

성공한 간첩, 다시 말해서, 잡히지 않은 간첩은 실제로 자신이 접촉한 사람에 관한 정보를 남겨 놓지 않는다. 모랑드의 경우, 우리는 그가 접촉한 인사를 겨우 몇 사람만 알 수 있다. 그러나 라 모트의 경우, 재판에 증인 자격 심사를 받기 위해 불려온 사람은 모두 30명이었다. 이들이 라 모트와 접촉한 모든 사람이라고 보기는 어렵지만, 라 모트가 일상생활과 간첩활동에서 어떤 사람을 만나면서 살았는지 보여주는 구체적인 사례를 제공하기 때문에 주목할 필요가 있다. 라 모트는 양조업자, 염색업자, 홉 상인, 석공, 목수, 대장장이, 타일 제조업자, 주석세공인, 속옷 상인, 가구상, 선반공, 레진 양초 제조업자, 벽돌공, 농부와 접촉하면서 일상생활과 간첩활동을 하다가 붙잡혔다.

모랑드가 가혹한 벌이 기다릴지도 모르는 간첩 노릇을 한 이유는 어디있을까?

그것은 오로지 돈 때문일까?

아니면, 다른 동기가 있었을까?

그가 이들을 어떤 식으로 이용했는지 알 수 없지만, 프랑스 정부를 위해서 정보를 수집하는 첩자의 활동 범위를 보여주는 사례로 주목할 만하다. 라 모트는 "적국에 정보를 보냈고, 정보를 보내기 위하여 자료를 수집했고, 래트클리프를 고용하여 정보를 보내는 심부름을 시켰고, 루틸로를 고용하여 적국에 보낼 정보를 수집하거나 보내는 네 가지 대역죄"를 짓고,[103] 다음과 같은 판결을 받았다.

> 당신을 수레에 태워 형장으로 간 뒤, 목을 매달아 놓고 아직 산 채로 배를 갈라 창자를 꺼내 당신이 보는 앞에서 불에 태운 다음, 당신의 머리를 잘라내고, 몸을 넷으로 잘라 모든 사람이 볼 수 있게 전시한다.[104]

모랑드는 라 모트 사건을 잘 알고 있었다. 그런데도 모랑드가 기껏해야 본국에서 감옥살이가 기다리는 중상비방문을 쓰는 일보다 라 모트처럼 가혹한 벌이 기다리는 간첩 노릇을 자청한 이유는 어디 있을까? 그것은 오로지 돈 때문일까? 아니면, 다른 동기가 있었을까? 모랑드는 1788년 외무대신 몽모랭 백작에게 올린 긴 보고서에서, 자기가 18년 동안 영국에 살면서 얻은 지식을 국가를 위하여 활용하고, 특히 7년 전(1781)부터 봉사한 이유가 반드시 돈 때문은 아니라고 주장한다.[105]

그러나 그의 말이 전부 사실일까? 그는 현실적인 사람이었다. 그의 보고서를 보면, 여기저기서 돈에 대한 걱정이 나타나고 있음을 알 수 있다.[106] 특히 그는 1787년 이후 프랑스 재정이 악화되면서 봉급이 절반이나 줄어 1만 2,000리브르밖에 받지 못하게 되었다.[107] 1787년의 프랑스 재정상태는 1778년 아메리카 독립전쟁에 참여할 때보다 악화되었고, 그 때문에 긴축재정의 여파가 비밀정보원 활동에도 밀어닥쳐 보수 삭감으로 이어졌다.

7년 전쟁 이전에 프랑스 정부는 빚을 갚는 데 수입의 30% 정도를 썼지만, 아메리카 독립전쟁이 끝난 뒤, 특히 1786년경에는 수입의 50% 정도를 빚과 이자를 갚는 데 썼다.[108] 1783년 네케르의 후임 재무총감이 된 칼론은 돈을 꾸면서 간신히 재정을 꾸렸지만 세금을 더 잘 걷지 못하는 한 문제를 제대로 해결할 길이 없었다. 그는 1786년 8월 20일 토지세를 신설하는 '재정개선안'을 마련하고, 이듬해 2월 명사회를 소집하고 협조를 요청했지만 반발에 부딪쳐 해임되었다. 프랑스 정부는 세금을 신설하지 못하자, 전쟁비용을 결국 차세대에게 물려주는 방법을 택했다.

다시 말해서, 프랑스는 국제 금융시장에서 돈을 빌렸던 것이다. 그런데 그것도 다른 나라보다 불리한 조건으로 빌렸다.[109] 이렇게 재정상태가 더 나빠지는 과정에서 모랑드의 '특별수당'은 1784년과 마찬가지로 여전히 100루이(2,400리브르)[110]였지만 봉급이 삭감되었다. 모랑드는 런던의 생활비가 프랑스에 비해 비싸기 때문에 자기가 받는 돈이 늘 부족하다고 툴툴댔다.[111] 이렇게 볼 때, 1781년 모랑드가 비밀정보원이 된 이유 가운데 하나로 2만 4,000리브르나 되는 고정수입을 얻을 수 있다는 점을 꼽을 수 있다. 게다가 우리는 모랑드가 감옥에 대한 두려움 때문에, 잡힐 경우 더 참혹한 대접을 받을지라도, 일단 간첩이 되었음을 암시하는 증언을 주목할 필요가 있다. 그는 "젊은 시절의 방탕함 때문에 자유를 박탈당한 감옥생활"에 진저리가 났던 것이다.[112]

1781년 모랑드가 라 모트의 빈자리를 채웠을 때는 아직 전시였다. 그러므로 그는 '무분별한 행동'으로 처형된 라 모트의 뒤를 그대로 좇지 않으려고 무척 조심했다. 모랑드는 라 모트와 달리 가족을 부양하고 있었다. 그는 1771년 영국인 엘리자베트 세인트 클레어와 결혼하여 이듬해에 아들 조르주 루이를 얻고, 1778년 영국과 전쟁이 일어나자 시골로 은퇴하여 사는 도중에 1779년 엘리자베트 프랑수아즈와 1780년 앙리에트 안을 한 살 터울로 얻었다.[113] 그의 보고서를 읽으면서 우리는 자칫하면 목숨을 내놓고 가족까지 위험에 빠뜨릴 간첩 노릇을 안전하게 수행하려고 바쁘게 움직이는 모랑드의 모습을 눈앞에 떠올릴 수 있다. 그는 프랑스와 영국의 전쟁이 아직 끝나지 않은 1781년부터 해군대신 카스트리 원수(Maréchal de Castries)를 위해서 일했다.[114] 그는 불로뉴 쉬르 메르의 도매상인 멘느빌을 고용했다. 멘느빌은 전쟁이 끝날 때까지 자기 아내와 교대로 여행하면서 모랑드의 정보를 운반하고, 모랑드에게 해군대신이나 영국 주재 프랑스 대사의 지령을 가져다주었다. 전쟁이 끝난 뒤, 멘느빌은 6주나 두 달에 한 번씩 여행했다. 모랑드는 사안이 중대하고 급한 경우 자기 아내에게도 다섯 번이나 위험한 일을 시켰다.[115]

모랑드는 해운중개업자와 보험업자들과 사귀면서 해군과 무역선에 관한 정보를 얻기 위하여 공채에 투자했다. 그 결과 큰 손해를 입었지만, 그들에게 해군 장교나 군함에 대해서 자연스럽게 질문을 할 수 있었다.[116] 그는 영국의 정보수집활동을 알아내는 일도 했다. 모랑드는 영국 해군본부에 속하지 않은 선장 테일러가 언제나 밀수선을 이용하여 프랑스의 브르타뉴 지방에 사는 누군가와 통신을 하면서 브레스트에서 일어나는 일에 정통하다는 사실을 알아냈다.[117] 비록 정보의 최종 목적지가 어디인지는 밝혀내지 못했지만, 그 정보는 몹시 중요했다. 예를 들어, 그것을 수집할 수 있는 사람은 조선소의 일꾼 가운데 누군가를 매수하여 배에 불을 지르게 만들 수도 있기 때문이다.[118] 그래서 영국이나 프랑스는 서로 정보망을 적발하려고 노력했다. 모랑드는 영국의 정보원 밀즈가 런던에서 파리로 출발했는데, 그의 최종 목적지는 낭트나 렌이라고 프랑스 당국에 알려주기도 한다.[119] 그는 해군에 관한 정보를 얻으려고 협박도 서슴지 않았다. 그는 한때 창녀 노릇을 한 여성을 협박하여 남편인 영국 해군장교 솔즈버리로부터 정보를 캐내게 만들었다. 창녀 출신의 아내를 둔 업보로 모랑드에게 걸려들었음직한 솔즈버리는 본의 아니게 영국 해군의 정보를 아내를 통하여 모랑드에게 전하거나, 모랑드의 아들에게 직접 선원생활을 체험하게 하면서 모랑드를 도왔다.[120] 모랑드는 1788년 6월 18일 작은 군함 디미긴트(Termagant) 호의 선장 솔즈버리가 자기 아들 조르주를 배에 태우지 않겠느냐고 제안을 했다고 보고했다.

> 저는 이 제안을 이용하려고 합니다. 저는 아들이 얻은 정보를 넘겨받으려는 계획을 세웠습니다. 저는 아들에게 제가 무슨 일을 하는지 가르쳐주지 않은 채 유익한 목적을 달성할 수 있을 것입니다.[121]

실제로 모랑드는 아들의 영국 해군 입대를 제안 받은 한 달 뒤인 1788년 7월 25일 편지에서 조르주가 터머건트 호에서 복무하고 있다고 보고했다.[122] 모랑드는 이런 식으로 1781년부터 테임즈 강의 항구들(뎁트퍼드, 울위치, 채텀, 시어네스, 레소어, 딜, 포츠머스, 스핏헤드, 플리머스)

에 정박하거나 드나드는 군함과 상선의 동향을 파악하여 정기적으로 보고했다.

모랑드는 영국의 정치와 의회활동도 수시로 보고했다. 모랑드는 영국의 거물급 정치인을 잘 알았다. 예를 들어, 1770년부터 1782년까지 토리당의 내각을 이끌던 노스 경과는 세 번이나 개인적으로 만날 수 있는 사이였다. 특히 1778년 영국과 프랑스가 아메리카 독립전쟁 때문에 적대관계에 들어서자 모랑드는 노스 경을 찾아가 자기는 당분간 시골로 내려가 살겠다는 뜻을 직접 전했다.[123] 시골에 살고 있던 모랑드가 1781년 라 모트의 뒤를 이어 정보를 수집할 때 노스 경은 정치적으로 건재했다. 그리고 모랑드는 특히 1788년 말에는 조지 3세의 '정신적 무질서'[124]와 피트의 의정활동에 대해서 틈나는 대로 본국에 알렸다. 그는 피트 내각에서 중요한 역할을 하는 혹스버리의 비서 차머즈와 10년 전(1778)부터 알고 지내면서 중요한 정보를 얻었다. 예를 들어, 영국은 새 연합국 스웨덴에게 만일 전쟁이 일어날 경우 영국을 돕는다면 서인도 제도의 섬 하나를 양도하겠다는 미끼를 던지고, 또 스웨덴이 러시아와 싸울 때, 러시아가 영국의 도움을 청하는 날이 온다면 중재 역할을 맡으면서 북유럽에 영향력을 확대하겠다는 속셈을 갖고 있음을 알아냈다.[125] 모랑드는 직접 영국 의회에 나가 정보를 얻기도 했다. 의사당에서 정책과 법안에 대해 주고받는 이야기를 직접 듣고 정리하거나, 만일 의사당 안으로 들어가지 못하는 경우에는 의원들이 잘 가는 식당에 들러서 거기서 흘러다니는 정보를 주워 모았다.[126]

모랑드는 누구로부터 지령을 받고, 또 자기가 수집한 정보를 누구에게 보고했을까? 영국과 전쟁 중인 1781년부터 1783년 그는 런던에서 정보수집활동을 지휘하는 육군준장 보두앵에게 보고했다.[127] 보두앵은 르 페브르를 고용하여 급한 심부름을 시켰다. 모랑드도 필요한 경우 르 페브르를 이용했다. 이렇게 해서 그는 르 페브르를 7년 동안 50번 이상 이용했다. 모랑드는 보두앵과 물건을 주고받을 때 특별한 열쇠를 이용했다. 모랑드가 심부름꾼에게 물건과 함께 열쇠를 보내면, 보두앵이 자기가 보관하고 있는 열쇠와 맞춰본 뒤에 심부름꾼을 믿을 수 있었다. 물론 정보를 주고받는 곳도 여러 군데로 정해 추적을 피했다. 전쟁 중 정보를 전달하는 방법도 있었다. 모랑드가 특수 잉크를 사용하여 깨알 같은 글씨로 많게는 20~30쪽짜리 보고서를 작성하면, 그의 아내는 심부름꾼의 옷 안쪽에 방수포를 달아 꿰매주었다.[128] 그리고 전쟁이 끝난 뒤 모랑드에게 지령을 내리는 정상적인 경로는 런던 주재 프랑스 대사나 전권공사, 외교행낭, 그리고 불로뉴 쉬르 메르의 도매상 멘느빌을 통한 세 기지였다.[129] 이렇게 해서 모랑드는 1781년부터 1788년까지 거의 7년 반 동안 500번이나 정보를 보고했다.[130] 그가 발각되지 않고 이렇게 오랫동안 정보수집을 할 수 있는 이유는 어디 있을까? 그가 신중하게 처신한 면이 가장 크겠지만, 신분을 적절히 위장할 수 있었기 때문이 아닐까? 그러므로 '갑옷 입은 신문장이'가 「쿠리에 드 뢰롭」의 책임편집인이 되었다는 사실에 주목할 필요가 있다.

「쿠리에 드 뢰롭」 책임편집인 모랑드

모랑드는 신문을 활용하여 정보를 보내기도 했다. 전쟁 중에도 영국에서는 언론의 자유가 있었기 때문에 그것을 잘 이용했다. 모랑드같이 정보를 잘 수집하고, 그것으로 먹고 사는 사람에게 영국만큼 자유로운 곳은 없었으리라. 일찍이 볼테르나 몽테스키외가 찬양한 영국을 자칭 '갑옷 입은 신문장이'(모랑드)도 이렇게 찬양했다.

> 오, 영국이여! 이 세상에 견줄 곳 없는 나라여. 목을 매다는 밧줄,
> 시베리아, 유형수 수용소, 바스티유 감옥, 학대, 고문이 없는 나라.
> 내가 살고, 찬양하고, 열렬히 사랑하는 복된 나라여! 내 그대 품에
> 서 마지막 숨을 거두리! 그대 품에 내 유해를 맡기리![131]

모랑드는 런던에서 발행하는 프랑스어 신문 「쿠리에 드 뢰롭」[132]에 적어도 1주에 한 번 자기가 보내준 기사를 싣게 했다. 그는 전쟁 중에는 이 신문사의 협력자 가운데 퍼킨스 맥마혼을 매수하여 자기 기사를 실을 수 있었다.[133] 모랑드는 좀 더 자연스럽게 일을 꾸미기 위하여, 먼저 런던의 다른 신문에 필요한 기사를 싣게 한 뒤, 그것을 직접 프랑스 말로 옮겨 보두앵과 미리 짠 방법에 맞게 「쿠리에 드 뢰롭」에 실었다.[134] 모랑드는 이 신문에 기사를 싣기 전부터 신문보도 형식의 글

쓰기를 몸에 익히고 있었다. 사실, 그 자신이 '갑옷 입은 신문장이'가 아니었던가? 모랑드가 짧은 시간 안에 정보를 수집하여 중상비방문을 만들어서 팔던 능력은 신문을 제작하는 능력으로 전환되어 요긴하게 쓰였다. 과연 그는 1784년부터 실제로 「쿠리에 드 뢰롭」의 편집을 책임 졌다. 모랑드가 영국의 정보에 접근하고 본국에 보고하는 자연스러운 방법이 생긴 것이다.

모든 기사를 공정하게 다루겠다는 사시(社是)[135]를 내세운 「쿠리에 드 뢰롭」은 1776년 6월 28일부터 1792년 말까지 매주 화요일과 금요일 두 번씩 영국에서 발간된 프랑스어 신문이다. 한 호당 8쪽에 유럽 각 국의 도시에서 수집한 정보를 싣고, 영국의 소식을 가장 많이 담아서 발간하는 이 신문은 창간호부터 프랑스 사람들의 관심을 끌었다. 이 들은 프랑스어 신문을 통하여 유럽의 주요 국가는 물론 오스만튀르크 의 소식까지 접할 수 있었고, 특히 영국에 대해서 쉽게 알 수 있었기 때문에 1년치 구독료로 48리브르씩 내면서 신문을 받아 보았다. 그러 나 이 신문 제5호(1776년 7월 12일)에 프랑스 왕비 마리 앙투아네트를 포 함한 거물급 인사들을 헐뜯는 글이 실렸기 때문에 외무대신 베르젠 은 우편총감 오니 남작에게 명령하여 이 신문이 프랑스에 다시는 들 어오지 못하게 막았다.[136] 이 문제를 원만히 해결하는 데 보마르셰가 한몫을 맡았다. 신문의 지분을 3분의 2나 보유하여 실질적 사주라 할 수 있는 영국인 스윈턴은 보마르셰로 하여금 프랑스 당국에 자기 뜻 을 전하도록 했다. 그는 자기도 모르는 사이에 실린 글로 프랑스에 상 처를 입힌 데 대해 몹시 미안해하고 있으며, 앞으로 내용을 신중하게 검토하여 예의바른 것만 싣도록 하겠다는 뜻을 전했다. 그리고 필요하

'갑옷 입은 신문장이'가 「쿠리에 드 뢰룹」의 책임편집인이 되었다는 사실에 주목할 필요가 있다.

다면 베르젠이 정한 검열관의 검열도 받겠다는 뜻도 전했다. 보마르셰는 스윈턴의 말을 전하면서, 자기 생각도 덧붙였다. 그는 프랑스 인의 호기심을 위해서 약간 신랄한 외국 문학을 허용하는 것도 그리 나쁘지 않겠다고 말했다. 베르젠이 이 말에 마음이 움직였는지 분명치 않지만, 아무튼 이 신문을 검열한 뒤 배포하도록 허락했다.

「쿠리에 드 뢰롭」은 베르젠이 검열관으로 임명한 원장신부 오베르의 검열을 거쳐 그해 11월 1일부터 프랑스에 다시 들어오기 시작했다. 프랑스 외무대신은 「쿠리에 드 뢰롭」이 다루는 기사 가운데 특히 영국과 미국의 소식이 프랑스에 유익하다고 생각했다. 그 반면 프랑스 주재 영국 대사 스토먼트는 이 신문이 프랑스에 유익한 만큼 영국은 이 신문의 유출을 막아야한다고 본국에 요청했다. 그러나 언론의 자유가 있는 영국에서 정부가 신문을 탄압할 수는 없었다. 1778년 프랑스와 영국이 아메리카 독립전쟁 때문에 본격적으로 적대관계에 들어간 뒤에야 비로소 영국은 「쿠리에 드 뢰롭」이 도버 해협을 건너지 못하게 짐을 압수하고 편지를 검열하면서 국익을 지키려고 노력했다. 스윈턴은 경제적으로 막대한 손실을 입었기 때문에 프랑스 정부와 함께 묘안을 짜내야했다. 마침내 프랑스 쪽에서 신문을 찍어서 돌리는 방법을 해결책으로 생각해냈다. 1778년 3월 27일자 신문이 도버 해협에서 압수당했기 때문에, 불로뉴 쉬르 메르에 새로 차린 인쇄소에서는 이 날짜 신문부터 찍어서 프랑스에 배포하기로 하고, 그 책임을 장래 지롱드파의 지도자인 브리소(Brissot de Warville)에게 맡겼다. 브리소는 불로뉴에서 찍는 「쿠리에 드 뢰롭」에 한 1년 정도 관계하고 물러났다. 스윈턴은 신문을 각국어로 발간하려는 야망에서 에스파냐 사람 살라

델루넬에게 그 자리를 주었다. 스윈턴은 이 신문을 에스파냐, 이탈리아에서도 발간하려는 뜻을 품고 있었다.

이 신문은 프랑스에서 1776년에 벌써 독자를 3−4,000명이나 모았고, 1778년에는 전성기를 맞이하여 모랑드의 말로는 6,000명,[137] 그리고 그 시대의 군인 귀족으로서 성실한 독자였던 크로이 공작의 말로는 7,000명이나 모았다고 한다.[138] 그러나 영국과 프랑스가 1783년 평화조약을 체결한 뒤, 영국에 대한 프랑스 사람들의 관심은 줄었다. 모랑드는 전임자(세르 드 라 투르)가 일을 잘못해서 정기 구독자를 5,000명이나 잃었다고 말했다. 모랑드는 정기 구독자를 늘리는 한편, 신문의 이익을 극대화하기 위해서는 우편요금을 줄여야 한다고 생각했다. 독자에게 발송하는 비용이 정기 구독료의 절반이었기 때문에,[139] 만일이 비용을 줄일 수 있다면 이익을 낼 수 있으리라고 하면서, 1785년 7월 신문을 인수할까 망설이는 생트 푸아를 설득했다.[140] 그러나 어떻게 발송비를 줄일 것인가? 당시 우편총감 오니 남작과 정치적인 협상으로 발송비를 깎을 수 있었을까?

모랑드는 구체적인 방법을 제시하지 않았다. 우리는 모랑드가 제시한 숫자를 가지고 손익분기점을 계산할 수 있다. 모랑드는 1787년 6월 구독자 1,300명일 때 수입이 2만 6,000리브르이지만, 신문을 불로뉴 쉬르 메르에서 다시 찍는 비용을 제외하고도 자신에게 지불해야 할 돈은 3만 리브르 이상이라고 말한다.[141] 한 부당 1년치 구독료 48리브르 가운데 발송비가 24리브르이고, 나머지 24리브르 가운데 수익이 20리브르라면, 신문 인쇄비가 4리브르임을 알 수 있다. 이렇게 볼 때, 사주인 스윈턴이 모랑드가 쓰는 돈이라도 충당하기 위해서는 최소한 구독자가 1,500명은 넘어야 했다. 그렇다고 해도 1,500부 제작비용 6,000 리브르는 고스란히 스윈턴의 부담으로 남을 것이다. 아무튼 모랑드는 제 몫을 하려고 노력했다. 그는 자기가 편집을 맡은 1784년 신문 구독 자는 1,176명이었으나, 1788년 초에는 1,540명까지 늘려 놓았다고 말했다.[142]

모랑드는 1784년 영국에서 발간된 중상비방문을 색출하는 데 공을 세웠고, 외무대신 베르젠은 그 공을 인정하여 모랑드에게 프랑스로 돌아와도 좋다고 허락했다.[143] 그러나 모랑드는 돌아가지 않았다. 왜 그는 망명생활을 끝내지 않았을까? 지금까지 우리가 살펴본 내용을 종합하면 그 이유를 추측할 수 있다. 모랑드는 1787년 베르젠이 죽기 전까지 매년 2만 4,000리브르를 받으면서 비밀정보원 노릇을 했다. 그리고 그는 1784년부터 영국에서 발간되는 「쿠리에 드 뢰롭」의 편집을 맡았다. 이 당시 정기 구독자의 수는 형편없이 줄었지만, 모랑드는 신문을 발행하면서 3만 리브르 이상 쓸 수 있었다. 신문의 지분 3분의 2를 갖고 있던 스윈턴이 적자에 허덕여도, 프랑스 해군대신을 위해서 비밀정보원 노릇을 하던 모랑드는 정보를 비교적 자유롭게 얻으면서 정부가 주는 봉급과 특별수당을 거의 고스란히 제 것으로 만들 수 있는 신문 편집인의 반듯한 신분을 가질 수 있었다. 현실적인 그가 그만한 수입을 포기하고, 적이 많이 기다리고 있는 프랑스로 가족을 끌고 돌아갈 이유를 생각하기 어렵다. 칼론의 긴축 정책 때문에 수당이 절반으로 줄어도 모랑드는 신문 구독자의 수를 늘리고, 그 나름대로 사주를 바꾸려고 노력하면서 영국에서 버티려고 노력했다. 그것은 그가 틈나는 대로 말하는 '애국심' 때문만은 아니었음이 분명하다.

역사적 인물의 행동을 몇 가지 동기로 환원하여 이해하기란 불가능하다. 그럼에도 불구하고 우리는 모랑드가 영국에서 망명생활을 끝낼 수 있는 기회를 맞이했지만 비밀정보원 활동과 신문 편집인 노릇을 하면서 혁명 초까지 살았던 중요한 이유를 한두 가지 살펴보았다. 무엇보다도 그가 목숨을 걸고 위험한 일을 하는 데 돈 문제를 제쳐놓을 수 없다. 그는 프랑스 경찰에 협조하여 영국에서 활동하는 프랑스 중상비방문 작가와 작품을 찾아내는 일을 하고 특별수당을 받거나, 자기가 직접 중상비방문을 써서 돈을 벌었다. 그는 마리 앙투아네트의 부탁을 받고 샤르트르 공작(장래 혁명의 중심에 설 오를레앙 공)을 그의 어머니와 마부의 사생아라고 공격하는 중상비방문을 썼다.[144] 그리고 1784년 모랑드는 「쿠리에 드 뢰롭」의 편집을 책임지면서, 중상비방문을 쓰기보다는 영국의 정보를 수집하는 일에 전념하는 모습을 보여준다. 우리는 이 과정에 주목할 필요가 있다.

모랑드는 자기 평판이 얼마나 나쁜지 잘 알고 있었다. 그는 보마르셰에게 포섭되어 정보를 수집해주는 일을 했지만, 보마르셰의 통제를 받기는커녕 돈 문제로 물고 늘어지면서 괴롭혔다. 보마르셰는 모랑드를 가리켜 "먹이에 덤비는 뱀처럼 내게 악착같이 덤비는 사나이"라고 했다.[145] 브리소는 모랑드와 「쿠리에 드 뢰롭」을 함께 편집해달라는 스윈턴의 부탁을 받고, 이 '괴물'과 함께 일한다면, 자기 명예를 더럽힐 것이라고 생각하여 거절하고, 자기가 직접 「리세 드 롱드르」(Licée de Londres, 런던의 학원)를 창간했다.[146] 분노와 승부욕, 그리고 프랑스로 쉽게 돌아가 새 삶을 시작하는 것보다 런던에서 삶을 꾸리는 편이 낫겠다는 현실적 판단 때문에 모랑드는 쉽게 망명생활을 끝내지 못했으며, 그럴수록 더욱 「쿠리에 드 뢰롭」을 프랑스에게 유익하게 만들어야 한다고 생각한 것 같다.

모랑드는 1787년부터 「쿠리에 드 뢰롭」에 "어느 여행자의 편지" (Lettres d'un voyager)나 "어떤 시민의 관찰기록"(Observations d'un citoyen)을 싣기 시작했다. 거기서 그는 "정부와 헌법에 관해서 …… 유익한 시론을 많이 실었다"[147] 그는 "영국의 해군, 농업, 농촌 경제, 말, 짐승의 훈련, 국민총생산, 이러저러한 세금의 좋거나 나쁜 영향은 물론, 재정, 정치와 관련이 있고, 이 위대한 국가의 공인들의 성격에 관한 사항을 확실히 알게 해줄 수 있는 것이라면 모두 알려고" 노력했고,[148] 그 지식을 신문에 실어서 프랑스의 개혁을 유도했다. 그리고 비록 그가 자신을 카산드라의 운명에 비유할 만큼 좌절을 맛보았지만,[149] 자기가 할 일을 꾸준히 했다고 자부했다. 특히 그는 영국과 통상조약을 맺은 이후 프랑스 상인들의 불평이 늘어가는 데 대한 해결책을 생각했다. 그는 1788년 2월 외무대신 몽모랭에게 자기 업적을 자랑했다. 그는 '어느 여행자의 편지'에서 통상조약으로 발생한 수많은 폐단을 모아 소개했고, 아직도 똑같은 주제에 대해 수많은 자료를 갖고 있으며, 조만간 신문에 낼 것이라고 전제한 뒤, 자기가 국가 발전을 위하여 두 가지 계획을 세워 영국 대사(라 뤼제른 후작)에게 보고했다고 말했다. 영국과 맺은 관세협정 때문에, 프랑스 상인들이 당하는 고통을 덜어줄 방안으로, 모랑드는 "프랑스의 모든 상인들의 고소를 단 한 사람의 대소인(代訴人)에게 집중"시키자고 제안했다. 그는 영국에서 그 일을 맡아줄 사람을 알고 있으며, 그 사람은 에드먼드 버크와 아주 친하기 때문에 프랑스를 위하여 한몫을 할 것이라고 말했다. 자기가 아는 대소인이 버크에게 의견서를 제출하면, 버크는 세관과 소비세의 폐단에 대한 조사를 촉구하는 안을 발의할 것이며, "이렇게 하면, 프랑스에서 일을 꾸민 것처럼 보이지 않으면서도 아주 큰 성과를 얻을 수 있을 것"이라고 말한 뒤, 이렇게 덧붙였다.

이 두 가지 말고도, 프랑스 왕국의 공장 주인들을 구원해 줄 계획이 있습니다. 그것은 영국에서 모든 기계와 모든 범주의 노동자를 빼앗아오는 방법입니다. 작년에 저는 장막 뒤에 숨은 채 볼턴과 와트 선생들을 프랑스로 모셔가는 데 성공했습니다. 이 두 사람은 영국의 구리와 철을 다루는 모든 생산 분야에서 으뜸가는 공장주입니다.[150]

1786년 9월 26일 프랑스는 더 이상 돈을 꾸기도 어려워 재정적인 파탄을 맞을 상황을 앞에 두고, 산업혁명을 일찍 시작한 영국과 통상조약을 맺어 자국 상인들까지 힘들게 하고 있을 때, 모랑드는 조국의 산업을 발전시키기 위하여 이처럼 여러 가지 묘안을 짜고 있었다. 그는 간첩활동으로 얻은 정보를 신문에 싣기도 하고, 신문 편집인이라는 신분으로 자유롭게 정보에 접근하면서 프랑스의 왕정을 보존하기 위하여 열심히 일했다.

지금까지 보았듯이, 모랑드는 기본적으로 왕정주의자였지만, 중상비방문을 써서 체제의 밑동을 파헤치는 데 이바지했으며, 일단 정부를 위하여 일하기로 한 뒤에는 젊은 시절의 방탕한 생활에서 얻은 지식마저 활용하여 영국에서 정보를 수집하여 보고했다. 그런데 정작 브리소와 마뉘엘(Pierre Manuel)은 모랑드가 영국의 비밀정보원 활동을 했다고 공격했다. 이들의 공격을 받은 모랑드는 "만일 정탐이라는 활동이 한 나라의 상업이 발달한 원인을 알아내고, 그 나라의 모든 공장에 관한 정보를 얻고, 접근하기도 어려운 작업장을 드나드는 방법을 찾아내는 일이라면", 자신이야말로 가장 비공식적인 밀정이었으며, 앞으로도 그런 일을 하겠다고 당당하게 응수했다.

> 내가 런던에서 지난 7년 반 동안 해왔듯이, 유럽의 모든 정치적 동향을 엿보고, 가장 잘 알아야 할 것이 무엇인지 잊지 않을 것이며, 내 나라에게 유익한 것이면 무엇이든 내가 발행하는 신문에 싣도록할 것이다.[151]

사실 모랑드는 1784년 신문을 맡을 때까지 영국에서 헛되이 살지 않았음이 분명하다. 그는 영국의 사정에 정통했고, 그 지식을 활용하여 프랑스에 이로운 내용을 자기가 편집하는 신문에 실었다. 그는 직접 포즈머스 같은 항구를 방문하여 영국 해군의 동향을 파악한 뒤 본국의 해군대신에게 익명의 보고서를 올리는 한편, 1784년부터는 조국의 이익을 위하여 「쿠리에 드 뢰롭」에 영국의 정치, 경제, 사회의 모든 동향을 파악하여 싣기도 했다. 그리고 모랑드는 영어를 몸소 불어로 바꾸는 과정에서 영국의 정치적 술어를 프랑스에 소개하기도 했다. 이렇게 해서, 프랑스의 낱말은 영국식 표현법을 좇아 정치적으로 새로운 의미를 띠게 되었다.[152]

앙시앵 레짐 말기, 인쇄물이 늘어나는 가운데 검열제도가 점점 제구실을 하지 못했다 할지라도, 자기가 쓴 글 때문에 감옥에 갇힌 사람은 늘 있었다. 예를 들어, 마담 드 고드빌, 랭게, 라피트 드 펠포르 같은 사람이 바스티유의 쓴맛을 보았다. 이들은 외국에 도망쳤지만, 거기까지 추적한 경찰에 잡히거나, 프랑스로 유인되어 잡혔다.[153] 그리고 중상비방문 작가를 추적하던 도서감독관으로서 그 직무를 이용하여 금서를 제작한 구피, 자케 드 라 두에도 바스티유에 갇혔다. 그러나 여느 중상비방문 작가보다 더 신랄한 작품으로 영향력을 끼친 모랑드는 젊은 시절 방탕한 생활 때문에 감옥에 갔을지언정, 자신의 글 때문에 감옥에 가지는 않았다. 그는 목숨을 걸고 간첩 노릇을 하면서도 용케 무사히 살아남았다. 그는 『갑옷 입은 신문장이』를 쓰거나, 영국 해군의 동향을 파악하고 「쿠리에 드 뢰롭」의 기사거리를 수집하는 능력을 활용하여 프랑스 왕정을 보존하는 데 크게 이바지했다. 우리는 이 사례를 바탕으로 모랑드의 처세술뿐만 아니라, 왕정을 보존하기 위하여 필요하다면 중상비방문 작가도 길들여 이용하는 프랑스 정부의 정책을 이해할 수 있다.

1789년 모랑드는 런던에서 바스티유 함락 소식을 듣고 반가워했다. '대신들의 전제정'의 상징이 무너졌기 때문이다. 그러나 그는 베르티에나 풀롱 같은 사람이 민중에게 처형되었다는 소식을 듣고 혁명의 폭력성에 대해 혐오감을 드러냈다.[154] 그는 혁명 초기에도 본국을 위하여 계속 보고서를 보냈다. 그러던 그가 1791년 5월 14일 「쿠리에 드 뢰롭」의 편집장직을 버리고 프랑스로 급히 돌아가 6월 9일부터 파리에서 새로운 신문 「아르귀스 파트리오트」(애국적 감시자)를 발간하기 시작했다. 어째서 그는 혁명이 시작된 해도 아니고, 거의 두 해나 지나서 서둘러 귀국했던가? 혁명을 겪고 있는 본국에서 오는 생활비도 끊기는 마당에 런던에서 사느니 귀국하는 편이 더 낫겠다고 생각하고 서둘렀던 것일까?[155] 아니면, 혁명을 겪는 프랑스가 이제 신문 발행인에게 영국보다 더 언론의 자유를 보장해줄 수 있는 곳이 되었기 때문인가?[156] 그밖에 다른 이유는 없는 것일까? 우리는 그가 한 말에서 실마리를 찾을 수 있을 것 같다.

> 나는 공화주의를 광적으로 믿는 작가들과 국민의회 의원들을 모두 국민, 헌법, 애국심의 적으로 생각했다.[157]

우리는 공화주의를 앞세운 정치지도자 가운데 모랑드의 철천지원수들이 있음을 알고 있다. 특히 브리소와 마뉘엘은 모랑드가 온갖 나쁜 짓을 다하는 패륜아이며, 영국 간첩 노릇을 했다고 공격했다. 모랑드는 '프랑스 인의 왕'(le roi des français)이 튀일르리 궁에 연금상태로 있으면서 점점 안전에 위협을 느껴 도주를 결심하고 있을 때, 그러니까 입헌군주정마저 위험해지고 있을 때, 자기 자신도 위험을 느꼈음이 분명하다. 모랑드는 자기를 맹렬히 공격하는 브리소가 정권을 잡는다면, 자기가 런던에서 20년 동안 조국을 위해서 한 간첩행위도 발각될지 모른다고 생각했을 것이다. 중상비방문이라는 배신과 협박이 난무하는 문학의 공화국에서 한솥밥을 먹던 구성원 사이에서는 국익보다 사사로운 앙갚음이 더 절실하다는 사실을 모랑드는 잘 알고 있었다. 그래서 그는 서둘러 귀국하여 자신의 신문을 발행하면서 브리소 같은 정치지도자들과 목숨을 걸고 싸웠다. 결국 브리소는 처형되었지만, 모랑드는 살아남았다. 왕정주의자였던 모랑드가 공포정을 거치면서 살아남았다는 사실에서 우리는 그가 얼마나 처세에 능했는지 짐작할 수 있다.

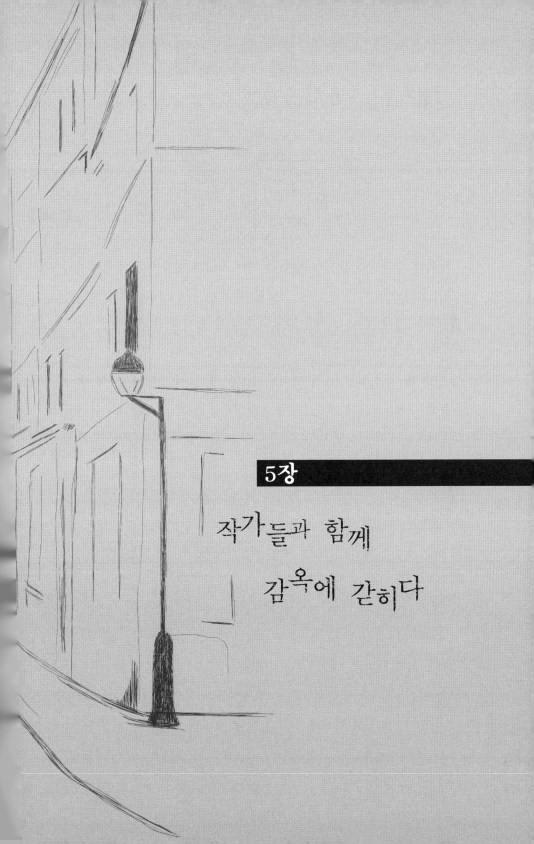

5장

작가들과 함께

감옥에 갇히다

검열과 금서로 본 책의 역사

문학의 공화국을 만나는 방법은 여러 가지가 있겠지만, 그중에서도 검열, 금서를 통한 길이 있다. 그런데 이 길은 무엇보다도 책의 역사와 관련되어 있다. 전자 매체가 발달하기 전에 종이 책은 오랫동안 사상을 전파하고 토론을 불러일으키는 뜸씨 노릇을 했기 때문에, 검열을 생각할 때 책이 제일 먼저 머리에 떠오르게 되는 것이다. 사실 내가 공부한 주제도 이러한 맥락 속에서 자연스럽게 떠오른 것으로, 다니엘 모르네(Daniel Momet)가 던진 질문의 아주 일부를 가지고 프랑스 계몽 시대를 이해하기 위한 입구로 삼았다.

1910년, 모르네는 프랑스 혁명의 지적 기원을 조사하기 위하여 세운 원대한 계획을 실천에 옮겼다. 그것은 개인 장서 목록을 바탕으로 18세기 프랑스 사람이 읽은 책이 무엇인지 밝혀내는 작업이었다. 그리고 1933년 그는 오랜 연구 성과를 종합하여 『프랑스 혁명의 지적 기원』[158]을 내놓았다. 그의 주장에 따르면, 18세기 프랑스인이 읽었던 것이 무엇이건, 그것은 우리가 보통 18세기 프랑스 문학이라고 생각하는 것과 달랐다. 우리는 대체로 각 시대마다 고전이라 할 수 있는 문학작품을 중심으로 그 시대의 문학을 생각하는 경향이 있기 때문에 18세기 프랑스인이 실제로 즐겨 읽었던 것을 낯설게 생각한다. 유명한 문학 교수들이 고전의 기준을 마련하고, 우리는 그 기준을 따르도록 교육을 받았기 때문이다.

또, 우리는 고전이라는 것에 대한 관념을 선생이나 선배로부터 배우게 된다. 그리하여 실제로 당시에 많이 읽었던 작품과는 상관없는 작품을 고전으로 취급하는 경우도 있다. 모르네는 이렇게 말했다.

위대한 저술가의 사상은 어떠했던가. 2류, 3류, 또는 그 이하의 저술가의 사상은 어떠했던가. 왜냐하면 우리에게는 형편없는 저술가가 그 당시에는 일류 저술가였을 수 있기 때문이다.

사실, 우리는 문화적 산물이기 때문에 자기가 태어난 곳의 문화를 배우게 마련이다. 그 과정에서 우리는 기존의 사고방식을 물려받는다. 아름다움을 느끼는 방식, 질문을 던지는 방식, 꿈꾸는 방식까지 배우게 된다. 그러나 이제까지 새로운 문화를 창조하는 데 이바지한 사람치고 자신이 배운 대로만 한 사람이 있었던가? 그러므로 배운 것과는 다르게 질문을 던지고 생각하는 방식을 제 나름대로 만들어 나가는 일은 반드시 문화 창달의 길을 제시하지 않는다 할지라도 필요한 일이라 하겠다.

모르네의 질문 방식은 기존의 문학사에서 한걸음 더 나아간 것이었다. 사건 중심의 역사라 할 수 있는 정치사에서 벗어나 사회사의 장점을 알기 시작할 때, 그는 사상의 사회사를 위한 길을 열었던 것이다. 1910년, 그는 앙시앵 레짐의 말기 파리 사람이 소장했던 장서 목록을 가지고 당시 파리 주민이 읽은 책에 관한 통계를 뽑았다. 그것은 주로 귀족 96명, 성직자 45명, 법조계 인사(법관, 변호사, 공중인) 80명, 의사와

바스티유에는 사람 못지않게 '위험한' 책도 수감해 놓았기 때문에,
거기에 수감된 책을 통하여 나는 당시 프랑스인은 어떤 책을 자유롭게 읽지 못했는지 알고 싶었다.

약사 14명, 아카데미 회원 16명, 관직 보유자 2명, 상인 1명, 화가 1명, 건축가 2명, 공무원 74명, 직업 미상 63명, 익명 106명의 장서 목록이었다.[159]

그러나 비록 모르네가 새로운 방법으로 연구의 지평선을 넓혔다 해도 그의 연구에는 한계와 결함이 있었다. 그의 한계와 결함은 뒤에 여러 학자들에 의해서 보완되거나 수정되었다. 그 가운데 1960년대에 프랑수아 퓌레가 지휘한 공동 연구가 특히 주목할 만한 성과로서 『18세기 프랑스의 책과 사회』(Livre et société dans la France du XVIIIe siècle, (par) G. Bollème, J. Ehrard, F. Furet, D. Roche … (etc.), Paris, Mouton, 2 vols, 1965–1970)라는 두 권짜리 업적을 내놓았다. 거기 기고한 학자들은 모르네가 시작한 길을 좇아 이른바 일류 저자의 작품만이 아니라, 모든 저자의 작품을 통하여 그 사회를 이해하려 했다. 다니엘 로슈(Daniel Roche), 로제 샤르티에(Roger Chartier)는 검열제도, 책의 이용, 독서 태도에 대한 연구를 계속했다. 그리하여 계몽주의를 너무 안이하게 지적 혁신과 연결시키려는 종래의 관점을 바꿀 수 있었다.

이 같은 성과에 힘입어 '옛 사람들이 읽지 못한 책은 무엇인가'라는 물음에 대한 답을 찾는 학자도 나왔다. 프린스턴 대학 교수인 로버트 단턴(Robert Damton) 같은 학자는 '외투 밑의 베스트셀러' 연구의 권위자이다. 그는 『백과사전』(Encydopédie)의 발간에 얽힌 역사를 필두로, 계속해서 문단의 방랑자들(la bohème littéraire)에 대한 연구를 내놓았다. 그의 저서 『고양이 대학살』(The Great Cat Massacre)은 미국에서 베스트셀러가 된 뒤, 프랑스 말로도 번역되었으며, 우리나라에서도 완역본(조한욱 옮김, 문학과 지성사, 1996)이 나오게 되었다. 나는 『바스티유의 금서』(문학과 지성사, 1990)를 준비하면서 위에서 언급한 학자들의 업적에서 많은 도움을 받았다.

바스티유 감옥은 프랑스 혁명 전까지만 해도 전제주의의 상징이었다. 그곳은 왕립감옥이었는데, 당시 프랑스인은 그 감옥에 대해 많은 오해를 하고 있었다. 예를 들어, 1789년 7월 14일, 바스티유의 정복자들이 지하 감옥에 횃불을 들고 들어갔을 때 그들은 쇠사슬로 목과 팔, 허리를 묶인 사람들을 구출했고, 다른 방에서는 쇠사슬에 묶인 해골을 발견했다는 소문이 꼬리를 물고 다녔다. 이러한 소문을 글이나 그림으로 전하는 사람들은 신문 기자나 삽화가들이었고, 사람들은 그 말을 그럴듯하게 믿었다. 그러나 우리는 그 소문은 사실이 아님을 알고 있다. 바스티유 정복자들은 정작 그들의 상상과는 달리 7명의 죄수를 만났을 뿐이다. 장 베샤드, 베르나르 라로슈(일명 보사블롱), 장 라코레즈, 장 앙투안느 퓌자드는 1787년 위조어음 발행죄로 수감되었고, 드 비트, 타베르니에는 정신이상자였으며, 젊은 솔라즈 백작은 가족의 청에 의하여 수감된 사람이었다.

이렇게 바스티유의 실상은 당시 사람들의 상상 속에 박혀 있던 허상과는 달랐다. 그러나 실상이 허상보다 조금 낫다 해도 허상은 그 나름대로 의미가 있다. 그것은 앙시앵 레짐 시대, 적어도 루이 14세 시대부터 거의 200년에 걸쳐 프랑스 사람들이 대를 물려가며 만들어낸 심상이기 때문이다. 예를 들어, '철가면'에 대한 소문이 그러하다. 이러한 소문과 허상을 만들어내는 데 한몫을 한 지하 감옥은 실제로 바스티유 감옥 안에서 가장 나쁜 조건을 가진 곳이었다. 비록 사람들을 쇠사슬로 벽에 묶어 놓는 일이 늘 있었던 것도 아니었고, 또한 사람을 쇠사슬로 묶어 놓고 다시 찾지 않아서 죽은 뒤 뼈만 남는 일도 없었지만, 민중이나 대중은 나쁘고, 음울하고, 흉측한 방향으로 상상의 나래를 펼쳐 허상을 형성했던 것이다. 이것은 그 시대의 의사소통 방식이 명쾌하지도, 공개적이지도 못했다는 데서 비롯된 일이다. 일간신문이 겨우 1777년에 나오게 된 시대에, 그 뒤 10년 동안 정치적인 온도에 따라 정치적 담론이 활성화되었다고는 해도, 18세기는 대체로 계몽사상가들의 전언이 미치는 범위에 한계가 있었고, 글의 효과보다는 입말의 효과가 더 큰 시대였기 때문이다.

그러나 식자층에게 글이 미치는 영향은 시간이 흐를수록 더욱 커졌다. 1770년대에서 프랑스 혁명 직전까지 사람들의 입말, 특히 험담, 소문, 노래 같은 것은 경찰의 보고서에 기록되거나, 수기신문(手記新聞, nouvelles à la main)에 기록되어 유통되었다. 그렇게 단편적인 것을 모아서 책으로 펴낸 것을 귀족, 성직자, 상층 부르주아, 교수, 약사, 의사 같은 자유 직업인이나 법조계 인사들이 앞다투어 찾았다. 입말이 손으로 쓰는 글씨 속에 고정되고, 다시 인쇄물로 확대재생산되는 과정에서 여론이 인쇄물 생산을 촉진하고, 인쇄물은 여론의 형성에 영향을 미쳤던 것이다. 이 과정이 있었기 때문에, 예를 들어 18세기 프랑스인이 '주기도문'을 바탕으로 왕을 비난하는 기도문을 만들어 유통시킨 사실을 우리는 알 수 있는 것이다.

베르사유에 계신 우리 아버지.
그대 이름을 두렵게 하옵시고, 그대의 왕국이 흔들리게 하사이다.
그대의 의지는 더 이상 지상에서나 하늘에서 이루어지지 않나이다.

그대가 우리에게서 빼앗아간 빵을 우리에게 오늘 돌려주사이다.

그대가 그대의 이익을 팔아먹은 대신들을 용서하듯,

그대의 이익을 지지해 준 고등법원들도 용서하사이다.

뒤 바리 부인의 유혹을 받지 마사이다.

우리를 저 악귀 같은 대법관의 손에서 구원하소서. 아멘![160]

역사 속의 검열을 이해하기 위해서는 시대를 뛰어넘으면서 여기저기 헤집고 다니기보다 특정한 시대, 특정한 장소에 눈을 돌리는 편이 쉽다. 이러한 점에서 바스티유라는 곳은 특별한 지위를 갖는 곳이다. 내가 『바스티유 금서』라는 책을 준비할 때의 문제의식도 바로 이런 것이었다. 바스티유에는 사람 못지않게 '위험한' 책도 수감해 놓았기 때문에, 거기에 수감된 책을 통하여 나는 당시 프랑스인은 어떤 책을 자유롭게 읽지 못했는지 알고 싶었다. '당시 프랑스인이 읽을 수 있는 책은 무엇이었냐'라는 질문은 너무 크기 때문에, 읽지 못한 책을 조사하는 편도 재미있으리라고 생각했던 것이다.

나는 1789년의 프랑스인과, 내가 그들을 공부하던 1980년대의 한국인이 몹시 닮았다고 생각했다. 1980년대, 군사 정권은 보도 지침을 만드는 등 언론인에게 온갖 위협을 가하면서 한국인의 입과 귀를 막으려 했다. 200년 전 프랑스인도 비슷한 조건에서 글을 썼다. 그 조건이란 다름 아니라 체제를 거스르는 글을 쓰면 위험하다는 조건이었다. 역사 속의 검열은 시공을 초월하여 반복된다. 그러므로 한 시대, 한 곳만 가지고도 일반적인 조건을 충분히 말할 수 있다. 이런 관점을 가지고 '바스티유'로 가보도록 하자.

바스티유의 역사

오늘날 바스티유는 화려한 이름이다. 정명훈이 지휘했던 바스티유 오페라가 대표적인 예로, 프랑스인은 과거에 음험했던 이름을 가장 화려하게 만들어 놓았다. 그러나 200여 년 전만 하더라도 바스티유에는 철가면이 갇혀 있고, 해골이 나뒹굴고, 망령이 떠돈다고 믿으면서 사람들은 그 이름을 불쾌하고 두렵고 음산하고 어둡게 생각했다. 사실, 프랑스 감옥에서 바스티유는 금테 두른 감옥이었으며 그것은 전제주의의 상징이었다.

프랑스 감옥의 역사를 일률적으로 말하기는 어렵다. 바스티유처럼 왕이 직접 관장하는 화려한 요새형 감옥이 있는가 하면, 창녀들을 가두어 놓던 살페트리에르(Salpêtrière), 밤도둑을 가두는 비세트르(Bicêtre) 같은 저급한 감옥도 있었기 때문이다. 또한 자택에 연금하는 경우와 의사의 책임 아래 인신을 구속하는 경우, 그리고 왕의 후원금을 받아 운영하는 사립 감옥에 수감하는 경우도 있었다. 이러한 다양한 감옥 가운데 왕립감옥은 가장 은밀하게 운영되었다. 왕립감옥이면서도 그 운영 체제가 잘 알려진 바스티유는 독특한 예라 하겠다.

바스티유는 5층짜리 둥근 탑 여덟 개가 같은 높이의 담으로 연결되어 있는 요새였다. 그것은 백년전쟁 당시 영국군의 침공으로 불안했던 파리 시장 위그 오브리오(Hugues Aubriot)가 1370년 4월 22일 머릿돌을 놓은 뒤, 1789년 7월 14일 성난 파리 시민들에 의하여 함락될 때까지 요새 및 왕립감옥 노릇을 했다. 14세기에 파리의 동쪽으로부터 쳐들어오는 외부의 적에게 버틴 바스티유가, 18세기에는 내부의 반대자들에 의해 무너졌다. 외부의 상대보다 내부의 상대가 더 무서울 수 있다는 역사적 교훈을 상징적으로 보여준다.

여덟 개 탑에는 각각 이름이 있었다. 바지니에르 탑(tour de la Bazinière)은 1663년부터 1667년까지 수감되었던 바지니에르의 영주이자 왕실 재정관이었던 마세 베르트랑으로부터 이름을 물려받았다. 정확하지는 않지만 베르토디에르 탑(tour de la Bertaudière)도 죄수와 관련된 것으로 추정할 수 있다. 다음은 리베르테 탑(tour le la Iiberté)인데, '자유'를 뜻하는 이름이 감옥에 붙은 것은 역설로 보이지만, 그 탑에 갇혔던 사람들은 다른 탑에 갇힌 사람들과는 달리 낮에 요새 안을 산책할 자유를 갖고 있었던 데서 유래한 이름이다. 퓌이 탑(tour du Puits)은 우물 곁에 있었고, 쿠앵 탑(tour du Coin)은 한 귀퉁이에 있었으며, 샤펠 탑(tour de la Chapelle)은 바스티유의 교회 곁에 있었기 때문에 각각 연관된 이름을 받았다. 트레조르 탑(tourdu Trésor)은 왕실의 재물을 보관하던 데서 비롯되었고, 끝으로 콩테 탑(tour de la Comté)은 과거 파리를 '파리 백작령'이라고 부르던 데서 연유했다.

14세기에 머릿돌을 놓은 이래, 바스티유는 주로 군사적인 용도로 쓰였다. 거기에 죄수를 수감했다면 그것은 우연한 일이었을 뿐이다. 그러나 17세기 루이 13세를 도와 절대 왕권의 기틀을 마련한 리슐리외 추기경은 바스티유를 결정적으로 왕립감옥으로 만들었다고 알려지고 있다. 왕립감옥이란 보통법과는 다른 법을 위반하는 범죄를 저지른 사람, 다시 말해서 국가, 국가의 수장, 시민들의 안전에 위험하게 보이는 사람을 가두는 곳이다.

빅토르 위고(Victor Hugo)가 '붉은 인간'이라고 불렀던 리슐리외 시대에 바스티유에 대한 문서가 별로 남아 있지 않기 때문에 정확한 사정에 대해서 잘 알 수 없지만, 다행히 바스티유의 역사가 부르농(F. Bou-mon)이 외무부의 문서 속에서 찾아낸 '바스티유 수감자 명부' 덕택에 17세기 리슐리외의 명령에 따라 수감된 53명의 이름을 알 수 있다. 이 명단이야말로 지금까지 알려진 바스티유 수감자 명단 가운데 가장 오래된 것이다. 이 53명은 대부분 '추기경'에게 도전했거나, 왕에 대해 음모를 꾸몄거나, 나라를 배반하는 첩자 노릇을 한 죄로 수감되었다.

우리가 체계적으로 복원해서 가지고 있는 바스티유 수감자 명단은 1659년부터 1789년까지의 명단이다. 그런데 1659년의 명단은 불완전하다. 왜냐하면 죄수 가운데 1659년에 바스티유에 들어온 사람은 물론, 언제 들어왔는지 몰라도 그 해에 거기 있던 사람도 포함하고 있기 때문이다. 이러한 점을 감안해서, 루이 14세, 루이 15세, 루이 16세 시대에 수감된 사람들을 살펴보면, 바스티유는 점점 귀족적인 성격을 잃어가고 있었음을 알 수 있다.

5,300명 이상의 수감자 가운데 여자보다는 남자가 여섯 배나 많았고(86%), 그들은 성직자 400여 명, 귀족 1,000명 미만, 서민 4,000명 이상으로 구성되었다. 루이 14세 치세에는 수감자의 32%가 귀족이었고, 루이 15세 치세에는 16%, 끝으로 루이 16세 치세에는 17%로 그 숫자는 줄어들었다. 그와는 반대로 제3신분의 수감자는 각각 58%, 72%,

76%로 늘어나고 있었다.

바스티유 수감자 명단을 가지고 분석한 결과, 수감자의 수와 평균 형량은 후기로 갈수록 줄어드는데, 이 직접적인 원인은 재정상의 어려움에 있었다. 한마디로 바스티유는 왕에게 많은 경비 지출을 요구했던 것이다. 바스티유 사령관 혼자서 연봉 6만 리브르를 받았고, 그 밖에도 주둔군의 장교, 옥사장, 의사, 외과 의사, 약사, 부속 사제들이 있었고, 식료품(1774년에는 6만 7천 리브르 이상 지출), 수감자의 의복, 건물 유지비 등에 대하여 막대한 경비가 들었다. 1764년에 아들 둘을 둔 방직공 내외가 일주일에 겨우 7리브르 남짓하게 벌었음을 생각하면, 바스티유에 막대한 돈이 들었음을 알 수 있다. 그러므로 1789년에 시민들이 바스티유를 죽이기 훨씬 전에, 루이 16세 즉위 당시부터, 바스티유를 폐쇄하려는 것이 아닌가 하는 징조를 감지할 수 있었다.

1783년까지 몇 개의 감옥을 폐하고, 1784년에는 바스티유의 부속 감옥이라고 할 수 있는 뱅센 감옥마저 폐쇄했는데, 이것은 아마도 전제정의 가장 두드러진 상징을 없앤다는 예고였을 것이다. 그러한 가설을 뒷받침하는 사실로서 파리의 건축물 감독관 코르베에 의하여 마련된 "바스티유와 주변의 호 및 부속 건물의 자리에 건립될 루이 16세의 영광을 기릴 공원 계획"이 1784년에 나왔기 때문이다. 이러한 계획이 준비되었다는 것으로 미루어, 우리는 정부가 두 개의 상반되는 경향 사이에서 오락가락하는 정치적 난관에 봉착하고 있었음을 쉽게 알 수 있다.

말하자면, 국립감옥의 필요성과 그것을 폐지해야 할 필요성이 공존했다는 것이다. 한편으로는 수감자의 숫자가 눈에 띄게 줄어들면서도,

바스티유에는 루이 16세 치세에만도 1775년의 '밀가루 전쟁', 1785년의 '목걸이 사건', 1788년의 '브르타뉴 사건' 같은 굵직한 정치 사건에 연루된 사람들이 수감되었던 것이다.

결국 역사적 사실은 바스티유 감옥 폐쇄 계획과는 다르게 나타났다. 1789년 7월 16일, 파리 민중들에게 함락된 바스티유를 해체하자는 안이 가결되었다. 바스티유는 곧바로 헐렸다. 거기서 나온 돌을 가지고 센 강의 콩코르드 다리를 만드는 데 쓰기도 하고, 철거사업자는 바스티유의 모형을 만들어 전국에 팔기도 했다. 그 하나를 파리의 카르나발레 박물관이 소장하고 있다. 역사적 기념물을 허는 결정을 내리는 것은 신중해야 한다. 마지못해 하더라도 그것을 잊지 않도록 방안을 마련하여야 한다는 것을 바스티유의 예에서 볼 수 있다. 바스티유는 흔적도 없이 사라졌지만, 철거사업자의 장삿속 덕에 모형이라도 남았음을 그나마 다행이라고 여거아 할 것인가?

지금까지 우리는 바스티유의 간략한 역사를 살펴보았는데, 바스티유가 어째서 실제보다는 과장되게 알려져 있었는가를 잠깐 살펴볼 필요가 있다. 그 대표적인 보기를 '철가면'에서 찾을 수 있을 것이다.

철가면

어린 시절 『철가면』(Le masque de fer)[161]을 읽은 사람은 한 번쯤 고개를 갸우뚱했을 것이다. 나도 그랬다. 어떻게 쇠로 만든 가면을 쓰고 밥을 먹을 수 있을까 하는 것이 제일 궁금했으니까. 내가 읽은 책에는 철가면을 쓴 사람의 그림도 들어 있었기 때문에 아직도 그 모습이 눈에 선하다. 철가면의 이야기를 어린 시절에 읽었던 사람은 다음의 이야기를 읽고, 싫으나 좋으나 환상을 깰 수 있을 것이다. 그것이 아쉬운 일이라 해도 우리는 사실에 대한 궁금증을 만족시켜야 옳지 않겠는가?

철가면 이야기는 17세기 말부터 18세기 초에 일어난 실제 이야기가 민중의 상상 속에서 과장되어 변형된 것이다. 오늘날 이 이야기의 허실은 많이 드러났지만, 철가면은 18세기 바스티유를 증오하던 사람들에게 그 감옥에 대해 한결 더 고약한 심상을 만들어내도록 하는 데 크게 이바지했다.

바스티유의 역사가 풍크-브렌타노는 『바스티유와 그 비밀』(La Bastille et sessecrets)[162]에서 '철가면'에 대한 비밀을 밝히고 있다. 철가면은 사실상 없었다. 가면을 쓴 죄수가 있었다면, 그는 검은 비로드 천으로 만든 가면을 쓴 사내였다. 그러므로 이제부터는 '흑가면'이라고 불러야 옳겠지만, 역사성을 고려하여 그대로 '철가면'으로 부르겠다. 철가면에 관한 자료는 무엇보다도 바스티유의 수감자 명단이다. 17세기말, 바스티유의 국왕 대리관(lieutenant de roi à la Bastille)이었던 에티엔느 뒤 죙카(Étienne Du Junca)는 1690년 10월 11일부터 일지를 기록했는데, 거기서 우리는 철가면에 관한 기사를 찾을 수 있다 1698년 9월 18일자 일지에는 이렇게 적혀 있다.

> 목요일, 9월 18일, 오후 세 시, 생트 마르그리트 오노라 군도의 군관구에서 임기를 마친 생 마르스는 바스티유 요새 사령관으로 부임했다. 그는 자신이 과거 피뉴롤에서 돌보던 죄수 한 사람을 가마에 태워서 데려왔는데, 그 죄수는 이름도 밝히지 않고 언제나 가면을 쓰고 있었다. 사령관은 그를 가마에서 내리게 한 뒤 바지니에르 탑의 첫 방에 집어넣어 두었다. 밤 9시, 나는 사령관이 데리고 온 하사관 가운데 한 사람인 로자르즈와 함께 그 죄수를 내려다가 베르토디에르 탑의 셋째 방에 넣었다. 그 방은 내가 며칠 전부터 생 마르스의 명령을 받들어 모든 준비를 갖추어 놓은 곳이다. 로자르즈는 그 죄수의 시중을 들고, 보살펴 주도록 명령을 받았다. 그 죄수의 생활비는 사령관의 책임이었다.

가면을 쓴 남자에 관한 이야기는 1703년 11월 19일의 일기에 다시 한 번 나타나고 있다.

> 1703년 11월 19일, 이름 모를 죄수, 언제나 검은 비로드 천으로 만든 가면을 쓰고 있는 죄수, 생 마르스 사령관이 생트 마르그리트 군도에서 올 때 데려와 오랫동안 보살펴준 그는 어제 미사에 참석한

철가면은 사실상 없었다. 가면을 쓴 죄수가 있었다면,
그는 검은 비로드 천으로 만든 가면을 쓴 사내였다.

뒤 조금 아프더니 오늘 밤 10시 숨을 거두었다. 그는 별로 심하게 아프지는 않았던 것 같지만, 실제로 아팠을 수도 있을 것이다. 바스티유 부속교회 신부 지로는 어제 그의 고해를 받았다. 그는 갑작스럽게 죽었기 때문에 아무런 성사를 받지 못했다. 그래서 신부는 그가 죽기 직전에 그에게 회개토록 훈계했다. 아주 오랫동안 갇혀 있던 이 이름 모를 죄수는 11월 20일 화요일 오후 네 시에 우리의 교구인 생 폴 성당 공동묘지에 묻혔다 매장 등록부에는 아무 이름이나 적었다. 행정 장교 로자르즈와 외과 의사 아레이는 매장 등록부에 서명했다.

로자르즈와 레일르(뒤 죙카는 아레이라고 잘못 썼다)가 서명한 생 폴 성당의 매장 등록부를 보면 죽은 사람의 이름은 마르시올리(Marchioly), 나이는 45세 전후라고 기록되어 있다. 그런데 바스티유 교회의 부속 사제인 그리페 신부와 행정 장교 슈발리에가 언급한 내용을 보면, 당국에서는 철가면의 이름이나 흔적을 지우려고 노력했음을 알 수 있다. 먼저 1769년, 그리페 신부가 뒤 죙카의 일지를 발췌해 발간하면서 붙인 주석을 보면 이점이 분명해진다.

　　지금까지 장기간 바스티유 요새 사령관직을 맡았던 드 로네가 요새의 참모부에 처음 부임했을 때만 하더라도 바스티유의 장교, 병사, 하인들은 가면을 쓴 수감자에 대한 추억을 여전히 간직하고 있었다. 이들은 가면을 쓴 남자가 미사에 참여하기 위해 마당을 지나갈 때마다 그를 보았고, 그가 죽은 뒤 그가 쓰던 속옷, 옷, 침구 따위의 물건을 모두 태워버리라는 명령을 받았다고 말했다. 그리고 그가 수감된 방의 벽에 긁은 자국을 지우고 다시 칠을 한 뒤 유리창까지 다시 끼우라는 명령도 받았는데, 그것은 그 수감자가 어떤 쪽지를 감추거나 이름을 알려주는 낙서를 남겨 놓지 못하도록 하기 위함이었다고 그들은 말했다.

이 말을 뒷받침해주는 사람은 1749년부터 1787년까지 바스티유의 행정 장교를 지낸 슈발리에였다. 그는 뒤 징카의 일지를 요약한 뒤에 다음과 같이 덧붙이고 있다.

그 유명한 가면의 사내에 대해서는 아무도 몰랐다. 사령관은 그를 특별한 관심을 가지고 보살폈고, 그를 만날 수 있는 사람은 오직 바스티유의 행정 장교였던 드 로자르즈뿐이었다. 그만이 가면의 사내를 돌볼 수 있었던 것이다. 그는 몇 시간 앓지도 않고 갑작스럽게 죽었다. 1703년 11월 20일 화요일 생 폴 묘지에 마르시에르그라는 이름으로 묻혔다. 사령관은 새로 지급한 흰 보에 그를 싸서 묻도록 했고 그가 있던 방에서 나온 모든 것을 불태우도록 했다.

그런데 슈발리에의 말을 믿을 수 있을까? 그는 그리페 신부와 같이 근무했기 때문에 그리페의 말을 무조건 듣고 적었을 확률이 높다. 또한 역사가들이 그리페 신부의 진술을 확인한 결과 그의 말도 틀린 것으로 밝혀졌다. 19세기 말부터 역사가들은 뒤 징카의 일지를 샅샅이 검토했다. 그 결과 직접 검은 비로드 가면이라고 언급하지 않았지만 '철가면'에 대해서 말하는 기사가 있음을 찾아낸 것이다. 1701년 4월 30일, 그러니까 철가면이 죽어서 바스티유를 벗어나기 2년여 전의 기사에서 뒤 징카는 이렇게 적고 있다.

토요일, 4월 30일, 저녁 9시, 오몽 2세가 일명 리카르빌이라는 죄수를 데려왔다. 그의 이름은 마랑빌로서 한때 장교였는데 불평불만이 많은 나쁜 작자였기 때문에 왕의 명령에 따라 티르몽과 '옛날 죄수'(ancien prisonnier)가 함께 수감되어 있던 베르토디에르 탑의 두 번째 방에 넣었다.

'옛날 죄수'는 철가면이었다. 앞에서 말했듯이, 1698년 그가 처음 바스티유에 왔을 때, 그를 베르토디에르 탑의 세번째 방에 넣었다. 그런데 1701년 바스티유에는 죄수들이 넘쳐났다. 그리하여 전과는 달리 몇 명을 함께 수감하게 되었다. 1701년 3월 6일, 철가면은 베르토디에르 탑의 세 번째 방에서, 티르몽이 1700년 7월 30일부터 들어가 있던 두 번째 방으로 이감되었다. 철가면이 먼저 있던 방에 안느 랑동이라는 '여자 점쟁이'(devineresse et diseuse de bonne aventure)를 가두기 위해서 방을 비워주었던 것이다. 그리고 철가면은 1703년 죽을 때까지 한 번 이상 다른 곳으로 이감되었다. 왜냐하면 1703년 2월 26일에는 프랑슈 콩테의 사제 공젤 신부가 첩자 노릇을 한 혐의로 베르토디에르 탑의 두 번째 방에 혼자서 수감되었기 때문이다.

이렇게 볼 때, 우리는 '철가면'에 대한 전설이 퍼져 나온 배경을 이해할 수 있다. 철가면은 혼자서만 수감되어 있지도 않았고 바스티유 사령관이나 행정 장교만을 상대하지도 않았다. 그는 미사에 참여하고 다른 하층 출신의 죄수들과도 한방에 수감되었기 때문에 그의 존재를 알고 있는 사람은 많았다. 특히 그와 함께 수감되었던 티르몽이나 마랑빌은 훗날 각각 샤랑통과 비세트르로 이감되었다.

우리나라에서도 한때 '청량리에서 도망친 놈'이니 '청량리 뇌병원 수위가 졸 때 나온 놈'이니 라는 말을 썼듯이, 프랑스에서는 '샤랑통에서 도망친 놈'이란 미친놈을 뜻하고, '비세트르에서 도망친 놈'이란 쓸모없는 놈을 뜻했다. 이 같은 사실로 미루어 우리는 '철가면'의 전설이 샤랑통과 비세트르에 수감된 사람들의 천박하고 거친 상상력과 만나 과장되었을 가능성을 쉽게 짐작할 수 있다.

철가면에 대한 전설은 당시부터 끊임없이 나왔다. 루이 14세의 제수였던 팔라틴 공작 부인은 1711년 10월 22일 철가면에 대해 새로운 사실을 알게 되었다고 썼다. 그는 영국 왕 제임스 2세의 사생아로서 윌리엄 왕에 대한 음모를 꾸민 버릭 공 사건에 연루되어 있었다고 팔라틴 공작 부인은 말했다. 볼테르는 철가면이 생트 마르그리트 군도에 있을 때 있었던 일화를 소개했다. 어느 날 어떤 죄수가 칼로 은 접시에 글자를 새겨 넣어 창문을 통해 그 아래 지나가던 어부에게 던졌다. 어부는 그 접시를 주워 사령관에게 곧바로 가져다 바쳤다. 사령관은 어부가 그 접시에 쓰인 글을 읽었는지, 그 외에 그 접시를 본 사람은 없었는지 물었다. 어부는 글을 알지 못하고 아무도 그것을 본 사람이 없다고 말했지만, 사령관은 과연 그러한지 알기 위해 며칠 동안 그 어부를 가두어 두었다. 마침내 사령관은 어부를 풀어주면서 네가 글을 읽지 못한다는 것을 다행으로 생각하라고 말했다.

칼을 이용하고 게다가 은 식기로 밥을 먹을 수 있는 죄수는 분명 특별한 존재다. 이번에는 다른 소품이 등장한다. 파퐁 신부의 『프로방스의 역사』에서는 속옷이 등장하지만, 그 결말은 비극이다. 파퐁 신부의 이야기를 들어보자.

나는 요새에서 79살이나 되는 장교를 만났다. 그는 여러 번이나 내게 같은 이야기를 들려주었다. 자기 부대에 속한 어떤 수사(frater)가 어느 날 죄수가 갇힌 방의 창 아래 물 위에 떠있는 흰 것을 발견했다. 그는 그것을 집어 곧바로 드 생 마르스 사령관에게 가져다주었다. 그것은 아주 부드러운 셔츠였는데 아무렇게나 접혀 있었다. 거기에 죄수는 글을 빽빽하게 써놓았다. 드 생 마르스 사령관은 셔츠를 펴서 몇 줄 읽은 뒤에 곤혹스러운 표정을 짓더니 수사에게 그것을 읽어보았느냐고 물었다. 수사는 읽은 적이 없다고 거듭거듭 부인했다. 그러나 이틀 뒤 수사는 침대에서 죽은 채 발견되었다.

이 이야기는 전설이란 거의 같은 방식으로 발전하게 마련이라는 점과 함께 때로는 글(지식)을 아는 것이 위험하다는 사실을 일깨워 준다.

철가면이라는 신비스러운 인물에 대한 호기심은 볼테르를 자극하여, 『루이 14세의 시대』 초판에 이 인물에 대한 기록을 삽입하게 만들었다. 드 루부아 후작인 르 텔리에는 철가면이 생트 마르그리트에서 바스티유로 이감된 뒤 그를 만나러 가서 선 채로 그에게 말을 했다고 볼테르는 전했다.

주지하다시피, 프랑스 앙시앵 레짐 문화, 특히 궁정 문화는 서열의 문화였다. 국왕의 앞에서 앉을 수 있는 사람은 정해져 있었다. 또한 그와 함께 앉을 수 있는 사람이라 해도 의자로써 국왕과 구별되었다. 팔걸이의자와 팔걸이 없는 의자, 팔걸이 없는 의자 가운데도 등받이 의자와 등받이도 없는 동그란 의자라도 앉을 수만 있다면 그는 벌써 대단한 지위에 오른 사람이었다. 이처럼 물질세계에서 지위와 서열이 확실히 구분되었던 앙시앵 레짐의 사회에서 루이 14세의 측근이었던

르 텔리에가 바스티유 수감자 앞에 서서 이야기를 나누었다는 대목은 이 신비스러운 수감자의 신분이 대단했음을 암시하는 것이다.

볼테르는 수감자의 신분에 대해서 직접 언급하지 않고 단지 읽는 이의 상상력에 맡겼다. 그러나 리슐리외의 비서로서 자기 상관의 비망록을 작성한 술라비 신부는 그 비망록에서 재미있는 이야기를 들려준다. 섭정의 딸로서 리슐리외의 정부였던 마드무아젤 드 발루아는 생 마르스가 철가면에 대해 쓴 글을 어떻게든 읽어보기 위해서 자기 아버지에게 몸을 주었다는 것이다. 이 이야기에 따르면, 루이 14세는 낮에 태어났는데 왕비는 밤에 또 아들을 낳았다. 사람들은 장차 나라의 운명을 걱정해서 뒤에 태어난 아이를 어디로 가져갔다는 것이다. 드 글레셴 남작(baron de Gleichen)은 한술 더 떴다. 그는 이 수감자가 루이 13세의 진정한 상속자인데 왕비와 리슐리외는 왕이 죽은 뒤에 자신들 사이에서 태어난 아이를 왕으로 만들기 위해 바꿔치기했다는 것이다. 이것은 부르봉 가문의 정통성을 한 번에 무너뜨리는 생각이었다.

상상력은 끊임없이 꽃을 피웠다. 나폴레옹 제국 시기에 철가면 이야기는 나폴레옹의 합법성을 위하여 윤색되었다. 루이 14세에게 사생아가 하나 있었다. 정식 상속자는 생트 마르그리트 군도에 유배되었는데, 거기서 그는 자기를 보호하던 간수의 딸과 결혼해서 아기를 얻었다. 그들은 아기가 젖을 떼자마자 코르시카로 데려다가 믿을 만한 사람에게 맡겼다. 믿을 만한 사람은 그 아기가 '품위 있는 사람들로부터'(bonne part) 왔다고 생각했다. '품위 있는 사람들로부터'라는 말은 프랑스 말로 '본느 파르'였기 때문에, 이탈리아 말로 '부오나 파르테'(Buona-parte)로 바뀌었고, 마침내 보나파르트가 되었다. 나폴레옹 황제는 이처럼 루이 14세의 직계 후손이라는 것이다.

지금까지 열거한 신비스러운 '철가면'의 정체에 관한 가설 외에도 바스티유의 역사가 풍크-브렌타노는 더 많은 보기를 제시한다. 그는 마지막으로 철가면의 정체에 대해서 밝힌다. 18세기에 철가면에 대해 이러쿵저러쿵하는 동안 그의 정체를 옳게 짚은 사람도 있었다. 세낙 드 멜랑(Sénac de Meilhan)은 1755년부터 볼테르의 글을 반박했다. 그러면서 그는 철가면은 만토바 공국의 국무대신이었다고 말했다. 1770년, 알자스 연대의 대위였던 하이스 남작도 6월 28일자 편지에서 이 신비스러운 인물은 마티올리(Matthioli) 백작이었다고 말했다. 그 밖에도 스무 명 이상이 잇달아서 마티올리를 지목하는 데 동의했다. 그러나 푸케(Fouquet)의 사치를 응징하기 위해 루이 14세가 보냈던 인물 다르타냥을, 그보다 앞선 리슐리외 추기경 시대의 인물로 분장시켰던 알렉상드르 뒤마는 이번에도 이 인물에 대해 편견을 보여주었다. 그는 볼테르가 유통시키고 혁명기에 보나파르트를 위해 굳어진 전설을 따랐던 것이다.

만토바 공국의 국무대신인 에르퀼 앙투안느 마티올리 백작은 1640년 12월 1일 볼로냐의 지위 높은 가문에서 태어났다. 그는 명민하여 스무 살도 채 안되어 볼로냐 대학교의 교수로 임명되었다. 그 뒤 그는 만토바 공국으로 가서 국무대신이 되었다. 마티올리는 만토바 공국에서 가장 신임을 받는 사람이었는데 이것이 그의 비극의 시초였다.

1677년 말, 마티올리는 베니스 공화국 주재 프랑스 대사인 에스트라드 신부와 배짱이 맞았다. 그는 프랑스 왕실을 위해서 일하기로 합의했다. 루이 14세는 당시에 카잘에 눈독을 들이고 있었는데, 카잘은 만토바 공인 샤를르 4세가 후작의 칭호를 가지고 있던 몽페라의 중심지였다. 루이 14세는 1678년 1월 12일 친필로 마티올리에게 감사의 편지를 띄웠다. 샤를르 4세로부터 10만 에퀴를 주고 카잘을 살 수 있게 되었기 때문이다. 루이 14세는 파리에 온 마티올리에게 막대한 상금과 다이아몬드를 주겠다고 했다.

마티올리가 프랑스를 다녀간 지 두 달이 될까 말까한 사이 비엔나, 마드리드, 토리노의 왕실들과 베니스 공화국은 마티올리가 중재한 내막을 알게 되었다. 마티올리는 돈에 눈이 어두워 루이 14세와 샤를르 4세를 모두 배반했다. 그는 이중 계약을 했던 것이다. 루이 14세는 아스펠트 남작을 만토바에 파견하며 마티올리와 비준서를 교환하도록 했는데, 아스펠트는 밀라노 총독에게 붙잡혀 스페인 측에 인도되었다. 이 소식을 들은 베르사유는 발칵 뒤집혔다. 에스트라드 신부는 몹시 화가 나서 베르사유에 만토바 공국의 대신을 납치할 것을 건의했다. 루이 14세는 정치적으로 물의를 빚기를 원치 않았기 때문에 뒤로 물러나고 카티나가 개인적으로 작전을 지휘했다. 에스트라드 신부는 마티올리에게 접근해서 그의 신임을 샀다. 그러고는 마티올리에게 베르사유로 가면 약속한 돈을 모두 주겠노라고 속였다. 1679년 5월 2일, 에스트라드와 마티올리는 마차에 올랐다. 카티나는 여남은 명의 부하를 거느리고 이들을 기다리고 있었다. 오후 두 시, 마티올리는 토리노 남서쪽에 있는 피네롤로(프랑스 이름은 피뉴롤) 요새로 잡혀가서 생 마르스의 손에 넘겨졌다.

이탈리아의 한 공국의 대신이 차지하는 지위를 상상해 보면, 그 사건이 국제법을 대담하게 어긴 사건임을 알 수 있다. 검은 비로드 가면을 씌워서 죄수의 신분을 철저히 비밀에 부칠 만한 사건이었던 것이다. 맨 앞에서 살펴보았듯이, 마티올리는 1694년 초 생트 마르그리트 군도로 이감되었다가, 1698년 9월 18일 바스티유로 이감된 뒤, 1703년 11월 19일 죽어 나갔다.

지금까지 우리는 '철가면'을 둘러싼 전설의 허와 실에 대해서 간단하게 살펴보았다. 이 전설을 통해서 우리는 18세기 바스티유가 민중의 마음속에 어떤 음울한 인상을 줄 수 있는지 쉽게 짐작할 수 있다 그러한 심상을 만들어 내는 데 이바지한 사람은 많은데 그중에서 당대의 저명한 문학가도 있다. 볼테르, 마르몽텔, 라 보멜, 모를레 신부, 랭게는 바스티유의 쓴맛을 보았고, 디드로와 미라보 백작은 바스티유의 부속 감옥이라 할 수 있는 뱅센 감옥의 쓴맛을 보았다. 그럼 지금부터 그들이 바스티유에서 겪은 이야기를 하나하나 추적해 보기로 하자.

볼테르

볼테르는 1717년 5월 17일에 처음 수감되었다. 그때 이 시인은 스물두 살밖에 되지 않았고, 아직 명성도 제대로 날리지 못하고 있었다. 그 젊은 나이에 호되게 경을 쳤던 것이다. 당시 작가들은 그가 '나는 보았네'라는 구절이 들어간 시를 지어 루이 14세의 정부를 놀린 나머지 바스티유에 들어갔다고 말했지만, 그가 감옥에 들어간 이유는 다른 데 있었다. 그는 섭정 오를레앙 공과 그의 딸 베리 공작 부인을 놀리는 시(Puero regnante)[163]를 지었기 때문에 수감된 것이다.

이미 「진흙탕」(Le Bourbier)이라는 시를 지어 1716년 아버지의 감독 아래 튈(Tulle)로 귀양을 갔던 그는 이번에는 섭정과 그 맏딸의 근친상간을 노래한 시를 지어 미움을 샀던 것이다. 경찰은 또한 같은 주제의 다른 시를 지은 사람으로 볼테르를 지목하고 있었다.

> 결국, 당신의 정신은 속된 것에 대한 두려움을 떨쳐버렸지.
> 아름다운 베리 공작 부인이여,
> 은밀한 일은 그만하시오.
> 새로운 운명이 당신의 남편 노릇을 하리니,
> 모아브 사람들의 어머니시여.

당신으로 하여금 아모니트 족을
곧 태어날 수 있게 하리니.

그는 아들이 아니라, 아버지요,
그녀는 딸이지, 어머니가 아니라,
가까이서 보니, 모든 일이 더욱 잘 되어가네,
그들은 벌써 에테오클레스(Etéocle)를 낳았다네.
만일 그가 두 눈을 잃게 된다면,
실로 소포클레스의 주제가 될 만하다지.

에테오클레스는 외디푸스와 그의 어머니 사이에서 태어난 아들이
다. 볼테르는 외디푸스의 이야기를 가지고 아버지와 딸의 관계를 놀리
고 있다. 물론 볼테르는 자기가 시를 짓지 않았다고 완강히 버텼다. 그
렇지만 사람들은 그의 말을 믿지 않았다. 그는 열한 달 동안 바스티유
에 갇혀 있으면서 여러 가지 작품을 썼다. 특히 비극 「외디푸스」를 거
기서 끝마쳤는데, 그 작품으로 그는 유명해졌다. 또한 자신이 체포되
어 바스티유에 수감되는 과정을 묘사하는 시를 지어 '바스티유에 처
넣다'(embastiller)라는 새로운 낱말을 만들어냈다. 1718년 4월 14일에 석
방된 그는 샤트네에 잠시 귀양갔다가 파리로 돌아왔다. 섭정은 그가
자기를 모욕했던 사실을 잊었던지 아니면 그의 독설을 막으려고 했던
지 그의 보호자가 되고자 했다. 그 제안을 받은 볼테르는 다음과 같
이 재치 있게 감사의 뜻을 전했다.

섭정 전하, 계속해서 제 음식을 제공해주시니 감사합니다. 허나

더 이상 제 거처를 책임지실 필요는 없습니다.

바스티유에서 나온 그는 곧 우리가 잘 아는 이름을 갖게 되었다 그 것이 볼테르다. 그는 이 이름을 시작으로 하여 160여 가지의 가명을 이용하게 된다. 그렇다고 해도, 우리는 그의 본명인 프랑수아 마리 아 루에보다는 볼테르라는 이름으로 그를 기억한다. 당시 사람들도 그랬 다. 볼테르는 파리의 사교계에서 이름을 떨치게 되었다. 그는 궁정에 도 이름을 떨쳤고 특히 새로운 문화의 중심지인 살롱(Salon)의 꽃이 되 었다.

살롱은 문화적으로 중요한 의미를 지니는 곳이다. 앙시앵 레짐은 무 엇보다도 개인이 스스로 행세하기보다는 집단, 법인체, 신분, 직업인 조합을 통해서 세상에 받아들여지는 체제였다. 그 사회는 귀족 중의 귀족인 왕을 정점으로, 귀족과 성직자들, 그리고 상류 부르주아(금리 생활자, 고위 관직보유자), 중류 부르주아(자유직업인, 변호사, 약사, 의사, 작 가, 교수), 하류 부르주아(소매상인, 장인), 도시 무산층, 그리고 80% 이 상의 농민(이중에도 '마을의 멋쟁이'인 부농부터 농업 노동자에 이르는 서열이 있다)이 저마다 자기가 속한 신분의 옷을 입고 다니는 서열화된 물질 문화를 가지고 있었다.

그런데 이러한 서열의 사회 속에서 새로운 문화가 태어나고 있었다. 멀리는 고대 그리스의 플라톤까지 올라가고, 근대에 들어서 피렌체에 서 부활된 아카데미의 전통은 서열에 따른 구분과 함께, 능력에 따른 구분을 가능케 하는 문화를 만드는 데 이바지했다. 또한 인재를 구하 기 위하여 매관매직 제도를 도입한 결과, 부르주아 계층이 능력에 따

볼테르는 1750년대 초 경찰의 눈에는 '호색한'처럼 보이고 감정적으로 아주 나쁜 작자로 보였다.
사실 그의 저작도 18세기 내내 바스티유에 여러 번 수감되었다.

라 국가의 행정에 참여하고 왕의 자문기관 노릇을 할 수 있게 되었다.
이러한 새로운 관계가 잘 나타나는 곳이 바로 살롱이었다.

　살롱은 서열을 중시하는 궁성문화와 능력을 중시하는 새로운 문화
가 만나는 장소였다. 이처럼 새로운 경향이 탄생하는 모습을 상징적
으로 보여주는 것이 있었다. 그것은 바로 17세기의 '장엄한 방'(Chambre
sublime)이었다. 루이 14세와 마담 드 몽테스팡의 적자인 멘 공이 다섯
살이 되었을 때(1675년 3월 31일), 마담 드 티앙즈는 탁자 크기의 황금
빛 방을 선물했다. 그 속에는 초로 만든 작은 사람들이 들어 있었는

데 그 문에는 '장엄한 방'이라고 새겨 있었기 때문에 사람들은 그 속에 있는 초로 만든 작은 사람들을 '장엄한 무리'(Cabale sublime)라고 불렀다.

방 속에는 침대가 하나 있고, 그 곁에 커다란 안락의자가 있어 멘 공이 앉아 있다. 침대 가까이서 라 로슈푸코가 멘 공에게 시 한 편을 바치고 있다. 또 마담 스카롱, 마르시약, 보쉬에가 안락의자를 둘러싸고 있다. 침대의 다른 편 끝에는 마담 드 티앙즈와 마담 드 라파예트가 시 낭송에 놀라는 표정을 짓고 있다. 부알로는 무장을 하고 서서 나쁜 의도를 가진 몇몇 시인들이 다가서는 것을 막으려 하고 있다. 라신은 부알로와 한두 걸음 떨어져서 라퐁텐에게 손짓으로 자기네 곁으로 오라고 하고 있다.

17세기의 지적 풍토를 상징적으로 보여주는 이 '장엄한 방'은 프랑스혁명으로 급격히 무너지게 될 전통질서 속에서 이미 새로운 질서가 생겨나고 있다는 사실을 보여주고 있다. 왕과 귀족, 귀족과 귀족, 귀족과 평민 사이의 서열과 등급의 구조화된 사회 속에서 지식과 책이라는 문화적 지표로써 인간관계가 새롭게 규정되는 사회가 태어나고 있었던 것이다.

볼테르는 이 같은 사교생활을 통해 자신이 평민이라는 사실을 잊게되었다. 1726년, 그는 오페라의 마드무아젤 르쿠브뢰르의 칸막이 좌석에서 슈발리에 드 로앙과 말다툼을 벌였다. 로앙은 지팡이를 치켜들었다. 볼테르는 칼에 손을 댔다. 르쿠브뢰르는 현명하게도 기절해 버렸다. 사태는 이쯤해서 진정되는 것 같았지만 양측의 자존심은 이를 갈고 있었다. 로앙도 비록 하루였지만 바스티유의 쓴맛을 본적이 있는 사람이었다. 그는 볼테르가 처음 바스티유에 수감되었던 해에 오페라의 무도회에서 콩티 공작 부인에게 존경심을 표현하지 않았다는 죄로 수감되었던 것이다. 로앙은 귀족이 평민을 어떻게 다루는지 보여주었다. 며칠 뒤, 그는 여섯 명을 풀어 대낮에 볼테르에게 몽둥이찜질을 시켜 놓고는 자신이 그 일을 시켰다고 공공연히 말했다.

볼테르는 복수를 다짐하고 사방에 글을 쓰는 한편, 무기를 사서 모으고 우락부락하게 생긴 사람들을 불러 모았다. 로앙 가문에서는 불안해져서 부르봉 공작에게 볼테르를 잡아들이라는 봉인장을 발행해 달라고 요청했다. 치안담당관도 역시 볼테르가 불쑥 일을 저지르고 말지 몰라 두려워했다. 그는 1726년 4월 17일 다시 바스티유에 들어갔다. 파리 치안총감은 이때 이렇게 썼다. "볼테르 선생은 주머니에 권총을 넣은 채 체포되었고, 그의 가족은 모두 하나같이 이 젊은이가 새로 어리석은 짓을 하지 못하도록 현명한 명령을 내린 것에 대해 반가워했다." 그러면서도 그는 이렇게 덧붙였다. "볼테르 선생은 천재이므로 잘 보살펴 주어야 한다."

그리하여 볼테르는 처음 수감되었던 때와는 달리 이번에는 바스티유 사령관과 같이 밥을 먹고 친구도 맞이했으며 12일 만에 파리에서 50리 밖으로 나가야 한다는 조건으로 풀려났다. 그러나 볼테르는 파리 치안총감과 타협해서 영국으로 간다는 조건으로 귀양살이를 면했다. 그는 영국의 지성인들에게 대대적으로 환영받았고 1728년 가을에 영국광(anglomane)이 되어 돌아왔다.

여기서 볼테르의 일생을 추적할 필요는 없지만, 볼테르가 바스티유와 어떤 관련이 있는지는 살펴볼 필요가 있다. 앙시앵 레짐 말기, 인쇄

출판물 감독관으로 유명했던 데므리(d' Hémery)가 1740년대 말부터 작성하여 상부에 보고한 작가의 동향 보고서에 나타난 볼테르는 프랑스 문학자나 역사가들이 알던 볼테르와는 조금 다른 모습을 지닌 사람이다. 보고서는 일정한 양식을 가지고 있는데, 1) 이름, 2) 나이, 3) 고향, 4) 신체 특징, 5) 거주지, 6) 약력의 모두 여섯 항목을 기록했다. 양식은 위의 왼쪽에서 차례로 4번 항목까지 기록하고, 바로 아래 5번과 6번을 기록하게 되어 있었다. 여기서는 편의상 사료에 나와 있는 항목을 차례로 우리말로 옮겨 놓기로 한다.

1) 이름(noms) : 아루에 드 볼테르, 작가, 1748년 1월 1일(Arrouet de Voltaire Auteur ler Janvier 1748)[164]

2) 나이(age) : 57세

3) 고향(pays) : 파리 공채금리 지불담당관의 아들(Paris fils d' un payeur des Rentes)

4) 신체 특징(signalement) : 크고, 마르고, 호색한 같은 인상(Grand, sec et L'air d'un Satyre)

5) 거주지(demeure) : 트라베르신 거리 샤틀레 후작 부인의 집(Rue traversine chez Made La Marquise du Chatelet)

6) 약력(histoire) : 정신적으로는 독수리 같고, 감정적으로는 아주 나쁜 작자다. 모든 사람이 그의 작품과 그의 모험을 알고 있다. 그는 아카데미 프랑세즈 회원이다. 마담 드니는 그의 조카딸이다.

1750년 6월, 그는 완전히 자기 조국을 떠나 프러시아로 갔다. 그가 맡고 있던 사관(史官)의 자리는 뒤클로에게 넘어갔다.

그는 지난 9월 15일 샤틀레 후작 부인을 잃었다.

그는 프러시아에 도착한 뒤 다르노를 그곳에 초빙해 베를린 아카데미 회원으로 받아들이도록 힘을 썼다. 그러나 조금 뒤 그와 심하게 다투었다. 그것은 다르노가 볼테르의 저작집을 편찬하면서 부친 서문 때문이다. 볼테르는 다르노를 프러시아에서 쫓아내도록 했다.

1751년 4월 29일, 왕의 명령을 받잡고 볼테르의 하인인 롱샹의 집, 그리고 부부가 함께 샤틀레 후작 부인의 하인 노릇을 했던 라 퐁의 집에 대해 압수 수색을 했다. 이에 관해서는 따로 보고서를 제출함.

나는 이 수색의 진정한 목적은 볼테르가 샤틀레 후작 부인에게 쓴 연애편지를 찾아내려는 데 있었음을 알고 있었다. 샤틀레 후작 부인은 연애편지를 4권으로 제본해 놓았다. 그러나 후작 부인이 죽은 뒤 그 편지 모음을 찾지 못했기 때문에, 사람들은 그 부인의 하녀가 그것을 훔쳐 책으로 발간하려 하지 않나 두려워했던 것이다. 사실 이 압수 수색은 연애편지가 발간되는 것을 두려워한 볼테르가 다르장송에게 부탁해서 이루어진 깃이라는 사실이 재미있다. 아무튼 압수 수색은 별 성과를 보지 못했다.

그 뒤, 5월 4일, 다르장송께서는 내게 이렇게 말씀하셨다. 우리가 롱샹의 집에서 압수 수색을 펼칠 때 그의 책상 서랍 속에는 국왕과 (퐁파두르) 후작 부인을 비방하는 시가 있었다는 사실을 자신은 확실히 알고 있었다는 것이다. 그리고 롱샹은 바로 그 점을 자랑으로 떠들고 다녔고, 롱샹은 자기 집을 뒤진 행위의 부당함을 주제로 볼테르와 마담 드니를 비방하는 비망록까지 작성해 놓았다는 사실도 알고 있었다는 것이다.

볼테르의 부탁으로 이루어진 이 압수 수색을 하면서 재미있던 것은, 우리가 국왕과 (퐁파두르) 후작 부인을 비방하는 시를 발견했다는 것이다. 아마 그것은 볼테르의 필적이거나 볼테르 측근의 어떤 사

람의 필적이었는데, 수많은 사실을 밝혀줄 것이다.[165]

이상 볼테르에 대한 경찰 보고서를 살펴보았다. 1750년 이후 스위스 국경 근처에 자리를 잡고서 계몽사상가의 왕으로 살다가, 결국 사망 직전 28년 만에 파리에 돌아왔을 때에는 계몽사상가의 신이 되었던 볼테르는 1750년대 초 경찰의 눈에는 '호색한'처럼 보이고 감정적으로 아주 나쁜 작자로 보였다. 사실 그의 저작도 18세기 내내 바스티유에 여러 번 수감되었다. 다섯 번 이상 바스티유 문서 보관소에 수감된 그의 작품은 모두 세 가지였다. 『파리 고등법원의 역사』(Histoire du Parlement de Paris)가 7번, 시 「오를레앙의 처녀」(Pucelle d' Orléans)가 7번, 그리고 『40에퀴짜리 인간』(L'Homme aux 40 écus)이 5번 수감되었던 것이다.

그는 일찍이 바스티유의 쓴맛을 보았기 때문인지, 법의 그릇된 심판에 대해서 끈질기게 싸움을 벌였다. 예를 들어, 1762년 툴루즈에서 개신교를 버리려는 아들을 살해한 죄로 처형된 장 칼라를 복권시키기 위해 볼테르는 『관용론』(Traité sur la tolérance)을 써서 여론을 환기시켰다. 그 결과 1765년 3월 9일 칼라를 복권시키는 조치를 받아냈다. 또한 1766년 젊은 슈발리에 드 라 바르가 불경죄와 신성모독죄의 혐의로 고문을 받고 화형당한 사건에도 이 계몽사상가는 뛰어들었다. 그런데 이 젊은이는 볼테르의 『철학사전』을 갖고 있었다. 법원은 그 책을 불속에 집어넣음으로써 평소 눈엣가시처럼 여기던 계몽사상가에게 복수했다. 그렇다고 해서, 볼테르의 붓을 꺾을 수는 없었다. 볼테르는 더욱 열렬히 절대군주정을 전제정이라고 비난하는 데 앞장섰다.

라 보멜

라 보멜의 이름은 웬만한 사전에도 잘 나오지 않는다. 그가 바스티유에 수감된 과정은 다음과 같다. 1752년 1월 14일 이후에 작성된 경찰 보고서에 따르면, 세벤 지방의 발르로그에서 1726년 1월 28일 태어난 로랑 앙글리비엘 드 라 보멜은 다소간의 재능만 가진 채, 빈털터리로 상경했다. 그는 덴마크 국왕의 수렵장 관리인 그룸의 아들을 가르치게 되었다. 훗날, 그룸은 라 보멜을 덴마크의 왕실에 초청하여 코펜하겐 대학교의 프랑스 문학 교수직을 맡을 수 있도록 도와주었다.

거기서 그는 여러 편의 산문작품과 시를 썼는데, 그중에서 『나의 사상, 그것에 대하여 사람들은 뭐라 할까』로 말미암아 교수직을 박탈당하게 되었다. 이 책에서 그는 프랑스 대신들의 초상화를 아주 부당하게 그리고 있었기 때문이다. 그는 파리의 코메디 프랑세즈 거리에 거주하고 있는 툴루즈 고등법원의 변호사인 형에게 50부를 발송했다. 이 변호사가 퍼뜨린 책은 크게 물의를 빚으면서 24리브르라는 비싼 값에 팔렸다.

라 보멜은 베를린에 들러 볼테르를 만났다. 그러나 대선배인 볼테르와 심하게 다툰 뒤에 파리로 돌아왔다. 볼테르가 그를 원숭이에 비유했기 때문이다. 화가 난 라 보멜은 자기 작품과 함께 볼테르의 『루이

14세의 시대』의 신판을 인쇄하면서 볼테르가 모르는 사이에 오를레앙 가문을 모욕하는 주석을 끼워 넣었다. 볼테르는 이 사실을 알고 이렇게 외쳤다고 한다. "라 보멜은 현재 살아 있는 작가의 작품을 감히 인쇄한 최초의 인간이다. 『루이 14세의 시대』를 망친 이 불쌍한 헤로스트라토스(Erostrate)는 15두캇을 받아먹고, 민족의 영광을 위하여 쓴 책을 불경한 중상비방문으로 만들어 놓았다." 볼테르의 분노가 어떠했는지 이 글을 통해서 쉽게 알 수 있다. 그는 자기 작품 『루이 14세의 시대』를 세계 7대 불가사의의 하나인 에페소스의 아르테미스 신전에 비유하고 있다. 헤라스트라토스는 유명해지기 위해, 그것도 영원히 유명해지기 위해 아르테미스 신전에 불을 지른 사람이다. 이 사건은 볼테르의 자부심과 라 보멜의 원한을 잘 보여준다.

라 보멜은 1753년 4월 24일부터 10월 12일까지 바스티유에 갇혔다. 그는 파리에서 500리 밖으로 추방되는 조건으로 풀려났다. 볼테르의 천적이 된 라 보멜은 1756년 다시 한 번 바스티유에 수감되었다. 이번에는 그가 편찬한 『마담 드 멩트농의 역사와 지난 세기의 역사를 위한 회고록』(Mémoires pour servir à l' histoire de Mme de Maintenon et à celle du siécle passé) 때문이었다. 그는 아홉 권의 편지를 편찬하면서, 마담 드 생 제랑(Mme de Saint-Géran), 마담 드 프롱트낙(Mme de Frontenac)의 이름을 도용하여 편지를 만들고, 마담 드 멩트농의 편지를 발간했다. 그것은 몹시 수치스러울 정도로 그릇되고 불건전하며 조야한 창작품이었다는 평을 들었다.

그는 노아유 가문에서 맡겨 놓은 원고를 훔쳐 마구 날조한 뒤 발간하면서 더욱이 오스트리아 왕실에 대하여 모욕적인 구절도 삽입했다.

프랑스가 전통적으로 적국이던 오스트리아와 동맹을 맺었다는 사실에 화가 났기 때문이다. "비엔나의 왕실은 오래 전부터 언제나 독살자들이 들끓는다는 비난을 받아왔다."[166] 당시 영국과의 7년 전쟁에 매달려 있던 프랑스로서는 새로운 동맹국인 오스트리아의 호의를 기대하고 있었기 때문에 라 보멜을 바스티유 감옥에 넣었다.

당시 파리 치안총감이었던 베리에는 바스티유에서 라 보멜을 직접 심문했다. 베리에는 결국 이렇게 말했다. "라 보멜, 당신은 내게 재치를 보여 주었소. 그러나 나는 당신에게 설득력 있는 논거를 요구합니다." 라 보멜은 볼테르와 벌인 논쟁에서도 볼테르를 지치게 만들 정도로 재치가 있는 사람이었다. 그는 바스티유에서 1년간 보내면서 원하는 것을 거의 모두 공급받을 수 있을 정도로 좋은 대접을 받았다. 그는 옛날에 썼던 원고를 가져다가 작업을 계속 추진할 수 있었고, 또한 그를 위하여 특별 제작된 서가에 책 600여권을 진열해 놓고 참고할 수 있었다. 그리고 부모와 친구에게 마음대로 편지를 쓸 권리, 그들의 방문을 아무 때나 받을 권리, 자신이 좋아하는 음식을 차입 받을 권리, 바스티유 요새 내의 정원을 산책할 권리, 자기 방에 예쁜 새를 기를 수 있는 권리, 심지어는 말 상대로서 한방에 친구를 가질 권리까지 얻었다. 그리하여 모든 종류의 중상비방문을 쓰고 정기적으로 출간한 죄로 1755년부터 수감되었던 데스트레 신부를 말동무로 가질 수 있었다.[167] 아무나 이 같은 대접을 받을 수 없었다. 앞에서 보았듯이, 볼테르는 사령관과 함께 밥을 먹었다. 그와 말다툼을 벌일 정도였던 라 보멜도 1756년 8월 6일부터 1757년 9월 1일까지 바스티유 안에서는 특별 대우를 받았다.

라 보멜은 13개월 동안 문학적 작업을 수행했다. 그는 거기서 타키투스의 『연대기』와 호라티우스의 『서정시』를 번역했다. 또한 그의 문학은 다른 죄수에게 사랑의 감정을 불러 일으켰다. 파리 치안총감의 제1비서인 뒤발이 전하는 이야기는 라 보멜의 편지가 동료 죄수를 상사병에 걸리게 만들었음을 보여준다. 바스티유 감옥을 여러 차례 탈옥한 라튀드와 그의 동료 죄수인 알레그르는 바스티유의 죄수 사이에 편지를 주고받는 방법을 찾아냈다. 그들은 교회의 화장실에 있는 돌을 들고 그 밑에 편지를 놓아두었다. 라 보멜은 여자인 척하고 편지를 써서 그 같은 방식으로 알레그르와 정을 나눴다. 알레그르는 라 보멜의 편지를 읽고 더욱 몸이 달았다. 그러나 그들은 감옥에 갇힌 신분이었기 때문에 가끔 방 수색을 받아야 했다 이에 대비하기 위해 양측 모두 지니고 있는 편지를 태워버려야 했다. 그러나 알레그르는 차마 편지를 불에 집어넣을 수 없었다. 결국 연애편지를 주고받았다는 사실이 들통 난 알레그르는 지하 감옥에서 며칠 썩어야 했다.

프랑수아 제나르

역사적으로 서민이 제 이름을 남기는 경우란 드물다. 설사 아주 위험한 짓을 저지르는 사람도 경찰에 잡힐 때까지는 경찰의 서류에 그림자처럼 막연하게 등록될 뿐이다. 그러다 막상 잡힌 뒤에야 분명한 실체로서 영원히 이름을 남기게 된다. 내가 경찰 보고서나 바스티유 수감자 명단에서 만난 사람 가운데 이런 사람이 많았다. 그 가운데 프랑수아 제나르는 독특한 존재였다. 나는 바스티유 문서를 뒤지다가 우연히 그를 만나게 되었고, 결국 그를 역사적 망각의 지하실에서 구해줄 수 있었다.[168]

경찰 보고서에 따르면 제나르는 1722년경 파리 포도주 상인의 아들로 태어났다. 그는 도벽 때문에 여러 번 잡혀서 강제로 수비대에 복무해야 했는데, 그때마다 아버지는 돈을 써서 아들을 빼내주었다고 한다. 그는 루이 15세의 셋째 딸인 마담 앙리에트의 죽음에 관한 풍자시, 그리고 누아용에서 출판하여 파리에 뿌린 자신의 글 『남자의 학교』에서 '성서를 인용하거나, 국왕, 에드워드 왕자, 퐁파두르 부인, 기타 높은 분들의 모습을' 불경하게 그렸기 때문에 1752년 처음으로 바스티유의 쓴맛을 보게 되었다.

그는 연극 대본도 하나 썼는데, 그것은 출판되지 못한 채 원고 상태로 파리 아르스날 도서관의 '바스티유 문서' 가운데 들어 있다. 그 제목은 당시의 일반적인 관행처럼 상당히 길다. "줏대 없는 인간, 끝없는 코미디, 산문과 시로 쓴 4막이나 5막짜리, 가장 유명한 원전에서 뽑았고, 파로디오플에서 파리 대주교 보몽 드 르페르가 즐겁게 40시간을 보낼 수 있도록 1755년 2월 11일 콩플랑에서 처음으로 공연"이다.[169] 파리 대주교는 이 당시 콩플랑에 여름 별장을 갖고 있었다.

우리는 제나르의 사건을 통해서 당시의 경찰이 익명의 저자를 어떻게 잡아내는지 볼 수 있다. 1752년 3월초, 『남자의 학교』가 파리에 나돌아다니는 것에 수사력을 집중하던 파리 경찰은 제나르가 저자임을 밝혀낼 수 있었다. 샤틀레 검사 로슈브륀이 파리 치안총감 베리에에게 보내는 보고서에 따르면, 로슈브륀과 도서감찰관 데므리는 인쇄공, 서적 행상인을 위협하고 회유하여 마침내 제나르를 만나게 된다. 제나르는 로슈브륀이 샤틀레 검사인지 모르는 채 그물에 걸려들었다. 제나르는 3월 6일 서적 행상인 플뢰리의 소개로 로슈브륀을 만나게 되었다. 얼마 전 이 검사는 인쇄공 피가슈에게서 『남자의 학교』 네 권을 6리브르 10솔(가장 작은 단위의 구리 동전, 나중에 '수'가 됨)에 산 적이 있었다. 그런데 이 검사 앞에서 제나르는 같은 책 네 권을 5리브르 10솔에 플뢰리의 손에 건네주었던 것이다. 제나르는 『남자의 학교』를 팔고 나서, 로슈브륀에게 라 보멜이 쓴 『나의 사상…』도 보여주면서 앞으로 더욱 심한 작품이 나올 터인데 그때마다 가져다주겠노라고 말했다. 이렇게 해서 제나르는 곧바로 바스티유로 끌려가 수감되었다.

1752년 아홉 달 동안 바스티유에 갇혀 지낸 제나르는 다시는 그러한 작품을 쓰지 않겠다고 약속하고 안전한 작품활동을 보장받기 위하여 파리를 떠나 플랑드르, 리에즈를 거쳐 암스테르담으로 떠돌아다녔다. 그는 홀란드에서 국왕에게 해로운 작품 『시대의 희극』과 또 다른 작품으로서 『남자의 학교』와 짝을 이룰 『여자의 학교』, 그리고 종교와 미풍양속을 해치는 신랄한 경구집을 출간했다.[170] 이 문학적 모험가는 자신의 안전을 도모하기 위하여 가끔 이름을 바꾸기도 했다.

그리고 그가 1756년 4월 27일 외국으로부터 들어오다가 잡혔을 때는 러시아 여권을 소지하고 있었다. 그때 압수당한 원고에는 그의 목적이 잘 나타나 있다. 뚜렷한 지침도 제시하지 못하면서 그는 고위층 인사들을 경멸하고 비방하려 했던 것이다. 루이 15세를 가리키는 《줏대 없는 사람, 끝없는 희극》은 프랑스의 축소판인 벨레르의 농장을 배경으로 펼쳐진다. 이 연극의 등장인물은 모두 1750년대의 중요 인사들과 흡사하다. 국왕은 벨레르의 영주 '줏대 없는 사람', 다르장송은 '검은 사람', 마담 드 퐁파두르는 '줏대 없는 사람'을 파산 시킨 여자 농부 마리잔 프랑수아즈, 파리 대주교인 크리스토프 드 보몽은 '벨레르 교구의 사제', 파리 고등법원은 '검사', 마쇼 다르누빌은 '방앗간 주인'으로 각각 탈바꿈했다.

제나르는 18세기 중엽의 프랑스 현실을 이렇게 빗대어 놀리고 있다. 왕의 무능, 애첩의 사치, 그리고 특히 특권층이 자기네 특권을 지키기 위해 개혁에 대하여 끈질기게 반발하던 행위를 고발했던 것이다. 그러나 아직은 제나르 같은 사람들이 상황을 바꿔 놓지 못하는 시대였다. 1789년 혁명이 일어나고서도 프랑스인은 국왕 전하 만세를 불렀다. 하물며 1750년대의 프랑스인에 대해서 무엇을 바라겠는가? 그들은 아직도 '국가와 민족'보다는 '왕을 위하여' 싸우고 죽었다. 왕은 프랑스의 주인이고, 교회의 장남이며, 인민의 아버지로서, 기적을 일으키는 힘까지 가지고 있었다.

대관식을 마친 왕은 국민의 병이라고 할 결핵성 임파선염(연주창) 환자를 어루만져주는 예식을 베푼다. 그는 환자를 만지면서 "과인이 그대를 만지면, 신이 그대를 고쳐주신다"라고 말했다. 당시 사람들은 그렇게 하면 병이 낫는다고 믿었다. 왕은 지상에서 신을 대리했기 때문이다. 왕은 입법가, 사법관, 귀족과 관직의 창설자, 화폐 주조자, 전쟁과 평화의 결정자로서 거의 무한한 권력을 실제로 휘둘렀다. 그를 정점으로 하는 프랑스 사회의 구조는 서열과 등급에 따라 질서를 갖추었다. 이 같은 사회에서 왕을 비웃거나 조롱하면 얼마나 위험한지 누구나 알고 있었다. 그러나 왕을 비판하고 심지어 웃음거리로 만든 사람은 계속 있었다. 그리고 그들이 모두 바스티유에 수감되었던 것은 아니다.

확실히 제나르가 활동하던 때보다 한 세대 뒤에 활동한 사람들은 조금 더 나아진 상태를 경험할 수 있었다. 1770년대나 1780년대만 하더라도 계몽사상가들은 그들의 적에 대하여 확실한 승리를 거둘 수 있었다. 경찰도 루이 15세 말기에 접어들면서 더욱 많이 쏟아지는 중상비방문의 폭우를 막을 재간이 없음을 통감했다. 저급 문학의 군단에 손을 뻗어 일부를 앞잡이로 고용하는 따위의 상리공생 관계를 모색하고 있었기 때문이다. 그렇다고 해서 위험이 완전히 사라졌다고 말할 수는 없다. 확실한 법의 기준이 적용되기보다는 여전히 변덕스러움이 적용되는 사회에서 '나쁜 글'을 시중에 뿌리며 왕국 안에, 특히 파리에서 산다는 것은 위험했기 때문이다. '나쁜 글'의 작가들은 신변의 안전을 위하여 경찰에 협조하든가, 아니면 파리나 왕국을 떠나든가 결정을 내려야했다.

　우리는 제나르가 말년에 어떻게 되었는지 모른다. 그가 남긴 책도 거의 알려지지 않은 채 200여년이 흘렀다. 우리가 지금까지 살펴보았듯이 그는 18세기 '문학의 공화국'에서 시민 대접을 제대로 받지 못했지만, 오늘날에는 우리가 그곳에 한자리를 마련해주어야 한다. 수많은 사람이 자신에 대한 글을 남기지 못하고 살다간 18세기의 사회에서 그는 작품을 썼고, 책으로 발간하는 '행운'을 누렸기 때문이다. 18세기에 단 한 권이라도 저서를 발간한 3,900명[171] 가운데 속했다면, 그 작품의 수준을 제쳐 놓고서라도 대단한 일이라고 볼 수 있지 않겠는가?

모를레 신부

모를레 신부(L'abbé Morellet)는 1760년에 수감되었다. 그는 『백과사전』의 아주 탁월한 기고자 가운데 한 사람이었다. 그는 앙시앵 레짐과 혁명을 견디고 프랑스 학사원(Institut)의 회원으로 살다가 1819년에 세상을 떴다. 그는 『계몽사상가들의 희극에 부치는 서문, 또는 팔리소의 공상』(La préface de la Comédie de philosophes ou la vision de Palissot)을 써서 계몽사상가를 적대시하는 팔리소를 공박하여 물의를 일으켰기 때문에 6월 11일 체포되었다.

모를레 신부의 이름은 '그들을 씹어라'(Mords-les)라는 뜻으로 해석될 수 있었다. 그는 나중에 팔리소를 물어뜯은 소책자에 대해서 스스로 이렇게 평가했다. "이제 나는 이 글에 대해 고백해야 할 일이 있다. 이 글에서 나는 팔리소 선생에 대해 문학적 농담을 몹시 지나치게 했다. 오늘 나는 이 같은 죄에 대해 대단히 유감스럽게 생각한다." 게다가, 모를레 신부는 폐결핵을 앓다가 각혈을 하고 며칠 뒤에 죽은 젊고 아름다운 마담 드 로베크를 몹시 모욕하는 글도 썼다는 혐의를 받았다.

이 사건은 냉정한 말제르브까지 화나게 만들었다. 말제르브는 1750년부터 1763년까지 도서출판 행정총감을 지내면서 계몽사상가들을 보호해준 인물이었다. 그는 될 수 있는 대로 사상가와 문인들을 보호하기 위해 노력했는데, 특히 『백과사전』에 대한 출판 허가가 취소되고 추적이 시작되자 그 원고를 자기 집에 감춰준 것으로 유명하다. 그는 혁명기에 루이 16세를 끝까지 변호했고 결국 공포정 시대에 처형되었다. 나는 그를 통해서 지성인의 이상을 본다. 그는 앙시앵 레짐 시대에는 국왕의 법정에서 약자를 옹호해주었고, 혁명기에는 국민공회에서 폐위된 루이 카페를 옹호해주었다. 그가 언제나 약자를 위해서 노력하는 사람이었다고 말하기는 어려울지 몰라도, 비교적 상식적으로 행동하는 지식인이었다. 이 같은 인물이 직접 모를레 신부의 체포를 건의했다. 그는 파리 치안총감 가브리엘 드 사르틴에게 이렇게 말했다.

이것은 유혈이 낭자한 소논문으로서 팔리소뿐만 아니라 존경할 만한 분들 모두를 헐뜯는 것입니다. 이것은 비슷한 모욕의 피난처 역할을 할 것임에 틀림없습니다. 그러므로 원컨대 부디 이 물의를 수습해주시기 바랍니다. 나는 이에 대한 형벌이 아주 엄해야한다는 것이 모든 사람의 주문이며, 이 형벌은 바스티유나 포를레베크에서 끝나는 것이 되어서는 안 된다고 믿습니다. 왜냐하면 서로를 비난하는 문인들의 범법행위와, 국가적으로 아주 중대한 직위에 있는 분들을 공격하는 문인들의 불손한 언동에는 큰 차이가 있기 때문입니다. 나는 후자에 대해서는 비세트르 감옥조차 너무 가혹하다고 생각하지 않습니다. 당신이 방금 접하신 사실로써 생 플로랑탱 대신으로부터 국왕의 이름으로 구속명령을 받아낼 필요를 느끼신다면, 그러한 일은 나 자신이 당신에게 간청함으로써 추진된 것이라는 사실을 그분께 알려주실 것을 아울러 부탁드리는 바입니다.

말제르브가 편지에서 말했듯이, 모를레의 작품을 벌하기 위해서 바스티유 같은 비교적 급이 높은 감옥이나 포를레베크 감옥만 가지고서는 불충분할 것이며, 잡범이 우글거리는 비세트르도 관대하다는 것이었다. 그러나 말제르브의 노여움은 곧 풀렸다. 그는 자신이 평소에 성실한 모를레를 잘 알고 있었다고 말하며, 그가 팔리소에 대한 글로 물의를 일으켰기 때문에 벌을 받아 마땅하지만, 마담 드 로베크를 모욕하는 글을 썼다는 혐의는 벗었으므로 그를 비세트르에 수감하는 것은 너무 가혹할 것이라는 내용의 편지를 파리 치안총감에게 썼다.

모를레 신부는 바스티유에 들어가면서 한 6개월쯤 썩을 것을 각오하면서도 이렇게 생각했다.

> 나 자신과 내 용기에 대해서 사람들이 가질 수 있는 너무나 좋은 여론을 완화시키기 위해서, 나는 내 작은 용기를 좀 더 쉽게 발휘하도록 만들어주는 생각으로 놀라우리만치 힘을 얻었음을 말해두지 않으면 안 되겠다. 내 감옥의 네 벽을 빛낼 문학적 영광을 나는 보았다. 내가 대신 원수를 갚아준 문인들, 내가 몸 바쳐 지킨 철학은 내 명성을 드높이기 시작할 것이다. 빈정거림을 사랑하는 사교계 인사들은 전보다 더 나를 환영해 줄 것이다. 나는 화려한 경력을 펼치기 시작하여 더욱 이롭게 수놓게 될 것이다. 앞으로 바스티유에서 썩을 6개월은 훌륭하게 천거할 만한 것이며 틀림없이 행운을 가져다줄 것이다.

그러나 그는 6개월이 아니라 6주 동안 바스티유에 수감되었다. 이 기간이 '아주 유쾌한 기간'이었다고 그는 회고한다. 그는 그동안 소설

을 읽고 '인쇄 출판의 자유에 관한 논고'를 쓰면서 지냈다. 그가 출감
했을 때, 과연 입감할 때 생각했던 대로 각계에서 환영을 받았다. 두
달 전만 해도 별로 알려지지 않았던 그에게 마담 드 부플레르, 마담
네케르, 돌바크 남작은 앞 다투어 자신이 운영하는 살롱의 문을 열어
주었던 것이다. 귀부인들이 그의 주위를 맴돌았고 남자들도 그랬다.

마르몽텔

1727년에 리용에서 태어난 모를레 신부는 1760년의 사건 이후에 유명해졌지만, 그보다 4년 전인 1723년에 리모즈 근처에서 태어난 마르몽텔(Marmontel)은 1748년부터 벌써 경찰 보고서에 등록되어 있었다. 우리나라에서 요즘은 어떤지 모르겠지만, 국군 기무사의 전신인 국군 보안사령부에서는 민간인을 사찰했다. 정치인, 대학 교수, 문인 가운데 일부의 동향을 파악해서 보고했다는 사실이 당시 보안사에서 근무하던 사병의 양심선언에 의해서 밝혀져 물의를 빚은 바 있다. 200여 년 전 지구의 반대편에 있는 파리에서는 마르몽텔이 경찰 보고서에 어떻게 기록되었는지 먼저 살펴보는 일도 재미있을 것 같다.

1) 이름 : 마르몽텔, 작가, 1748년 1월 1일

2) 나이 : 30세

3) 고향 : 리모쟁

4) 신체 특징 : 크고, 잘생겼으며, 매우 창백함

5) 거주지 : 퀴 드 삭 드 로라투아르

6) 약력 : 그는 리모쟁의 보른에서 석수장이의 아들로 태어나 한때 신부를 지냈고 툴루즈의 라 포레스트 리브레르의 가정교사를 지

냈다.

　그는 재기발랄한 사내로서 여러 편의 비극을 써서 극단에 주어 대성공을 거두었다 《폭군 드니》, 《아리스토멘》, 《클레오파트라》 같은 것이 있다.

　1749년 3월, 드 삭스 원수에게 속한 귀여운 베리에르 양을 연인으로 삼았는데 그 때문에 원수는 몹시 기분이 상했다. 원수는 자기 영지로 여행을 떠나면서 베리에르 양을 파리에 남겨두었는데, 마르몽텔은 이를 틈타서 그의 집으로 슬쩍 들어가 둘은 서로 사랑하게 되었고 한술 더 떠서 염치없게도 원수가 아가씨에게 준 하인도 돌려보냈다. 원수가 되돌아온 뒤 모든 것을 알고 두 사람에 대해 몹시 화가 났다. 그는 이 아가씨에게 해마다 1만 2,000리브르를 주었고 일생 2,400리브르의 금리를 확보해주었지만 나는 이 사건이 그 같은 배려에 어떤 나쁜 영향을 끼쳤는지 모른다.

　11월 5일, 그는 코메디 프랑세즈에서 니오디가 프레롱괴 입씨름을 벌인 끝에 칼을 뽑으려 했다. 이 장면은 매우 우스꽝스러웠다.

　그는 지금 라 클레롱을 애인으로 두고 있다.

　남의 뒤나 약점을 캐야 하는 직업을 가진 사람들은 얼마나 따분할까? 마르몽텔에 관한 보고서를 읽으면서 이렇게 생각하는 사람은 정상인이라 하겠다. 마르몽텔은 1759년 마담 조프랭의 살롱에서 도몽 공작(le duc d'Aumont)을 씹는 풍자시를 암송했기 때문에 그의 분노를 사서 바스티유에 갇히게 되었다. 그가 암송한 풍자시는 마담 피이윌의 살롱에서 만난 퀴리가 코르네유의 「씨나」(Cinna)를 흉내 내어 만든 것으로서 30수 가량 되었다. 마르몽텔은 마담 조프랭의 살롱에 모인 사람들 앞에서 두 수를 암송해주었다. 그러자 모인 사람들은 아는 대로 모두 암송해 달라고 주문했다.

이튿날 도몽 공작은 마르몽텔을 풍자시의 작가로 지목하고 왕에게 고발했다. 마르몽텔은 오페라에서 아마디스 공연을 보고 있다가, 베르사유 전체가 자신에 대해 발끈해 있으며 특히 슈아죌 공작(le duc de Choiseul)이 상류 귀족을 대표해서 벼르고 있다는 소식을 듣고 곧바로 집으로 돌아가 도몽 공작에게 자신은 그 시를 짓지 않았다는 편지를 썼다. 그러나 곧 그 편지가 도몽의 화를 더욱 돋우게 될지 몰라 차라리 슈아죌 공작에게 편지를 썼다.

그는 슈아죌 공작을 만나 자신은 결코 그 풍자시의 작가가 아니라고 말했다. 슈아죌은 그 말을 믿고 싶지만 그렇다면 진짜 작가의 이름을 대야 하지 않겠느냐고 말했다. 마르몽텔은 그렇게 할 수는 없다고 버텼다. 마침내 슈아죌은 "나는 당신 말을 믿소. 당신은 내게 솔직히 말하고 있기 때문이요. 그러나 당신은 바스티유에 가야할 것이요. 가서 생 플로랑탱을 만나시오. 그는 왕의 명령을 받아 놓았소." 생 플로랑탱은 궁부대신으로서 파리를 관할구역으로 가지고 있었기 때문에 바스티유 수감명령서인 봉인장을 직접 발행하는 일을 맡고 있었다. 마르몽텔은 생 플로랑탱을 만났고 그의 말에 따라 파리 치안총감인 사르틴을 만나러 갔다. 봉인장이 어떤 경로로 발행되고 집행되는지 이 사건을 통하여 볼 수 있다. 사르틴은 아직 봉인장을 받지 못했으니 다음날 오라고 했다. 마르몽텔은 당시 「메르퀴르 드 프랑스」의 책임편집인이었기 때문에 바스티유에 들어가기 전에 다음호 발행을 위해 동료 두 명을 초대해서 저녁을 먹으며 편집 회의를 했다.

우리는 바스티유에서 특별 대접을 받은 사람들에 대해 알고 있다. 삼류 문인, 또는 문단의 방랑자들의 경우에는 대체로 혹독한 대우를 받았지만, 이미 이름을 얻은 사람들은 특별 대우를 받을 수 있었다. 마르몽텔의 경우도 후자에 속한다. 그의 회고록 6권에 나오는 글을 직접 읽고 그가 바스티유에서 어떻게 지냈는지 알아보도록 하자.

우리(마르몽텔, 쉬아르, 코스트)는 다음호 「메르퀴르」의 편집회의를 하면서 밤을 함께 보냈다. 몇 시간 눈을 붙인 뒤 나는 일어나 짐을 꾸려 가지고 사르틴의 집으로 갔다. 나를 데려갈 하사관이 거기서 기다리고 있는 것을 보았다. 사르틴은 내게 자기 마차로 함께 가자고 권했다. 그러나 나는 이 호의를 거절했다. 나는 안내자와 함께 마차를 타고 바스티유에 도착했고, 회의실에서 사령관과 부관의 영접을 받았다. 거기서 누군가 나에 대해 선처를 부탁해 놓았다는 사실을 알게 되었다. 사령관인 아바디는 나를 인도한 하사관이 건네준 편지를 읽은 뒤 내게 하인을 데리고 있고 싶으냐고 물었다. 만일 그렇다면 나와 한방에 같이 있도록 허락하겠지만 그 대신 하인을 중간에 내보낼 수는 없고 반드시 내가 나갈 때까지 데리고 있어야 한다는 조건을 달았다. 하인의 이름은 뷔리였다. 나는 그에게 의향을 물었다. 그는 나와 함께 있겠다고 했다. 사람들이 내가 싸가지고 들어간 꾸러미와 책을 건성으로 검사했다. 그들은 나를 큰방으로 데리고 올라갔다. 그곳에는 침대 둘, 책상 둘, 키 작은 장롱 하나, 짚을 채운 의자 셋이 있었다. 방은 추웠다.[172] 그러나 간수가 불을 피워주고 땔나무를 풍족히 가져다주었다. 그와 동시에 내게 펜, 잉크, 종이를 주었다. 나는 그 종이를 어떻게 썼고, 몇 장이나 썼는지 보고하는 조건만 지키면 되었다.[173]

내가 글을 쓰기 위해 책상을 정리하는 동안 간수가 다시 와서 내게 침대가 맘에 드는지 물었다. 나는 침대를 살펴본 뒤 깔판은 나쁘고 덮을 것도 깨끗하지 않다고 대답했다. 잠깐 뒤 모든 것을 바꿔주었다. 그러더니 몇 시에 저녁을 가져다주면 좋겠느냐고 물었다. 나는 다른 사람처럼 먹겠다고 대답했다. 바스티유에는 도서관이 있었다. 사령관은 내게 도서목록을 보내주면서 내가 고를 수 있도록 배려해주었다. 나는 그저 고맙다고 했지만 내 하인은 프레보의 소설책을 빌려달라고 했다. 곧 그에게 소설책이 왔다.

나로서는 무료함을 달랠 일이 많이 있었다. 문인들이 루카누스[174]의 시를 오랫동안 무시하고 읽지도 않거나, 브레뵈프가 거친 문장으로 과장되게 번역한 것만 알고 있다는 데 대해 참을 수 없던 나는 그를 좀 더 단정하고, 좀 더 성실하게 산문으로 번역하려고 결심했다. 그리고 나는 머리가 피곤한 줄도 모르고 이 일에 매달렸는데, 그것은 이 일이 감옥에서 혼자 즐기기에 가장 적합한 일이었기 때문이다. 그러므로 나는 들어갈 때 『라 파르살』(La Pharsale)을 가져갔다.[175] 그리고 그 작품을 더 잘 이해하기 위해서 나는 거기에 케사르의 주석을 달기로 마음먹었다.

이처럼 나는 활활 타는 불가에서 케사르와 폼페이우스의 다툼에 대해서 생각하는 가운데 나와 도몽 공작 사이에 있었던 다툼을 잊어버렸다. 나만큼 계몽사상가였던 뷔리는 제 나름대로 내 방에 서로 마주보게 놓인 두 개 침대를 즐겁게 손보고 있다. 비록 철창이 나와 포부르 생 탕투안 사이를 가로막고 있지만 내 방은 겨울의 해맑은 햇살을 받아 밝았다.

두 시간 뒤 내가 갇힌 방의 두 개 문짝에 놓인 빗장을 당기는 소리에 나는 깊은 상념에서 벗어났다. 간수 두 명이 내 저녁을 들고 말

없이 들어왔다. 한 사람은 같은 모양의 도자기 접시를 덮은 작은 음식 세 가지를 불 앞에 놓았다. 다른 사람은 비어 있는 두 책상 가운데 하나에 조금 거칠지만 새하얀 식탁보를 깔았다. 나는 그가 이 상 위에 아주 깨끗한 보자기를 놓고, 주석으로 만든 숟갈과 포크며 집에서 구운 빵과 포도주 한 병을 놓는 것을 보았다. 간수들은 상을 차린 뒤 물러나고 두 문이 다시금 빗장과 자물쇠 소리와 함께 닫혔다.

뷔리는 나더러 식탁에 앉으라고 권하고 나서 국물을 대접했다. 그날은 금요일이었다. 이 야채 국물은 누에콩 가루와 함께 아주 신선한 버터를 가지고 끓인 것이었다. 뷔리는 내게 국물과 함께 누에콩으로 만든 음식을 먼저 주었다. 나는 음식 맛이 아주 좋다고 생각했다. 그 다음은 대구로 만든 요리였는데 먼저 것보다 더 좋았다. 마늘을 조금 쳐서 향을 내고, 섬세한 맛과 향을 가졌기 때문에 가스코뉴의 미식가의 입맛도 돋울 정도였다. 포도주는 최고 품질이 아니었지만 그런대로 괜찮았다. 그러나 후식은 없었다. 어떤 품목이 없다 해도 당연한 일이었다. 더욱이 나는 감옥 안에서 대단히 잘 먹었다고 생각했다.

내가 밥상에서 일어서고 뷔리가 자리에 앉았다. 왜냐하면 내가 먹고 남은 것으로 그가 먹어야 했기 때문이다. 그러나 간수 두 명이 음식 접시를 피라미드처럼 쌓아들고 들어왔다. 우리는 훌륭한 식탁보, 아름다운 도자기, 은제 숟갈과 포크를 보고 우리가 착각을 했다는 사실을 알았다. 그래도 우리는 아무런 내색을 하지 않았다. 간수가 이 모든 것을 차려 놓고 나간 뒤 뷔리가 내게 말했다. "나으리께서는 제 저녁을 잡수셨습니다. 나으리께서는 이제 소인이 나으리의 저녁을 먹을 차례라는 것을 아시겠죠?" 나는 그에게 대답했다. "암, 그래야 하고 말고." 내 생각에 우리가 있는 방의 벽들은 아마 웃음소리에 놀랐을 것이다.

　나중의 음식은 진수성찬이었다. 한번 살펴보면, 아주 진하고 훌륭한 국, 즙이 많은 쇠고기 한 점, 기름기가 자르르 흐르는 거세된 수탉의 삶은 다리, 소금물에 데쳐낸 아티초크, 시금치, 아주 맛있는 사탕과자, 신선한 포도, 부르고뉴산 묵은 포도주 한 병, 가장 훌륭한 모카커피. 이것이 뷔리의 저녁이었다. 물론 그는 커피와 과일만큼은 나를 위해 남겨주었다.

　저녁을 먹고 나니 사령관이 나를 찾아와서 저녁을 잘 먹었는지 물어 보았다. 그러면서 내가 만일 그의 식탁에서 먹었더라면 그는 손수 내 고기를 썰어주고 아무도 손대지 못할 정도로 극진히 신경을 썼을 것이라고 확신시켜 주었다. 그러면서 밤참으로 닭 한 마리를 넣어주겠다고 제안했다. 나는 고맙다고 하면서 저녁에 먹다 남은 과실만으로도 충분할 거라고 말했다. 누구든지 내가 바스티유에서 어떻게 지내는지 보러 오면, 그는 사람들이 내게 해로운 방향으로 도몽 공작의 분노를 이용하는 데 기꺼이 공모했는지, 아니면 어쩔 수 없이 공모했는지 보게 될 것이다.

　사령관은 날마다 나를 찾아왔다. 그는 문학적 소양이 있었고 심지어 라틴 문학도 알고 있었기 때문에 내 작업을 보면서 즐거워했다. 그는 그것을 즐겼다. 그러나 곧 이 작은 오락에서 벗어났다. 그는 내게 이렇게 말했다. "안녕히 계십시오. 나는 선생보다 더 불행한 사람들을 위로해줘야 할 테니까요." 그가 내게 보낸 시선은 그의 인간성을 보여주는 증거가 아닐 수도 있었지만, 나는 거기서 그의 인간성을 충분히 볼 수 있었다. 간수 하나는 내 하인과 우정을 나누고 곧 나하고도 친해졌다. 그러므로, 나는 어느 날 그에게 사령관 아바디의 천성적인 감수성과 관대함에 대해서 말했다. 그는 내게 이렇게 대답했다. "아, 그분은 가장 훌륭한 사람이지요. 그는 이 고통스러운 자리를 오직 죄수들의 슬픔을 덜어주는 일을 하기 위해서 지키고 있습니다. 그분 앞의 사령관은 죄수들을 심하게 다루는 혹독하고 욕심 많은 분이셨죠. 그런데 그분이 죽고, 이분이 새로 부임하시자 지하 감옥까지 변화의 손길이 미쳤습니다. 햇빛이 지하 감옥까지 뚫고 들어가게 되었다고 말할 수 있을 지경입니다. (이 같은 표현이 간수의 입에서 나오다니 이상하다.) 우리는 어떤 사람들에게 밖에서 일어나는 일을 들려줘서는 안 되는데, 그들은 우리에게 물었습니다. 무슨 일이 일어났나요? 요컨대, 선생님, 선생님께서는 하인이 어떤 음식을 지급받는지 보셨지요? 이곳의 죄수들은 모두 그처럼 잘 먹습니다. 사령관이 그들의 고통을 덜어주면 그로써 그분은 고통을 덜 받습니다. 왜냐하면 그분은 죄수들이 고통 받는 것을 보는 것만으로 고통을 받으시니까요."

내가 이 간수도 역시 제 나름대로 차한 인간이라는 사실을 굳이 말할 필요가 있을까? 나는 동정심이 아주 값지고 희귀한 이 상황에 대해 간수가 밥맛을 잃도록 만들지 않으려고 자제했다.

바스티유에서 나를 대접한 방법을 보고 나는 내가 거기 오랫동안 수감되지 않을 것이라고 생각할 수 있었다. 그리고 (나는 몽테뉴, 호라티우스, 라 브뤼예르를 가지고 있었기 때문에) 흥겨운 독서를 곁들인 내 작업에서 별로 싫증을 느낄 틈이 없었다. 그러나 나는 단 한 가지 일로 가끔 우울해졌다. 내 방의 벽마다 아주 슬프고 우울한 상념이 담긴 생각이 잔뜩 새겨져 있었기 때문이다. 나보다 앞서 여기 들어왔던 불행한 사람들은 필시 이 감옥 속에서 괴로움에 사로잡혔을 것이다. 나는 그들이 아직도 방황하고 흐느끼는 것을 보는 것처럼 느꼈다. 그들의 그림자가 내 주위를 맴돌았다.

마르몽텔의 일화는 앙시앵 레짐의 사회가 얼마나 변덕스럽고 특권층을 위한 사회인가를 말해주는 좋은 예라 하겠다. 우리는 앞에서 바스티유를 둘러싼 의혹과 전설을 살펴보았다. 바스티유 수감자 가운데 제아무리 훌륭한 대접을 받은 사람이 있었다 해도 그것이 일반적인 예는 되지 못했다. 마르몽텔도 위에서 인용한 글의 뒤쪽에서 "8일만 더 있었다면" 견뎌내지 못했을 것이라고 말하지 않았던가? 그는 겨우 열흘 밤을 보냈는데 말이다.

랭게

변호사인 동시에 언론인이었던 랭게(Simon-Nicolas-Henri Linguet)[176]는 출판법 위반과 중상비방으로 체포되었다. 샹파뉴 출신인 그는 1770년까지 파리에서 잘 나가는 변호사였다. 그는 비서 네 명을 두었을 정도로 번창했다. 그의 의뢰인 가운데에는 귀족과 번영하는 사업가가 다수 포함되어 있었다. 그러나 1770년 2월부터 에기용 공작(le duc d'Aiguillon)의 변론을 맡으면서 점점 큰일에 휘말리게 되었다. 에기용은 명예가 걸린 재판을 치르고 있었다. 이 재판 결과에 따라 그가 외무대신의 자리를 차지할 수 있느냐 없느냐가 결정 날 판이었다.

그것은 또한 본질적으로 프랑스 군주정과 절대군주의 위상까지 걸린 재판이었다. 왜냐하면 에기용은 1753년부터 1768년까지 브르타뉴 지방의 군관구사령관[177]을 지냈는데, 거기서 그는 렌 고등법원과 분쟁에 들어가게 되었던 것이다. 에기용은 7년 전쟁이 끝난 뒤 왕을 대신해서 새로운 세금을 거두려 했다. 그러나 그 지방민의 거센 반발에 부딪쳤다. 렌 고등법원의 검찰총장 라 샬로테(La Chalotais)는 대중의 지지를 받으면서 그 지방의 전통적 권리를 옹호하고 나섰던 것이다.

루이 15세는 라 샬로테와 주모자 다섯을 체포토록 했다. 그러나 그들에 동조하여 파리 고등법원이 저항운동을 벌이자, 루이 15세는 1766

년 3월 3일 파리 고등법원에 직접 나가서 법정을 열어 법을 통과시켰다. 이 같은 행위를 '친림법정'(lit de justice)이라고 한다.[178] 앙시앵 레짐 시대의 고등법원은 왕령과 관련해서 등기권과 상주권을 갖고 있었다. 왕령이라도 고등법원에 등기를 마치지 않으면 효력을 갖지 못했던 것이다.

그러므로 고등법원이 왕령을 부당한 것으로 생각한다면, 그들은 등기해주지 않으면서 저항했다. 그 같은 저항을 돕는 수단이 상주권이었다. 고등법원은 칙령을 등기하는 대신 왕에게 새로운 칙령의 부당함을 조목조목 따지면서 상주(上奏)했다. 이러한 저항에 부딪힐 때 왕이 할 수 있는 고전적인 행위는 친림법정을 열어 강제로 등기를 시키던가, 고등법원을 폐쇄하고 법관들을 귀양보내는 것이었다. 당시의 왕은 이론상 절대군주였기 때문이다.

루이 15세가 이른바 '편달(鞭撻)의 자리'(séance de flagellation)라고 부르게 될 회의에서 절대주의의 원칙을 재확인하는 내용을 직접 살펴보면 다음과 같다.

과인은 과인의 왕국 내에서 모든 의무와 공동의 책임 사이에 있는 자연스러운 관계를 악화시켜 저항세력으로 변질시킬 연합을 형성하려는 일을 절대로 용납하지 않을 것이며, 왕국 내에 백성의 화합을 저해할 수 있을지도 모르는 단체를 들여오는 것도 절대 받아들이지 않을 것이오. 특히 사법직은 왕국의 세 신분과 분리된 독립신분도 아니고 단체도 아니요. 모든 법관은 과인을 대신하여 과인의 백성에게 정의를 실시할 의무를 갖는 과인의 관리요. ……

충고와 정의와 이성의 정신을 진정한 성격으로 하는 통치권이 과인에게만 속해 있다는 점, 과인의 고등법원이 존재하고 권위를 갖는 것은 진실로 과인에 의해서라는 점, 그들이 과인의 이름으로만 행사하는 이 권위는 언제나 전적으로 과인에게 속해 있으며, 그것은 결코 과인을 반대하는 방향으로 사용될 수 없다는 점, 입법권은 어떠한 곳에 의존하거나 분할됨이 없이 과인에게만 속해 있다는 점, 과인의 법원에 속한 관리는 법률의 제정이 그것의 등록과 발행 및 집행에만 관계하는 것과 훌륭하고 신뢰할 만한 조언자의 의무란 무엇인가를 과인에게 보여 주는 것은 오로지 과인의 권위에 의해서라는 점, 공공질서는 모두 과인으로부터 나온다는 점, 과인이 그 질서의 최고 보호자라는 점, 과인의 백성은 과인과 한 몸일 뿐이며, 감히 왕국에서 이탈하여 독립단체를 구성하려는 자가 있는데, 국민의 모든 권리와 이해관계는 과인의 것과 반드시 결합되어 있으며 과인의 손에 있을 뿐이라는 점 등을 잊어도 좋은 것처럼 생각해 왔소. 과인은 최고 법원의 관리가 아주 신뢰할 만한 신하의 가슴 속에 새겨진 이 신성하고 변함없는 준칙을 결코 잊어버리지 않도록 하겠소.

한마디로, 루이 15세는 자신이 군주이며, 주권을 가지고 법률을 제정하며, 법을 집행하는 모든 사람을 감독하고, 모든 사법관을 재판하는 존재임을 분명히 했다. 혁명 20여 년 전에 절대군주권을 확인한 이 자리는 루이 15세의 승리로 돌아갔다.

그러나 대중의 눈에는 고등법원이 승리한 것처럼 보였다. 고등법원이 왕국의 기본법 수호자로 보였기 때문이다. 루이 15세는 에기용을 파리로 소환했지만 렌 고등법원은 프랑스 헌법에 위배되는 행위를 했다는 명목으로 에기용을 재판에 회부했다. 그러나 그는 대귀족이었으므로 법적 보호를 받는 특권을 가지고 있었다. 그는 베르사유의 대귀족 법정에서 사건을 다루도록 만들고, 자신이 브르타뉴 지방의 군관구사령관으로서 수행한 임무의 합법성을 증명하기 위해 법률가 열두 명을 고용했다.

그러나 그것으로 충분치 못했다. 그들은 랭게가 사건을 맡을 때만 하더라도 별로 이기지 못하고 있었기 때문이다. 랭게는 공작의 유무죄만이 문제가 아님을 알고 있었다. 이 사건에서 진짜로 문제가 된 것은 프랑스 왕의 절대군주권과, 브르타뉴의 신분회와 고등법원에서 활동하는 헌법적 다원론자의 주장이 서로 힘겨루기에 들어갔다는 점이다. 랭게가 에기용을 옹호한 것은 결국 왕이 프랑스의 행정기구를 중앙집권화하고 합리화하여 정치적 근대화를 이루려는 계획을 옹호한 것이었다.

이처럼 랭게가 왕의 절대권과 그 권한을 대신 휘두른 에기용을 위하여 변론을 수행하면서도, 그는 자신의 의뢰인과 의견 충돌을 일으켰다. 그는 『에기용 공작을 위한 의견서』를 작성했는데, 그것을 본 에기용은 랭게의 머릿말을 빼고 부분적으로 손질하기를 바랐다. 하지만, 랭게는 6월에 자기가 애당초 썼던 대로 발간했다. 랭게는 에기용 공작의 명예가 달린 이 사건을 여론이라는 재판관 앞으로 가져가고자 했던 것이다. 그는 에기용 공작의 사건이 비록 대귀족 법정에서 판결이 나겠지만, 더욱 중요한 판결은 특정 지역의 충성심을 딛고 국가적 감정이 승리하는 데서 나올 수 있다고 생각했던 것이다.

루이 15세는 이 사건이 더욱 번지는 것을 막기 위해 1770년 6월 27일 친림법정을 열어 앞으로 에기용의 행동에 대해 비난할 수 없으며,

이에 대해 이루어진 모든 합법적인 재판은 무효라고 선언했다. 파리 고등법원은 루이 15세의 '정변'을 보고 가만있지 않았다. 그들은 1770년 7월 2일 에기용으로부터 대귀족의 특권을 박탈하고, 7월 9일에는 왕에게 상주했다.

8월 14일 브르타뉴 고등법원은 랭게의 『의견서』를 비난하고, 대중 앞에서 불살라 버릴 것을 결의했다. 왕은 파리 고등법원과 브르타뉴 고등법원의 도전에 대해 적절한 대응책을 찾았다. 그는 곧 콩피에뉴에 있는 궁전으로 브르타뉴 고등법원의 대표단을 불러와서 곧바로 두 명을 체포했다. 나머지에게는 에기용 공작을 위한 랭게의 『의견서』를 공격하는 고등법원의 명령을 취소하는 면장을 등록하는 과정의 증인이 되도록 강요했다. 이렇게 왕은 모든 법적 무기를 동원해서 에기용에 대한 사건을 종결시키고, 이제는 그 사건에 관하여 시중에 떠도는 말을 없애려고 노력했다.

1770년 9월 3일, 왕은 대법원에 나타나 에기용 사건에 관련된 모든 문서를 자기 발아래 가져다 놓도록 했다. 랭게는 이 과정에 대해서 에기용 공작에게 그것은 부당한 처사였다고 말했다. 랭게는 원칙적으로 무죄인 사건을 강제로 무죄로 만들었다는 것은 죄를 인정하는 일이라는 논리를 폈던 것이다.

브르타뉴 고등법원도 가만있지 않았다. 그들은 랭게의 의견서를 공박하는 의견서를 내놓았다. 왕은 곧 그것을 폐기 처분토록 명령했다. 문제가 잠잠해지기는커녕 더욱 시끄러워지자 대법관 모푸(le chancelier Maupeou)는 법적 개혁을 하려고 시도했다. 1771년 1월 19일 밤, 모푸는 당시 사람들이 '모푸 정변'(coup d'état de Maupeou)으로 이해한 사건을 일으켰다.

그는 전해 12월 7일의 친림법정 이후 파업에 들어간 고등법원 법관 한 사람마다 근위기병 두 명씩 보내 파업을 끝낼 것인지 계속할 것인지 묻도록 지시했다. 대부분의 법관이 파업을 끝내기를 거절했다. 이리하여 법관 130명이 체포되어 지방으로 쫓겨났다. 모푸와 적대관계에 있던 슈아죌파가 반대를 했지만 모푸는 더 깊은 사법 개혁에 착수했다. 1771년 2월 23일, 모푸는 매관매직 제도를 폐지하기로 결정하여 세습적인 관복 귀족의 뿌리를 뽑으려 했다. 또한 '사례비'(épices)[179]를 없애서 재판을 무료로 받게 했다.

그리고 가장 중요한 개혁을 단행했다. 왕이 마음대로 임명하고 해임할 수 있는 법관으로 구성된 고등법원을 신설했던 것이다. 이전의 고등법원 법관은 관직을 재산으로 보유했기 때문에, 왕이라도 그 재산권을 침해할 수 없었다. 그 밖의 개혁의 내용으로는 재판절차를 간소화한 것, 파리 고등법원의 관할 구역을 5개 구역(블루아, 샬롱, 클레르몽페랑, 리용, 푸아티에)으로 분할하여 새로운 법원에 맡긴 것 등을 들 수 있다. 이 같은 개혁에 대해 소비세 재판소는 2월 24일 상소권(上疏權)을 발동했다. 그러나 그 때문에 이 재판소도 폐지되고 말았다. 이 '정변'은 1774년 루이 16세가 즉위한 뒤 옛날 고등법원이 돌아오면서 정상화되었다.

랭게는 에기용의 송사와 관련해서 별로 얻은 것이 없다고 생각했다. 그가 에기용을 변호하기 위해서 작성한 『의견서』는 결국 불타지 않았던가? 그 대신 에기용은 1771년 여름 외무대신으로 지목받을 예정이 아니었던가? 랭게는 에기용 공작이 자신에게 사례를 해야 한다고 생각했고, 요구했다. 처음에 그는 에기용이 개입하여 자기 저작을 재출판하는 데 대해 모푸의 동의를 구해주도록 요구하는 것으로 만족했다. 그러나 랭게는 정부 측에서 내놓은 출판 조건인, 저작집을 에기용에게 헌정하는 것을 거절했다. 그는 이제 에기용에게 조용한 시골에 거처를 마련해 달라고 요구했다. 에기용은 랭게에게 투르 근처에 있는 영지의 조그만 오두막을 사용해도 좋다고 했다. 랭게는 발끈했다.

6월, 에기용이 외무대신이 되자, 랭게는 그에게 자신을 외무부 소속으로 외국 궁정을 돌아다니며 협상을 담당하는 요원에 임명해 달라고 부탁했다. 또한 랭게는 계속해서 에기용에게 출판물에 대한 허가나 특허를 달라고 간청했지만 모두 거절당했다. 랭게가 에기용의 사건을 여론의 재판에 회부하려 했던 의도가 모푸의 정변에 이르기까지 국왕이 에기용을 감싸주려 했기 때문에 좌절된 뒤, 에기용 공작에 대해 요구한 일련의 정당한 대가도 받지 못하자 이제 그는 비정지적인 인간에서 정치적인 인간으로 변했다.

그렇긴 해도 1774년 2월 1일 법원이 랭게의 변호사 자격을 1년간 정지시킬 때까지, 그는 법조계에서 굵직한 인물의 변호를 맡으면서 승승장구했다. 그는 이미 여러 개의 글을 발표하여 명성을 쌓고 있었다. 역사책으로는 1762년에 『알렉산더 시대사』, 1766년 『로마 제국의 혁명사』, 1768년 『예수회에 관한 정사(正史)』, 정치와 경제에 관한 글로서 1767년 『시민법 이론』, 1770년 『시민법 이론에 관한 편지』, 1771년 『현대 법학박사들에게 보내는 대답』, 그리고 변론을 위한 의견서로서 슈발리에 드 라 바르 사건에 연루된 사람, 브르타뉴 사건에 얽힌 에기용 공작, 브롱 가문과 얽힌 모랑지에, 개신교의 결혼문제를 놓고 봉벨 자작 부인인 마르트 캉프, 이혼문제를 놓고 시몽 소메르 같은 사람을 위한 글을 내놓고 있었다.

그는 여론을 움직이는 데 천부적인 재능이 있었기 때문에 '우리 시대의 데모스테네스'라는 별명을 얻고 있었다. 그는 변호사 단체와 수없이 갈등을 빚은 나머지 1년간 자격을 정지당했다가 1775년 제명 처분을 받았다. 이 사이 랭게는 1774년 10월 25일에 거물급 출판업자 팡쿠크(Panckoucke)가 첫 호를 발간한 「정치와 문학 잡지」(Journal de politique et de littéraire, 일명 Jounal de Bruxelles)와 연봉 1만 리브르를 받으면서 관련을 맺었다.[180]

랭게는 라 아르프(La Harpe)가 아카데미 프랑세즈의 새 회원으로 뽑히자 이를 맹렬히 공격하여 1776년 7월 25일에 편집장직에서 쫓겨나고 말았다. 그는 영국으로 건너갔다. 거기서 그는 자기 돈으로 「정치와 문학 연보」를 창간했다.[181] 그는 대단한 성공을 거두었으나 첫 해에 24호를 발행하는 것으로 끝내야 했다. 그는 박해를 피할 새로운 피난처를 구하기 위해 1778년 영국을 떠나 스위스를 거쳐 브뤼셀로 갔다. 그가 「연보」를 중단하자 프랑스 독자들은 그의 소식을 알기 위해 애를 태웠다. 그의 행적에 대한 관심은 1778년의 『바쇼몽의 비망록』에 잘 나타나 있다.

> (7월 27일) 대신들은 랭게 씨를 자유롭게 만나고 있다. 그를 외교관단에 포함시키느냐의 문제가 거론되고 있는데, 외교관단은 이 사실을 의외로 받아들이고 있다.
> (8월 7일) 브뤼셀발 편지에서 랭게 씨는 파리의 언론에 「연보」를 15

일부터 재발행할 것이며 모든 문제를 다루겠노라고 알려왔다. 그를 좋아하는 사람은 환호하며 그의 적은 떨고 있다.

(8월 29일) 랭게 씨의 「연보」 속편 1호가 마침내 발간되어 애호가에게 깊은 만족을 주고 그의 적에게는 큰 근심을 주었다.

그는 브뤼셀에 정착하여 「연보」의 속편을 냈으나 여전히 발행처를 런던으로 정하고 있었다. 이리하여 1777년부터 1780년까지 런던에서 모두 72호가 나왔다. 한 달에 두 호 꼴(15일과 30일)로 발행되는 것이 원칙이었지만 정기적으로 발행되지는 못했다. 아무튼 랭게의 신문이 거둔 성공을 말해주는 지표가 있다. 브뤼셀, 로잔, 이베르뎅 같은 곳에서 해적판이 발간되었던 것이다. 랭게는 이 사업으로 돈을 많이 벌었다. 브리소는 그가 「연보」 한 호를 발행해서 번 돈이 루소가 『에밀』을 써서 번 돈보다 많다고 말할 정도였다. 『바쇼몽의 비망록』은 1778년 8월 31일 "랭게 선생은 작년에…… 자신이 발행한 신문으로 순수입 5만 리브르를 벌었다……"고 적고 있다.[182]

그가 성공하면 할수록 그의 적은 아우성이었다. 그러나 그에게는 적도 많았지만 친구도 많았다. 파리 지역을 관할 구역으로 맡고 있던 대신 아믈로(Amelot)는 랭게의 신문을 반입하지 못하도록 해달라는 아카데미 회원들의 요구를 받고 "전하와 왕비, 그리고 왕실 전체가 랭게의 신문만 읽으십니다"라고 말하면서 거절했다.

랭게는 일찍이 자신도 계몽사상가의 대열에 끼고 싶었지만 반계몽사상가로 돌아섰고 성공을 거두었다. 그는 무엇보다도 문학, 그것도 그리스와 로마의 고전 문학, 외국 문학(영국과 스페인 문학), 중세 프랑스와 르네상스의 문학에 대해서 좋아하는 점과 싫어하는 점을 모두 갖고 있었지만 꾸준히 관심을 보였고, 특히 17세기 코르네유와 라신이 속한 고전 시대의 문학을 존경했다. 18세기에 대해서, 그는 무엇보다도 아카데미 프랑세즈와 그곳의 종신 사무총장 달랑베르를 혹독하게 비판했다.

인쇄 출판업계와 서적 출판업자 팡쿠크에 대해서도 예외는 아니었다. 자기와 한솥밥을 먹던 변호사 단체는 물론 법조계의 관복귀족 가문에 대해서도 맹렬히 공격했다. 그는 계몽주의 정신이 종교적 정신만큼 해롭다고, 아니 더 해롭다고 생각했다. 왕은 자신의 절대권을 옹호해주는 랭게를 보호해주었다. 그러나 왕도 어쩔 수 없는 반발에 부딪치게 되는 것이 절대군주정 시대 말기의 현실이었다. 랭게는 대귀족인 뒤라 공작의 비위를 몹시 건드렸기 때문이다.

그는 언론인으로서 외국에서 계속 정치, 경제, 기술, 국제관계(예를 들어, 북 아메리카와 식민지문제)에 대해서 계속 의견을 내놓았다. 그러다가 그는 파리에서 완전한 표현의 자유를 누리게 해주겠다는 약속을 받아낸 뒤에 귀국했다가 곧바로 바스티유에 수감되었다. 이 경우 우리는 전통 귀족인 뒤라 원수가 랭게의 투옥을 요청했기 때문이라고 알고 있다. 랭게는 사행시를 지어 뒤라 원수를 조롱했던 것이다.

> 원수님, 왜 힘을 아끼십니까?
> 랭게는 돛대를 세우는데……
> 당신은 막대기를 갖고 있지 않나요?
> 그것은 최소한 한 번은 쓸모가 있을 텐데……[183]

그는 1780년 9월 27일부터 1782년 5월 19일까지 거의 2년을 바스티유에서 썩어야 했다. 이 동안 「연보」는 중단되었다. 그는 출옥한 후 『바스티유 회상록』을 썼는데, 이 작품은 너무 유명하고 각계의 여론을 불러일으켜 결국 전제정의 상징인 바스티유를 폐지하는 계획을 세우는데 영향을 미친 것으로 평가된다. 앞서 바스티유를 허물고 왕립광장을 세우려는 계획이 있었음을 기억하자.

랭게가 내놓은 『바스티유 회상록』은 대단한 반향을 불러 일으켰다. 그의 손에서 나온 글은 모두 정열적이었다. 그가 인용하는 사실은 대부분 정확했지만, 랭게는 선정적이 되고자 했으므로 그 성격을 조금 바꾸어 인용하는 경향을 갖고 있었다. 그리하여 그의 서술 방법에 대해 마담 드 스타알은 이렇게 평했다. "그는 자신이 제시하는 사실에 그림자를 드리우거나 빛을 주는 방식으로 그 사실의 겉모양을 바꾼다."

그가 쓴 『바스티유의 회상록』에 나온 구절을 읽은 사람은 "이제까지 인쇄된 것 가운데 가장 긴 거짓말이다"라고 평했다. 사실, 그는 자신이 대접을 잘 받았다고 말하지만, 그것은 바스티유의 음모를 과장하기 위해서였다. 마르몽텔 같은 사람처럼 그도 언제나 풍족하게 음식을 받았지만, 그것이 자신을 독살하기 위함이었다고 말했다. 그렇긴 해도, 랭게는 아침마다 자기가 좋아하는 음식을 먹었고 나중에는 방을 자기 취미에 따라 꾸몄다. 그리고 감옥 안에서 책도 썼다.[184]

랭게는 출옥 후에 계속 언론인으로 행동하면서 적을 갈기갈기 찢어놓았다. 왕의 절대권을 옹호하면서 앙시앵 레짐의 말기를 보내던 그는 혁명을 맞이하여 계속 정치적인 영향력을 행사했다. 그러나 1792년 혁명에 대한 죄를 짓고 기소되어 1794년 6월 2일 사형 언도를 받고 당일

랭게는 자신이 제시하는 사실에
그림자를 드리우거나 빛을 주는 방식으로 그 사실의 겉모양을 바꾼다.
그가 쓴 『바스티유의 회상록』에 나온 구절을 읽은 사람은
"이제까지 인쇄된 것 가운데 가장 긴 거짓말이다"라고 평했다.

처형되었다. 자신의 정치적 영향력을 가지고 혁명을 비난하는 글을 썼기 때문이다.

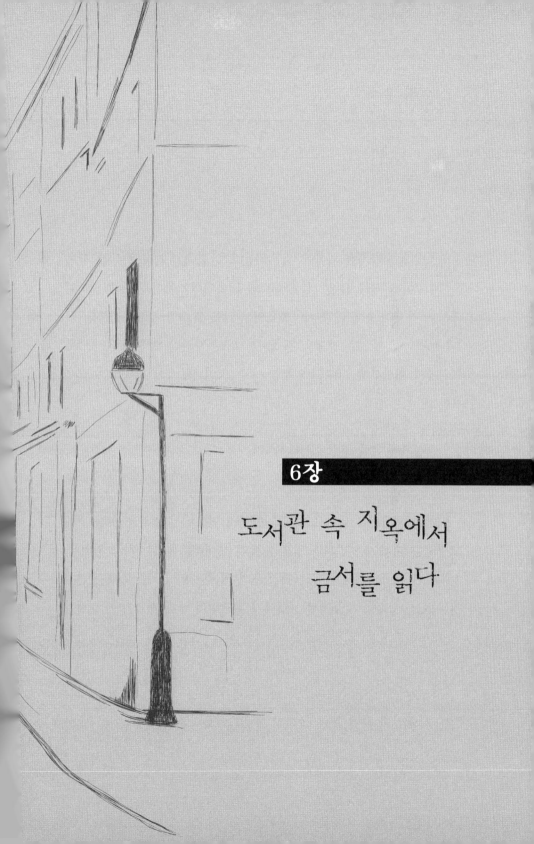

6장

도서관 속 지옥에서
금서를 읽다

저승의 구조

바스티유가 작가를 가두는 감옥이었다면, 금지된 책을 가두는 감옥은 '지옥'이라 이름 붙은 서가였다. 왜 지옥일까? 이것을 이해하기 위해서는 먼저 저승에 대한 서양인들의 생각을 알아볼 필요가 있다.

1514년, 성 베드로 성당을 완성하기 위한 자금을 마련할 목적으로 독일에서 면벌부를 판매할 임무를 받은 도미니쿠스회 소속의 수도사 요한 테첼은 유명한 '시엠송'을 만들어 불렀다.

> 돈궤에 돈을 짤랑 집어넣자마자,
> 영혼은 연옥을 빠져나온다.

이처럼 테첼은 16세기 초의 독일인에게 연옥에서 원죄를 씻기 위해 고생하는 피붙이나 친지의 영혼을 빨리 꺼내주도록 호소하고 있었다. 연옥이란 지옥과 천국의 중간에 있으며 영혼이 천국으로 오르기 전에 머무는 곳으로서, 서양에서는 12세기 후반부터 생긴 개념이다. 그러니까 12세기까지 서양 사람들은, 죽으면 곧장 천국에 올라가 행복하게 지내거나 지옥에 떨어져 끊임없는 벌을 받는다고 생각했다.

구약성서에서 천국은 히브리 신 야훼가 있는 곳이며, 오직 엘리사 같은 사람만이 죽은 뒤에 올라갈 수 있는 곳이었다. 하지만 신약성서에 따르면, 그곳은 예수 그리스도를 믿는 사람이 최후의 심판이 있은 뒤에 그리스도와 함께 거처하는 곳이었다. 반면 지옥은 죄를 짓고도 회개할 줄 모르는 영혼이 죽은 뒤에 영원한 벌을 받는 곳이었다. 적어도 12세기까지 이처럼 저승은 흑백의 양극으로 나뉘어 있었다. 그러나 그리스도교가 더욱 정교하게 발전하면서 저승도 한 단계 더 발전했다. 그리하여 흑과 백의 중간에 정화의 기능을 하는 연옥(Purgatory)을 마련하게 되었다.

카롤링 시대(750–887)의 르네상스가 올 때까지 사람들이 낙원에 대해서 말하는 경우 그들은 특히 지상의 낙원에 대해서만 말했다. 왜냐하면 천상의 낙원은 하늘나라로서 신과 선민이 머무는 곳이었기 때문이다. 천국은 물리적인 하늘의 너머에 있었다. 물리적 하늘은 우리 땅을 여러 겹으로 둘러싸고 있었다. 말하자면 물의 영역, 공기의 영역, 불의 영역이 차례로 지구를 감싸고 있었던 것이다. 이 영역들은 별, 은하수, 12궁, 그 밖의 모든 것을 감싸고 있으면서 지구 주위를 돌았다. 그러나 이 모든 영역은 사람이 눈으로 관찰할 수 있는 영역이었다. 바로 그 너머에 천국이 있었던 것이다.

복음서에서 지옥은 "눈물과 이를 가는 소리가 끊이지 않는" 곳이었다. 지옥은 지상에서 누린 쾌락과 고통을 저승에서 확실하게 되갚아주는 곳이었다. 단테는 『신곡』(Divina Commedia)의 「지옥」편에서 지옥을 사악한 행위를 하고 뉘우치지 않는 자가 영원한 어둠이 지배하는 불과 얼음 속에서 영원히 벌을 받는 곳으로 묘사했다.

단테는 지옥에서 베르길리우스의 안내를 받아 9개의 고리(Cerchio)를 두루 구경하게 된다. 그는 지옥의 첫 번째 고리라 할 '림보'(limbo)로 내려갔다. 림보는 '가장자리', 또는 '해소'(孩所)라고 하여 세례를 받지 못하고 죽은 아기의 영혼이나 그리스도 탄생 이전에 살다간 선량한 이교도나 다신교도의 영혼이 갇힌 곳이다. 단테는 그곳에서 호메로스, 호라티우스, 오비디우스, 루카누스, 그리고 그를 안내해준 베르길리우스와 자리를 함께하는 영광을 가진다.

단테가 만난 호메로스는 다신교도는 물론 그리스도교도에게 비록 잘 알려지지는 않았지만 그들을 지배하는 시인이었다. 오비디우스는 모든 우화와 신화의 원천이었고 우아한 문체의 문학자였다. 단테는 그의 『변신』(Metamorphoses)을 탐독했다. 루카누스는 연민의 정의(情意)를 일으키는 거장이었고, 그리하여 시적 본보기가 된 사람이었다. 그는 폭군 네로를 쫓아내기 위한 음모에 가담했던 사람으로서, 케사르와 폼페이우스의 전쟁을 서술한 서사시 『파르살리아』로 유명하다.[185] 호라티우스는 '풍자시인'으로서 도덕적 이야기의 저자이며 자기가 살던 시대를 비평한 사람이었다. 베르길리우스는 단테에게 아름다운 문체(bello stilo)를 가르쳐준 시인이었다.

단테는 다신교 시대의 덕스러운 사상가도 림보에 놓았다. 소크라테스와 플라톤과 아리스토텔레스, 데모크리토스, 디오게네스, 아낙사고라스, 탈레스, 엠페도클레스, 헤라클레이토스, 제논, 디오스코리데스, 오르페우스, 키케로, 리노스, 세네카, 유클리데스, 프톨레마이오스, 히포크라테스, 아비켄나, 갈레누스, 아베로에스 같은 고대 그리스로마 시대는 물론 중세 그리스도교 시대의 사람들은 적어도 그리스도이신 말씀(logos)을 희미하게나마 더듬었기 때문에 지옥의 고통을 면할 수 있다. 그러나 그들은 결코 하느님을 대면하지 못할 것이다.

단테는 그리스도의 자비심에 한 가지 예외를 두었다 에피쿠로스는 영혼의 불멸성을 부정했기 때문에, 다시 말해서 그는 영혼이 육체와 함께 사멸한다고 풀이했기 때문에 다른 이단자와 나란히 지옥의 여섯 번째 고리에 놓여 있다. 그곳은 불이 활활 타는 무덤이 있는 넓은 공동묘지로 모든 종교를 부정한 철학자에게 적합한 장소로 보였다. 사실, 고대 세계에서도 철학자 에피쿠로스는 신을 믿지 않고 사회적으로 무책임하다고 비난을 받았다. 그러므로 그리스도교의 교부가 혐오감을 느끼면서 에피쿠로스 철학을 외면했고 단테가 그를 지옥의 무신론자 틈에 집어넣었던 것은 어찌 보면 당연한 일이었다.

단테는 로마 황제나 추기경도 첫 번째 고리인 림보에 놓았다. 단테는 두 번째 고리에서 주로 육욕에 의한 죄를 지은 영혼들을 만났다. 세 번째 고리에서는 생전에 많이 먹은 사람이 벌을 받고 있는 것을 보았다. 네 번째 고리에는 욕심쟁이 무리와 낭비가의 무리기 시지포스처럼 끝없는 형벌을 받으면서 서로 만나면 으르렁거린다. 생전에 거만했던 자의 영혼이 울부짖고 있는 다섯 번째 고리는 회교 사원이 있는 디스라는 마을로 가는 길목에 있다. 디스는 반역 천사의 우두머리로서 지옥의 마왕인 루치페르의 다른 이름이다.

단테와 베르길리우스는 여섯 번째 고리에 이른다. 디스는 중세의 거대한 성이 웅장하게 서 있는 곳인데 여기에는 이교도들이 불을 뿜는 무덤 속에 누워 있다. 폭력을 쓴 자가 가득 찬 일곱 번째 고리는 다시 세 굴레로 나뉜다. 타인, 자신, 신 가운데 어떤 대상에 대해 폭력을 썼느냐에 따라 첫째, 둘째, 셋째 굴레로 나뉘어 벌을 받는다. 여덟 번째 고리는 열 개 도랑으로 갈라져 있다. 왜냐하면 열 종류의 죄인이 있기 때문이다. 뚜쟁이, 아첨꾼, 성직매매자(교황 니콜라우스 3세), 마법사, 탐관오리, 위선자, 도둑, 모사꾼, 중상 분열꾼(마호메트, 알리, 돌치노파 수사), 연금술사와 화폐 위조꾼이 각각 한 도랑씩을 차지하고 벌을 받는다.

그리고 마지막 아홉 번째 고리는 가장 혹독한 벌이 기다리는 곳이다. 그곳은 불의 벌이 아니라 얼음의 벌을 받는 곳이다. 그곳은 네 종류의 배반자들에게 벌을 주기 위해 네 개 굴레로 갈라져 있다. 친족을 배반한 자, 조국을 배반한 자, 손님을 배반한 자, 배은망덕한 자가 각각 벌을 받는 곳이다. 지구의 중심에는 지옥의 마왕인 루치페르가 여섯 날개로 바람을 일으키고 있으며 세 입에는 그리스도를 배반한 유다, 케사르를 죽인 부르투스와 카시우스를 씹고 있다. 입이 세 개라면 얼굴도 세 개임을 알 수 있다. 루치페르의 세 얼굴은 각각 증오, 무력(無力), 무지를 상징하는데, 그것과 반대되는 덕목은 바로 천상의 사랑과 권능과 지혜로서 삼위일체(Trinity)가 표상하는 것이다.[186]

단테는 중세인의 사고방식을 반영하면서 『신곡』을 썼다. 그는 숫자에 대한 믿음을 잘 보여주고 있기 때문이다. 중세인은 아주 진지하고 아주 신심 깊은 재미를 가지고 이러한 숫자들을 현실의 구조를 보여주는 표시로 보았고 숫자를 서로 연관시켰다. 신화의 세계에는 아무런 우연이 없는 것이다. 숫자의 결합은 신의 창조 방법을 지시해 준다. "그대는 모든 것을 양, 숫자, 무게를 가지도록 만들어 놓았다."(omnia in mensura et numero et pondere disposuisti), 솔로몬의 지혜로부터 나와 수없이 입에 오르내리는 시는 이렇게 노래하고 있는 것이다.

일곱과 열둘은 신비로운 관계를 가진다. 일곱은 셋에 넷을 더한 것이고 열둘은 넷을 세 번 곱한 것이다. 셋은 정신세계인 삼위일체를 상징하기 때문에 신성하다. 넷은 물질세계를 이루는 물, 불, 공기, 흙이라는 기본 원소의 숫자이다. 일곱 가지 덕은 이러한 관계를 생생하게 표현하고 있다. 네 가지 근본적인 덕목과 세 가지 계시된 덕목이 있으며 이들은 서로 결합하여 완전한 수학적 전체가 된다. 이렇게 볼 때, 일곱과 열둘은 셋과 넷의 신성한 결합을 상징한다.

이 같은 수학적 신비주의의 보기를 우리는 거의 끝없이 찾을 수 있다. 33이라는 수는 그리스도가 인간으로서 산 나이를 나타내고 더욱이 삼위일체를 상기시켜주기 때문에 성스럽다. 단테가 『새로운 삶』(Vita Nuova)에서 독자에게 말하듯이 9라는 숫자도 같은 이유에서 신성하다. 그의 사랑을 받았던 베아트리체는 숫자 9이며 삼위일체에 뿌리를 둔 기적인 동시에 그 자체를 곱해서 9를 만드는 3이다.

『신곡』은 전체로 보아 신성한 수로 짠 천이라는 사실을 새삼스럽게 관찰할 필요까지는 없다. 그것은 세 부분으로 나뉘며, 각 부분은 33개 노래로 이루어졌으며, 거기다 또 하나의 신성한 숫자인 1을 더하기 위해 서론격인 노래를 한 수 곁들여 모두 100개 노래로 이루어졌기 때문이다. 이 방대한 가락이 부수적인 비율에 의해 반향을 불러일으키면서 강화되고 있는 것이다. 지옥은 9개 고리로 이루어졌고 낮은 곳의 고리들은 그 자체로 신비스러운 비율을 보여준다. 일곱 번째 고리는 세 개의 굴레를 가지고 있다. 여덟 번째 고리는 열개 도랑을 가진다. 아홉 번째 고리는 네 개 굴레를 가진다. 「연옥」에서 단테는 이마에 'p' 자를 일곱 개 쓰고 있다. 각 글자마다 죽을죄를 뜻한다. 연옥에 들어가기 전에는 4단계를 거치고 연옥 그 자체도 7단계를 가지고 있다. 거기에 전체 구조의 바탕을 이루는 섬이 있는데 거기서 또 하나의 신성한 수인 12가 나타난다. 「천국」도 비슷한 구조를 가진다.

단테는 숫자들, 그리고 숫자의 서열을 바탕으로 자신의 걸작을 구축했다. 그의 작업은 잘 구축된 문학적 전통 속에서 이루어졌다. 그러나 그것은 신학적 전통이기도 했다. 그것은 놀이 이상의 뜻을 가진 놀이였고 심상 이상의 뜻을 가진 심상이었다. 그것은 이 우주의 신성한 현실만을 단순히 지적하지 않고 그 자체가 그러한 현실의 중요한 국면을 이루었다. 신은 수학적인 방법을 떠나서 창조를 할 수 없었다. 왜냐하면 그렇게 했다면 불균형, 부조화를 창조했을 것이며, 이러한 창조물은 악마의 작품이었을 것이기 때문이다.[187] 성당을 지은 사람들과 그들이 성당을 지어 바친 신자들은 모두 자기네 건물이 '진실'했기 때문에, 그리고 마치 인간이 그렇듯이 그것도 신이라는 건축가의 용이한 작업을 반영하기 때문에 아름답다고 생각했다. 성당 건축의 음악적이고 수학적인 기초는 인간을 말과 논리적 검토를 넘어서 종교적 경험을 할 수 있는 수준으로 끌어주었다. 교회는 단순히 천국을 생각나게 하는 데 그치지 않고 천국을 그대로 본뜨고 미리 맛보게 하는 곳이었다. 그곳은 신성한 예루살렘이었다.[188]

도서관 속 '지옥'

  프랑스 파리에 있는 국립도서관의 '지옥'(Enfer de la Bibliothèque Na-
tionale). 그곳에 들어간 책은 원래 분서(焚書) 처분이 예정되어 있었고,
이에 대비하여 당국에서는 그 같은 책이 어느 정도 모일 때까지 특정
시렁에 보관하고 있었다.

  이 국립도서관은 왕립도서관에서 시작되었다. 1368년, 샤를르 5세
는 루브르에 개인 서재를 두었다 거기에는 917가지 수서본이 있었다.
그러나 이러한 장서는 주인이 죽고 나면 곧 산산이 흩어졌다. 왜냐하
면 아직도 제대로 된 보존 체계가 서지 못했기 때문이다. 그런데 1461
년부터 1483년까지 통치한 루이 11세는 진정한 의미로 국립도서관의
창설자였다. 루이 11세 때부터 왕조의 개념처럼 도서관도 지속성을 띠
게 되었기 때문이다. 그의 아들인 샤를르 8세와 그 뒤의 루이 12세는
이탈리아 전쟁에 참가한 뒤 고대 수서본과 초기 인쇄물을 모아서 돌
아왔다

  국립도서관의 발달 과정에서 1537년은 중요한 이정표가 되는 해였
다. 그때까지 왕실도서관은 앙부아즈, 블루아로 차례로 옮겼다. 그리
고 퐁텐블로에 정착한 프랑수아 1세에 의해 1522년 새로운 도서출판
행정직이 창설되면서 전기를 맞이하게 되는데, 이 직책은 프랑스 휴머

니스트인 기욤 뷔데가 맡았다. 그는 1537년 12월 28일 왕령을 반포해서 새로운 제도를 도입했다. 그렇게 해서 왕국 안에서 인쇄하고 판매하는 모든 책을 블루아에 있는 도서관에 제출하게 되었다.

이것이 오늘날까지 국립도서관의 장서를 늘리는 중요한 수단이라 할 '납본제도'(Dépôt légal)이다. 납본제도는 장서를 늘리는 기능과 함께, 공권력이 사전 검열을 통과한 원고와 그것을 바탕으로 펴낸 책이 같은 것인지 확인하는 길을 마련해주었다. 그러나 이 납본제도를 모든 사람이 지켰다고 볼 수 없다. 출판 허가를 받지 못한 책을 몰래 찍어낸 사람이 도서관에 책을 납본했으리라고는 생각할 수 없기 때문이다.

국립도서관의 발달 과정에서 두 번째 중요한 이정표는 1666년에 섰다. 콜베르는 루이 14세의 영광을 기리기 위한 도구를 만들려는 야심을 가지고 있었다. 그는 자신이 소유한 비비엔 거리(rue Vivienne)의 작은 집 두 채에 루브르에 더 이상 수용할 자리가 없는 왕실 수집품을 옮기도록 했다. 그는 수집품을 늘리기 위해 정치적인 활동을 벌였다. 그 방법은 개인 장서를 사들이거나 기증을 받는 일이었다.

이리하여 몇십 년 만에 왕립도서관은 유럽에서 제일가는 도서관으로 발돋움했다. 이 과정에서 위대한 사서들이 특히 중요한 역할을 맡았다. 니콜라 클레망(Nicolas Clément)은 1670년에 왕립도서관에 들어간 이래 인쇄물을 분류하는 방법을 고안했는데, 그 원칙은 오늘날까지 통용된다. 그는 모든 저작을 23개 집단으로 나눠 알파벳 순서로 배열했다. 첫 네 가지는 종교, 다음 두 가지는 법과 사법, 그 다음 열 가지는 역사, 그리고 네 가지는 철학, 과학, 그리고 예술, 끝으로 세 가지는 문학에 배정했다. 우리는 이를 통해 17, 18세기 사람들은 책을 크게 다섯 분야로 나누어 분류했음을 알 수 있다.

우리나라의 도서관에서 쓰고 있는 분류법은 미국의 교육자이자 사서인 듀이의 십진법인 데 비해, 프랑스는 17세기에 만든 원칙을 조금 더 세분해서 이용하고 있다. 오늘날 프랑스 국립도서관의 도서 분류 기호를 소개하면 다음과 같다.

1. 신학과 종교(Théologie et Religion)

A. 성서(Écriture sainte)

B. 예전(Liturgie)

C. 교부(Père de l'église)

D. 가톨릭 신학(Théologie catholique)

D_2. 가톨릭 이외의 그리스도교 신학(Théologie chrétienne non catholique)

2. 법과 사법(Droit et Jurisprudence)

E. 교회법(Droit canonique)

*E. 자연과 인간의 법(Droit de la nature et des gens)

F. 사법(Jurisprudence)

3. 역사(Histoire)

G. 지리와 일반사(Géographic ct histoirc générales)

H. 교회사(Histoire ecclésiastique)

J. 이탈리아 역사(Histoire d'Italie)

L. 프랑스 역사(Histoire de France)

M. 독일사(Histoire d'Allemagne)

N. 영국사(Histoire de la Grande-Bretagne)

O. 스페인 역사(Histoire d'Espagne)

O$_2$. 아시아 역사(Histoire d' Asie)

O$_3$. 아프리카 역사(Histoire d' Afrique)

P. 미국사(Histoire d' Amérique)

P$_2$. 오세아니아 역사(Histoire d' Océanie)

4. 과학과 예술(Sciences et Arts)

R. 철학, 윤리학, 물리학(Sciences philosophiques, morales, physiques)

S. 자연과학(Sciences naturelles)

T. 의학(Sciences médicales)

V. 과학과 기술(Sciences et arts techniques)

5. 문학(Belles Lettres)

X. 언어학(Linguistique)

Y. 시와 시학, 연극(Poésie et étude sur la poésie, Théâtre)

Ye. 프랑스 문학사(Histoire de la littérature française)

Y$_2$. 소설(Romans)

Z. 전집류(Polygraphies, mélanges, littératures)

우리는 이상과 같은 기본적인 분류법 외에도, 수서본을 분류하는 방법과 오늘날에 새로 만든 자료에 대한 분류법을 추가할 수 있다. 수서본의 경우는 처음부터 언어와 주제에 따라 분류했고, 점점 귀해지는 책을 보존하려는 노력에서 나온 '미크로필름'과 '미크로피슈'에 대해서는 청구 번호 앞에 'M'이나 'Microfilm', 또는 'Microfiche'를 붙여서 분류한다.

1719년 왕립도서관장에 임명된 원장신부 비뇽(Bignon)은 도서관을 한층 더 발전시킬 수 있는 기틀을 마련해 놓았다. 그는 1720년에 도서관을 다섯 개 부서로 나누었다. 그리고 수서본, 인쇄된 책, 작위와 족보, 판화류, 그리고 메달과 금석문 자료를 관장하는 다섯 부서에 각각 책임자를 두어 관장토록 했다. 비뇽은 이미 전임자들이 추진했던 사업에 더욱 박차를 가하고, 유럽 학계에서 나온 중요한 저작을 수집하는 일에 몹시 열정적으로 매달렸다. 그리고 도서관을 학자는 물론 관심을 가진 사람에게 널리 개방하도록 했다. 이리하여 1720년 최고자문회의의 명령으로 일반인도 '일주일에 한 번, 오전 11시부터 오후 1시까지' 도서관을 이용할 수 있게 되었던 것이다.

그리고 당시까지만 해도 왕립도서관은 콜베르가 1666년에 옮겨 놓은 곳에 그대로 있었지만, 비뇽은 1721년 그곳에서 길 건너편에 있는 자리로 도서관을 옮겨 놓고 마자랭의 개인 소장품 500여 점과 그 뒤 콜베르가 옮겨다 놓은 왕실 도서 20만 권을 가져다 놓았다. 오늘날 센 상변에 초현대식의 건물을 지어 이사하기까지 국립도서관은 그러니까 거의 270년 이상이나 한자리를 지켰다.

그 건물이 오늘날처럼 되기까지 여러 사람의 손이 필요했다. 18세기에는 로베르 드 코트(Robert de Cotte)와 그 아들이 대를 물려가며 건물을 확장했다. 18세기에는 조각가 우동(Houdon)의 작품도 세 점 놓여 있었다. 그러나 프랑스 혁명은 도서관의 발전에도 영향을 끼쳤다. 납본제도가 3년 동안이나 폐지되었고 도서관에 근무하던 사람들은 반혁명분자 혐의를 받았다. 그러나 왕립도서관이 국립도서관으로 바뀌면서, 장서가 급속도로 늘어났다.

왕립도서관에서 국립도서관이 된다는 것은 혁명의 가장 본질적인 변화를 반영하는 것이다. 1789년 7월 14일 바스티유 함락을 프랑스 혁명의 시작으로 생각하는 일반적인 통념으로는 이 같은 변화를 제대로 이해할 수 없다. 1789년 5월에 전국신분회가 열리고, 거기 참석한 제3신분의 대표가 스스로 6월 17일 국민의회를 선포한 일이야말로 프랑스 혁명의 가장 본질적인 성격을 보여주는 일이다. 앙시앵 레짐의 신분제 사회에서 전체 인구의 98%나 되는 제3신분은 사실상 제 목소리를 내지 못하다가, 1789년에 스스로 국민의 진정한 대표임을 천명한 것이다. 이는 주권의 본래 성격을 회복하는 사건이었다. 종래의 주권은 통치권이라는 개념으로서 오직 '프랑스의 왕'에게 있었지만, 이제 국민의회가 장악한 주권은 진정한 의미에서 국가 구성원 전체와 관련된 것이 되었으며, 이로서 '프랑스의 왕'은 '프랑스인의 왕'이 되었다. 그러므로 앙시앵 레짐 시대에 왕과 관련된 모든 것은 이제 국민과 관련을 맺었다. 물론 처음에 모든 것이 이루어지지는 않았지만, 이제 국민이 탄생한 이상 민주화의 길에 한 걸음 더 다가서게 되었던 것이다.

프랑스 혁명을 수행하는 가운데 나라 안팎에서 빼앗은 재산 가운데 성직자 재산, 망명객의 재산이 포함되어 있었는데, 그중에서 책과 관련된 것이 국립도서관으로 이관되었다. 또한 프랑스 군대가 '해방시킨' 다른 나라 군주들의 장서도 들어왔다. 루이 16세와 마리 앙투아네트, 마담 엘리자베트의 개인 장서도 국립도서관에 귀속되었다. 이때 국립도서관은 책 25만 권, 수서본 1만 4,000점, 판화 8만 5,000점을 소장하게 되었다. 이처럼 장서가 늘어나면서, 국립도서관은 새로운 문제를 낳았다. 그것은 장소의 문제였다.

19세기부터 국립도서관의 이전에 관한 문제가 논의되었다. '제국도서관'으로 불리던 국립도서관은 1858년 프로스페르 메리메(Prosper

Mérimé)의 주도하에 마련한 제국도서관 조직 개편안에 따라 1877년까지 옛 자리의 일부에 완전히 새 건물을 갖게 되었다. 그 책임자인 라브루스트(Henri Labrouste, 1801~1875)는 마자랭과 콜베르가 쓰던 건물과 인근의 정원을 되찾거나 정리한 뒤에 건물을 앉혔는데, 그 건물은 오늘날까지 리슐리외 거리와 프티샹 거리(rues Richelieu et des Petits-Champs)의 가장자리를 차지하고 있다.

특히 라브루스트의 이름은 일반 열람실(la salle de travail des Livres imprimés)과 깊은 연관을 맺고 있다. 그는 1868년부터 죽을 때까지 일반 열람실과 책시렁을 완성했던 것이다. 이 같은 사업은 라브루스트가 죽은 뒤에도 중세학자로서 1874년부터 1905년까지 도서관장직을 맡았던 레오폴드 들릴(Léopold Delisle)이 계승하여 추진했다. 그는 도서목록 발간사업을 시작했는데, 저자별 목록은 1981년에야 비로소 끝을 보았다. 또한 그가 한 일 가운데 중요한 것은 1881년 빅토르 위고(Victor Hugo)의 유산을 시작으로 작가들의 수서본을 수집하는 일이었다.

그 뒤, 20세기에도 계속 국립도서관의 증축, 개축은 지속되었다. 현재 프랑스 국립도서관에는 이전하기 전과 마찬가지로 일반열람실, '미크로필름'과 '미크로피슈'를 읽는 열람실, 지도와 도판 자료실이 있고, 여기서 주로 얘기할 희귀자료 열람실(Réserve)이 있다. 이곳은 무엇보다도 희귀한 작품, 아주 장정이 호화로운 책, 또는 인쇄물에 수서본이 함께 묶여 있기 때문에 더욱 진귀하고 값진 책으로 이루어졌다. 그러므로 이곳에서 책을 읽기 위해서는 최소한의 통제를 받게 된다. 그러나 그 통제라는 것이 그렇게 견디기 어려운 것은 아니다. 책을 신청할 때 사서의 허락이 있어야 하는데, 웬만하면 허락이 떨어지고 책을 소중히 조심스럽게 다루면서 봐달라는 주문에 따르기만 하면 되기 때문이다.

바로 이 희귀자료 열람실의 일부가 '지옥'이다. 그러니까 지옥은 미풍양속을 해친다고 생각하는 작품을 진열하는 책시렁을 지칭하는 말이다. 우리는 지옥을 생각할 때 불을 한 가지 요소로 떠올리게 되는데, 바로 책을 위한 지옥도 불과 깊은 관련이 있었다. 중국에서 책을 불태우고 학자들을 묻은 사건이 있었듯이, 이슬람 세력이 팽창할 때 칼리프 오마르는 알렉산드리아 도서관에 남아 있던 책을 불태워버렸다. 우리는 그 뒤의 역사에서 해로운 책을 태워버리는 예를 많이 찾을 수 있다. 종교재판소나 세속 권력에 의해 분서 판결을 받은 책이 있었는가 하면, 때로는 책과 함께 그 저자나 저자의 허수아비를 태우기도 했다. 그러한 벌을 피하기 위해서, 또는 외설스러운 책을 읽은 것을 남이 알까봐 개인이 태워버리는 예도 있었다.[189]

국립도서관에 지옥을 설치한 것은 제2제국 말기의 일이다. 1694년에 초판이 나온 '아카데미 프랑세즈'의 사전(Dictionnaire de l'Académie française)에는 지옥(enfer)을 단순히 죽은 자와 관련해서 설명하고 있으며, 1798년에 나온 5판에서도 마찬가지였다. 그런데 1870년에 출간된 라루스 사전(Grand Dictionnaire Universel de Larousse)에서는 처음으로 지옥에 대해 "도서관에 자리 잡은 구역으로서, 읽으면 해롭다고 생각하는 책을 두는 비공개 장소"[190]라고 설명을 했다. 1877년에 나온 같은 사전에서는 좀 더 길게 설명을 했다.

국립도서관에는 대중에게 공개하지 않는 서고가 있는데, 그것이 지옥이다. 거기에는 펜이나 연필로 쓴 온갖 자유분방한 작품을 모아 놓았다. 어쨌든 이 부끄러운 전집에는 사람들이 보통 생각하는 것처럼 작품이 많이 들어 있지 않다. 왜냐하면 작품은 모두 340가지에 730권에 지나지 않기 때문이다. 그러나 이 범주에 속한 작품은 외설스럽고 역겨운 것뿐이기 때문에 될 수 있는 대로 열람을 금지하고 있다.

이 설명은 아마 당시 도서관 행정직이나 사서가 말하는 것을 그대로 옮긴 것 같다. 그들은 대중의 호기심을 될 수 있는 대로 불러일으키지 않으려고 노력했겠지만, 도서관에서 일반 독자에게 전혀 읽지 못하게 할 책이란 없는 것이다.

우리는 '지옥'의 식구가 빠르게 늘어났음을 알 수 있다. 처음에는 340가지였지만, 1913년 기욤 아폴리네르(G. Apollinaire)가 다른 두 사람과 함께 쓴 『국립도서관의 지옥』에는 900가지를 싣고 있고, 1978년 파스칼 피아(P. Pia)는 1,700가지를 정리하게 될 정도로 식구가 늘어났다.[191]

지옥의 시렁에는 레티 드 라 브르통(Rétif de la Bretonne)이 쓴 『창녀들이 자기 연인을 속이기 위해서 쓰는 계책』(Les Ruses, Supercheries, Artifices et Machinations des Filles publiques pour tromper leurs amants, Genève, 1871)을 시작으로,[192] 볼테르(Voltaire)의 「오를레앙의 처녀」, 크레비용 피스(Crébillon fils)의 『삶의 여러 단계에서 볼 수 있는 그 시대의 풍속에 관한 그림』, 미라보 백작(comte de Mirabeau)의 『들춰진 커튼, 또는 로르의 교육』, 제르베즈 드 라투슈(Gervaise de Latouche)의 『샤르트뢰 수도원

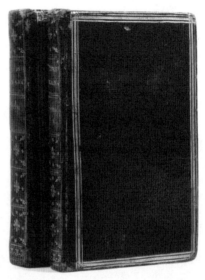

국립도서관에는 대중에게 공개하지 않는 서고가 있는데,
그것이 지옥이다. 이 범주에 속한 작품은 외설스럽고 역겨운 것뿐이기 때문에
될 수 있는 대로 열람을 금지하고 있다.

의 문지기 동 부그르의 이야기』, 푸즈레 드 몽브롱(Fougeret de Monbron)의 『헌 옷 깁는 마르고』 같은 18세기의 전업 작가의 작품뿐만 아니라 구피(Pierre Etienne Auguste Goupil) 같은 경찰의 작품도 있다.[193]

'지옥'에서 만날 수 있는 18세기의 작가를 조금 떠 꼽아본다면, 저 유명한, 아니 악명 높은 사드 후작(marquis de Sade)의 『눈물을 마시는 여인』, 『알린과 발쿠르, 또는 철학적 이야기』, 『범죄의 친구들』, 『베니스의 논다니 집』……, 또한 직접 작품을 보내지 않았다 해도 여러 가지 작품의 모음집을 통해서 지옥에 발을 담그고 있는 그레쿠르(Gréourt), 장바티스트 루소(J.-B. Rousseau), 1750년 이후 장바티스트를 완전히 제압한 장자크 루소(J.-J. Rousseau), 피롱(Piron), 디드로(Diderat) 같은 사람이 있다.

19세기 이후의 작가로는 르브룅(Lebrun), 그리고 우리도 잘 아는 모파상(Maupassant), 보들레르(Baudelaire), 아폴리네르, 랭보(Rimbaud)같은 사람들의 작품이 지옥에 들어갔다. 지옥의 마지막, 즉 1730번째 작품은 『1929년』(1929. Premier semestre, Benjamin Péret. Deuxième semestre. Aragon. 출판지 미상)이지만, 가장 최근에 나온 작품은 1968년에 나온 에마뉘엘 아르상(Emmanuelle Arsan)의 『에마뉘엘』(Ernrnanuelle l'anti-vierge, Eric Losfeld), 폴린 레아즈(Pauline Réage)의 『오 양의 이야기』(Histoire d'O, illustrée par Lénor Fini)같은 것이 있다. 마지막의 두 작품은 각각 1715번과 1716번에 해당하며, 잭킨(Just Jaeckin)이 감독하여 영화로 제작되었다.

나는 이상과 같은 작품 가운데 일부를 직접 읽거나, 또는 영화화된 것을 보면서 이들이 왜 지옥에 있어야 하는지, 아니 당시에는 지옥에 들어갈 이유가 충분히 있었다고 할지라도 왜 아직까지 거기 있어야 하는지 다시 한번 생각해 볼 기회를 가졌다. 각종 매체가 발달하여 인쇄물이 영상 매체에 비해 상대적으로 힘을 못 쓰고 있는 오늘날 우리는 '지옥'의 식구들을 특별한 선입견을 가지고 대할 필요가 없다고 생각한다. 그들은 어떻게든 역사적 현실을 반영하고 있기 때문이다. 요컨대, 우리는 그 내용을 분석하여 역사적 현실을 체로 쳐서 해당 작품이 나온 시대를 더욱 잘 이해할 필요가 있다.

마리 앙투아네트 비방문

그럼 지금부터 '지옥 654-658'(Enfer 654-658)을 소개하기로 하겠다. 나는 프랑스 혁명 전 왕실을 공격하던 팜플렛 가운데 비정치적이면서도 심각하게 체제의 밑동을 허무는 것을 찾아 읽어보기로 하고, 「샤를로와 투아네트의 사랑」(Les Amours de Chariot et Toinette)을 골라 읽었다. 그런데 이 작품 자체는 짧았지만, 막상 책을 받아들고 나자 이 작품과 함께 수록된 작품이 있다는 사실을 알게 되었고, 거기서 뜻하지 않는 수확을 얻었다. 이 책은 다음과 같이 여섯 작품을 담고 있었기 때문이다.

    1. 「루이 16세의 부인 마리 앙투아네트의 색욕」(Les fureurs utérines de Marie-Antoinette, femme de Louis XVI)

    2. 「샤를로와 투아네트의 사랑」

    3. 「성행위의 승리, 또는 체면 살리기」(Le triomphe de la fouterie, ou les apparences sauvées)

    4. 「빌레트 후작의 사생활과 공적생활」(Vie privée et publique, du ci-derrière Marquis de Villette), 시로 쓴 2막짜리 연극

    5. 「잔꾀를 부리는 작은 남색가들, 또는 남색가와 그 추종자들, 옹호자들, 뚜쟁이들, 자위행위 하는 여인들, 공소인들의 우두머리의 대

답」(Les petite bougres au manège, ou reponse de M. ***. Grand Maître des enculeurs, et de ses adhérents, défendeurs, des macquerelles et des branle-uses, demanderesses)

6. 「자유, 또는 로쿠르 양」(La liberté ou Mlle. Raucour)

여기서 다른 작품보다 두 번째의 「샤를로와 투아네트의 사랑」을 먼저 보고 지나가도록 하자. 이 작품은 혁명이 일어나기 10년 전에 나온 것으로서, 항간에 떠돌던 소문을 시로 표현한 것이다. 투아네트는 루이 16세의 부인인 마리 앙투아네트를 가리킨다. 그렇다면 샤를로는? 루이 16세가 아니다. 샤를로는 마리 앙투아네트 둘째 시동생 아르투아 백작이다. 그러니까 이 작품은 마리 앙투아네트가 시동생과 놀아났다고 놀리는 고약한 내용을 퍼뜨렸다. 아니, 그 같은 이야기가 나도는 것을 글로 담아낸 것이라 말하는 편이 더 정확하겠다.

> 샤를로와 투아네트의 사랑
> 젊고 발랄한 왕비가 있다네
> 아주 근엄한 그의 남편은 제구실도 못한다네
> 그녀는 가끔 아주 사려 깊은 부인으로서
> 정신적으로 지치고, 육체적으로 제대로 만족하지 못한 채
> 손으로 작은 일을 했다지.
> 밤에
> 예쁘고 작은 땅딸막한 몸을 벗은 채, 완전히 벗은 채
> 솜털같이 부드러운 안락의자 위에서
> 사랑을 전해주는 어떤 손가락을 가지고
> 낮의 온갖 구속에서 벗어나

시테라의 신을 위해 향불을 태웠다지.

아니면

한낮에 지겨워 죽겠다는 듯이

잠자리에 홀로 누워 몸을 심하게 움직이지

그녀의 젖가슴은 꿈틀거리고, 아름다운 눈과 입은

반쯤 벌린 채 부드럽게 시근덕거리지

마치 거만한 난봉꾼을 덤벼들게 하려는 듯.

음탕한 태도를 지닌 앙투아네트는

이 같은 전주곡에 그치려 하지 않고

루…가 더 잘 해주기를 바랄거야[194]

그러나 사람들은 이렇게 알고 있지

파리 대학교 의학부에 의해

완전한 성불구라고

서너 빈이나 선고를 받은

불쌍한 나리

이 불행한 앙투아네트를 만족시키지 못한다는 사실을

널리 입증한 이 불행한 남자

그의 성냥은 지푸라기보다 더 굵지도 않고

언제나 말랑말랑히고 구부러진 채

주머니 속에만 들어 있기 때문에

그는 여자와 성교하는 대신

돌아가신 안티오키아의 대주교처럼

뒤를 대준다지……

(이하 생략)

18세기 프랑스 사람 가운데 이 시를 읽은 사람은 몇이나 될까? 몇이 안 된다 해도 상관없다. 직접 읽지 않았다 해도 남이 읽어주는 것을 듣는 사람, 남의 얘기를 듣고 아는 사람의 범위는 상상을 넘어서게 많을 테니까. 더욱이 이 작품이 나오기 전부터 루이 16세가 성불구이며, 아내는 시동생과 그렇고 그런 사이라는 소문이 궁정과 파리에 널리 퍼졌으니까.

요즘처럼 여론조사가 있는 시대에도 어떤 책을 읽은 독자의 반응을 알기란 어렵다. 하물며 여론조사가 없던 18세기 말에는 어땠으랴? 그러나 우리는 의사소통의 얼개 속에서 나쁜 소문은 더 힘차게 뻗어 나간다는 사실을 잘 안다.

일부만 번역한 위의 시에서도 볼 수 있듯이, 프랑스 혁명 직전의 사람들은 절대주의 왕권의 허약함을 왕의 성기에 비유했고, 거기에 그치지 않고 왕비의 아이를 왕이 아닌 다른 사람의 아이라고 생각했다. 왜 당시 사람은 그렇게 생각했을까?

이 점을 이해하기 위해서는 루이 16세의 성장 과정과 생활에 대해서 잠시 짚고 넘어가야 하겠다. 루이 15세의 아들로 왕위 계승자였던 세자는 1765년, 그러니까 아버지보다 9년 먼저 세상을 떴다. 이때 장래 루이 16세가 될 사람은 세자의 셋째 아들로서 겨우 열한 살이었다. 어릴 때 형을 여읜 루이 오귀스트는 아버지마저 세상을 뜨자 왕세자가 되었다.

그는 열네 살에 결혼 말이 오가더니 열여섯에 결혼하게 되었다 이 결혼은 슈아죌 공작이 정략적으로 오스트리아 황녀 마리아 테레사의 막내딸과 엮은 결혼이었다. 1770년 세자는 열여섯 살, 세자빈은 열다섯 살이었다. 그러나 이 결혼은 세자의 젊은 시절에 가장 큰 실패작이었던 것으로 알려졌다. 왜냐하면 루이 16세는 1770년부터 1777년까지 세자빈과 한 번도 잠자리를 같이하지 않았기 때문이다.

잠자리를 '같이하지 않았다'고 했지 '같이하지 못했다'고 하지 않았다. 베르사유 궁전, 파리, 왕국, 외국의 궁전은 이러한 문제를 보고 국가적인 문제로 생각하거나 웃음거리로 생각했다. 그러나 어떻게 생각하건 두 가지 요소는 서로 관련되어 있었다. 세자는 1774년에 루이 16세가 되면서 유럽의 웃음거리가 되었다. 그는 동생 프로방스 백작처럼 성불구는 아니었지만 관계를 제대로 갖지 못했다. 그것은 아마 성욕을 주체할 줄 모르던 할아버지를 보고 환멸을 느낀 결과가 아니었을까? 아니다, 원인은 다른 데 있었다. 그는 포경이었는데 발기하면 통증을 느꼈던 것이다.

오스트리아 황실에서도 문제를 심각하게 생각했다. 마리아 테레지아 황제는 '어떻게 내 딸처럼 아름다운 여성을 곁에 두고 성욕을 느끼지 않을까' 의아해했다. 마침내 루이 16세의 처남이자 신성로마제국 황제인 조제프가 1777년 봄 신분을 감추고 프랑스에 몰래 들어와 루이 16세를 심리적 억압에서 해방시켜 주었다. 루이 16세는 그동안 간단한 수술로 해결될 일을 두려워하며 기피했지만, 처남에게 설득당해 수술을 했고, 결혼을 완성시켰다. 1777년 8월 30일, 마리 앙투아네트는 자기 어머니에게 다음과 같은 편지를 썼다.

저는 일생 이렇게 행복한 적이 없었습니다. 일주일 전에 제 결혼은 사실상 완전히 성립하게 되었기 때문입니다. 어제 다시 한 번, 그

러나 처음보다 더욱 완전히 그 증거를 얻을 수 있었습니다.[195]

그리고 1778년, 왕비가 임신을 했다는 소문이 퍼졌다. 사람들은 이 임신에 대해서 수군거렸다. 그리고 1779년, 앞에서 소개한 여덟 쪽짜리 「샤를로와 투아네트의 사랑」이 나왔다.

당시 사람들이 마리 앙투아네트가 밴 아기를 루이 16세의 아기가 아니라 다른 사람의 아기라고 생각했다면, 그 '다른 사람'은 누구일까? 이제부터 읽을 「루이 16세의 부인, 마리 앙투아네트의 색욕」에 당시 사람들이 생각하던 답이 있다.

> 아르투아, 쿠아니, 로앙,[196] 나는 당신들의 위업을 노래한다
> 염치는 하지 말라 하지만, 사랑은 용기를 내서 해보라 한다.
> 나는 사랑의 말에 복종한다.
> 왕비들을 건드려라, 왕들에게 봉사해라,
> 이건 월계수에 장미꽃이 싹트는 게 아닌가?
> 자, 나는 시작한다.
> 어느 날 밤
> 밤참을 먹은 뒤 루이는
> 사랑에 취하고
> 호화로운 연회에서 실컷 먹은 뒤
> 절반은 수심에 차 침대에 들었지
> 그러나 수심을 떨치려 해도 쓸 만한 일을 하지 못해
> 결국 그는 다시 근심에 싸인다.
> 전하께서는 너무 물렁해서
> 투아농의 눈길과 그녀의 오른손 기술을 가지고도

전하께서는 너무 물렁해서
투아농의 눈길과 그녀의 오른손 기술을 가지고도
제대로 살릴 수가 없다.

제대로 살릴 수가 없다.
힘은 힘대로 탕진한 뒤
교회에서 합주단을 불러와
가장 음탕한 곡을 연주하라 했다
아름다운 음악을 연주하라 했다
손, 젖가슴, 넓적다리, 옥문, 이렇게
가장 강력한 주제를 한데 모아
연주토록 했지만 헛일일 뿐
그 무엇도 임금님의 보배를 되살리지 못했다.
루이는 죽었어.
투아농은
"난 오늘 한 번도 안 할 거야
왕이 남긴 것 위에, 우리의 전승 기념비나 세우자"
이렇게 말하면서 루이를 웃음거리로 만들고
현대의 오르페우스들을 내보냈다
"루이는 무기력해, 그러나 아르투아는 그렇지 않아
아르투아는 씩씩한 나르시스처럼 아름답지
헤르쿨레스처럼 강하지
그는 내 가슴을 가질 거야
그만이 내 오욕을 씻어주겠지."
말을 마치자마자
그녀는 그 자존심 강한 사람의 침대로 날아간다
사랑만이 침대에 들고, 싸움을 시작한다
사랑이 이기고, 분비물이 넘친다
아르투아의 분비물, 투아농의 분비물

끝도 없이 샘솟아

가슴, 불알과 음문을 적시고

쾌락의 연못에서 헤어나지 못하게 한다

그들은 황홀하다. 오르페우스는 사랑의 도움으로

그들의 아름다운 눈 위에 양귀비꽃과 꿈을 뿌려 놓는다.

둘은 뒤엉킨 채 이튿날 해 뜰 때까지 잔다

가장 달콤한 꿈에 취해서

사랑이 그들을 잠재우고, 사랑이 그들을 깨웠다

우리 연인들은 언제나 서로 열렬히 사랑한다

물론 살도 섞으면서. 밤에는 공원에 나가리

그리고 한 번 한 뒤 헤어진다.

진짜 사랑의 영웅으로 아르투아는 행세한다

멋쟁이 난봉꾼은 투아네트 곁에서 무엇을 했나?

강자는 열 번 다시 하고, 열 번 이겼다

그는 정복자가 되면 될수록, 더욱 정복자가 되고자 했다

곧 그의 가치가 어떻다는 소문이 자자해진다

모든 여자가 그와 자고 싶어 한다

그러나 아르투아는 미쁘다

모든 사람이 왕을 헐뜯지만

아르투아는 그를 옹호한다

비록 자기 연인에 대한 사랑을 주체할 길 없었지만.

투아네트는 모른 척하면서, 오쟁이진 남편을 환대한다.

그녀는 남들 앞에서는 남편을 친절하게 보살핀다.

아아, 루이는 사랑에 약한 샤를로가 프랑스의 왕비와

살을 섞는데 눈길도 돌리지 않는다.

(……)

마침내, 투아네트의 배가 불러오고,

우리 샤를로는 아빠가 된다

어찌 한담? 바보 같은 군주에게 사람들은 기적을 믿게 한다.

그들은 곧 대표를 보내 군주를 축하한다.

(……)

루이는 장님이었다. 샤를로가 투아네트 위로 올라탄

첫 순간부터 온 궁중은 투아네트에게 눈길을 주었는데

(이하 생략)

이 작품의 내용을 조금 더 소개하겠다. 시에서 앙투아네트는 아기를 낳는데 너무 힘들어 다시는 남자와 상대하지 않겠다고 맹세한다. 그러나 그러한 맹세를 곧 잊고 쿠아니와 상대한다. 왜냐하면 프랑스 왕국에 세자를 안겨줘야 하기 때문이다. 이렇게 해서, 이 시 첫머리에 들먹인 이름이 모두 앙투아네트와 관계를 맺게 된다. 정작 남편인 루이 16세는 절대주의 시대의 군주답지 못하게 오쟁이고 무기력함을 조롱당하고 게다가 남의 아이의 아버지가 된다. '월계수에 장미꽃'이 싹텄던 것이다.

이러한 내용은 어디까지 사실이었을까? 우리는 그 내용의 진실 여부도 중요한 관심거리라고 생각하지만, 이 같은 소문이 돌고, 말을 글로 고정시킨 수기신문이나 추문이 널리 읽혔다는 사실을 더욱 중요하게 생각한다. 진실 여부를 가릴 수 없는 이때, 그 같은 내용의 말과 글이 당시 사람들의 머릿속을 지배하여 왕실의 권위를 깎아내렸다는 사실에 주목할 필요가 있기 때문이다.

한마디로, 이 같은 소문이나 추문, 악담은 글이나 인쇄물 이전에 존재했으며, 글이나 인쇄물에 고정되고 확대재생산되어 널리 전파되었다. 이런 말과 글, 인쇄물은 당시 의사소통의 얼개 속에서 정치, 경제, 사회에 대한 불만과 상승 작용을 일으켜 체제의 밑동을 허무는 데 이바지했다.

1789년 혁명이 시작되었을 때 프랑스 신민들은 국민으로 태어났다. 농민부터 도시민에 이르기까지 모두가 새로운 정치적 경험을 하면서 과거와 헤어지게 되었다. 당시까지만 해도 모든 정치는 파리에서 20여 킬로미터 떨어진 베르사유에서 이루어지고 있었지만, 혁명의 중심이 된 파리에서 1788년까지만 해도 자신은 정치와 직접 상관이 있는 줄도 모르던 사람들이 지켜보고 압력을 넣는 가운데 국민의회는 과거와 단절하는 중요한 결정을 내리기 시작했다.

사람들은 소문, 신문, 정치 논문을 통해서 자주 대했기 때문에 친숙해진 고위층 인사들의 이름을 들먹이면서, 그들에 대해 더욱 과격한 표현을 쓰게 되었다. 이렇게 말이 말을 낳는 과정을 이해하는 것도 프랑스 혁명의 실상을 이해하는 좋은 방법이 된다고 하겠다. 우리는 이제 겨우 일간신문이 발행되기 시작하던 시절에 왕실의 잠자리에 관한 소문이 돌고 여론에 영향을 미쳤다는 사실에 주목하면서, 의사소통의 그물이 발전하는 데서 프랑스 혁명의 '문화적 기원'을 찾을 수 있다고 생각한다.

다음은 위에서 소개한 「샤를로와 투아네트의 사랑」에 함께 수록된 작품 가운데 혁명에 실망해서 화가 잔뜩 난 지식인의 목소리가 들리는 작품을 소개하겠다. 이 작품[197]을 소개하는 이유는 앞의 두 작품을 읽고 '과연 그렇기 때문에 혁명이 일어날 수밖에 없었구나'라고 생각하는 사람이 있을까 봐서다. 우리는 어느 시대에나 희망과 절망은 같이 있게 마련이라는 사실을 이해해야 한다. 앙시앵 레짐을 부정하는 혁명기, 마치 새 희망이 절절 넘치는 것 같은 시기에 다음과 같은 목소리를 듣는 것도 재미있다.

이 작품을 지은이는 자신을 비하할 데까지 비하해 놓고, 혁명의 주요기관들이 결정하고 시행한 제도에 대해 불만을 터뜨린다. 재산권을 침해당하고, 그 재산을 취득한 사람들은 자기와 상관없다고 느끼고, 게다가 몰수한 재산을 담보로 발행한 채권 아시냐와 그것이 지폐로 바뀐 뒤 가치가 더욱 빠르게 떨어지는 것을 보면서 느끼는 좌절감은 첫줄부터 반어법으로 나온다. '혁명의 꿈에 젖은 지' 얼마 되지 않아 벌써 좌절감과 무력감을 느끼는 지식인의 분노가 터져 나온다. 그는 가장 저급한 말을 골라 쓰면서 자기 분풀이를 하고 있다.

혁명의 꿈에 젖은 지 2년째 되는 해에

나는 시를 쓸 줄도 모르고 좋은 산문을 쓸 줄도 모른다. 겨우 내 생각을 분명히 밝힐 수 있을 정도다. 그렇지만 상관없다. 나는 작가로서 명성을 날리려는 환상이라고는 가져보질 않았으니까. 나는 혈기 넘치는 페가수스에 올라타고 싶은 생각이란 조금도 없다. 엉덩이가 부푼 젊은 멋쟁이를 찌르고 그의 항문을 내가 흥건히 적셔줄 수만 있다면 내 소원은 성취되고 내 욕망도 채울 것이다. 영광이란 환상에 지나지 않지만 쾌락은 실질적인 것이다. 나는 내 능력보다 더 많은 쾌락을 얻기 위한 공부만 한다. 한마디로 말해서 아침에도 쓰,

점심에도 ㅆ, 밤에도 ㅆ, 이것만이 내가 추구하는 것이고 내가 쉽게 얻을 수 있는 것이다. 사실이 그렇다.

포르투갈 사람들이 지구 저편에서 가져온 병균에 프랑스 전체가 감염된 동안, 그리고 우리의 연맹들, 우리 국민 가운데 가장 소중한 부분이 오늘날의 메살리나들의 극성맞은 음문에서 뽑아낸 파괴력이 강한 독약을 모든 지방에 퍼뜨리고 있는 동안, 가정의 성실한 어머니들은 자신들을 악의 구렁텅이에 빠뜨리고, ㅆ의 감미로운 쾌락과 아기를 낳는 즐거움을 앗아간 연맹(fédération)을 저주하고 있다. 파리의 ㅆ쟁이 여인들, 온갖 병을 받아들여야 할 처지의 옥문, 그러나 이중으로 봉합된 옥문을 가진 이 판도라의 상자들, 옴에 걸린 손을 음경을 가까이 하면서 말려야 하겠지만 자위행위밖에 할 수 없는 여인들, 음문과 엉덩이만이 열려 있어 지옥의 입구를 연상시키고, 독기와 죽음의 기운을 멀리 뿜어내는 뚜쟁이들, 요컨대, 모든 귀여운 ㅆ들은 남녀 동성연애자들에게 항의한다. 남들이 우리를 공개적으로 말려 죽여줄 것을 큰 소리로 요구한다. 그리고 비난의 표시를 우리에게 알려주고 손가락으로 가르쳐주기를 요구한다.

이 근엄한 국민의회, 자칭 원로원, 국민의 이성의 온상은 별로 능력이 없으면서도 이 같은 요구를 듣고는 감히 자기 패거리에게 유리한 법령을 재빨리 통과시키려 했다. 하늘이 노하여 땅을 부패시킬 정도의 법령 말이다. 이제 우리는 우리 자신을 방어하지 못한 채 비열하게 시들어갈 것이다. 아니, 차라리 비역질을 포기하겠다. 차라리 우리의 조개를 잘게 썰어서 우리에게 유죄를 선언한 불공평한 재판관들이나 먹으라고 줘야겠다. 아니, 차라리 우리 ㅈ으로 국민 의회를 때려 부수고 의원들을 거기 묻어버려야겠다.

ㅆ쟁이 여인들을 법적으로 면밀히 조사하지 않는다면, 또한 ㅆ이

선보다는 악을 더 가져온다면, 또한 개인의 자유가 전혀 환상이 아니라면, 그들의 요구는 받아들여질 수 없다고 선언해도 마땅하다.

고소인들이 자격을 갖추지 못하고 의심스러울 경우 그들의 요청에 따라 통과된 법령은 무효가 되어야 한다.

우리가 항간에 떠도는 추문을 믿는다면, 이 세상이 창조되었을 때 뱀에게 몸을 주었다는 이브 여사를 생각해 보자. ㅈ이나 ㅂ를 달고 다니는 모든 이, 그리고 아직 ㅆ할 권리, 수음할 권리, 비역질할 권리를 갖고 있는 모든 이를 생각해 보자. 아시아 사람들의 무서운 질투심 때문에 불행하게 된 고자들만이 정자를 방출하는 쾌감을 빼앗겼다. 그러나 그 어느 시대에도 제 불알을 가져가게 하거나, 그 쾌락을 남에게 주어버릴 권리를 가진 사람은 아무도 없었다.

역사책이란 책은 모조리 뒤져봐라. 모든 시대를 훑어봐라. 이 세상에 있는 모든 논다니 집의 고문서실을 뒤져봐라. 그 어느 곳에서도 이러저러한 계급의 사람들에게만 ㅆ할 권리, 또는 자기가 좋아하는 방식으로 분비물을 방출할 권리를 주는 면장(면허장)을 찾아내지 못할 것이다. 모든 사람은 자기 취향과 성향에 가장 적합하게 이용할 감각을 자비로운 자연으로부터 받아가지고 태어났기 때문이다.

하지만 불가능한 얘기이긴 해도 이 같은 면장이 존재할 가능성은 있다. 그러나 프리아포스의 큰 ㅈ으로 도장을 찍고 모든 쪽마다 정액으로 수결을 하지 않았다면, 또한 정력적인 헤르쿨레스의 괴상망측한 불알의 도장을 찍지 않았다면, 그 면장은 아무런 효력이 없다. 그 면장은 국민의회가 발행한 지폐만큼의 신용도 없을 것이다.

귀여운 ㅆ쟁이들은 내게 자기가 취득했다는 재산을 들이대면서 반박할 것이다. 그러나 나는 이러한 취득물은 이상에 불과하다고 대답하련다. 왜냐하면 사람들이 한결같이, 그러나 부적절하게 정숙한

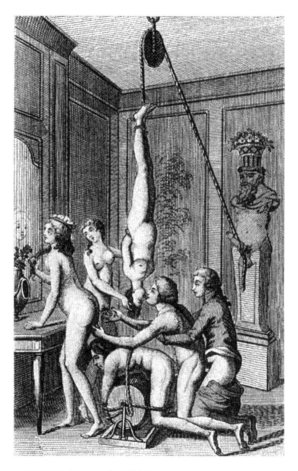

역사책이란 책은 모조리 뒤져봐라.
모든 사람은 자기 취향과 성향에 가장 적합하게 이용할 감각을
자비로운 자연으로부터 받아가지고 태어났기 때문이다.

부인이라고 부르는 사람들은 빵을 먹지 않고 지내지 못하는 만큼 정액을 받지 않고 지내지 못하기 때문이다. 이 정도만 말해도 이러한 취득물이 의미 없는 낱말에 지나지 않는다는 사실을 증명하기에 충분하지 않은가?

그렇긴 해도 취득물이 존재할 수도 있다면 그 권리가 남용될 때 그걸 막을 처방이 있을 수 있을까? 관습이 자연과 정반대라면, 그것이 법적 구속력을 가질 수 있을까? 분명히, ㅆ쟁이들이 자신들의 역겨운 연장으로 만든 관습은 지극히 자연스럽다. 왜냐하면 그것은 종족 번식의 쾌락을 위해서가 아니라 만족할 줄 모르는 탐욕을 채우기 위해서, 또는 ㅆ에 대한 과도한 취향을 만족시키기 위한 것이기 때문이다.

따라서 ㅆ쟁이들만이 사정할 권리를 갖고 있지 못하다는 사실에는 이론의 여지가 없다. 가장 음탕한 창녀가 내 말에 반대하려면 해봐라.

발기하고, 교접하고, 사정하는 능력이야말로 자연이 우리에게 준 가장 값진 선물임이 분명하다. 모든 존재가 종족 번식을 위하여 느끼는 기호에 대해서 말하지 않고서, 통통하고 하얀 넓적다리와 예쁜 젖을 쓰다듬는 쾌감을 어떻게 말할 수 있겠는가?

단단한 만큼 털이 많이 난 두덩을 가진 음문을 정액으로 흥건히 적셔 놓으면서 맛보는 즐거움을 누가 설명할 수 있겠는가? 또한 ㅆ이 지금까지 가져왔고 지금도 가져오는 해악을 누가 일일이 열거할 수 있겠는가? 만일 내가 옛날의 연대기를 뒤진다면 나는 거기서 암늑대만큼 욕망에 불타는 헬레네라는 창녀가 얼간이 같은 남편의 힘으로는 만족할 줄 몰라서 헤르쿨레스만큼 씩씩하고 잘생긴 파리스에게 납치되어 가는 도중 세 번이나 관계를 가졌다는 기사를 읽는다. 곧 그리스의 모든 왕들은 바보 같은 왕만큼 복수심에 불타서 온갖 무기를 동원해서 트로이 성을 공격하고 거기 아낙네와 아가씨들을 강간하고 젊은이 늙은이 할 것 없이 도륙하고 결국 이 불행한 도시를 잿더미로 만들었다. 이 모든 것이 남편의 복수에 참가한자들이 보았던 피보다 더 많은 정액을 게걸스럽게 삼켰을 헬레네 여사의 ㅂ 때문이 아니고 무엇이겠는가?

이제 눈을 우리 시대로 돌려보자. 나는 끔찍한 매독을 본다. 이 병이 끔찍한 이유는 그것이 한 가지 이름만 갖고 있음에도 불구하고 수천 가지 형태로 나타나기 때문이다. 가장 강한 사람들을 가차 없이 쓸고 가장 훌륭한 ㅆ선수들을 씹고 한창 나이의 사람들을 공격해서 팍삭 주름지게 만들며 아무런 동정심도 없이 생식의 근본까지 파괴해버리기 때문이다. 결국, 우리는 ㅈ과 ㅂ가 결합하는 결과로 생기는 선과 악을 저울질해봐야 한다. 그 결과 만일 악이 선보다 크지 않다면 나는 내 연장을 베어 오믈렛을 만들어 '찢어진 ㅂ 지작 부인'(la vicomtesse de Con-Fendu)에게 대접하겠다.

아주 존엄하고 아주 존경받을 만한 우리의 의원님들께서 법으로 정한 개인의 자유는 합리적인 것은 분명 아니다. 그리고 이 원칙에 따라 나는 내 모든 재산을 내 취미와 상상에 맞게 이용할 수 있다. 더욱이 내 ㅈ과 내 불알은 내 것이다. 내가 그걸 삶아먹건 지져먹건, 또는 좀 더 명확히 말해서 ㅂ에 집어넣건 똥구멍에 집어넣건, 아무도 상관할 수 없다. 하물며 갈보들이 뭔데 간섭할 수 있겠는가. 왜냐하면 우리를 헐뜯는 이 천박한 갈보들은 정확히 말해서 그 어떤 탐욕스러운 상상력에도 쉽게 몸을 내주기 때문이다. 닳아빠지고 부유한 호색한은 그녀에게 자기 뒷구멍을 대주고 그녀의 젖, 넓적다리, 겨드랑이에 사정하면서 욕심을 채울 수 있기 때문이다.

모든 것이 그녀 앞에 황금을 번쩍거리게 하면 가능하다. 단지 아시냐 지폐만 내지 않는다면 가능하다. 이 지폐는 타락한 공주님들도 받지 않기 때문이다. 루이 15세 광장의 창녀들은 100리브르짜리 아시냐 지폐를 줘도 다정한 눈길 한번 주지 않는다. 그들은 그 돈을 만지려고도 하지 않는다. 만지면 자기 손까지 마비될까봐 그런다나.

나는 대단한 변증법론자는 아니지만 비역질만 한 번하고 나면 대단한 판단력이 생긴다. 국민의회 의원님만큼 명석해진다. 그러므로 나는 내가 방금 증명했던 것, 씨쟁이 여인, 포주, 논다니들의 청원을 받아들일 수 없다고 선언해야 마땅하다는 것에 대해 결론을 내릴 수 있다.

자격도 없고 행실이 의심스러운 재판관이 청원인들의 청을 심사해서 명령을 내리는 경우 그 명령은 무효라는 사실을 증명하겠다.

주권에 의해 어떤 사건을 심리하도록 위임받았을 경우에만 재판소는 자격을 갖추게 된다. 그럴 경우 그 재판소에서 이성의 빛에 의하여 사건을 심리하고 판결을 내리는 권리에 대해 시비를 건다는 것은 엉뚱하고 미친 짓이라 하겠다. 그러나 재판소가 그러한 권리를 멋대로 갖고 휘두른다면 거기서 나온 법령은 모두 무효다. 창녀들이 주로 공중도덕에 대한 청원을 할 경우 국민의 입법가들에게 거기 개입할 권리가 생기겠지만, 그렇지 못한 경우에는 국민의회의 의원들에게는 아무런 자격이 없는 것이다. 이 같은 가정 아래 나는 이렇게 묻고 싶다. 공중도덕을 지도할 임무를 띤 사람들은 자기네 도덕을 지도할 의무는 지지 않아도 되는 것이냐고 말이다. 또한 귀족 계층의 지도자는 자기네 도덕의 순수성을 증명했느냐고 묻고 싶다. 그들은 이제까지 강간과 유괴의 죄를 저지르고 유부녀 목에 권총을 들이대고 자기가 시키는 대로 하도록 강요했기 때문이다. 나는 또한 이렇게 묻고 싶다. 민주주의의 주창자는 거리의 바보 같은 책장수 마누라를 납치하면서 생활과 도덕을 증명하지 않았느냐고 말이다.

더욱이 남녀 동성연애자들을 말려죽이면서 도덕을 지도할 수 있으리라고 믿는가? 그렇지 않다, 그렇게 믿는다면 대단한 잘못이다. 이것은 증거를 대지 않아도 좋을 만큼 자명한 진리이기 때문에 그만큼 성공할 가능성은 거의 없다. 모든 사람이 그 사실을 알고 있다. 나는 단지 이렇게 말하는 걸로 그치겠다. 만일 남색가들을 말려 죽인다면 창녀들에게 온 세상을 부패시킬 권리를 주게 될 뿐이라고.

만일 재판관이 공정치 못하고 어느 편을 든다면 그의 자격은 의심스럽다. 이 원칙은 이론의 여지가 없고 따라서 누구나 인정할 수 있는 것이기 때문에 의심에 대한 증거는 쉽게 마련할 수 있다. 씨쟁이 여인 일동은 국민의 입법가들에게 청원할 때 자신들은 의원들과 위세당당하게 교접했으며 정부가 인정한 18리브르를 그들에게 자주 받았음을 인정했다. 두 사람이 모든 것을 공유히는 경우 우리는 그들이 서로 짰다는 사실을 의심할 수 없다. 만일 그중 한사람이 다른 사람을 심판한다면 우리는 재판관을 의심하지 않을 도리가 없을 것이다. 따라서 국민의회는 자격이 없고 의심스럽기 때문에 거기서 성교에 관해 제정한 법률은 무효다.

어떤 사람은 내게 이렇게 말할지 모른다. 당신이 대는 이유로는 당신과 당신 동료들이 낚싯줄에 똥덩어리를 낚으려고 하는 역겨운 취향을 조금도 정당화시켜주지 못한다고. 또한 당신 말대로 자연의 목적을 거스르는 씨이란 아주 큰 악이기 때문에 모든 뜻에서 자연을 거스르는 비역질은 변태의 극치라고.

사람들이 비난하는 우리의 취향을 정당화시켜줄 예는 모든 시대마다 찾을 수 있다. 나는 당시의 모든 사람이 알고 보았듯이 그리스

여자들은 예전과 마찬가지로 아직도 예뻐서 남자들의 욕망을 불러일으키고 발기하게 만드는데도 여자를 상대하지 않고 알키비아데스와 비역질을 한 소크라테스를 예로 들고 싶다. 로마의 여러 황제도 로마에서 가장 아름다운 여자를 쉽사리 데리고 놀 수 있었지만 공식적인 남자 상대를 가지고 있었다. 레반트 지방의 모든 민족들은 갈보 집에 우아하고 아름다운 여인들을 잔뜩 두고서도 엉덩이에 욕정을 느끼고 있다. 소돔의 주민들은 그들 나름대로 그림 속의 ㅈ도 세울 정도의 부인을 데리고 살았지만 더 큰 쾌락을 위해서는 남자끼리 놀았다. 그들의 죄를 벌하기 위해 유황의 불길이 폭우처럼 쏟아져 그들을 태워버렸다고 굳이 내게 말해줄 사람은 없었으면 한다. 그건 어떤 한심한 머리에서 만들어낸 옛날 얘기니까. 우리의 성직자들이 자기네 이익을 확보하기 위해서 만든 말이니까.

고대 로마의 책력에 기록된 사실을 살펴보자. 이 세상에서 가장 자신만만한 남색가였던 어떤 사제는 목신제를 올리고 싶어서, 색광인 요리사에게 호화판 만찬을 준비시키고 자기의 '귀염둥이들'(mignons)[198]을 초대했다. 사랑의 신처럼 잘 생기고, 가니메데(Ganymède)같이 엉덩이가 멋진 열다섯 살짜리 금발의 설거지꾼이 부엌의 한 구석에서 설거지를 하고 있었다. 요리사는 음탕한 생각에 카르멜회 수도사처럼 발기한 채 자기 먹이를 노려보다가 불타는 욕망을 채우기 위해 서둘러서 자기 일을 끝내려 했다. 마침내 맡은 일이 끝났다. 고기 굽는 꼬챙이는 벽난로 속에서 유리를 녹일 정도로 활활 타는 불길에 많이 돌아갔다. 참지 못하게 된 비역쟁이는 가니메데를 올라타고 젊은이의 작은 뒷구멍에 자신의 우람한 못을 박으려고 헤르쿨레스처럼 용을 썼다. 그동안 벽난로의 굴뚝에 불이 붙었다. 비역쟁이는 한창 쾌감을 맛볼 때라서 불이 붙은 줄도 몰랐다. 불은

빨리 번져서 잠깐 사이에 소돔 시내를 홀랑 태워버렸다.

독자는 내 얘기가 옆길로 샌 것을 용서해주기 바란다. 그건 어쩔 수 없는 일이었으니까. 내가 지금까지 든 예만 가지고도 우리의 주장을 정당화시키기 충분하리라고 믿는다. 왜냐하면 고대와 현대의 수많은 종족은 거의 다 괴상망측한 취미를 정당화시키려는 목적 이외에는 아무런 동기도 없이 비역질을 하고 싶은 욕망을 갖고 있지만, 우리의 경우는 다르기 때문이다. 우리로 말하자면, 우리가 그렇게 하는 것은 취미라기보다는 그럴 필요가 있기 때문이다.

파리에는 아름다운 부인이 별로 없지만, 큰 ㅂ는 아주 많고 매독은 더욱 많다. 거의 똑같이 생긴 여인과 잠을 자면 한편으로 역겨워지며 쾌락이란 찾아보기 어렵다. 무지하게 큰 ㅂ를 찾는다면 마치 짚단 묶는 기계에 대고 줄질을 하는 것과 같아서 기진맥진한 뒤에 제풀에 지쳐서 사정도 못하고 시들게 된다. 비록 희귀한 일이긴 해도 만일 우연히 아름다운 여인을 만난다면 그건 갈보임이 분명히며, 따라서 ㅆ을 해도 매독에 걸릴지 모른다는 두려움이 앞서서 즐겁지 못하다. 남자들에게는 이 같이 나쁜 점은 조금도 보이지 않는다. 좁은 통로, 희고 단단한 엉덩이, 끝없는 친절, 이 모든 것이 만족을 가져다주기 때문이다. 진실로 사람들은 빙초(水草)[199]를 꺾을 수 있다. 그러나 이러한 병은 별로 흔하지 않기 때문에 위험은 별로 크지 않다.

게다가 우리는 공평하다. 우리 형제들과 나 모두 공평하다. 그리고 나는 그들의 이름과 내 이름을 걸고 다음과 같은 조건에서 우리가 엉덩이를 즐겨 찾는 성향을 포기할 수 있음을 선언하는 바이다.

파리의 창녀들을 모두 정기적으로 방문하여 매독에 걸렸거나 증상이 있는 경우 완치될 때까지 비세트르에 가둬야 할 것이다.

구멍이 평균치를 넘는 ㅂ는 모두 이중으로 꿰매서 지름이 두 촌을 넘지 못하게 한다.

두 군데 틈이 하나로 이어진 여인들은 더 이상 싸쟁이들을 사정하게 만들 수 없는 상태인 쓸모없는 여인이라고 선언해야 한다.

만일 위와 같은 여인들이 앞에서 제시한 타협의 수단을 거절한다면, 그들은 더 이상 봉을 만날 수 없을 것이다!

만일 그들이 어쩌다 봉을 잡는다 해도 아시냐만 받아야 한다.

(서명) 비역쟁이 협회의 대소인(代訴人)

M*** de V***

'비역쟁이 협회의 대소인'은 쓸모없는 창녀에게 아시냐(Assignats)나 주라고 말한다. 도대체 아시냐가 얼마나 가치가 없기 때문에 그랬을까? 아시냐는 혁명기에 국유화한 재산을 담보로 발행한 채권이었다. 1789년 12월 이후, 왕실과 성직자 재산 4억 리브르어치를 담보로 제헌의회에서는 단기 채권을 발행하는 문제를 논의했다. 그리하여 1790년 1월부터 액면가 1,000리브르짜리에 이자 5%짜리 채권을 40만 주 발행했다. 이 채권은 국유재산을 팔 때마다 그 액수에 해당하는 만큼 환수해서 파기하기로 되어 있었다.

그러나 당시 경제가 계속 악화되었기 때문에 아시냐의 가치가 점점 떨어졌다. 그리하여 처음 발행한 지 3개월 안에 이자율은 5%에서 3%로 떨어졌다. 이처럼 가치가 떨어진 아시냐를 지폐로 만들자는 논의는 1790년 가을부터 나오기 시작했다. 이 문제를 놓고 많은 논란을 거친 뒤에 1791년부터 아시냐 지폐를 발행하게 되었다. 이제 국유재산을 담보로 하지 않아도 지폐는 필요한 만큼 발행될 가능성이 열렸다.

이때부터 아시냐의 실질적인 가치는 더욱 떨어지게 되었다. 100리브르짜리를 기준으로 볼 때, 1791년 9월에는 14%나 떨어져 86리브르의 가치를 지닐 뿐이었는데, 1792년 5월에는 28%, 12월에는 25%, 1793년 8월에는 61%, 1794년 5월에는 54%, 1794년 7월에는 59%나 가치가 떨어졌다. 그러므로 위에서 읽은 반혁명적 팜플렛의 저자는 이러한 광경을 보면서 울분을 토했던 것이다.[200]

이제까지 우리는 혁명 직전과 혁명이 진행되는 동안에 나온 시와 산문을 읽었다. 혁명 전의 시에서는 왕비의 방탕함을 주제로 왕실의 체통을 깎아내리고 있었다. 내가 혁명 전의 금서를 읽으면서 얻은 결론은 루이 15세 시대의 음란서적에서는 왕의 애첩들을 가지고 왕실의 체면을 깎았다면, 루이 16세 시대의 음란서적에서는 왕비의 남자들을 가지고 왕실의 체면을 깎았다는 사실이다. 더욱이 왕비는 양성애자라고 놀리면서, '왕비가 낳은 아기가 마담 폴리냐의 아기가 아닐까' 빈정대기도 했다.

결국 절대주의의 상징인 왕홀을 왕의 성기처럼 맥이 없다고 놀리는 데 그치지 않고, 왕비가 밴 아이의 아버지가 왕이 아니라고 헐뜯음으로써 987년 이래 맥을 이은 카페 왕조의 정통성을 뒤흔들었다. 물론 그래서 혁명이 일어났다고 주장하려는 것은 아니다. 혁명에 대한 불만을 표현한 산문도 있기 때문이다. 독자들이 이 글을 읽으면서, 역사에 대해 어떤 관점을 갖느냐에 따라서 그것을 뒷받침하는 증거를 찾기가 그것을 부정하는 증거를 찾기보다 쉽다는 사실을 깨달으면 좋겠다.

아레탱 프랑세

펠릭스 노가레(Félix Nogaret)의 작품으로 알려진 『아레탱 프랑세』는 '지옥 463'[201]으로서, 1787년 런던에서 발간되었고 이듬해 다시 발간되었다.[202] 초판에는 첫머리 그림 한 점과 자유분방한 내용의 시와 그림 열일곱 점이 있고, 2부에 해당하는 「베누스의 당과(糖菓)」(Epices de Vénus)라는 부분이 있다. 2판이 1788년에 나온 직후, 발간년도를 밝히지 않은 판이 하나 나왔는데, 이 신판도 초판처럼 쉽게 구할 수 없는 책이 되었다.

저자인 펠릭스 노가레는 아주 호기심을 끄는 사람이다. 1740년 11월 6일 베르사유에서 태어난 그는 공직에 들어갔다가 아르투아 백작 부인(la Comtesse d' Artois)의 도서관 사서가 되었다. 그는 혁명기까지 여러 가지 공직을 돌다가 1800년에는 연극 부문의 검열관이 되어 7년간 봉직하다가 면직되었다. 그는 1,200리브르의 연금을 받았지만, 주로 글을 써서 생활을 했다. 1831년 6월에 세상을 뜰 때까지 그는 수많은 소품과 책을 썼다. 1771년 그가 뷔퐁(M. de Buffon)에게 시로 쓰는 편지를 발표한 뒤 60년 동안 문필생활을 한 것이다. 당시에 그만큼 오랜 세월을 문필생활에 바친 사람은 드물었다.

노가레가 시로 쓴 짧은 이야기는 모두 5가지 책으로 출판될 정도로 크게 성공했다. 그의 시 가운데 특히 「아레탱 프랑세」와 「베누스의 당과」는 매우 생동감이 있는 말 때문에 돋보이는 작품이다.

노가레에게는 수많은 친구가 있었다. 당대 유명인사 가운데 특히 왕립식물원장으로서 『자연사』(Histoire naturelle)로 유명한 뷔퐁 백작(Georges Jean Louis Leclerc, comte de Buffon, 1707-1788)이 있었고, '계몽사상가의 왕' 노릇을 하다가 죽을 때쯤에 '계몽사상가의 신'이 되었던 볼테르(François Marie Arouet, 일명 Voltaire, 1694-1778)도 있었다. 이들은 노가레의 재능을 자주 칭찬했다.

'아레탱 프랑세'라는 제목은 3세기 이상 아레티노(Pietro Aretino, 1492-1556)의 작품으로 잘못 알려진 사랑의 체위 모음집의 역사와 관련되어 있다.(더 자세한 내용은 1부 3장의 '아레티노의 체위'에 나와 있다.)

이 책『아레탱 프랑세』에 나오는 판화는 16세기 이래 나온 성교 체위, '이레디노의 체위' 같은 판화의 역사적 맥락을 좇아 노가레가 쓴 시의 내용을 바탕으로 엘뤼앵(François-Rolland Elluin, 1745-1810)이 제작한 것으로 알려졌다. 그는 이 작품 말고도 영국 작가 존 클릴런드의 『파니 힐, 또는 창녀』, 제르베즈 드 라투슈의 작품으로 알려진 『샤르트뢰 수도원 문지기 동 부그르의 이야기』, 다르장스 후작의 작품으로 알려진 『계몽사상가 테레즈』의 삽화도 판화로 제작한 인물이다.

그림을 그리고 판화로 제작한 방식은 3세기의 전통 속에 있는 것이라 할지라도, 노가레의 시는 아레티노의 이탈리아 시를 프랑스 말로 적당히 옮겨 놓은 것은 아니었다. 노가레는 '아레탱 프랑세', 다시 말해서 '프랑스의 아레티노'라고 제목을 달아서 독창성을 부여하고자 했으며, 그러한 면에서 성공했다.

첫머리 그림(fontispice)을 위한 시를 살펴보도록 하자.

모든 ㅈ에게 ㅂ는 법을 준다
쾌락, 그것은 풍부한 샘이라네
ㅈ여, 왕중 왕이신 ㅂ에게 관을 씌우라
그리고 매 순간마다 정액이 넘치게 하라.

첫 번째 시
가장 활활 타오르는 불 가운데 ㅂ는 내게 먹이를 준다.
ㅂ, 그것은 더할 나위 없이 신들의 작품이다.
사람은 ㅂ로부터 생명을 받고, 더욱이 기쁨도 얻는다.
볼테르는 수없이 했다. 그는 더 이상 잘할 수 없을 정도로 했다.
연극을 보면서 나는 결코 우상숭배자가 되지 못한다.
연극은 내 정신과 마음을 냉정하게 만드는 경우가 많기 때문.
내가 앉은 자리에서 나는 나 자신을 극장으로 만든다.
ㅂ가 내 작품이 되고, 내 ㅈ는 배우가 된다.

두 번째 시
사랑을 느낀 ㅈ에게 너그러운 구멍이여.
합시다, 그래요 곧바로 합시다.
ㅆ은 자연의 염원일지니.
ㅂ와 ㅈ가 함께 할 때 그들의 관계는 아름답다.
ㅈ는 교접해야 한다.
그러다가 어떤 방해가 있으면
손가락이라도 놀려야 한다.
요컨대, 둔덕과 불알이 없으면 아무런 쾌락도 없다.

최소한 망나니라도 되는 일을 부정할 자 없으리.

지금까지 살펴본 시 세 편만 봐도 이 책의 성격이 어떠한지 잘 알 수 있을 것이다. 중간은 건너뛰고 열일곱 번째 시를 살펴보도록 하자.

모든 쾌락은 끝내 시들고 만다. 그러나 베누스의 쾌락은
너로 인해 되살아난다.
나는 이 젖가슴을 찬미하고 삼킨다.
너 말고는 그 어떤 여인도 내 눈에는 아름답게 보이지 않는다.
다리, 넓적다리, 무릎, 배, 둔덕, 엉덩이, ㅂ
당신의 보배는 모두 차례로 내 관심을 끈다.
비록 재산도 없고 이름도 없는 당신을 내가 안을 때
난 풍요롭고 고귀해진다.

이처럼 자유분방한 내용의 시 열일곱 편과 거기 걸맞은 판화가 나온 뒤, 앞의 내용을 요약한다.

사랑하자, ㅆ을 하자, 이야말로 즐거움이다.
사람들은 쾌락과 욕망을 분리시켜서는 안 되지
쾌락과 욕망은 사람에게 가장 부족한 재산이다.
ㅂ, ㅈ, 그리고 두 개의 굴로부터
독실한 사람들이 까닭 없이 비난하는 즐거움으로 가득 찬
화합이 나온다.
남자여, 여자여, 잘 생각해 보라.
ㅆ하지 않고 사랑하는 것은 있을 수 있으나,

18세기 프랑스의 국교는 가톨릭이었다.
절대군주제는 가톨릭의 보증을 받았고,
왕은 교회의 장남이었다. 그러므로 앙시앵 레짐의 배경에는
언제나 가톨릭교가 있었고, 금서가 된 책은 언제나 성직자의
위선을 공격했다.

사랑하지 않고 씨하는 것은 아무 의미 없는 일이라는 것을.

노가레는 마지막 줄에서 자기 생각을 전한다. 성교는 사랑을 전제로 해야 의미가 있다는 것이다. 노가레가 쓴 책의 제목이자 이 책의 1부인 「아레탱 프랑세」는 이렇게 끝나고 2부에 해당하는 「베누스의 당과」가 시작된다. 이 부분에는 여러 가지 재미있는 이야기가 실려 있다. 그 가운데서 몇 가지만 살펴보기로 한다.

다음은 파리에 온 촌사람의 이야기다. 우리나라에서 '서울 놈'과 '촌놈'을 나누는 기준이 있듯이, '파리 놈'과 '촌놈'은 영악한 사람과 어리숙한 사람을 나누는 기준이었다. 본문을 직접 옮겨본다.

파리에 온 촌놈
어떤 촌놈이 (나는 이 생각만 해도 벌써 웃음이 나온다)
아가씨들이 있는 집에 들어갔다.
그는 아가씨들을 보자 지체 높은 부인으로 믿었다.
우아한 가구며 장신구에 풍요로운 분위기
훌륭한 식탁과 그 밖의 도구들을 보고서
그는 조심스럽게 입을 다물었다.
노름판이 벌어지고, 그는 잃었다. 밤참을 먹고…… 자정이 되자,
아가씨 가운데 하나에 이끌려, 오 놀라워라,
그는 어떤 문 앞으로 갔다.
그녀는 솔직한 태도로 이렇게 물었다.
'선생, 당신은 씨하는 방에 들어가고 싶어요?
촌놈은 이상하게도 입맛을 버린 채 이렇게 대답했다.

'그 방에 들어가기 전에 세우는 방으로 안내해주슈.'

　이 촌놈은 파리에 다녀간 뒤 파리 놈들은 신체 변화의 단계도 없이 무턱대고 성교를 하나보다고 오히려 웃지 않았을까? 노가레는 이와 비슷한 내용의 이야기를 더 들려준다. 어떤 남편의 고해를 서로 다른 방식으로 해석하는 고해신부 두 명에 관한 이야기를 들어보자.

　　펠릭스 신부님, 신부님은 제 안식처입니다.
　　제가 죄를 지었는지 판단해주세요.
　　제 아내는 배가 몹시 불렀기 때문에 배 속의 아기가 다칠까 두려워서 저는 뒤로 들어가려고 노력했지요.
　　— 언제나 당신이 알고 있던 길 말인가요?
　　— 물론입죠
　　— 거 참 잘했군.
　　— 그런데, 조제프 신부님은 이 길을 어떻게 생각하는지 믿기나 하시겠어요?
　　조제프 신부님은 몹시 화를 내면서 저를 쫓아냈고,
　　결국 제게 저주를 퍼붓으셨어요.
　　— 경솔한 사람, 무식한 놈, 바보 같은 놈.
　　— 날 따라와요, 내가 조제프 신부에게 말해줄 테니까.
　　그 고집불통의 머리를 씻어줘야겠어.
　　그들은 조제프 신부에게 갔다.
　　— 왜 당신은 이 경우에 마음을 상했나요?
　　— 이 경우는 불경스럽기 때문이지요.
　　— 전혀 그렇지 않아요, 당신이 틀렸어요.

남편은 아내를 볼 권리가 있어요······.

— 아니, 아내를 그곳으로 만난다구요? 피, 그런 걸 감히 생각할 수 있어요?

— 들어보세요.

— 저는 더 이상 신부님 말씀 안 듣겠어요.

— 그래요? 이 코흘리개 신부야, 그렇다면 남의 고해를 듣기 전에 쓰하는 방법이나 배워봐.

이 이야기에서 18세기 음란서적이 성직자를 공격하는 방법을 배울 수 없을까? 두루 알다시피, 18세기 프랑스의 국교는 가톨릭이었다. 절대군주제는 가톨릭의 보증을 받았고, 왕은 교회의 장남이었다. 그러므로 앙시앵 레짐의 배경에는 언제나 가톨릭교가 있었다. 왕, 교회, 성에 대해 함부로 말해서 금서가 된 책은 언제나 성직자의 위선을 공격했다. 이 이야기도 그런 맥락에서 읽을 수 있다. 성적 경험도 없는 신부가 부부생활에 감 놔라 배 놔라 하는 경우나, 실제로 신부가 성에 대해 모두 아는 것처럼 말하는 경우나 둘 다 위선이다.

이 이야기에서 우리는 중세부터 발달한 '독신자가 결혼한 사람보다 낫다'는 이념, 다시 말해서 성직자가 속인보다 낫다는 이념을 이중으로 공격하고 있음을 볼 수 있다. 펠릭스 신부는 남녀의 쾌락의 원리를 훤히 알고 있었기 때문에 위선자였고, 조제프 신부는 그 원리도 모르면서 고해를 받고 이러저러한 지시를 내리는 위선자였던 것이다. 교회가 찬양한 독신의 상태를 유지해야 할 성직자가 성생활에 대해서 반드시 몰라야 하는가, 아니면 반드시 알아야 하는가? 인간이라는 존재의 모순을 상징적으로 보여준다.

노가레의 익살은 속담의 근원까지 바꿔놓는다. 대체로 속담, 금언, 격언은 인간의 경험이 쌓이고 쌓인 결과로 나온다. "제비 한 마리가 왔다고 봄이라고 할 수 있겠는가"(Une hirondelle ne fait pas le printemps)라는 속담은 아리스토텔레스가 중용의 덕을 기르는 방법과 결부해서 이용한 것이지만, 그것은 고대 그리스 사람들의 지혜의 산물이지 아리스토텔레스의 창조물은 아니라고 생각한다. 아무튼 한 가지를 보고 속단하지 말라는 이 말은 이렇듯 오랜 전통을 갖고 있다. 그런데 노가레는 "해볼 만한 가치도 없다"는 속담의 어원을 제 나름대로 밝히고 있다.

원래 "노름에 촛값도 안 나온다"(Le jeu ne vaut pas la chandelle)는 말은 '놀이'(jeu)라는 말을 여러모로 해석할 수 있는 가능성 때문에 여러 가지 상황을 설명할 수 있는 말이 되었다. 그리하여 결국 "해볼 만한 가치도 없다"는 뜻을 가진 속담이 되었다. 우리나라에서 이 말에 해당하는 것은 "봉사의 기름값"정도라고 할까? 장님이 글을 읽기 위해 등잔불을 밝힐 필요가 있겠는가? 노름판의 경우, 돈만 잃는 사람에게는 "개같이 따서 정승처럼 잃는다"고 하는 말이 더욱 적절할 것이다.

노가레가 생각하는 어원을 따라가 보자. 물론, 절에 가면 새우젓이 없다는 사실을 알 정도의 독자라면『아레탱 프랑세』에 나오는 모든 글처럼 이 어원학도 모든 길은 그 길로 통한다는 사실을 설명할 것임을 어찌 눈치채지 못하겠는가?

신비스러운 사랑이라고는 처음인 알렝은
어느 날 밤, 다락방에서

젊고 상냥한 몸종

나농을 건드리려 한다.

그는 불을 들고

그녀를 더 잘 보려한다.

이 녀석은 이처럼 아름다운 아가씨에게는 너무 약하다.

왜냐하면 그는 앞으로 나아가는 대신 길 속에 머물러 있었기 때문이다.

그런데 엉덩이 짓을 한 번 하니 도구가 쏙 빠져버렸다.

'젠장, 바보 같으니' 그녀가 툴툴댄다.

'촛값도 안 나오는군.'(Le Jeu ne vaut pas la Chandelle)

노가레의 책은 초판이 나온 지 1년도 안되어서 2판과 해적판이 나왔다. 18세기 사람들은 이 같은 책을 즐겨 읽었고, 거기서 전통적 가치관을 비웃는 태도를 배웠다. 이처럼 18세기 말은 문인들이 대중의 의식을 이용하여 자기 글을 퍼뜨리거나 논리적으로 대변하기도 하고, 또한 여론 형성에 한몫했던 시대였다.

동 부그르

18세기 전반기에 나온 음란서적 가운데 여러 번 거듭해서 발간된 책으로는 무엇보다도 『샤르트뢰 수도원의 문지기 동 부그르 이야기』[203]를 꼽을 수 있다. 이 책은 1745년에 처음 나온 뒤 1788년까지 적어도 19가지 다른 판을 갖고 있다. 이 책은 프랑스 계몽주의에 이정표를 세울 만한 몽테스키외(Montesquieu) 자작의 『법의 정신』, 디드로(Diderot)의 『경솔한 보배』, 라 메트리(La Mettrie)의 『인간 기계론』, 투생(Toussaint)의 『풍속론』, 그리고 『계몽사상가 테레즈』 같은 작품이 줄줄이 나오던 1748년보다 3년 앞서 나왔다.

이 책이 나온 해로 추정되는 1745년은 마담 드 퐁파두르가 루이 15세의 눈에 들어 애첩이 되던 해였다. 우리는 루이 15세 시대가 특히 정사(情事, gallanterie)의 시대였음에 눈을 돌려야 할 것이다. 이 시대는 프랑스의 지적 풍토가 바뀌고 있어서 성적 풍속뿐만 아니라 종교적 교의에 도전하던 자유주의가 발달하고 있었다. 게다가 음탕하고 외설스럽고 뻔뻔스러웠으며 모든 것이 의심스러웠고 신성불가침한 것이란 없던 때였다.

이러한 시대적 배경을 업고 『동 부그르』, 『계몽사상가 테레즈』, 『경솔한 보배』 같은 철학적 음란서적이 나왔다. 철학과 외설성이 어떻게 조화를 이룰 수 있을지 의심하는 오늘날의 독자는, 이러한 종류의 책 가운데 계몽사상가의 작품이 많았음을 유념하면서 책을 읽어야 한다. 그래야만 계몽사상가가 외설성을 가지고 독자에게 접근하면서 철학적 내용을 전달하는 사상 투쟁의 전략을 이해할 수 있기 때문이다.

18세기에 나온 철학적 음란서적이 대부분 그렇듯이, 『동 부그르』도 어린 시절부터 가족이나 친지의 성행위를 훔쳐보는 과정에서 성에 눈 뜨고, 성의 연습 대상을 누이나 하녀에게서 찾으며, 창녀촌이나 수도 원, 또는 수녀원을 방문하여 그곳 사람들의 행위를 훔쳐보고, 그들과 실제로 성행위를 하면서 몸이 지칠 때마다 정신의 활력을 주는 철학적 이야기를 나누는 방식으로 독자에게 흥미를 주었다.

특히 이 작품이 나온 뒤, 『동 부그르의 누이 쉬종의 이야기』,[204] 『동 부그르의 누이 쉬종의 딸 마르그리트의 이야기』,[205] 그리고 혁명기에 는 『국민의회에 간 새로운 동 부그르, 또는 논다니 집에 간 원장신부 모리』[146]가 나왔다 그러므로 동 부그르, 그의 누이, 조카딸은 물론, 혁명기 국민의회 의원인 원장신부 모리도 함께 '지옥'의 식구가 되었 다.[207] 이렇듯 우리는 인간 세상에서 끼리끼리 모여 살듯이, 지옥에도 일가친척이 모여 살았음을 알 수 있다.

당대의 음란서적이 일반적으로 남성 작가의 작품임에도 여성의 입 을 빌어 수녀원 학교나 가정에서 받은 성교육을 설명하는 데 비해, 『동 부그르』는 남자가 주인공이다. '부그르'(bougre)는 경멸의 뜻을 함 축한 말로 '녀석'쯤으로 옮길 수 있으며, 그 앞에 붙은 '동'은 성직자 앞에 붙이는 말로서 '님'쯤 되겠다. 지금부터 조금 길지만 이야기의 줄 거리를 소개하기로 한다.

동 부그르의 본명은 사튀르냉이었다. 그는 어린 시절부터 자기를 길러준 어미(투아네트)와 이웃의 수도원 경리계 신부(폴리카르프)가 하는 짓을 훔쳐보게 된 뒤 성에 눈뜨게 되었다. 사튀르냉은 누나인 쉬종에게 자기가 배운 짓을 써먹으려고 몇 번 시도하다가 누이가 이미 그 일에 대해 지식을 갖고 있음을 알고 놀란다. 쉬종은 이웃 마을에 사는 대모(마담 댕빌)의 집에 얹혀살다가 본가를 방문하러 온 참이었다. 사튀르냉은 쉬종을 따라서 마담 댕빌의 집에 갔다가 마담과 관계를 맺게 된다. 그 뒤 사튀르냉은 쉬종이 집에 올 때마다 계속 시도를 하지만 기회가 좀처럼 오지 않는다. 이제 투아네트와 폴리카르프가 사튀르냉과 쉬종이 같이 앉아 있는 밥상에서도 그 밑으로 노골적으로 애무하게 되자 사튀르냉은 더욱 몸이 단다.

사튀르냉은 쉬종이 왜 자기 요구를 거절하는지 듣게 된다. 쉬종은 임신에 대해 두려움을 느낀다고 말한다. 사튀르냉은 그녀가 수녀원에 1년간 있을 때 겪은 이야기를 듣게 된다. 쉬종은 수녀원에 있을 때 모니크 수녀로부터 성에 대해 눈뜨게 되었다고 말해준다. 모니크의 어머니는 네 번째 남편을 잃은 뒤 그 수녀원에 몸을 맡겼는데, 바로 이 때문에 모니크도 거기 있게 되었다. 모니크는 쉬종에게 자기가 겪은 이야기를 들려주었다. 엉큼한 신부가 고해를 들으면서 몸을 흔들더니 정액이 묻은 손으로 자신을 만진 얘기, 그 수녀원의 수녀들이 각좆을 이용한다는 충격적인 얘기를 쉬종에게 들려주었다. 특히 모니크는 베를랑 수녀의 남동생을 사모하게 되었고 그것이 자기의 불행이었다고 쉬종에게 말했다. 어느 날 모니크는 그를 그리다가 잠들어 꿈속에서 베를랑과 즐거움을 나누게 되지만 깨고 보니 엉큼한 신부 제롬의 하인(마르탱)이 그녀를 범하고 있었고, 그 뒤 아기를 갖게 되었다는 것이다.[208]

사튀르냉은 쉬종을 다시 유혹한다. 그는 누이를 데리고 자기가 어미의 간통을 지켜보던 방으로 가서 기다린다. 잠시 뒤 사튀르냉을 길러준 아버지 앙브루아즈의 방에 투아네트와 폴리카르프 신부가 들어온다. 둘은 이들이 옆방에서 자신들을 훔쳐보는 줄 모른 채 즐긴다. 사튀르냉은 쉬종에게 그 광경을 보여주면서 유혹하다가 마침내 성공한다. 그러나 아이들은 신부와 어미에게 들킨다. 어미와 아들과 딸이 한방에서 발가벗은 채 서로 바라보는 광경이 펼쳐진다. 거기에 폴리카르프 신부가 발가벗은 채 들어선다.

투아네트는 아들을 데리고 자기 방으로 간다. 투아네트와 사튀르냉은 서로 탐한다. 사튀르냉은 이때를 가리켜 "나는 추정상의 내 아버지를 오쟁이지게 만들었다. 그런데 그게 무슨 상관이람?"이라고 말한다. 그런데 갑자기 투아네트가 옆방으로 간다. 옆방에서 폴리카르프 신부가 쉬종을 데리고 노는 것을 저지하기 위함이었다. 사튀르냉은 이번에는 아버지의 방에서 자기의 방을 엿보게 된다. 기름진 신부가 자기 누이를 데리고 벌이는 음탕한 짓을 훔쳐보는데, 투아네트가 그들을 막는다.

사튀르냉과 쉬종이 한창 일을 저지를 때 벽에 끈으로 달아맨 침대가 떨어지는 바람에 투아네트에게 들켰듯이, 이번에는 폴리카르프 신부가 크기도 맞지 않는데 일을 성사시키려고 시두는 바람에 소리가 나서 투아네트에게 들켰다. 그러나 신부는 조금도 당황하지 않고 투아네트의 약점을 건드린다. 신부는 투아네트에게 '딸을 건드리지 못했으니 어미라도 건드려야지'라고 말했다. 이 모욕적인 말을 듣고도 투아네트는 신부에게 좋은 낯으로 달려들었다. 그들은 서로 흠뻑 적셨다. 신부의 흥분과 투아네트 엉덩이가 긴장하는 것으로 그렇게 짐작할 수 있었다.

이제 신부와 어미는 사튀르냉의 장래를 의논한다. 이렇게 해서 사튀르냉은 그곳 마을의 사제가 운영하는 기숙학교에 들어가게 된다. 그는 사제관을 보자 겁이 덜컥 났다. 왜냐하면 사제는 전에도 몇 번이나 사튀르냉을 '뒤'로 방문했기 때문이다. 사튀르냉은 이번에도 이 사제가 오락을 위해서 자신을 데려간 것이 아닌가 겁을 먹었지만 곧 안심했다. 투아네트는 사제에게 사튀르냉을 며칠만 맡아달라고 부탁했기 때문이다. 사튀르냉은 그 기숙학교에서도 모험을 한다. 사제관의 여집사, 그리고 사제의 조카라고는 하지만 딸인 것 같은 아가씨와 벌이는 모험이 잠깐 동안의 기숙학교 생활을 장식한다. 그는 쉬종을 만나러 다니다가 쉬종의 대모인 댕빌 부인과 계속 관계를 가진다. 이 같은 사실을 아는 쉬종은 질투를 하고, 자꾸만 병들어간다.

사튀르냉이 댕빌 부인에게서 눈을 돌릴 수 없는 이유가 있었다. 마담 댕빌은 능수능란했기 때문이다. 그녀는 사튀르냉이 무기력해지면 흰 액체를 발라서 다시 기운을 솟게 해주고, 진탕 쾌락을 나눈 뒤 사튀르냉이 다시 약을 발라 달라고 보채자 죽음과 쾌락을 맞바꿀 수는 없다고 자제토록 한다. 사튀르냉은 이튿날 다시 오고 싶어 하지만, 마담 댕빌은 사흘 뒤에 보자고 한다. 회복 시간을 충분히 주려는 것이다. 그러면서 액체를 꺼내던 상자에서 이번에는 정제를 꺼내 먹인다.

기숙학교 생활도 어린 시절 투아네트와 폴리카르프의 짓을 훔쳐본 뒤 치마만 두르면 '굶주린 성직자'처럼 흥분하게 된 사튀르냉에겐 더 없이 좋은 기회가 되었다. 그는 사제의 딸로 의심되는 니콜까지 손에 넣었다. 그는 이제 기숙학교를 떠날 때가 되었고, 이로써 1부가 끝난다.

"나는 새로운 길로 들어섰다. 신자들이 경건한 마음으로 풍부하

동 부그르의 본명은 사튀르냉이었다.
그는 어린 시절부터 자기를 길러준 어미(투아네트)와
이웃의 수도원 경리계 신부(폴리카르프)가 하는 짓을
훔쳐보게 된 뒤 성에 눈뜨게 되었다.

게 먹여 살리는 이 신성한 사람들의 수를 보태는 운명을 타고난 나는 이 신분에 걸맞도록 가장 다행스러운 체질을 자연으로부터 받았으며, 내 경험은 벌써 자연의 선물을 완성시키는 일을 시작하고 있었다."

사튀르냉은 2부 첫머리를 이렇게 시작한다. 그는 자기가 태어난 곳으로 가게 된다. 그곳은 그를 길러준 아버지 앙브루아즈가 일하는 수도원이다. 거기서 그는 수많은 수도 성직자를 관찰한다. 하루에 10병을 마시지 않고는 잠을 못 이루는 셰뤼뱅 신부, 오만하면서도 몸에는 법의를 걸치고 허리를 동아줄로 묶어 겸손한 척하는 모데스트 신부, 겉으로는 온화한 척하고 늘 하늘을 향해 깊이 생각하는 것 같아도 속인의 아내를 탐하는 보니파스 신부, 언제나 남의 지갑을 노리는 일레르 신부…… 이들은 사튀르냉의 눈에 사람이 아니라 '동물'이었다.

"그들은 사사로운 이익을 위해서 서로 미워하고 경멸한다. 서로 물어뜯는 그들은 외부의 여자들에 의해서만 기분을 바꾼다. 그들은 겉으로만 그럴 듯하게 꾸미고, 정신은 별로 꾸미지 않는다. 수도 성직자들은 파벌, 도당, 음모의 장군을 선출해야 마땅하다. 그들은 외치고, 뛰고, 선동하고, 치고받고, 서로 죽인다. 그들은 속세에서 외도를 하고, 신자의 지갑을 노리며, 미신을 조장하는 행위를 발명한다. 그들은 공동의 목적을 위해 함께 노력한다. 윗사람의 명령에 순종하는 그들은 윗사람의 깃발 아래 모이고, 강단에 올라 기도하고 어리석은 사람을 훈계하고 설득하고 이끈다. 어리석은 신자는 그들의 변덕에 맹목적으로 따라다니고, 그 변덕을 행동 지침으로 삼는다."

사튀르냉은 성직자의 옷이야말로 그들이 쾌락의 신전으로 자유롭게 드나들 수 있도록 만들어주는 옷이라고 말한다. 성직자 옷을 입으면, 그 속에서 무슨 일이 일어나는 줄 남들이 모르게 할 수 있다. 그 옷은 가장 쉽게 쾌락의 신전으로 데려다 주는 옷이다. 그렇기 때문에 그는 기꺼이 그 옷을 받아 입었다고 말한다.

사튀르냉은 셀레스틴회 수도사가 된 뒤 쉬종의 소식을 더 이상 듣지 못하게 된다. 쉬종은 마담 댕빌의 집에서 나간 뒤 소식이 끊겼기 때문이다. 사튀르냉은 쉬종을 생각하면 가슴이 아파왔다. 그럴수록 그녀가 그리워졌다. 그는 욕망을 주체할 길이 없어 자위행위를 했다. 그런데 어느 날 그와 별로 친하지 않던 신부 앙드레가 불쑥 문을 열고 들어와 그 장면을 보고는 놀린다. 그러더니 앙드레 신부는 사튀르냉처럼 모범적인 수도사요 독수리처럼 신학을 수호하는 인간이 이처럼 실제 살아 있는 인간임을 미처 몰랐다고 하면서 자기들의 모임으로 안내한다.

앙드레는 남들이 모두 자는 한밤중에 사튀르냉을 교회로 데려간다. 거기서 사튀르냉은 고기와 술을 가득 차려놓고 모인 사람들을 만난다. 수도 성직자 3명, 신학생 3명, 그리고 열여덟에서 스무 살 사이의 처녀 한 명을 만났다. 이 무리의 우두머리는 카지미르 신부였다. 카지미르는 사튀르냉을 반갑게 맞이하면서, 이미 앙드레 신부에게 들어서 알겠지만 자기네는 교접하고 먹고 웃고 마시는 일을 하기 위해서 모였다고 말한다. 거기 참가한 아가씨는 카지미르 신부의 조카인 마리안느였다. 수도원의 문지기는 평소 카지미르 신부를 존경했기 때문에 이 무리가 한밤중에 교회에 모이는 데 아무런 어려움이 없도록 도와주었다.

사튀르냉은 수도원의 남색가 집단에서 마리안느와 눈이 맞았다. 이를 본 카지미르는 자기 조카딸을 데리고 놀되, 자기에게 항문을 바치라고 한다. 마리안느가 눕고, 그 위에 사튀르냉이 올라타고, 그의 항문에 카지마르가 들어가고, 셋은 잘 놀았다. 카지미르는 아담 시대부터 예수회에 이르기까지 모든 남색가를 안다. 그는 남색 예찬론을 편다.

수도원에 온 지 9년 만에 드디어 신부가 된 사튀르냉이 첫 미사를 마치자, 원장신부가 저녁을 먹자고 부른다. 원장은 그에게 일장 연설을 한다. 수도 성직자는 모두 남자며, 수도원에 들어올 때 성기를 자르지 않았기 때문에 자연이 준 능력을 사용하는 것은 당연하다고 말한다. 그들은 '수영장'을 이용한다. 수영장이란 수녀가 있는 구역이었다. 수도사들은 가끔 욕망을 만족시키려고 이곳을 찾아가 수녀들과 질탕하게 놀았다.

저녁에 원장의 방에 모여 수영장에 처음 간 사튀르냉은 가브리엘 수녀에게 욕망을 느끼지만 선뜻 성교를 할 마음이 나지 않았다. 그는 그 수녀가 자기를 낳은 어머니라는 사실을 알게 되었던 것이다. 그러자 한 수도사가 성경을 들먹이면서 일장 연설을 한다. 성교란 무엇인가? 그것은 남자와 여자의 결합이다. 이 결합은 자연스러운 것이거나, 아니면 자연이 금지하는 것이다. 남녀가 모두 마음속에 누를 길이 없는 애정을 느낀 나머지 상대방에게 이끌리는 일은 사실이기 때문에 그 결합은 자연스럽다. 그러므로 자연의 의도는 남녀가 서로 그 애정을 만족시킬 수 있도록 만들어주는 것이라 할 수 있다.

그러한 증거는 성령이 받아쓰도록 불러준 책에서 끌어낼 수 있다. 하느님은 우리의 첫 조상에게 자손을 번성하게 하라고 말씀하셨다. 그런데 그들은 단둘뿐이었다. 그렇다면 하느님은 어떻게 자손을 퍼뜨리라고 했던 것인가? 아담 혼자서 이 땅에 사람을 퍼뜨리기에 충분했던가? 아담은 딸을 여럿 낳아 그들과 성교했다. 이브는 아들을 여럿 낳고, 그들은 자기 아버지가 자기 누이들과 했던 일을 그녀들과 함께했다. 그들이 기회가 올 때까지 서로 했던 일은 바로 이 같은 일이었다.

연설을 한 신부는 벌써 발기한 채 방 안의 수녀들에게 위협적으로 성기를 들이대면서 다녔다. 한 수녀가 제안을 했다. 사튀르냉이 비겁하게 구니까 그 벌로 그를 엎드리게 하고 그의 등에서 가브리엘과 그 신부가 성교를 하도록 하자는 제안이었다. 사튀르냉은 자신도 그 제안을 한 수녀와 성교를 하는 조건을 달면서 그 말에 동의했다. 이리하여 사튀르냉의 어머니 가브리엘 수녀와 신부, 사튀르냉과 다른 수녀, 이렇게 두 쌍이 함께 성교를 했다.

사튀르냉은 그 뒤에도 수녀들과 집단 성교를 한다. 그러나 어느 날 사튀르냉은 무기력해진다. 수녀들은 그를 소생시키려고 무진 애를 쓴다. 그가 쇠약해진 뒤 사려 깊은 시미옹 신부의 충고를 듣게 된다. 시미옹 신부는 사튀르냉에게 여신도를 사귀도록 하라고 충고한다. 그들은 아주 새주가 좋기 때문에 사뒤르냉에게 좋은 치료사가 될 거라는 말이었다.

시미옹 신부는 사튀르냉이 고해신부가 되어 여신도를 어떻게 이끌어주어야 하는지 방법을 구체적으로 일러준다. 사튀르냉은 고해신부로서 여신도를 맞이하여 업무를 수행했다. 그는 벌써 정력이 회복되는 것을 느낀다. 이느 날 그가 수도원 밖으로 나갔다가 왔을 때 문지기는 여신도가 두 시간 전부터 그를 기다리고 있노라고 말해줬다. 그는 여신도를 보러 뛰어갔다. 여신도는 그의 앞으로 뛰어와 발치에 쓰러지며 눈물을 펑펑 쏟았다.

사튀르냉은 그녀를 위로하면서 어느 틈에 그녀의 옷을 벗기고 있었다. 그는 그녀의 가슴을 만지고, 그녀와 입을 맞추다가, 그녀를 안고서 자기 방으로 간다. 그는 자기 방에서 그녀를 완전히 벗기고 만

카지미르는 자기 조카딸을 데리고 놀되,
자기에게 항문을 바치라고 한다.
마리안느가 눕고, 그 위에 사튀르냉이 올라타고,
그의 항문에 카지마르가 들어가고, 셋은 잘 놀았다.

지는 데, 그녀는 정신을 차리고 그를 밀어낸다. 그러나 사튀르냉은 그녀의 저항에 힘으로 맞서면서 자기 욕심을 채우려 한다. 마침내 그녀도 사튀르냉의 몸짓에 몸을 맡기고, 둘은 계속 즐긴다. 둘은 달콤하게 잠들었다가 깨어난 뒤, 사튀르냉은 그녀에게 슬퍼한 이유를 묻는다.

그녀는 자기 처지를 이야기하는데, 사튀르냉은 그녀가 자기 누이 쉬종과 함께 있던 모니크 수녀가 아닐까 의심하게 된다. 사튀르냉은 쉬종이 말해준 모니크 수녀의 신체적 특징을 은밀한 곳에서 확인한다. 모니크 수녀는 자기가 겪은 이야기를 들려준다. 그녀는 자기가 사랑하던 베를랑을 가까이 두기 위해 자기 어머니와 결혼을 시키려고 노력한다. 거기에 동의한 베를랑은 모니크와 몰래 만난다. 그런데 어느 날 모니크 수녀는 밖에 나갔다가 예쁜 여자를 만나게 되어 자기 몸종으로 데려온다. 그러나 그 몸종은 사실 여장을 하고 그녀에게 접근한 마르탱이었다.

모니크는 마르탱에게 베를랑에 대해 말한다. 마르탱은 모니크를 사랑했기 때문에 모니크를 베를랑과 공유하는 데 대해 별로 싫어하지 않았다. 모니크는 밤낮으로 나누어 두 사람을 만났다. 베를랑은 낮에 오고, 마르탱은 저녁에 모니크를 차지했다. 그런데 마르탱이 여장을 하고 지낸다는 사실을 베를랑은 모르고 있었기 때문에 일이 벌어졌다. 마르탱과 모니크가 나른해져서 침대에 누워 있는 장면을 베를랑에게 들키고 말았던 것이다. 베를랑은 이 장면을 보고 화를 내고, 이윽고 마르탱과 싸움을 벌인다. 당황한 모니크는 그 길로 거기서 도망쳐 나와 사튀르냉에게 온 것이다.

사튀르냉은 모니크의 연인들이 어떻게 되었는지 알아보려고 마음먹고, 모니크를 자기 방에 숨겨준 뒤에 마을로 돌아다녔다. 베를랑이 있는 근처까지 갔으나 별 소득이 없이 돌아오는 길에 앙드레 신부가 보낸 심부름꾼을 만난다. 사튀르냉이 자기 방에 모니크를 감춰두었다는 사실이 발각났기 때문에 수도원이 발칵 뒤집혔고, 사튀르냉이 돌아오는 길로 위험에 빠질 테니까 앙드레 신부는 심부름꾼에게 그 소식과 함께 돈을 마련해주며 도망치길 권유했다.

이렇게 해서 사튀르냉은 그길로 수도원을 향하던 발걸음을 돌린다. 그는 먼저 자기가 자란 집으로 간다. 거기서 아버지 앙브루아즈는 보지 못하고, 오직 투아네트만 만난다. 그녀에게 자기에게 닥친 불행을 설명해주니, 그녀는 앙브루아즈가 입던 옷을 내주면서 갈아입게 한다. 평복으로 갈아입은 사튀르냉은 파리로 향한다. 파리의 골목길에서 그는 유혹의 손길을 받는다. 음식을 사달라는 여인의 뒤를 따라서 어둑하고 음침한 골목길을 돌아 신변에 위험을 느끼면서도 내친 김에 어떤 집까지 들어간 그는 자리를 잡고 앉았다가 한구석에서 뜻밖에 쉬종을 만난다.

쉬종은 남동생을 보자 기절하고, 이처럼 소란스러움에 안쪽에서 뚜쟁이 노파가 나온다. 사튀르냉은 쉬종의 정신이 들자 지나온 이야기를 주고받는다. 쉬종은 사튀르냉이 마담 댕빌과 즐거움을 나누는 나날이 가장 불행한 때였다고 회상하면서, 그가 사제의 기숙학교에서 소란을 피우고 도망쳤을 때 자기에게 더 큰 불행이 닥쳤다고 말한다. 마담 댕빌은 파리에서 그녀를 따라온 피요 신부와 같이 지냈는데, 이 피요 신부가 사튀르냉이 도망친 뒤 그의 침대에 숨어 있다가 쉬종이 오자 그녀를 범하려고 했던 것이다. 그리하여 쉬종은 마담 댕빌의 집에서 나와 여러 곳을 돌아다니다 결국 파리의 사창가로 흘러들었다.

사튀르냉은 쉬종과 오래간만에 달콤한 하룻밤을 보내고, 둘은 다시는 헤어지지 말자고 서로 다짐한다. 그러나 행복한 순간은 금세 깨졌다. 갑자기 순찰대가 들이닥치면서 순식간에 사튀르냉을 잡아 묶어 데리고 나가는 통에 둘은 다시 헤어진다. 사튀르냉이 정신을 차려보니 침대에 누워 있었다. 사람들에게 자신이 어디 있는지 물으니 비세트르 수용소라고 말해준다. 그는 쇠약해질 대로 쇠약해졌기 때문에 수용되었다. 그는 매독을 앓고 있었던 것이다.

사튀르냉은 날이 갈수록 더욱 쇠약해졌다. 결국 병원에서는 마지막 수술을 하기로 결정했다. 고통스러운 수술을 받은 뒤, 그는 가장 아픈 곳에 손을 대봤다. 그러고는 자신이 더 이상 남자가 아님을 알게 되었다. 그는 병원이 떠나가라 소리를 지르면서 현실을 받아들이려 하지 않다가, 결국 제정신이 들면서 자신의 처지를 욥에게 비유한다. 그러나 다시금 회한에 사무친다. 이 세상에서 여자들에게 가장 사랑받던 사튀르냉은 자신에게서 가장 훌륭한 부분을 잃어버렸다는 슬픔을 뼈저리게 맛보았다.

다행히 사튀르냉은 건강을 회복했다. 그는 병이 나은 뒤 자유의 몸이 된다. 그 기쁨은 곧 큰 슬픔으로 사라진다. 쉬종이 죽었다는 소식을 들었기 때문이다. 사튀르냉은 파리의 남쪽에 있는 수도원으로 가서 문을 두드린다. 수도원에서는 그를 반갑게 맞이하여 당분간 일을 맡기지 않다가, 결국 문지기 자리를 준다. 그리하여 샤르트뢰 수도원 문지기로 살다가 죽은 그의 묘비에 사람들은 "성교를 하고, 성교를 당한 동 부그르가 여기 누워 있노라"(Hic situs est DOM-BOUGRE, fotutus, futuit)라고 새겼다.

지금까지 보았듯이 동 부그르 이야기는 실로 반문화적이요, 반역사적인 이야기라 할 수 있다. 모든 전통적 가치관을 뿌리째 흔들고 있기 때문이다. 특히 앙시앵 레짐의 사회에서 제1신분인 성직자의 쾌락주의를 노골적으로 묘사한 것은 그 사회의 밑동을 허물어뜨리는 작업이라 아니할 수 없다. 당시의 절대군주제의 사상적 배경마저 흔들어 놓은 이 같은 작품이 당시 사람들에게 어떤 방식으로 읽혔을지 자료가 제대로 남아 있지 않아서 안타까울 뿐이다. 다만 경찰이 보는 족족 압수했음에도 이런 책들을 서적상은 틈나는 대로 재발간했다는 사실로 미루어 당시 사람들이 즐겨 찾은 책이었음을 부인할 수 없다.

자크 루이 메네트라의 여가생활

1738년 파리에서 유리장인의 아들로 태어난 자크 루이 메네트라가 남긴 "자서전, 내 생의 일지"(Journal de ma vie)[209]는 참 흥미롭다. 프랑스 문화사가 다니엘 로슈(Daniel Roche)는 이 문서를 발굴하여 정리하고, 해설을 붙여 발간했다. 미국에서도 이 자서전을 번역하고, 로버트 단턴(Robert Darnton)이 서문을 써서 출간했다. 그 뒤, 프랑스어 판에도 단턴의 서문이 함께 발간된다.

이 "일지"를 읽으면, 파리의 서민이 아무런 형식도 모범으로 삼지 않고, 자기만의 문체로 솔직하게, 그러나 자신이 저지른 잘못도 과장해서 유쾌하게 털어놓는 모습을 보면서 미소를 짓게 된다. 여성에게 무조건 인기가 있고, 자신이 편먹으면 거의 다 이기고, 남의 아내나 창녀를 가리지 않고 소유하며, 때로는 수녀에게 마음을 두고 그의 '남편'인 아기 예수에게 질투를 느끼는 '귀여운 악동'의 모습을 보면서 웃지 않을 사람이 있을까? 살면서 부인의 속을 썩여, 부인이 다른 가족과 짜고 그를 수용시설에 넣으려고 모의했지만, 그는 권총을 빌려다 놓고 가장의 자리를 지켜냈다.

여기서 우리는 그가 남긴 기록 가운데 일부만 조금씩 발췌해서 읽어 보려 한다. 파리에서 유리가게를 운영하고, 일과 여가를 즐겁게 뒤

섞는 모습은 거품과 허풍을 걷어내고 읽어도 재미있다. 계몽사상가 장 자크 루소와 함께 산책하고, 카페에 들어가 장기도 두고, 마른하늘에 번개처럼 예상치 못한 상태에서 혁명이 일어나자, 일상생활에서 정치생활이 중요한 몫을 차지하게 된 파리 서민 메네트라는 자서전을 남겼다는 점에서 아주 예외적인 서민이겠지만, 평범한 가장이 살아가던 방식을 전해주는 아주 흥미로운 인물이다. 그는 일찍이 어머니를 여의고 할머니 손에서 자랐다. 그는 할머니를 '엄마'(maman)이라고 불렀으며, 다 자라서는 포주를 '엄마'라고 불렀다.

일요일이었어요. 저녁을 먹고 집 앞에 있는데 루소(장 자크) 선생이 지나가시더군요. 손을 흔들었죠. 선생은 내 손을 다정하게 잡아주더군요. 악수를 하더니, 그게 내 집이냐고 물으시더군요. 나는 한 바퀴 구경시켜 드렸죠. 선생은 내게 산보나 하지 않겠냐고 하셨죠.

"저도 마침 나가려던 참이었는데요."

"그럼 어느 쪽으로 가시려구?"

"샹젤리제로 나가 테니스를 치는 구경이나 하려고 했는데요."

"그거 재미있겠군. 나도 데리고 가주시겠소?"

우리는 함께 걸었습니다. 선생은 늘 그렇듯이 근심스러운 표정을 지은 채 나무 한 그루 한 그루를 세심하게 살펴보면서 깊이 생각하는 모습이었습니다. 내게는 별로 말씀을 하지 않으신 채.

* * *

어느 날, 내 옛 친구 뷔시(Bussie)가 상관의 심부름을 왔더군요. 경찰서에 등을 달려는데 만들어주겠느냐면서, 채색유리에 문양을 넣어야 한다고 말하더군요. 나는 뷔시를 따라가서, 등 하나에 30프랑을 받아야겠다고 흥정했죠.

뷔시 상관의 아내는 우리에게 마실 것을 주었고, 내 가게가 어디 있느냐고 물었습니다. 아무데라고 대답해주고는 거기서 나왔죠.

며칠 뒤, 뷔시가 상관의 아내와 함께 내 가게에 왔습니다. 내가 등을 만드는 것을 보고 싶다고 하더군요. 나는 도안대로 잘라 내고 기름칠을 한 유리 조각을 보여주었더니, 만족한 표정을 짓더군요. 그 여자는 옷을 잘 입었어요. 한때 거리의 앵무새(창녀)였죠. 그는 내게 한 잔 사겠다고 했어요. 뷔시는 자기가 상관의 아내와 얼마나 친한지 얘기해주었습니다. 우리는 함께 점심을 먹었어요.

* * *

일요일, 나는 친구 공보(Gombeaut)와 함께 포부르 생탕투안으로 바롱(Baron)을 만나러 갔지요. 뱅센 숲을 가로질러 가는데, 우리 앞에 젊은 남녀가 보금자리를 만들고 그 짓을 하고 있더군요. 우리는 그가 땅에 꽂아 놓은 칼에 조심하면서 다가섰죠. 나는 그에게 이렇게 말해주었습니다.

"부디 자손만대까지 번성하여라."

방해를 받은 젊은이는 우리에게 욕설을 퍼부으면서 칼을 들었습니다. 공보는 칼을 빼들고 설치는 그에게 바보처럼 달려들었죠. 우리는 그 젊은이가 건방지게 군 것을 후회하게 만들었습니다. 둘이서 아가씨를 덮쳤죠. 아가씨를 빼앗기고서도 그 바보는 감히 우리에게 다가서지 못하더군요. 우리는 아가씨에게 협조해줘서 감사하다면서 그를 놀려주었어요.

며칠 전, 우리는 함께 술을 마셨죠.

"우리는 친구야, 형제 같은 친구야. 아니, 형제가 되어야 하지."

그러나 술값이 떨어졌어요. 그런데 친구, 아니 형제끼리 술을 마시는데 아까운 게 무엇이 있겠어요. 둘 다 은제 구두 장식을 팔아서 여자를 끼고 자려고 갔죠. 여자 한 명을 둘이서요. 그러고 나서 서로 바라보면서 말했어요.

"이제 우리는 한 가족이며, 쌍둥이야."

*　*　*

일요일, 나는 공보와 샤론으로 갔지요. 뱅센 가로수길(avenue de Vincennes)에 있는 선술집 '타블 드 피에르'(피에르의 밥상)에 들어갔어요. 거기서 내 매제가 한때 나와 만나다 소식이 끊어진 과부와 어울리는 것을 보았죠. 과부의 낯빛이 캄캄해지더군요. 매제가 쩔쩔매면서 말하더군요.

"형님, 난 형님 성격 잘 알아요. 내게 악감정 갖지 않을 거죠?"

이번에는 과부가 나를 한편으로 불러냈어요.

"당신 내 불행을 잘 알죠? 내가 당신과 함께 했다면, 옛날 꼴을 벗어버리지 못했을 테죠."

내가 대답해주었어요.

"나 때문에 당신이 불행해진 것은 아니지. 우리 둘 중 한 사람이 너무 빨리 일어났고, 다른 사람은 너무 일찍 일어났다는 것이 문제지. 이제 잊어버리자구."

매제가 끼어들었어요.

"난 형님이 손을 뗐기 때문에 이 과부를 만났어요."

"자네, 내 성격 잘 알 테니, 크게 마음 쓰지 말게. 나는 사랑에는 질투해 본 적이 없는 사람이야. 단 잘못에 대해서는 솔직했지만."

"잘 알겠어요, 형님. 난 바롱을 기다리고 있었어요. 우리는 불꽃놀이를 하려던 참이었어요."

나는 매제에게 마지막으로 이렇게 말해주었습니다.

"단 한 가지 걱정거리가 있어. 가족들은 내가 자네에게 여자를 소개해주었다고 말하겠지. 특히 내 동생 성격을 잘 아니까 그게 걱정이란 말이지."

* * *

내가 남의 집에서 일할 때였죠. 샤랑통에 있는 가게였어요. 그러니까 가게 주인은 파리 조합원이 아니었죠. 어느 날 아침, 동료 기술자 제롬과 내가 함께 일을 하는데, 어떤 여인이 찾아와 창에 유리를 끼워달라고 했습니다. 나는 그 여인을 따라가서 크기를 쟀죠. 여인은 내게 말했어요.

"빨리 끼워주실 거죠?"

나는 곧바로 가게로 갔다가 돌아가서 일을 마쳤어요.

"얼마죠? 들어 와서 돈 받아가세요."

여인을 따라 들어가니 침대에 어떤 여인이 누워 있었습니다. 내가 무심코 가까이 갔을 때, 그는 내 목을 힘껏 끌어안더니 소리를 질렀어요.

"내게 입맞춰줘요, 내 입에 재갈을 물려줘요."

내가 억지로 그를 떼어 놓고 밖으로 나갈 때, 거기서 세 여인이 지켜보다가 깔깔대고 웃더군요.

그들의 웃음소리가 하도 커서 잘 들리지 않았지만, 낮은 소리로 끙끙 앓는 소리가 들리더라구요. 나는 돈도 받지 않고 도망쳐 나왔습니다. 다시는 발을 들여놓고 싶지 않더군요. 가게로 돌아가 내가 겪은 이야기를 하면서 몸서리를 쳤죠. 어떤 여인이 내게 한 잔 하라고 24수를 가져다주면서 웃음을 멈추지 못하더군요. 나도 배꼽 빠지게 웃었죠. 앞으로는 그런 식으로 잡히지 않을 거라고 맹세했죠.

* * *

월요일 아침, 친구들을 만나러 가는 중이었죠. 입시세관 앞에서 포도주 상인의 견습공 여섯이 유리 기술자를 끌고 가더군요. 내가 잘 아는 기술자였지만, 그들이 내게 물을 때 나는 모르는 사람이라고 말했죠.

"나 그 사람 모르겠는데. 아무튼 무슨 일이요?"

"아 글쎄, 이놈이 주석 접시 네 개를 훔쳤소. 그래서 경찰에 넘기려고 끌고 가는 거요."

"뭐 그만한 일로 한 사람 신세 조질 일까지야 있겠소? 보아하니 그 사람 아내와 자식도 있는 것 같은데, 그저 엉덩이나 몇 대 발로 차고 보내주시오."

일부는 그렇게 할까 하는데, 또 일부는 굳이 경찰에 넘겨야 한다고 주장했습니다.

"그러다가 오늘 하루 종일 허비하겠소. 경찰에 넘긴다고 끝날 거 같소? 당신들도 함께 남아 질문에 대답해야 할 거요. 참으로 성가신 일이지요."

그들은 유리 기술자를 마구 때린 뒤 놓아 주었습니다. 그는 내게 고맙다는 눈길을 보내더니 도망쳤습니다. 나는 우리 동료들을 데리고 식료품상으로 가서 술을 사서 기분 좋게 한 잔씩 돌렸지요.

* * *

길을 가는데 옛날 내 옷을 빨아주던 여인을 우연히 만났어요. 자기 남편은 마구를 만드는 기술자라고 하더라구요. 그는 나를 친절히 대해주더니, 자기가 그라빌리에 거리(rue des Gravilliers)에 사는데, 집 구경이나 가자고 하더라구요. 들어가다가 이웃에 사는 여인을 만났는데, 그에게 나를 소개하더군요.

"내가 말하던 그분이야."

이웃집 여인을 뒤로 두고, 우리는 방으로 들어가자마자 잠금장치를 두 번이나 돌려서 문을 잠그고, 가장 흥미로운 대화에 흠뻑 빠져들었답니다.

그런데 갑자기 문을 세게 두드리는 소리가 나서 깜짝 놀랐지요. 집주인이 돌아왔던 거죠. 사냥개가 킁킁 거리면서 문을 쾅쾅 두드리는 주인 냄새를 맡더니 컹컹 짖어댔어요. 나는 개가 짖건 말건 상관하지 않았죠. 주인은 이렇게 외쳤어요.

"분명히 마누라가 안에 있어. 마누라, 문 열어."

그러나 안에서는 대답하지 않았습니다.

이웃 아낙이 문을 열더니, 그에게 말하는 소리가 들리더군요.

"당신 마누라 집에 돌아오는 걸 못 봤어요. 그렇게 떠들지 말고 진정해요."

"아니, 분명히 안에 있어요. 안에서 개가 짖고 있잖아요. 문을 안에서 잠갔는데, 안 열어주는 걸 보니, 분명히 마누라가 어디 다친 것이 틀림없소."

"그렇다면 열쇠공을 데려와요."

그런데도 집주인은 계속 문을 두드리자, 이웃에 사는 우리의 보호자는 이렇게 말했습니다.

"정 그러면 우리 집을 통해서 들어가 봐요. 두 집 사이의 문에 박은 못을 빼면, 당신 집으로 들어갈 수 있을 테니까."

집주인이 옆집으로 가서 못을 빼는 동안, 나는 들어갈 때와 달리 아주 조용히 쥐새끼처럼 빠져 나갔습니다. 나와 대화를 즐긴 여인은 개를 달래느라고 정신이 없었죠. 내가 나간 뒤로 문을 살짝 닫고 다시 잠그는 소리가 들렸습니다.

이튿날, 나는 다시 그 집을 찾아갔습니다. 이웃 아낙에게 물었죠.

"아무 일도 없었습니다. 의자 위에 정신을 잃고 쓰러진 척하는 마누라를 보고 남편은 모든 일을 좋게 이해했지요."

나는 그에게 고맙다고 인사했습니다.

"그러지 말고, 잠시 우리 집에 들어와 몸이나 녹이슈."

나는 그렇게 했죠. 그는 내게 포도주를 한 잔 권하면서 자기 비밀을 털어놓았습니다. 자기가 포도주 상인의 첩이라는 겁니다. 그래서 나는 원래 만나던 마구 기술자 마누라와 상관없이, 이번에는 포도주 상인의 첩과 함께 즐겁게 포도주 창고를 비우는 일을 했습니다.

* * *

생 드니 거리에 사는 상인 바티앙드(Vatiende) 씨가 최근 알자스 지방까지 장사하러 갔다 와서 내게 들렸습니다. 그는 보헤미아 지방에서 나오는 유리를 보여주면서, 자기가 수입해 올 테니 팔아보지 않겠느냐고 물었습니다. 나는 아내에게 의견을 물어보았지요. 아내는 반대했습니다. 나는 바티앙드 씨에게 이렇게 말해주었습니다.

"우리 집에는 나말고도 바지를 입는 사람이 또 있지요."

부부 사이의 주도권 싸움이야 모든 집에서 일어나는 일이죠. 모든 가정에서 여자도 바지를 입겠다고 설치는 일이 많지 않습니까? 더욱이 앞으로 우리가 가게를 낼 때, 아내의 지참금을 보태야 하기 때문에, 아내의 의견을 존중하는 것이 당연하죠.

* * *

당시에 내 아내와 숙부들과 사촌들은 나를 생 라자르 감옥에 보내려고 계획을 세우고 있었습니다. 내가 여자 친구를 많이 만나고 다녔기 때문이지요. 내 행실을 문제 삼아, 나를 교화하겠다고, 내 사촌이 청원서를 작성했습니다. 우리 아버지가 거기 서명하면 나는 갇힐 판이었습니다. 나는 곧바로 아버지 집으로 찾아갔죠.

부부 사이의 주도권 싸움이야 모든 집에서 일어나는 일이죠.
모든 가정에서 여자도 바지를 입겠다고 설치는 일이 많지 않습니까?

"아버지, 서명하지 마세요. 서명하지 않는 편이 이롭습니다."

그러고 나서 나는 경찰과 잘 아는 사람을 만났습니다. 사촌 슈니에도 만났죠. 나는 잠을 자지 못했습니다. 친구는 내게 권총을 주었습니다.

"이 권총을 함부로 쓰지 않고, 꼭 좋은 일에 쓸 테니 걱정하지 말게."

나는 이렇게 맹세하고 권총을 허리춤에 찔러 넣었습니다.

우리 아버지는 술 한 잔만 권하면 내게 해로운 일에 서명할 분이었지요.

나는 밤 열 시에 집으로 돌아갔습니다. 나는 배반자를 보았습니다. 나는 내가 그들의 꿍꿍이를 알고 있다고 말했죠.

"지금부터 우리 침대를 따로 씁시다. 만일 당신이 밤중에 일어나 문을 열면, 나는 누구든 저 문으로 처음 들어오는 사람의 머리통을 날려버리겠소."

그러고 나서 나는 권총을 베개 밑에 넣고 누웠습니다만, 잠이 오지 않았습니다. 마누라는 완전히 겁을 먹고 의자에 앉아 있었습니다.

아침이 되었을 때, 나는 우리 마누라를 앞장세워 그랑드 트뤼앙드리 거리로 나가서 사람들에게 내가 음모를 발각했다고 말했습니다. 마누라는 덜덜 떨면서, 내가 자기를 죽일지 모른다고 생각하는 듯했습니다. 나는 마누라를 안심시켰습니다.

"당신은 단지 사람들을 만나고 집으로 돌아가는 것뿐이야, 안심해도 좋아."

* * *

월요일 아침, 가발 제조인이 백포도주나 한 잔 하자고 나를 불렀어요. 우리는 반병짜리 셋을 나눠 마시고, 작은 빵 여덟 개를 나눠

먹었죠. 그 사람이 여섯 개나 먹고, 나는 겨우 두 개만 먹었죠. 일어서는데, 그가 머리가 아프다고 하면서, 신작로로 산보나 가지 않겠느냐고 하더라구요. 우리는 함께 나갔죠.

나는 내 동료의 아버지를 찾아갔죠. 그분이 필요하면 언제나 오라고 하셨거든요. 그분은 복권을 파셨는데, 마침 두 장이 남아 있었어요. 그날이 추첨일이었죠. 내가 한 장을 사고, 나머지 한 장을 가발장수가 샀죠. 내 번호는 1, 23, 84였어요.

복권을 주머니에 넣고, 우리는 함께 누벨 프랑스로 가서 점심을 먹고, 들판을 걸었어요. 어느새 프티 폴로뉴(술집)에 도착해 거기서 한잔 했죠. 그런데 당첨 번호를 외치는 소리가 들리더라구요. 복권을 꺼내들고, 세 번호 가운데 하나만 보고 농담을 했죠.

"와, 950리브르를 벌었군."

그러나 마지막 번호가 85였어요. 갑자기 기운이 쏙 빠지더군요. 나는 가발장수에게 물었어요.

"돈 좀 있어요?"

"6리브르밖엔 없어요."

나는 그 돈을 받았어요. 그리고 그 돈으로 저녁을 잘 먹고, 즐겁게 놀았어요. 그래도 셋 중 둘이라도 맞았잖아요. 우리는 상금을 타서 둘로 나눠 가졌어요.

집에 돌아오니, 마누라가 화가 나서 소리소리 지르더군요. 우리 둘다 가게를 비워두고 나가서 이제 오느냐구요. 가발장수 마누라가 열번도 더 찾아왔다구요. 호랑이도 제 말하면 온다더니, 마침 그가 다시 가게로 와서 남편을 마구 야단치더군요.

"도대체 당신 제정신이야? 일하다가 앞치마도 벗지 않은 채 모자도 안 쓰고 실내화만 끌고 나간 작자가 이 시간이 되도록 어디서 뭘

하다 나타난 거야!"

나는 우리가 밖에서 겪은 일을 재미있게 얘기해주니까, 가발장수 마누라뿐만 아니라 우리 마누라도 기분이 좋아졌어요. 가발장수 마누라는 남편과 함께 나가면서 내게 이렇게 말하더군요.

"앞으로도 종종 우리 남편을 데리고 다니세요."

* * *

나는 가끔 샹젤리제로 가서 테니스 경기를 보고, 때로는 나도 시합을 하기도 합니다. 마송(Masson) 씨가 마침 영국에서 돌아오는 길에 나를 보러 들렀습니다. 마송 씨 아버지는 우리 아버지 가게 맞은편에서 당구장을 경영했죠. 우리는 젊은 시절 함께 다니면서 그르넬생 토노레 거리의 테니스장에서 시합을 하곤 했지요. 그는 내게 말했어요.

"우리 시합 한 번 합시다. 한 팀이 여섯 명씩 해서, 첫 일요일에는 실외경기를 하고, 다음 일요일에는 실내경기를 하는 것으로 해요. 한 팀은 푸른 수건을 두르고, 상대방 팀은 붉은 색 수건을 두르고 시합하는 겁니다. 얼마 전, 오를레앙 공작과 콩데 공을 만났더니, 이긴 팀에 상금을 걸겠다고 약속하셨어요. 우리 팀은 당신하고 나하고 네 사람을 더 구하면 되겠지요."

나는 약속한 날 시합장에 나갔지요. 사람들은 나와 마송과 다른 네 사람에게 붉은 색 수건을 둘러주었습니다. 우리는 콩데 공의 편이었지요. 수백 명이 우리 시합을 보겠다고 기다리고 있었어요.

경기가 시작되었습니다. 마송이 백코트에 서고, 나는 두 번째 자리를 지켰지요. 나머지 네 명은 보충 요원이었죠. 우리는 첫 경기를 훌륭하게 이겼어요. 그러나 둘째 경기는 졌습니다. 양쪽이 하늘이 들썩거릴 정도로 응원했습니다. 마침내 우리가 이겼지요. 사람들은 모두 우리를 축하해주었습니다. 다음 일요일, 실내경기만 이기면, 상금은 우리 것이 되겠지요.

실내경기를 하는 날도 사람들은 많이 모여, 우리를 아주 극진히 떠받들었습니다. 나보다 조금 일찍 도착한 마송은 멍청하게도 상대편과 연습을 하면서, 자기 기술을 모두 보여주었습니다. 내가 그런 실수를 하면 어떻게 하냐고 했더니, 그는 그저 웃기만 했습니다.

경기가 시작되었고, 첫판을 졌습니다. 둘째 판에서 간신히 이겼고, 셋째 판은 오래 끌었습니다. 여러 번 동점이 되었지만, 마송이 혼자서 공을 가지고 놀다가 결국 지고 말았습니다. 내가 공을 맡겠다고 하는 데도 그는 무리하게 자기가 처리하다가 그렇게 되었습니다. 나는 화가 나서 채를 땅바닥에 집어 던지고, 곧바로 옷을 갈아입고 집으로 돌아가려 했습니다. 그러나 사람들이 나를 붙잡았습니다. 아주 훌륭한 음식이 기다리고 있었습니다. 아무리 좋은 음식도 기분 좋게 먹어야겠죠. 마송은 설욕전을 하겠다고 별렀습니다.

*   *   *

가이야르(Gaillard)는 제네바에서 온 시계장수입니다. 불꽃놀이용 폭죽을 만드는 유명한 예술가 뤼지에(Ruggier)가 절친한 친구라면서 내게 소개해주었습니다. 가이야르는 바지 앞 춤이 뜨거워지고 거북해지면 평소 친하게 지내던 수녀원(유곽)의 원장(포주)을 찾아가시요. 그가 자주 가는 곳이 여러 군데입니다. 거기 가서 시계를 팔기도 하고, 돈이 생기면 여자를 사기도 하지요. 일종의 물물교환을 하는 친구지요.

어느 날, 나는 그와 함께 펠리캉 거리에 있는 앙리에트 드 푸아시 집에 갔습니다. 그는 시계를 두 개 팔고, 돈을 받는 대신 저녁을 거하게 대접받았죠. 우리는 밥상에 둘러앉았습니다. 모두 여섯 명이었죠.

앙리에트는 자기 연인과 함께, 나와 가이야르도 각자 한 명씩 끼고 밥을 먹었어요. 내 짝은 결혼한 여자였어요. 가이야르는 내가 결혼한 여자에게 돈을 쓴다고 놀렸죠. 헛물을 켜지 말라는 말이었죠. 앙리에트는 내가 짝을 이룬 여성을 기분 나쁘게 만드는 부류가 아니라고 가이야르에게 말해주었죠. 앙리에트는 교활합니다. 나를 추켜세우면서, 자기가 보호하는 아가씨를 굶지 않게 만드는 재주가 있었죠.

* * *

내 친구 랑글루아는 생 토마 수녀원에서 일했습니다. 유리창의 납 창살을 고치거나 바꾸는 일이었습니다. 두 달쯤 일을 했는데, 수녀 원장이 내게 말하더군요.

"수녀원 안에 일이 있는데, 가게 주인의 허락을 받고 해줄 수 없어요? 일하는 동안 아주 잘 먹을 수 있습니다. 아침 여덟 시 출근해서 저녁 여섯 시에는 퇴근할 수 있고요. 매일 12수를 받아 가실 거구요."

나는 좋다고 했지요. 나는 규칙을 잘 따랐습니다. 내가 수녀들의 숙소로 들어가거나, 밥을 먹으러 나갈 때면 종을 울리라는 규칙도 있었죠. 내가 종을 치면, 그 아름다운 수녀들이 얼굴을 가린 채 내 얼굴을 보았죠. 나는 그들의 모습을 보면서 죽은 이들의 머리를 보는 듯이 재미를 느꼈습니다.

나는 수녀원에서 일을 했는데, 그 뒤로 약해져서, 항상 자고 싶었습니다. 그래서 일하러 가지 않았더니 친구 랑글루아가 내가 사는 집으로 찾아왔습니다. 재무계 수녀가 왜 내가 결근하는지 알아보라고 보냈다더군요. 나는 누군가 내 밥에 약을 타는 것 같다고 말했습니다. 하도 힘도 없고 아무 느낌도 없었기 때문이죠. 랑글루아가 돌아가 내 말을 전했더니 수녀는 이렇게 대답하더랍니다.

"나는 그런 일은 모릅니다. 아무튼 그가 다시 와서 일을 시작하면, 모든 것을 전처럼 해주고, 일을 마치고 돌아갈 때 술값으로 24수를 주겠다고 하세요."

그래서 다시 일하러 나갔지요.

어느 날, 나는 생 위르쉴라(Saint Ursula) 수녀와 단둘이 프티 페르(Petits Pères)의 정원이 보이는 그의 방에 있었죠. 수녀는 프티 페르의 정원을 오가는 남자들을 가리키면서 내게 말했어요.

"유리 장인씨, 만일 내가 창녀였다 할지라도, 나는 저기 저 남자들과 아무런 관계도 맺고 싶지 않았을 걸요."

그 순간 나는 내가 아니었습니다. 나는 다시 한번 아기 예수의 연적이 되었습니다. 살이 통통하게 찐 수녀는 매력을 품었습니다.

"그(예수)의 후궁에서 아무 일도 하지 않고 그저 시간만 죽이는 이 아름다운 신부들(수녀들) 가운데 한 명이라도 품을 수 있다면, 명 짧은 인간에게 얼마나 큰 기쁨이겠는가?"

갑자기 아장(Agen)에서 만난 수녀 둘이 생각났습니다.

"그들은 내게 양말을 짜주었지. 그런데 이 수녀는 그들과 사뭇 다른 것으로 나를 즐겁게 해주는군."

* * *

나는 1738년 7월 13일 이 대도시(파리)에서 태어났어요. 아버지는 장인이라고 부르는 계급에 속했죠. 직업은 유리장이였습니다. 아버지는 내가 두 살 때 홀아비가 되었습니다. 나는 할머니 손에서 컸죠.

옛날(열두 살이 채 안되었을 때), 파리에는 소년을 잡아다가 피를 뽑는다는 소문이 돌았죠. 그 피를 가지고 병에 걸린 공주가 목욕을 한다고 하더라고요. 그 병은 꼭 사람 피로 씻어야 낫는대요. 파리에는 그런 종류의 소문이 많았지요. 그래서 우리 아버지는 다른 집 아버지들과 함께 학교로 우리를 데리러 오셨습니다. 쇠지레를 든 통장수들 일곱 명이 우리를 호위했죠. 소문 때문에, 사람들은 흥분해서 경찰서 창문을 부숴버렸죠. 사람들은 경찰 앞잡이로 의심하는 사람 몇명을 때려죽이거나, 시청 앞 그레브 광장에서 태워 죽였대요. (1750년 5월 22일, 23일에 폭동이 일어났던 것입니다.) 경찰은 불쌍한 악당 셋을 잡아 그레브 광장에서 목매달았고, 그렇게 해서 파리는 다시 평온해졌답니다.

*　*　*

우리 아버지는 홀아비가 된 뒤 늘 술을 마시고, 자신을 주체할 수 없는지 늘 나를 팼어요. 나는 고이 맞고만 있지는 않았죠. 그 길로 도망쳐 옛날 살던 곳에 가서 놀았죠.

어느 날, 센 강이 얼었기에, 아버지 동료들을 따라 사마리텐(퐁 뇌프 다리 옆의 펌프장, 시내 분수와 화재 관리) 아래로 내려가 얼음을 지쳤죠. 나는 내 친구에게 너무 멀리 가지 말라고 여러 번 말했는데, 그는 듣지 않았죠. 갑자기 그가 사라졌어요. 그 뒤로 우리 아버지는 나를 전보다 더 엄격히 감독했습니다.

*　*　*

내가 지방에 취직해서 일할 때 겪은 일이죠. 나는 두목(가게 주인)과 어느 성에 며칠 묵으면서 일을 했습니다. 그 성 이름은 사블리에르(Sablière)로 절대 잊을 수 없어요. 우리 두목은 내게 주의를 주었습니다. 내가 일하는 곳 곁에 있는 층계를 절대로 올라가지 말라고. 호기심이 발동한 나는 두목이 뒤돌아서자마자 올라갔습니다. 곧 누군가 내 곁을 지나 층계를 내려갔지만, 나는 보지 못했습니다. 와락 겁이 나서, 일하던 방으로 돌아갔죠. 무엇에 홀린 듯한 얼굴을 보더니, 두목이 내게 말했습니다.

"니가 들은 건 니 발자국 소리일 뿐이야."

며칠 뒤, 그 성의 늙은 하인이 내게 말했습니다.

"층계를 오르내리는 소리를 들었죠? 그 비밀을 알고 싶어요?"

"비밀이요? 물론 알고 싶죠."

"이 성의 영주님 아드님을 가르치는 가정교사는 매우 엄격하시죠. 아드님이 라틴어를 제대로 배우지 못하면 벌을 줍니다. 아드님은 당신이 요즘 묵는 방에서 악마와 계약을 맺었습니다. 그는 피로 맹세를 쓰고 서명했습니다. 악마가 그 쪽지를 가져갔고, 방은 불길에 휩싸였습니다. 가정교사는 문틈으로 짙은 연기가 들어오자, 문을 부수고 들어갔습니다. 영주님의 아드님이 침대 위에 죽어 있었죠. 그가 마지막으로 자기 방으로 올라갈 때 지나간 층계가 바로 당신이 소리를 들은 층계죠."

그 이야기를 듣고, 두목에게 전했죠.

"자네는 여기서 계속 일하게, 나는 돌아가겠어."

두목이 나가기 전에 내가 먼저 나갔죠. 하인이 따라오더군요.

"이보슈, 젊은이, 내가 그냥 놀리려고 한 말인데, 이렇게 떠나면 어떻게 해요."

나는 뒤도 돌아보지 않았죠. 두목도 내 뒤를 따라왔습니다.

* * *

장인이 되려면, 프랑스를 일주하면서 훈련을 받고 일을 배웁니다. 앙제(Angers)에서 일할 때였습니다. 우리 일꾼들은 장인들에 맞서 계를 합니다. 물론 불법이지만, 몰래 모여서 장인들의 횡포에 맞서는데, 때로는 다른 계원들과 맞붙어 싸우는 일도 많지요. 어느 날, 가보(Gavots) 계원들이 자물쇠공을 때렸습니다. 자물쇠공이 돌아가 자기 패거리에게 말하자, 순식간에 수십 명이 모여 복수하자고 했습니다. 성 바돌로메 축일(8월 24일)을 전투일로 잡았습니다.

구두장이나 다른 직업인 가운데 가보 패거리의 친구거나 동향인이 많았기 때문에, 우리 편이 약했습니다. 우리는 다른 마을에 급히 편지를 써 보냈습니다. 특히 생 조르주라는 작은 마을에서는 목수 37명이 왔습니다.

우리 편은 겨우 500명인데, 저쪽 편은 750명이 넘었습니다. 전투일에 우리는 세 줄로 섰습니다. 첫 줄에는 덩치 큰 친구들이 지팡이를 손에 쥐고 버티고 섰습니다. 렌(Rennes)에서 온 유리장이가 수류탄 부대 상사 출신이었기 때문에 대장 노릇을 했습니다. 둘째 줄에는 바위와 돌을 든 사람을 배치했습니다. 나는 셋째 줄에 섰습니다. 막대기나 투구를 주워 모으고, 가장 약한 부분으로 돌진하는 일을 맡았습니다.

상대편이 훨씬 많은 것을 보고 처음에는 '졌다'고 생각했지만, 우리의 힘과 명분을 믿고 나니 힘이 솟았습니다. 도시의 부르주아 계층 전체가 무기를 들고 우리를 경계했지만, 중립을 지켰습니다. …… 나중에 보니 일곱 명이 죽고, 열일곱 명이 심한 부상을 입고, 40여 명이 다쳤습니다. 나는 가보 패거리 한 명에게 거의 죽을 뻔했습니다만, 간신히 피한 뒤, 균형을 잃은 그에게 역습의 한 방을 날렸습니다. 그는 상대편 지도자 가운데 하나인 플라망 라 강비유(Flamand la Gambille)였습니다. 우리에게 구속영장이 나왔기 때문에, 약 60명이 멘(Maine) 강을 가로질러 도망쳤습니다.

*　*　*

며칠 밤낮 걸어서 도망쳤지요. 마침내 생 말로(Saint-Malo)에 도착했습니다. 우리는 생트 마리(Sainte-Marie) 호에 타기로 계약했습니다. 이 배는 사략선(국가의 허가를 받은 해적)으로 영국의 사략선을 뒤쫓는 배였습니다. (한창 영국과 '7년 전쟁'을 하는 때였기 때문입니다.) 우리는 한 달에 27프랑을 받기로 하고, 전리품도 한몫을 나눠 받기로 했습니다. 그러나 출범하기를 기다리는 동안, 나는 디낭(Dinan)의 어떤 부르주아를 위해 일했습니다. 그는 부르주아 민병대의 상사였는데, 영국인이 공격해올 것에 대비해서 아무나 병사로 받아들이는 중이었습니다. 내가 그와 약속한 뒤, 곧 그는 병이 났습니다. 나는 그로부터 하루 15수를 받기로 하고, 그 대신 일했습니다. 이렇게 해서 내 군생활이 시작되었습니다.

* * *

베지에서 나는 편지를 받았습니다. 몽펠리에의 유리장이가 보낸 편지입니다. 그는 가로등 600개를 만드는 계약을 따냈습니다. 그는 나더러 함께 일하자면서 12리브르를 여행비로 보냈습니다. 나는 베아른 연대의 하사 출신과 함께 길을 떠나서, 라바디라는 수도원에 들렀습니다. 우리는 거기 보시를 했습니다. 동료와 수도사들은 나를 하룻밤 묵고 가라고 했지만, 나는 한시라도 빨리 몽펠리에에 가려고 서둘렀습니다.

저녁밥을 먹는데, 역마차가 멈추고, 몇 사람이 말했습니다.

"내일 아침 다섯 시면 몽펠리에에 도착할 수 있어요. 달도 밝으니까, 밤새 달릴 수 있어요."

나는 그들 대화에 끼어들었습니다.

"내가 돈을 드릴 테니, 나도 태워주시면 안될까요?"

마차에 타니 곡식 자루가 몇 개 있기에, 내 가방과 지팡이를 함께 그 위에 놓고 잠들었습니다. 갑자기 누가 깨웠습니다.

"아니, 벌써 도착했나요? 잠시 잠들었더니만."

"빨리 내려."

명령하는 사람은 나를 둘러싼 도적들이었습니다. 이미 한 도둑은 내 가방을 땅에 던져놓고 칼로 찢고 있었습니다.

"돈 내놔. 가진 것 모두. 바지도 벗어."

검은 가죽으로 만든 새 바지를 벗으니, 한 놈이 자기 바지를 벗어버리고 그것을 입었습니다.

"돌아서!"

나는 시키는 대로 돌아섰습니다. 내 옷에 감춰둔 권총을 뽑을 엄두가 나지 않았습니다. 나는 거의 20리 길을 신발도 신지 못한 채 걸어서 몽펠리에 도착했습니다.

* * *

내가 몽펠리에서 가로등에 유리를 끼우는 일을 할 때였습니다. 케르시(Quercy)에서 한 녀석이 남장을 하고 재단사라고 주장하는 아가씨를 툴루즈(Toulouse)부터 데리고 왔습니다. 밤에 우리는 함께 밥을 먹었죠. 나는 그 사이 그 남장 여인이야말로 진짜 남성에게 주는 상품이라는 사실을 알아차렸죠. 내 짐작이 맞았습니다.

첫날 밤, 우리는 한방에서 잤지요. 다음 날 밤, 케르시에서 온 녀석이 일하러 갔다가 밤에 돌아와 우리와 술을 한 잔 하더니 자기 일터에서 자야한다고 갔습니다. 나는 그 녀석이 데려온 아가씨를 반강제로, 나중에는 동의를 얻어 차지했습니다. 이튿날, 아가씨는 자기 연인에게 밤새 일어난 일을 일러바쳤습니다. 그러나 한방에 여러 명이 잤기 때문에, 그 녀석은 누구 짓인지 가려낼 수 없었죠. 그는 우리를 한 명씩 불러 묻더군요. 우리는 하도 우스워서 깔깔대고 웃었죠. 둘은 망신만 톡톡히 당하고, 마을을 떠나야 했습니다. 모든 사람이 나를 가리키면서 웃었습니다.

"저 파리 친구, 진짜로 사람을 잘 속이는군."

그러나 나는 시치미를 뚝 땠습니다.

* * *

그 당시 나는 유대인 마을로 가서 불쌍한 유대인들을 놀리고 속여 먹는 재미를 즐겼습니다. 시나고그(예배당)에서 가장 부유한 여성을 만났습니다. 그 유대인은 멋있었고, 내가 하는 말을 모두 믿었습니다.

"당신이 만일 기독교도가 되면, 결혼할 수 있을 텐데요. 나는 당신과 결혼해서 파리로 가고 싶습니다."

그의 아버지는 홀아비였고, 이 지방의 법률은 유대인에게 매우 엄했기 때문에, 그는 자기 딸이 기독교도로 세례를 받으면 재산의 반을 주어야 했던 것입니다.

그 여성은 가끔 내가 일하는 가게로 와서, 자기 의도를 알리려고 노력했습니다. 가끔 누룩을 넣지 않은 빵을 종이에 싸주었습니다. 나는 빵이 맛있다고 했고, 종이에 답장의 편지를 쓴 뒤 사탕 같은 것을 싸서 돌려주면, 그는 아주 기뻐했습니다. 내 가게 주인도 나를 도와주었지만, 그를 따라다니는 유모가 방해했습니다. 이 유모는 기독교도였는데, 내 계획을 모두 망쳐버렸습니다.

* * *

나는 포주 드농그레(Denongrais) 네 집에 가서 놀았습니다. 어느 날, 저녁을 먹은 뒤, 드농그레는 내게 할 말이 있다고 했어요. 나를 자기 방으로 들이고 앉히더니 이렇게 말하더군요.

"메네트라씨, 당신 병에 걸린 것 아닌가요? 젊은이들은 아무 데나 다니다가, 가끔 병에 걸리고도 모르는 수가 있지요. 조제핀(내가 상대하는 아가씨의 예명이었다.)이 툴툴대더라구요, 알고보니 병에 걸렸지 뭐예요."

나는 곧 무기를 손에 들고 정말로 병에 걸렸는지 확인해 보라고 했습니다. 내 물건을 이리저리 살펴보았지만, 모든 것이 제대로 되었음을 알고, 드농그레는 말했습니다.

"옷을 다시 입어요. 직접 보니 안심이군요."

"이봐요, 나 그런 사람 아닌 줄 알면서. 그런데 내 물건은 한 번 나오면 그냥 들어가는 법은 없어요. 어디든 쑤셔 박아야 성이 풀리지요."

우리 둘은 만족했습니다. 나는 앞으로도 언제나 훌륭한 손님으로 남겠다고 약속했습니다. 내가 다른 곳에서 하는 약속을 그 집에서 한다고 해서 손해를 볼 일은 없기 때문입니다.

메네트라는 아내의 지참금을 합쳐 유리가게를 냈고, 스물다섯 살에 결혼해서 아이 넷을 낳았지만, 둘을 잃었다. 그 당시 평균 나이보다 2년 정도 빨리 결혼했지만, 자녀 문제는 통계 수치와 같다. 1803년까지 65년 동안 살다 간 그는 당시 평균 수명보다 더 오래 살았다. 유아사망율이 높았고, 성인이 된 뒤에도 노동자 계급의 평균 수명은 40세 정도인 시대에 그는 천수를 누렸다. 그가 남긴 "일지"는 18세기 후반 앙시앵 레짐 사회가 변화하는 흔적을 고스란히 간직했으면서도, 일과 여가생활은 전통사회의 모습에서 크게 바뀌지 않았음을 보여주는 귀중한 사료다.

가장 내밀한 곳을 찾아가는 역사

오늘날의 역사학은 '목적론적 역사'를 극복한다. 다시 말해서, 과거 속에서 우리가 아는 현상의 원인만 찾아내고, 마치 과거 전체가 그 현상을 낳는 원인인 것처럼 논리적으로 구성하는 역사의 약점을 깨달았다는 것이다. 그것은 프랑스 혁명사에서도 마찬가지다. 프랑스 혁명이 앙시앵 레짐의 모순에서 나왔다는 식의 서술, 앙시앵 레짐, '구체제'는 마땅히 사라져야 할 모순투성이라는 식의 서술은 앙시앵 레짐과 프랑스 혁명의 관계뿐만 아니라, 두 가지 모두 올바로 이해하는 일을 방해한다.

프랑스 혁명이 일어난 지 거의 150년 동안, 역사가들은 혁명 전의 제도를 '앙시앵 레짐', '구체제'라고 부르면서 거부하고, 혁명의 새 체제와 달리 마땅히 사라져야 할 것으로 보면서, 구체제의 나쁜 점만 부각시켰다. 그들은 당시 새 체제를 만드는 혁명가들의 시선을 좇아 구체제를 보았고, 프랑스 혁명을 서술할 때면 어김없이 '구제도의 모순'부터 서술했던 것이다. 그러나 현대 역사학에서 '앙시앵 레짐', 또는 '구체제'는 혁명의 산물이라는 사실을 인정하게 되었으니, 역사학의 발전에서 무척 다행스러운 일이다.

이제 '혁명이 낳은 구체제'가 아니라 '혁명을 낳은 구체제'를 보려는,

시간적으로나 논리적으로나 지극히 당연한 시각이 필요하다. 혁명 전의 정치, 사회, 문화를 보면 비록 모순도 많이 드러나지만, 체제수호자들도 그 나름의 역동성으로 개혁을 추진하려고 노력했고, 신분사회 속에서 그 구조의 경계를 허물고 '개인의 능력'과 '평등'을 지향하는 문화가 싹트거나 존재했음을 가려낼 수 있다. 그렇게 신분사회의 가장 화려한 모습을 보여주는 궁정의 문화와 개인의 재능을 중시하는 아카데미, 살롱의 문화가 비교적 자연스럽게 어울리고, 평민 출신의 문인들이 여론을 형성하고 이끄는 모습은 18세기에 비교적 낯익은 것이었음을 알게 되었다. 게다가 계몽주의가 반드시 혁명적인 사상과 일치하지도 않으며, 지식인들 가운데 체제에 순응하는 사람이 대부분이었음도 알았다. 왕이 임명한 관리들도 그 나름대로 계몽주의에 물들어 국가를 근대화하려고 노력하는 경우가 있었으며, 계몽주의의 바람은 군대에도 불었던 것이다.

이 같은 관점에서 이 책의 1부에서는 혁명 전 프랑스 왕국의 문화를 파리에서 벌어진 일, 그 중에서도 무엇보다 매매춘의 세계를 살펴보면서, 계몽주의 시대라 할 18세기 사람들이 실제로 사는 모습을 재구성해보려고 노력했다. 우리는 18세기 '쾌락의 공화국'을 보면서, 사람이 사는 모습이 시대와 장소를 초월해서 낯설지 않다는 사실과 함께, 그럼에도 18세기 프랑스의 독특한 모습이 낯설기도 하다는 사실을 배우며 즐길 수 있다.

여행자는 친숙한 곳을 다시 찾는 경우도 있지만, 대개 낯선 곳을 가려하며, 친숙한 곳을 다시 찾는다 할지라도 거기서 전에는 미처 보지 못한 낯선 모습을 보고 즐기는 것이다. 일종의 시간 여행인 역사도 마찬가지다. 그래서 오늘날에도 충분히 있을 수 있는 '매매춘의 세계'를 18세기 파리에서 들여다보는 재미도 쏠쏠하다. 그러나 우리가 18세기 '쾌락의 공화국'에 직접 들어갈 길은 없으므로, 권력이 생산한 글(풍기감찰관의 보고서)과 함께 미풍양속을 해치는 '금서'를 종합해서 옛 사람들의 생활방식을 이해할 수 있다.

2부에서는 그 시대의 중요한 권력 장치인 검열제도에 의식적으로 저항한 사람들, 그들의 글, 그리고 그 글을 책으로 제작하고, 유통시킨 사람들의 활동을 이해하려고 노력했다. 계몽주의 시대의 금서 가운데 성적 문제를 다루면서 정치적으로도 민감한 작품까지 살펴보면서, 그러한 작품이 역사적으로 무슨 의미가 있는지 짚어보았다. 그러한 작품은 가끔 낯 뜨거울 만큼 노골적으로 상스러운 표현을 퍼뜨리면서, 그 시대 사람들에게 알게 모르게 신분사회의 특성을 무시하고 개인의 능력을 중시하는 생각을 '전염'시켰다.

더욱이 왕과 왕비(루이 15세나 루이 16세, 마리 앙투아네트)의 성생활을 도마에 올려 절대군주정의 표상을 무너뜨리는 데 이바지했다. 18세기 프랑스 역사를 연구하면, 중엽부터 절대군주정의 표상이 무너지기 시작하는 경향을 읽을 수 있다. 그것은 왕의 처신(루이 15세의 근친상간, 호색), 국제관계의 전복(전통적인 적대국인 오스트리아와 동맹)과 전쟁 패배(7년 전쟁), 전통 귀족과 고등법원의 힘겨루기(에기용 공작과 렌 고등법원 사건), 계몽주의 운동(백과사전 편찬, 볼테르의 장 칼라 복권 운동), 계몽사상가와 3류 문인들의 성적으로 문란한 금서(디드로의 『경솔한 보배』, 다르장스 후작의 『계몽사상가 테레즈』), 불안한 국가재정과 민생경제 같은 다양한 요인이 함께 작용하면서 사회적인 불만이 드높아진 결과다.

더욱이 루이 15세가 죽은 뒤, 그와 마담 뒤 바리의 관계를 다룬『뒤 바리 백작 부인에 관한 일화』가 금서 베스트셀러가 되었다. 노골적으로 마리 앙투아네트의 성생활을 다룬 작품이 유통되었다. 사람들은 루이 15세의 애첩이 창녀 출신이며 궁중 음모의 중심에 있다는 사실, 마리 앙투아네트가 단순한 동성애자가 아니라 양성애자이며 루이 16세는 성불구라는 소문을 글로 고정시켜 책으로 퍼뜨리면서 절대군주정의 정통성을 크게 흔들었다. 마리 앙투아네트가 다이아몬드 목걸이 사건에 직접 관련되지 않았음에도, 그 사건이 일어난 뒤 왕비에 대한 여론이 더욱 악화된 것은 그 동안 소문, 악담, 금서가 일정한 역할을 했기 때문이다.

마지막으로 전반적인 금서와 독서의 관계에 대해 주목해야 할 점을 짚고 넘어가겠다. 금서가 절대군주정의 기초를 무너뜨리는데 일정 부분 이바지했다고 말한다고 해서, 모든 독자가 내용을 곧이곧대로 받아들인다고 말할 수 없다. 설령 믿는다 할지라도 행동으로 나아간다고 말할 수 없다. 단적인 예를 역설적으로 말하자면, 무신론자보다는 경전을 믿는 종교인들이 전쟁을 더 많이 일으켰음이 그 증거다. 다시 말해서, 저자의 의도가 무엇이건, 독자는 각자 제 나름대로 그 뜻을 해석한다는 사실, 해석하고 믿는다고 해서 반드시 행동으로 옮기지 않는다는 사실을 부인할 수 없다.

금서의 내용을 연구하는 일과, 당시 독자의 반응을 알아내는 일은 전혀 다르다. 후자의 경우, 독자가 감상문을 남기지 않은 한 거의 불가능하다. 우리가 오늘날 독자에 대해 말할 수 있는 범위 안에서 상상할 수 있을 뿐이다. 오랫동안 독서는 저자의 의도를 찾아내는 행위인 줄 알았다. 그러나 관점을 조금 바꾸면, 독서는 독자가 저자의 의도라고 생각하는 내용을 자기 나름대로 파악하는 것이며, 따라서 독자의 해석이 곧 '저자의 의도'라 할 수 있다. 이렇게 볼 때, 독서는 '내용의 전유'다. 다시 말해서, 독자는 모두 자기 방식대로 책을 읽고 그 내용을 파악하고 활용한다. 독자는 저자가 실제로 말하려고 하지 않았던 말까지 저자가 했다고 생각하기도 한다.

그러므로 독서, '내용의 전유'는 자유롭고, 미셸 드 세르토가 말했듯이, 독자는 일종의 '밀렵꾼'이다. 저자가 땅을 고르고, 정성스럽게 논리적으로 낱말을 배열하여 쓴 책이라 할지라도, 그의 손을 떠나면 독자가 마음대로 해체하는 물건이 된다. 독자는 아무 곳으로나 멋대로 침입하여 자기가 원하는 내용을 가지고 나간다. 아무 책이나 집어서 읽어보라. 제목부터 읽은 뒤 맨 첫 장의 첫 낱말부터 맨 뒤의 낱말까지 순서대로 읽는 독자는 없으리라. 물론 자신에게 중요한 책이면 어떻게든 내용을 정독하겠지만, 그때에도 반드시 저자가 배열한 순서를 지키는 독자는 많지 않으리라. 더욱이 독자는 자기가 해석한 내용을 저자가 그렇게 말했다고 믿으면서 수용하거나 거부하며, 또 수용한다고 해서 반드시 실천하지도 않는다.

이러한 관점으로 18세기의 금서와 절대왕정의 표상, 그리고 혁명의 관계를 다시 생각해 본다. 금서의 내용이 체제에 대한 증오로 발전하여 혁명을 (일으키지는 않았다 하더라도) 가속화시키는 원동력을 제공했는가? 복잡한 과정을 생략하고, 이처럼 너무 단순한 질문을 던지지 말도록 하자. 왜냐하면 개인의 삶은 연속보다는 불연속적인 것이며, 특히 생각과 믿음은 수많은 요인(정치, 경제, 사회, 문화) 때문에 자주 바뀔 수 있기 때문이다.

그럼에도 프랑스 혁명과 관련해서 한 가지 조심스럽게 단언할 수 있는 것은 1789년 여름만 해도 루이 16세가 절대군주, '백성의 아버지', '프랑스에 자유를 회복해준 사람'으로 칭송받았지만, 그해 10월 초 파리로 끌려간 뒤 그에 대한 표상이 계속 나쁘게 바뀌었으며, 1791년 6월 21일 이후 (바렌에서 잡혀서 파리로 되돌아간 뒤) 회복할 수 없을 정도로 나빠졌다는 사실이다. 오래전에 이미 왕과 왕비에 대한 나쁜 소문을 들었거나, 금서로 추잡한 내용을 읽고서도 곧이곧대로 믿지 않았던 사람 가운데 이 사건을 겪으면서 뒤늦게나마 왕과 왕비는 위선자로서 프랑스를 다른 나라에 팔아먹으려 했다고 생각하게 된 사람이 생겼을 것이다.

소문, 금서의 내용, 악담, 노래, 사건은 서로 영향을 주고받으면서, 당시 사람들의 정신 자세에 어떻게든 영향을 끼쳤다. 그러므로 프랑스 혁명이 절대군주정–입헌군주정–공화정으로 나아갔음을 잘 아는 우리가 혁명전의 금서에서 '공화국'의 불씨를 보는 것은 목적론적 역사라는 비판을 피하기 어렵겠지만, 앙시앵 레짐의 어느 시점부터 절대군주정의 표상이 나쁜 방향으로 바뀌는 일이 가속화되었는지, 그 요인은 무엇인지, 여론의 역할을 어떠한지 따지는 일은 앙시앵 레짐과 프랑스 혁명의 관계를 이해하는 데 반드시 필요하다고 하겠다.

미 주

1) Pidansat de Mairobert, *Anecdotes sur Madame la comtesse du Barry*, London, 1776.

2) 풍기감찰관 마레(Marais)는 1759년부터 1770년까지 일주일에 한 번씩 보고서를 2부 작성해서 파리 치안총감과 마담 드 퐁파두르에게 올렸다. 거기서 그는 정보원들이 파리 거리와 논다니 집에서 모은 정보를 보고서로 종합했다. 당시의 풍속을 연구하는 데 필요한 이 자료는 프랑스 국립도서관(Bibliothèque Nationale de France)의 수서본(BNF. Ms. Fr.) 11357~11360이다.

3) 이 이야기는 피당사 드 메로베르의 작품에 처음 나오지만, 다른 작품에 그대로 옮겨 놓았음을 알 수 있다. Pidansat de Mairobert, *L'Espion anglais: ou corre-spondance secrète, t. II* ; Théveneau de Morande, *La Gazette noire, par un homme qui n'est pas blanc, ou Oeuvres posthumes du Gazetier Cuirassé* ; Théveneau de Morande, *Correspondance de Madame Gourdan, dite La Comtesse, augmentée de dix lettres indédites dont deux facsimilées, suivie de la description de sa maison et de diverses curiosités qui s'y trouvent avec un Recueil de Chansons Al'usage de ses soupers.*

4) 이 집은 두 거리가 만나는 지점에 있었기 때문이다. 오늘날에는 그렇지 않지만, 1908년 『마담 구르당의 집』(La Maison de Madame Gourdan)을 쓴 드프랑스(E. Defrance)가 생 소뵈르 거리 12번지를 찾았을 때만 해도 이 글에서 묘사한 그대로였다. (Erica-Marie Benabou, *La prostitution et la police des moeurs au XVIIIe siècle*, Paris, Perrin, 1987.)

5) 1768년 4월, 파리 근처 아르쾨이에서 로즈 켈러에게 저지른 짓 때문에 왕의 명령으로 갇힌 사드는 그해 11월 석방되었다. 1772년 6월 27일, 마르세유에서 있었던 일로 아가씨 네 명이 7월 1일 사드와 그의 하인을 고소했다. 사드는 아가씨들에게 독약을 먹이고, 채찍질을 하고, 짐승처럼 범했다는 죄로 기소되었다. 그러나 사드는 이탈리아로 도망쳤다. 9월 3일, 궐석재판에서 마르세유 법원은 사드와 그의 하인 라투르에게 유죄판결을 내리고, 9월 12일 허수아비 화형을 언도했다. 10월 2일 사드는 자기 영지 라 코스트(La Coste)로 돌아갔다. 그 후 12월 8일, 그는 샹베리에서 잡혀서 갇히지만, 이듬해 4월 말일 탈옥했다. 그 뒤에도 그는 계속 문제를 일으켰다.

6) Erica-Marie Benabou, *La prostitution et la police des moeurs*, pp. 247~252.

7) Fanny Beaupré et Roger-Henri Guerrand, *Le confident des dames. Le bidet du XVIIIᵉ au XXᵉ siècle: histoire d'une intimité*, Éditions La Découverte, 1997.

8) Benabou, *La prostitution et la police des moeurs*, p. 248.

9) Maitobert, *L'Espion anglois...*, t. II, pp. 56-57.

10) 아르스날 도서관, 바스티유 문서(Bibliothèque de l'Arsenal, Archives de la Bastille), ms. 12345.

11) *Le porte-feuille de Madame Gourdan, dite la Comtesse. Pour servir à l'Histoire des moeurs du Siècle, & principalement de celles de Paris*, publié à Spa, le 15 juillet 1783. 『구르당 부인의 지갑. 금세기의 풍기, 그리고 특히 파리의 풍기의 역사를 밝히는 데 도움을 주고자 함, 스파에서 1783년 7월 15일 발행』.

12) Bibliothèque de l'Arsenal, Archives de la Bastille, ms. 12237.

13) *Correspondance de Madame Gourdan, dite la Comtesse, augmentée de dix lettres inédites dont deux fac-similées, suivie de la description de sa maison et de diverses curiosités qui s'y trouvent, avec un recueil de chansons à l'usage de ses soupers*, Londres, chez le fameux Jeanne Nourse, 1784 ; 1866, in-12, viii+207 pp.

14) 마레 보고서, BNF. Ms. 11359.

15) Grandval père, *L'Appareilleuse, comédie en un acte et en prose, in Théâtre érotique français au XVIIIe siècle* (Terrain Vague, 1993), pp. 134-135.

16) Emile Campardon, *Les Spectacles de la Foire*, t. I, 1877, Slatkine Reprints, Genève, 1970.

17) Jacques Morel, Le Théâtre Français, in *Histoire des Spectacles*, publiée sous la direction de Guy Dumur, Editions Gallimard, 1965.

18) Jourdan, Decrusy et Isambert, *Recueil général des anciennes lois françaises: depuis l'an 420 jusqu'à la Révolution de 1789*, Paris, t. 22.

19) Marcel Marion, *Dictionnaire des Institutions de la France aux XVII et XVIIIe siècle*, Paris, 1923 ; Lucien Bély, *Dictionnaire de l'Ancien Régime*, Paris, P.U.F., 1996.

20) 피당사 드 메로베르가 쓴 『영국인 첩자』(*Espion anglais*) 2권(1779)에서는 동제(le Sieur Dongé)라고 이름을 조금 바꾸었지만, 당시 사람들은 그가 누구인지 쉽게 알았다. 우리는 『왕실연감』(*Almanach royal*) 1780년도에서 당제의 이름을 확인할 수 있다.

21) Thomas E. Kaiser, "Louis le Bien Aimé and the Rhetoric of the Royal Body", in *From the Royal to the Republican Body: Incorporating the Political in Seventeenth- and Eighteenth-Century France*, Sara E. Melzer and Kathryn Norberg (ed.), University of California Press, 1998, pp. 131-161.

22) *Révolutions de Paris*, 1789, p. 35, n° 1.

23) *La comtesse du Barry. Chroiques de l'Oeil-De-Boeuf,* Illustrations de C. Herouard, Paris, L'Edition Moderne, Librairie Ambert ; Bibliothèque de l'Arsenal, Ms. Fr. 3128 Recueil de Fevret de Fontette, "Pièces en vers. C.".

24) *La comtesse du Barry. Chroiques de l'Oeil-De-Boeuf.*

25) Jean Favier, *Paris: Deux mille ans d'histoire,* Fayard, 1997, p. 655.

26) Jean Favier, *Paris: Deux mille ans d'histoire,* pp. 656–657.

27) Benabou, *La prostitution et la police des moeurs,* p. 79.

28) BNF. Enfer 679, *Histoire de Marguerite, fille de Suzon, Nièce de D** B*****(Dom Bougre),* suivie de La Cauchoise, pp. 330–331.

29) 이 부분은 『역사와 문화』(문화사학회, 푸른역사) 제2호(2000)에 실었던 〈위험한 관계〉로 앙시앵 레짐 문화 읽기"(200–218쪽)의 한 부분을 손질했음을 밝혀둔다.

30) Alexandre–Jean–Baptiste Parent–Duchetelet, *De la Prostitution dans la Ville de Paris, considérée sous de rapport de l'Hygiène publique, de la Morale et de l'Administration,* Paris, 1836.

31) *Sérails de Paris,* t. II, p. 7.

32) *Sérails de Paris,* t. II, pp. 4–14.

33) *Correspondance de Madame Gourdan,* pp. 97–103, "Instructions pour une jeune demoiselle qui entre dans le monde et veut faire fortune avec les charmes qu'elle a reçus de la nature".

34) *Sérails de Paris,* t. I, p. 75 이하.

35) *Sérails de Paris,* pp. 21–25.

36) Rochon de Chabannes, *Les Cannevas de La Paris, ou Mémoires pour servir à l'histoire de l'hôtel du Roule, publiés par un étranger, avec des Notes critiques, historiques, nécessaires pour l'intelligence du texte,* A la Porte de Chaillot, Sans Date.

37) *Almanach parisien, en faveur des étrangers et des personnes curieuses,* présenté par Daniel Roche, Publications de l'Universitéde Saint–Etienne, 2001, pp. 14–17.

38) Jacques–Louis Ménétra, *Journal de ma vie,* Daniel Roche ed., Albin Michel, 1982, pp. 177–178.

39) Jean–Jacques Rousseau, *Lettres à d'Alembert.*

40) Comte de Mirabeau, *Le Rideau levé ou l'Education de Laure,* A Cythère, 1788, 2 tomes en 1 volume, in–12, BNF. Enfer. 399–400.

41) Anne Vincent–Buffault, *Histoire des larmes: XVIIIe-XIXe siècles,* Marseilles, Rivages, 1986.

42) 당시 '오페라'는 오늘의 자리가 아니라, '팔레 루아얄'에 있었다.

43) Robert Darnton, *The Corpus of Clandestine Literature in France 1769-1789*, Norton, 1995.

44) P. J. B. Nougaret, *Anecdotes du règne de Louis XVI*, Paris, t. I, pp. 61-62.

45) 주명철, 『다이아몬드 목걸이 사건과 마리 앙투아네트 신화』(책세상, 2004).

46) 이 계산은 다음을 근거로 했다. 프랑수아 르브룅, 『옛 프랑스인의 부부생활』(주명철 옮김, 까치, 1994), 65-66쪽.

47) 프랑수아 르브룅, 『옛 프랑스인의 부부생활』, 제1장 결혼, 제2장 부부가족.

48) 프랑수아즈 보랭, "이미지로의 짧은 산책", 『여성의 역사』 3권(상)(조형준 옮김, 새물결, 1999), 298쪽.

49) Denis Diderot, "Les bijoux indiscrets", *Oeuvres*, Gallimard, 1951, pp. 1-234.

50) J.-J. Rousseau, *Discours sur les sciences et les arts ; Lettre à d'Alembert sur les spectacles*, J. Varloot, éd., Paris, 1987, p. 277.

51) 미셸 프랑프 카스나베, "18세기 철학 저서에 나타난 여성의 이미지", 『여성의 역사』 3권(하), 477쪽.

52) François Génard, *L'Ecole de l'homme*.

53) 주명철, 『다이아몬드 목걸이 사건과 마리 앙투아네트 신화』(책세상, 2004) ; 로버트 단턴, 『책과 혁명』(주명철 옮김, 길, 2003) ; 프랑스 국립도서관 수서본(BNF. Ms. Fr.) 11357-11360.

54) 이 부분은 『서양의 가족과 성』(한국서양사학회 편, 당대, 2003)에 실었던 "앙시앵 레짐 말기 가족 속의 여성"(95-123쪽)의 일부를 손질했다.

55) C. Fairchilds, "Women and Family," Samia I. Spencer ed., *French Women and the Age of Enlightenment*, Indiana Univ. Press, 1984, pp. 98-99.

56) E. Fox-Genovese, "Women and Work," in *French Women and the Age of Enlightenment*, p. 111.

57) 올웬 허프턴, "여성, 노동, 가족", 『여성의 역사』 3권(상), 45-82쪽.

58) 올웬 허프턴, "여성, 노동, 가족", 『여성의 역사』 3권(상), 50쪽.

59) 프랑수아 르브룅, 『옛 프랑스인의 부부생활』, 94-108쪽.

60) Erica-Marie Benabou, *La prostitution et la police des moeurs au XVIIIᵉ siècle*, présenté par Pierre Goubert, Perrin, 1987.

61) Alexandre Cioranescu, *Bibliographie de la littérature française du dix-huitième siècle*, Paris : Centre national de la recherche scientifique, 1969.

62) Guillaume Imbert de Boudeaux, *La Chronique scandaleuse ou Mémoiers pour*

servir à l'Histoire moeurs de la génération présente, A Paris, Dans un coin d'où l' on voit tout, 1783, pp. 31-32.

63) 모랑드에 대한 세 꼭지의 글은 한국서양사학회, 『서양사론』 제84호(2005, 3), "테 브노 드 모랑드의 비밀정보원 활동"을 셋으로 나눠 구성한 글임을 밝힌다.

64) *Mémoires de Bachaumont*, t. 7, p. 166.

65) *Réplique de Charles Thveneau de Morande à Jacques-Pierre Brissot. Sur les erreurs, les oublis, les infidélités, et les calomnies de sa Réponse* (이하, *Réplique à Jacques-Pierre Brissot*로 약칭), A Paris, Chez Froullé, Imprimeur-Libraire, Quai des Augustins, N. 39. 1791 (BNF. MFICHE LB39 10153).

66) J.-J. Rousseau, *Emile*, in *Oeuvres complètes*, Editions Gallimard, 1969, t. IV, p.468.

67) Lettre de La Janière à Sartine, 17 février 1765, in F. Ravaisson ed., *Archives de la Bastille*, t. XII (Paris, 1881), p. 475.

68) Lettre de l'inspecteur Marais à Sartine, 17 mai 1768 et 25 juin 1768, in *Archives de la Bastille*, pp. 481-483.

69) Lettres de Duvergé, de Marais, et de Croquison à Sartine, in *Archives de la Bastille*, pp. 483-485 ; Bibliothèque de l'Arsenal, Archives de la Bastille ms. 12345.

70) *Rèplique à Jacques-Pierre Brissot*, pp. 15-17.

71) Paul Robiquet, *Theveneau de Morande. Étude sur le XVIIIe siècle*, Paris, A. Quantin, 1882, p. 21.

72) 프랑스 외무부 기록보관소의 영국 통신에 포함된 모랑드의 보고서에는 그가 1769년부터 1770년 사이에 영국으로 건너갔음을 강조하는 내용이 있다. (AAE. CPA 565, f. 102.)

73) 그의 보고서를 보면 가끔 '조국', '애국심'이라는 말이 눈에 띈다. 그는 자기 목적 이 조국에 봉사하는 일(Mon but était de servir ma patrie, AAE. CPA 565, f. 107) 이라고 분명히 말했다. 그러나 우리는 그가 자기 일에 대한 보상을 기대하는 보 고서에서 쓴 말임을 감안하여야 할 것이다.

74) Robiquet, *Theveneau de Morande*, p. 27. 1771년의 1,000기니는 1,050파운드로서, 오늘날의 가치로는 8만 3,946.61파운드다. (http://eh.net/hmit 참조.) 「갑옷 입은 신문장이」의 내용에 대해서는 Robert Darnton, "The High Enlightenment and the Low-Life of Literature", in *The Literary Underground of the Old Regime*, Harvard University Press, 1982, pp. 30-35 참조.

75) *Réplique à Jacques-Pierre Brissot*, p. 19.

76) Robiquet, *Theveneau de Morande*, p. 40.

77) *Mémoires de Bachaumont*, t. 7, pp. 132-133. 1774년 2월 19일.
  마담 드 고드빌(또는, 마담 드 라 투슈 드 고트빌)은 보마르셰의 애인이 되었다.
  (Pierre-Augustin Caron de Beaumarchais, *Lettres galantes à Mme de Godeville*,
  présentées et annotées par Maurice Lever, Fayard, 2004, pp. 9-10.) 마담 드 고드
  빌은 1780년 홀란드에서 중상비방문을 발간하고, 거기서 체포되어 거의 10개월
  을 바스티유에 갇혔다. (아르스날 도서관, ms. Bastille 12478, 12481 ; 프랑스 국
  립도서관 ms. fr. 14059 ; Charpentier, *La Bastille dvoile*, 7ème livraison, 1790, p.
  100.)

78) BNF. Ms. Fr. 11357-11360 ; Erica-Marie Benabou, *La prostitution et la police des
  moeurs au XVIIIe siècle*, présenté par Pierre Goubert, Perrin, 1987.

79) *Beaumarchais et le Courier de l'Europe*, pp. 20-21.

80) Robiquet, *Theveneau de Morande*, pp. 41-44 ; Gunnar & Mavis von Proschwitz,
  Beaumarchais et le Courier de l'Europe, 2 vols., Oxford Foundation, 1990. p. 7.

81) *Mémoires de Bachaumont*, t. 7, pp. 166-167, 1774년 4월 30일.

82) Louis de Loménie, Beaumarchais et son temps: Études sur la société en France au
  XVIIIe siècle d'après des documents inédits, Paris, 1858, t. I, p. 381 ; Mavis &
  Gunnar von Proschwitz, "Theveneau de Morande", in Jean Sgard ed., *Dictionnaire
  des Journalistes 1600-1789*, p. 946.
  그러나 『성수반 위의 악마』(*Le Diable dans un bnitier, et la Métamorphose du
  Gazetier Cuirassé en mouche, ou Tentative de Sieur Receveur, Inspecteur de la Police
  de Paris*, Chevalier de St Louis, pour tablir à Londres une Police à l'Instar de celle
  de Paris, 1784)의 저자는 모랑드가 현금 3만 2,000리브르와 연금의 절반은 모랑
  드의 아내가 이어받는 조건으로 4,800리브르의 연금을 받았다고 말한다. p. 38.

83) Robiquet, *Theveneau de Morande*, p. 46.

84) La fite de Pelleport, *Le Diable dans un bénitier, et la métamorphose du Gazetier
  cuirassé en mouche, ou Tentative du sieur Receveur, inspecteur de la police de Paris,
  pour établir à Londres une police à l'instar de celle de Paris*, Paris, Imprimeur royal,
  pp. 37-38. 제목에서 보듯이, 파리의 경찰 조직을 본받아 런던에서도 정보를 수
  집할 조직을 만들려고 감찰관 르스뵈르가 파견되어 테브노 드 모랑드를 첩자로
  임명했고, 그렇게 해서 악마인 모랑드는 성수반 위에 올라앉아 성스러운 척하게
  되었다고 비꼬는 책이다. 이 책의 저자는 훗날 바스티유 감옥에 갇혀 몇 년을 썩
  어야 했다.

85) *Réplique à Jacques-Pierre Brissot*, p. 21.

86) Louis de Loménie, *Beaumarchais et son temps*, t. I, p. 390.

87) Gunnar & Mavis Von Proschwitz, *Beaumarchais et le Courier de l'Europe*, t. I, p. 224.

88) *Beaumarchais et le Courier de l'Europe*, t. I, pp. 225-226.

89) *Beaumarchais et le Courier de l'Europe*, t. I, p. 289.

90) *Beaumarchais et le Courier de l'Europe*, t. I, p. 10.

91) *Beaumarchais et le Courier de l'Europe*, t. I, pp. 305-306.

92) AAE. CPA 565, f. 103, 1788년 4월 28일. 이 보고서에는 보고자의 서명이 없다. 그러나 같은 날에 올린 모랑드의 보고서와 같은 필적임을 한눈에 알 수 있다. 그리고 이 보고서는 G. & M. von Proschwitz의 책 제2권 1009-1022쪽에 문서 번호 516(Morande au Comte de Montmorin)으로 실려 있다. 원사료를 해독하는 데 이 책의 도움을 받긴 했지만, 이 책에서 몇 가지 오독과 함께 한 문단이 빠져 있다는 사실도 발견했다. 그럼에도 불구하고 이 책은 보마르셰, 모랑드, 그리고 「쿠리에 드 뢰롭」에 관해서 가장 값진 원사료를 모아 놓았다.

93) AAE. CPA 565, f. 102.

94) 프랑스 외무부 고문서 AAE. CPA 559-579(1786년부터 1792년) 가운데 영국 해군과 무역선, 그리고 포병의 동향에 관한 보고서가 많게는 한 달에 두 번까지 포함되어 있다.

95) G. & M. von Proschwitz, *Beaumarchais et le Courier de l'Europe*, t. I, p. 3.

96) *L'Encyclopdie de Diderot et d'Alembert ou Dictionnaire raisonn des sciences, des arts et des mtiers*, CD-ROM, Redon.

97) G. & M. von Proschwitz, *Beaumarchais et le Courier de l'Europe*, t. II, pp. 664-665.

98) 변호인 페컴(Peckham)의 변론. 우리는 올드 베일리의 재판 기록을 다음의 인터넷 사이트에서 열람할 수 있다. http://www.oldbaileyonline.org/ (The Proceedings of the Old Bailey. Francis Henry De La Motte, offences against the King: Treason, 11 Jul 1781. The Proceedings of the Old Bailey Ref: t17810711-1)

99) 발트롱(Waltrond)이 어떤 인물인지 확실하지 않다. 아이작 니콜라스 로저는 발트롱이 밀수업을 하는데, 자기 물건을 팔아주면서 알게 되었다고 증언했다. 발트롱은 1780년 12월 크리스마스 전 일요일 영국에서 빠져 나가, 라 모트가 재판을 받을 때에는 파리에 머물고 있었다. (Ibid.)

100) 이상은 검찰총장의 논고 내용. (Ibid.) 참고로, 100기니는 105파운드. 1781년의 100파운드를 2000년의 가치로 바꾸면 8,160.90파운드다. (http://eh.net/hmit)

101) 로저의 증언. (Ibid.)

102) *Le Diable dans un bénitier*, p. 18. 그러나 이 액수를 그대로 믿을 수 있을까? 앞으로 얘기할 모랑드의 연봉(2만 4,000리브르에서 1787년 이후 1만 2,000리브르로 삭감)과 비교해 볼 때 매달 2,000에퀴는 아무래도 너무 많다고 생각한다.

103) 검찰총장의 구형. (The Proceedings of the Old Bailey...)

104) 재판장 불러의 판결. (Ibid.)

105) AAE. CPA 565, f. 102 et verso. 이 글에서는 위 보고서를 올리는 이유를 밝히고 있으며, 대개 서명하지 않은 여느 보고서와 달리 모랑드의 서명이 들어 있다.

106) AAE. CPA 559, f. 252, (모랑드에게 100 루이를 주라는 승인) ; AAE. CPA 560, f. 141 (모랑드가 2,400리브르를 받았다는 감사의 편지. 그리고 「쿠리에 드 뢰롭」의 정기구독자가 줄었다는 불평) ; AAE. CPA 567, f. 291, (1788년 12월 16일, 모랑드가 특별수당 3,000리브르를 받았다는 편지)

107) AAE. CPA 565, f. 289.

108) Orville T. Murphy, *The Diplomatic Retreat of France and Public Opinion on the Eve of the French Revolution, 1783-1789*, The Catholic University of America Press, 1997, p. 4, p. 27.

109) *The Diplomatic Retreat of France and Public Opinion on the Eve of the French Revolution, 1783-1789*, p. 31.

110) AAE. CPA 565, f. 105. 모랑드는 1784년 왕비에 대한 중상비방문이 영국에서 발간되는 것을 막은 공로로 특별수당 100루이를 받았다.

111) AAE. CPA 559, ff. 226-227.

112) AAE. CPA 565, f. 102.

113) Mavis & Gunnar von Proschwitz, "Theveneau de Morande", in *Dictionnaire des journalistes*, pp. 945-946.

114) 카스트리 원수는 사르틴(1774년 8월 24일-1780년 10월 13일)의 뒤를 이었고, 1787년 8월 24일 라 뤼제른 백작에게 자리를 넘겨주었다. Arnaud de Maurepas et Antoine Boulant, *Les Ministres et les ministères du siècles des lumières 1715-1789*, pp. 246-258.

115) AAE. CPA 565, f. 103.

116) AAE. CPA 565, f, 104.

117) AAE. CPA 565, f. 287.

118) AAE. CPA 559, ff. 198-200. 영국 대사 다데마 백작의 편지. 그는 암스테르담의 누군가 주고받는 편지를 입수하여 번역한 뒤 본국으로 보내면서 브레스트 조선소에 닥칠지 모를 화재의 위험성을 경고했다. 그는 자기 비서 다라공의 활동으로 정보를 얻었다고만 말하고 있다. 이 정보를 다라공에게 전해준 사람은 모랑드일 가능성이 높다. 모랑드는 영국 대사 다데마 백작과 그 후임 라 뤼제른 백작을 보좌하는 다라공이 되도록 자기를 대사나 본국의 해군대신에게 밉보이게 만들려고 노력하기 때문에 힘들다고 불평했다. (AAE. CPA 565, f. 288v°.)

119) AAE. CPA 565, f. 287v°.

120) Simon Burrows, "A Literary Low-Life Reassessed: Charles Theveneau de Morande in London, 1769-1791," *Eighteenth-Century Life 22* (Feb. 1998), p. 85. 이 논문에서 테브노 드 모랑드에 대해 글을 쓸 때 가장 근본적인 도움을 받았다. 이 논문 덕택에 언급한 원사료(외무부 자료)를 재검토할 수 있었다.

121) AAE. CPA 565, f. 287v°.

122) AAE. CPA 566, f. 103.

123) *Réplique à Jacques-Pierre Brissot*, p. 23. 모랑드는 이 관계 때문에 브리소와 마뉘엘로부터 영국에 라 모트를 고발하고 200기니를 받은 자로 공격 받았다. (Ibid., p.24)

124) AAE. CPA 567, f. 238. 조지 3세는 자기 병을 '내 병'(my disorder)이라고 말했다.

125) AAE. CPA 566, f. 102-102v°. 1788년 7월 25일의 이 보고서에서 모랑드는 혹스버리(Charles Jenkinson, 1st Earl of Liverpool, 1729-1808, 1786년에 혹스버리 남작, 1796년에 리버풀 백작)를 '대영제국 내각의 핵심인물'(l'ame du ministère de la grande Bretagne)이라고 말한다. 1788년 8월 12일(화)의 「쿠리에 드 뢰롭」에는 러시아와 스웨덴이 7월 17일 해전을 일으켰다는 기사가 있다. 러시아 군함 17척과 스웨덴 군함 15척이 오후 다섯 시부터 밤 열한 시까지 싸워 러시아가 졌다. (*Courier de l'Europe*, vol. 24, n° 13, p. 101)

126) AAE. CPA 567, f. 292v°.

127) 모랑드는 카스트리 백작의 명령을 받아 1781년부터 거의 8년 동안 차례로 육군 준장 보두엥, 바스티유 사령관 드 로네, 그리고 라 투슈 백작에게 자기가 수집한 정보를 보고했다. (AAE. CPA 565, f. 103 ; CPA 564, f. 319.)

128) AAE. CPA 565, f. 103v°.

129) AAE. CPA 565, f. 287v°.

130) AAE. CPA 565, ff. 103–103v°.

131) *Gazette noire, par un homme qui n'est pas blanc, ou oeuvres posthumes du Gazetier cuirassé*, (Charles Théveneau de morande), A cent lieues de la Bastille, 1784, p.7. 저자는 이 작품이 '갑옷 입은 신문장이'의 유작이라고 말하면서 무엇을 노렸을까? 자신이 '훌륭한 삼림감시원'이 되었음을 암시하는 것일까? 그리고 영국에서 프랑스를 위해 일하는 자신을 위장하기 위하여 영국을 노골적으로 찬양하고 있는 것일까? 그러나 이 작품을 읽으면 과연 모랑드가 저자일까 라는 의문이 든다. 왜냐하면 『갑옷 입은 신문장이』와 전혀 다른 맛을 내고 있기 때문이다. 『갑옷 입은 신문장이』는 단편적이고 신랄한 일화를 모아 놓았지만, 『검은 신문』(Gazette noire...)은 한 주제를 좀 더 길게 다루고 있다. 이 책이 익명으로 나왔기 때문에, 우리는 다음과 같이 추측할 수 있을 뿐이다. 만일 모랑드가 쓴 작품이 맞다면, 모랑드는 역시 이 책에서 말하듯이 '갑옷 입은 신문장이'는 죽었다고 선언하는 것처럼 보인다. 10여 년 전에 쓴 작품보다 더 신랄한 작품을 기대하는 독자는 아마 이 책을 읽고 실망했을 것이다. 모랑드는 왕정의 하수인이 되었음을 보여주는가, 아니면 『검은 신문』이 다른 사람의 작품인가?

132) 이 신문에 관한 내용은 주로 다음을 참조하여 정리했다. Jean Sgard, *Dictionnaire des Journaux*, pp. 282–293 ; G. & M. von Proschwitz, *Beaumarchais et le Courier de l'Europe*, t. I, pp. 15–40.

133) AAE. CPA 565, f. 105 ; G. & M. von Proschwitz, *Beaumarchais et le Courier de l'Europe*, t. I, p. 29.

134) AAE. CPA 565, f. 103v°.

135) 이 신문은 좌우명으로 베르길리우스의 작품(Aeneis, 1,574)에서 디도 여왕이 한 말, "나는 트로이인과 튀로스인을 아무런 차별도 없이 다루겠도다"(Tros Tyrius ve mihi nullo discrimine agetur)를 택했다. 이 말의 출전은 김창성 교수가 확인해주었다.

136) G. & M. von Proschwitz, *Beaumarchais et le Courier de l'Europe*, t. I, p. 17. 루이 16세 시대의 우편총감직에 대해서는 *Almanach royal 1789*, p. 655를 참조할 것.

137) AAE. CPA 560, f. 141.

138) G. & M. von Proschwitz, *Beaumarchais et le Courier de l'Europe*, t. I, p. 33, p. 104.

139) AAE. CPA 560, f. 141. 1년치 우송료는 24리브르이므로, 1년에 104번 발간하는 신문을 한 번 발송하는 데 든 비용은 4.6수 정도다. 신문이 보통 편지보다 조금 더 혜택을 받았음을 알 수 있다.

140) AAE. CPA 565, f. 105 v°. 그러나 생트 푸아는 1년에 8,000리브르씩 적자를 보았다.

141) AAE. CPA 560, f. 141.

142) J. Sgard, *Dictionnaire des journaux*, p. 291.

143) J. Sgard, *Dictionnaire des journalistes*, p. 946 ; G. & M. von Proschwitz, *Beaumarchais et le Courier de l'Europe*, t. I, p. 117.

144) Robiquet, *Theveneau de Morande*, pp. 207–228. 모랑드가 1784년에 쓴 "샤르트르 공작의 사생활, 작가가 1781년에 썼지만 우리가 협박을 하여 발간하지 못하게 만든 중상비방문에 대항하기 위하여 공작의 친구들이 씀"(*Vie privée de très sérénissime prince, Mgr le duc de Chartres, contre un libel(sic) diffamatoire écrit en 1781, mais qui n'a point paru, à cause des menaces que nous avons faites à l'auteur de le déceler. Par une société des amis du prince*)의 제목만 보면 마치 샤르트르 공작을 공격하는 중상비방문에 대한 반박문처럼 보인다. 1784년에는 모랑드의 작품으로 추정할 수 있는 것이 두 편 더 나왔다. 하나는 앞에서 말한 『검은 신문』이며, 다른 하나는 『구르당 부인의 지갑』이다.

145) G. & M. von Proschwitz, *Beaumarchais et le Courier de l'Europe*, t. I, pp. 112–115.

146) *Beaumarchais et le Courier de l'Europe*, p. 116.

147) *Réplique à Jacques-Pierre Brissot*, p. 25 ; G. & M. von Proschwitz, *Beaumarchais et le Courier de l'Europe*, t. I, p. 180.

148) *Réplique à Jacques-Pierre Brissot*, p. 27.

149) 그는 1787년 2월 6일 보마르셰에게 보낸 편지에서 이렇게 말했다. "아, 카산드라는 불행을 예언했지만 아무 소득도 없었습니다. 내 운명도 그렇게 되지나 않을까 겁이 납니다." (G. & M. von Proschwitz, *Beaumarchais et le Courier de l'Europe*, t. I, p.180 ; t. II, p. 960.)

150) G. & M. von Proschwitz, *Beaumarchais et le Courier de l'Europe*, t. I, p. 181,

151) *Réplique à Jacques-Pierre Brissot*, pp. 24–25. 7년 반은 1784년 1월부터 1791년 5월까지 모랑드가 「쿠리에 드 뢰롭」의 책임편집자 역할을 한 기간을 뜻한다.

152) J. Sgard, *Dictionnaire des journaux*, p. 292. 이 항목을 집필한 구나 폰 프로슈비츠는 '휴회나 연기(ajourner, ajournement), 법안수정(amender, amendement), 연립내각(coalition), 다수파(majorité), 소수파(minorité), 의사일정(ordre du jour)' 같은 낱말이 새로운 정치 용어가 되었다고 말한다.

153) 주명철, 『바스티유의 금서』, 제1부 참조. 예를 들어, 모랑드가 쓴 작품만큼 악

명 높은 『성수반 위의 악마』(Le Diable dans un bénitier)를 쓴 라피트 드 펠포르 (Anne- Gédéon La Fite de Pelleport)는 1784년 7월부터 1788년 10월까지 거의 4년 3개월 동안, 그리고 랭게는 1780년부터 84년까지 3년 7개월 이상 바스티유에 갇혔다. 구피는 1778년 뱅센 감옥에 수감되었다가 1780년 거기서 사망했고, 자케 드 라 두에는 1781년 바스티유에 21일 동안 갇히고 샤랑통으로 이감, 1783년에 다시 바스티유로 이감되었다가 1789년 7월 롱스 르 소니에로 추방당했다.

154) *Réplique à Jacques-Pierre Brissot*, p. 26. "사람들이 이들에게 죄를 씌운 것처럼 실제로 죄인이라면, 이들은 죽어 마땅하다. 그러나 이들은 법을 위반해서 형벌을 받지 않았기 때문에, 이들은 희생자다. 내가 혁명에 대해서 느끼는 감정은 이 한계를 결코 넘지 않을 것이다."

155) Robiquet, *Théveneau de Morande*, p. 239.

156) *Théveneau de Morande*, pp. 244-245.

157) *Réplique à Jacques-Pierre Brissot*, p. 30.

158) *Les origines intellectuelles de la Révolution française 1715-1787* ; 『프랑스 혁명의 지적 기원』, 다니엘 모르네 지음(주명철 옮김, 민음사, 1993)으로 번역되었음.

159) D. Momet, "Les enseignements des bibliothèques privées(1750-1780)", in *Revue d'Histoire litteraire de la* France, XVII(1910), pp. 449-496.

160) *Anecdotes sur Mme la comtesse du Barry*, London, 1776, p. 153 ; R. Darnton, *The Forbidden Best-Sellers of Pre-Revolutionary France*, W.W. Norton, 1995, p. 166에서 인용.

161) 엄밀히 말해서 '철가면을 쓴 남자'(L'homme au masque de fer)라 해야 한다.

162) F. Funck-Brentano, *La Bastille et ses secrets*, librairie Jules Tallandier, 1979 ; —, *Légendes et archives de la Bastille*, Hachette, 1898.

163) 이 시의 제목은 제대로 번역하기 어렵다.

164) 여기 적힌 날짜는 보고서를 처음 작성한 날짜다. 그러나 변동 사항이 생길 때마다 덧붙여 적었음을 알 수 있다.

165) 파리 국립도서관, MS. N. A. FR. 10781.

166) Linguet, *Mémoires de la Bastille*, 1783, p. 39.

167) 이때, 그가 구술하고, 데스트레 신부가 받아 적은 책이 아르스날 도서관 수서본에 포함되어 있다 그 내용은 귀족의 계보에 관한 것이다.
Manus. 5833 — Notes tirées d'un manuscrit fait par La Beaumelle pendant qu'il étoit à la Bastille, en 1757, et dont la pluspart luy ont été dictées par l'abbé d'Estrées qui y étoit avec luy. — Sur les généalogies et la noblesse — 15 f.

206/158 mm.

168) 주명철, "앙시앵 레짐의 사회와 제나르가 경험한 세계," 『역사학보』 146집, 1995 ; Myongcheol Jou, "La société de l'ancien régime et le monde vécu par François Génard," *Studies on Voltaire and The Eighteenth Century, 362* (Voltaire Foundation, Oxford, 1998), pp. 237~253.

169) L'Indécis, Comédie sans fin, en quatre ou cinq actes, en Prose et en Vers, Tirée d'aprés les plus fameux originaux et Représentée pour la première fois à Conflans le 11 février 1755 devant Monseigneur, Beaumont de Repaire, Archevêque de Paris, pour lui faire couler gaiment ses Quarante Heures à Parodiople.

170) 그러나 제나르의 작품은 『남자의 학교』만 남아 있다.

171) A. Cioranescu, *Bibliographie de la littérature française des 17e et 18e siécles*, Paris, 1965–1969.

172) 마르몽텔은 1759년 12월 28일에 들어가, 이듬해 1월 7일에 나왔다.

173) 오늘날 우리나라의 문인이 양심수로 형을 살 때, 240년 전의 마르몽텔처럼 어느 정도 자유롭게 글을 쓸 수 있는 배려를 받는지 모르겠다. 황석영은 머릿속에 글을 써가지고 출감했다는 소식을 들은 바 있기에 이 같은 생각을 해본다.

174) Marcus Annaeus Lucanus(39-65)는 세네카의 조카였다. 그는 코르도바에서 태어난 뒤 로마에서 공부했다. 16세에 벌써 시의 재능을 발휘했고 누 살 너 많은 네로와 친분을 쌓았다. 그러나 아마 시 때문에 네로가 그에게 질투를 느꼈는지 불화가 생겼다. 결국 그는 네로의 스승 세네카처럼 자결을 명령받았다.

175) 일명 『파르살리아』 또는 『내전』(內戰, La guerre civile)이라고도 한다. 케사르와 폼페이우스의 각축을 그린 작품이다. 케사르는 기원전 48년 파르살라에서 폼페이우스에게 승리했다.

176) 우리나라에서는 앞서 말한 볼테르, 마르몽텔 같은 사람들에 대해서 소개한 글이 있지만 랭게에 대해서는 거의 없다. 그러므로 여기서는 조금 길지만 당시의 시대적 상황을 곁들여 랭게의 행적을 추적하고자 한다.

177) 우리 프랑스사학자 몇 명은 이 말을 '총독'이라고 옮긴다. 구체제의 프랑스 왕국은 정치적으로 주(provinces), 재정적으로 납세구(généralités), 민간 행정의 면에서는 지사관구(intendances), 종교적으로는 주교구(évêchés), 군사적으로는 군관구(gouvernements)로 나뉘었다. 1776년 3월 18일 베르사유에서 반포한 "지방의 군관구에 관한 법"(Règlement sur des gouvernements militaires des provinces)에서 군관구를 39개로 확정했다. 이 가운데 1급 군관구 18개는 연봉 6만 리브르짜리 자리로 왕족과 프랑스 대원수의 몫이며, 2급 군관구 21개는 연봉 3만

리브르짜리 자리로 왕의 무관들 몫이었다. 군관구 사령관의 역사는 멀리 샤를 6세까지 거슬러 올라가지만, 세월을 거치면서 루이 14세 시대에 지사에게 민간 인에 대한 통제권이 넘어가면서 거의 명예직으로 남았다. 구체제에 관한 역사 서를 봐도 지방의 민간정부와 군대를 분명히 나누었다. 예를 들어, 『구체제 말 의 마르세유』(F. Dollieule et al., Marseille à la fin de L'Ancien Régime, 1896)의 제3장 민간행정(L'Administration civile)에서 왕의 대리인들, 지사의 역할을 다루 고, 제5장 군대(Les forces publiques) 제1절 군사체제(Régime militaire)에서 프로 뱅스 군관구 사령관(Gouverneur de la Province)을 다룬다. '사령관'이 완벽한 번 역어가 아니라 해도, 상식적으로 보아 '총독'보다는 더 정확한 개념이다. 예를 들어, 같은 뜻을 가진 테르미도르, 열의 달, 무더운 달 가운데 하나를 선택할 때처럼 단지 선택의 문제라면 다수결로 결정할 수도 있겠지만, 지식의 정확성 에 관한 문제일 때는 심각하다. 프랑스 왕국에 '총독'이 39명이 있었다고 주장 하는 것은 이상하지 않은가? 판단은 독자의 몫으로 남긴다.

178) 친림법정의 원어(lit de justice)를 우리말로 옮긴다면, '법정의 옥좌'가 된다. 14세 기부터 왕이 고등법원에 친히 나갔을 때 앉던 옥좌로서, 단상에 장엄한 휘장을 친 닫집을 놓고 그 아래 설치되었다. 그 뒤에는 왕이 친히 고등법원에 나가 앉 는 행위를 일컫는 말이 되었다. (*Dicionaire de L'Ancien Régime*, sous la direction de L. Bély, P.U.F. 1996 ; 빠스깔 디비, 『침실의 문화사』, 동문선 문예신서 84, 89쪽 참조.)

179) 원래 '양념'을 뜻하는 낱말로서, 재판을 맡은 판사에게 주는 희귀한 양념, 향신 료, 동방의 물품 따위를 뜻했다. 그러다가 판사에게 가져다주는 '사례비'로 뜻 이 바뀌었다.

180) 오늘날의 가치로 환산하기 위해 40배를 하면 40만 프랑이 된다. 1프랑을 우리 돈으로 약 250원으로 치면 1억 원과 맞먹는 액수다.

181) 이 잡지의 원제목은 *Annales politiques, civiles, et littéraires, du dix-huitiéme siécle*(Ouvrage périodique, par Mr. Linguet, à Londres et Paris) 였다.

182) 우리 돈으로는 약 5억 원 이상이다.

183) 원문은 다음과 같다. Monsieur le maréchal, pourquoi cette réserve / Lorsque Linguet hausse le ton? / N'avez-vous pas votre batôn? / Au moins qu'une fois il vous serve.

184) *Le procès des trois rois, Louis XVI, Charles III et Georges III.* 이 책은 1781년 런던 에서 출판되었다.

185) 우리는 앞에서 마르몽텔이 바스티유 감옥에 가지고 들어간 책 속에 이 작품이

포함되어 있었음을 보았다.

186) 이 부분을 쓰는 데 참고한 책은 다음과 같다. 단테, 『신곡』, 허인 옮김, 골든 세계 문학 전집 1 (중앙문화사, 1987).

187) 오늘날에도 우리는 이렇게 믿는 사람을 만날 수 있다. 철학을 한다는 사람도 무엇이든지 숫자와 결부시켜 말하는 사람이 있다. 그러나 질서정연한 숫자는 모든 것을 설명해주지 못한다는 사실을 움베르토 에코만큼 재치 있게 지적한 사람이 있을까? 『푸코의 추』(이윤기 옮김) 하권에서 주인공과 리아의 대화는 잠시 인용할 만하다.

리아: "당신이 읽는 책의 저자들이 그토록 좋아하는 마술적 숫자에 대해서도 얘기해 볼까요? 당신은 둘이 아니라 하나예요. 당신도 나도 하나의 성기를 갖고 있고, 코도 심장도 하나씩이죠. 하나가 중요한 이유를 아시겠죠? 그런데 우리의 눈, 귀, 콧구멍, 나의 젖가슴, 당신의 고환, 다리, 팔, 엉덩이는 둘씩이에요. 3이 가장 신비로운 이유는 우리 몸이 셋과는 관계없기 때문이죠. 우리 몸엔 셋 있는 게 없으니까요. 따라서 3은 모든 민족이 신과 연관 지어 생각하고 있는 신비로운 숫자예요. 그런데 좀 더 생각해 보면, 당신의 성기와 나의 성기를(쉿, 장난하지 말아요!) 결합시키면 새로운 개체가 태어나고, 우린 셋이 되죠. 그러니까 지상의 모든 민족이 삼중 구조, 삼위일체를 갖고 있다는 것을 알려고 대학 교수가 되거나 컴퓨터를 쓸 필요는 없다는 거예요.……"

188) 이 부분은 피터 게이가 쓴 『계몽주의』(*The Enlightenment : An Interpretation. The Rise of Modem Paganism*, The Norton Library, 1977)의 2부 4장의 한 부분(250–252쪽)을 옮긴 것이다.

189) 사무엘 핍스는 좋은 보기가 된다. 『포르노그래피의 발명』(린 헌트 엮음, 조한욱 옮김, 책세상, 1996)에서는 이에 관한 일화를 소개하고 있다.

190) "endroit fermé d'une bibliothèque, où l'on tient les livres dont on pense que la lecture est dangereuse"

191) Guillaume Apollinaire, Fernand Fleuret, Louis Perceau, *L'Enfer de la Bibliothèque Nationale*, Paris, 1913 ; Pascal Pia, *Les Livres de l'Enfer. Bibliographie critique des ouvrages érotiques dans leurs différentes éditions du XVIe siècle à nos jours*, t. 2, C. Coulet et A. Faure, paris, 1978.

192) 이 18세기의 작가 작품이 '지옥 1번'(Enfer 1)이다.

193) 구피에 관해서는 『바스티유의 금서』(문학과 지성사, 1990)를 참조할 것. 구피의 작품으로 알려진 것은 『프랑스와 나바르의 왕비, 마리 앙투아네트의 생애에 관한 역사적 고찰』(*Essai historique sur la vie de Marie-Antoinette, Reine de France et*

de Navarre, née archiduchesse d'Autriche, le 2 novembre 1755, De l'an de la liberté françoise 1790, A Versailles, Chez la Montensier, Hôtel des Courtisannes)이다.

194) 루…(L…)는 루이 16세(Louis XVI).

195) *Mémoires de Madame Campan: première femme de chambre de Marie-Antoinette*, p. 48, n° 96.

"Je suis dans le bonheur le plus essentiel pour toute ma vie. Il y a déjà plus de huit jours que mon mariage est parfaitment consommé. L'épreuve a été réitérée encore hier plus complètement que la première fois."

196) 아르투아 백작은 루이 16세의 친동생이고, 쿠아니 공작은 루이 15세 친구의 아들로서 대귀족이며, 로앙 공도 대귀족이다.

197) Les petits bougres au manège, ou réponse de M***. Grand maître des enculeurs, et de ses adhérents, défendeurs, à la requête des fouteuses, des macquerelles et des branleuses, demanderesse.

198) 로마 시대의 남자 귀족들은 미동들을 동성연애의 상대로 갖고 있었다. 이들을 '귀염둥이'라 불렀다.

199) la cristalline. 사철 얼음에 덮인 듯하기 때문에 이렇게 부른다. 그러나 이 글을 쓴 사람은 성병을 일컫는 말로 쓰고 있다. 이 말이 무슨 성병을 암시하는지 알 길은 없다.

200) 1796년에는 아시냐의 가치가 떨어질 데까지 떨어져 액면가의 400분의 1의 가치를 갖는 종이조각에 지나지 않게 되었다 이해 3월에는 새로운 지폐를 발행하지 않으면 안 되었다. 그러나 이 돈도 곧, 그리고 계속해서 가치를 잃게 되었다. 200년 뒤, 1997년 우리나라 돈 가치가 아시냐처럼 엉망은 아닐지라도 국제적으로 절반 이하로 떨어졌으며, 그 때 파리에서 이 책을 준비하던 나는 수입이 하루 아침에 절반으로 준 것을 경험했다.

201) *L'Arétin franç6ais par un membre de l'Académie des Dames* (par F. Nogaret). Londres, 1787, 1788 ; in-8 ou in-18 ; (suivi de) Les Epices de Vénus, ou Pièces diverses du méme académicien, Londres, 1787, 1788, 2 part, in-18, avec 1 jolies fig, gravées en talle-douce, par Elluin, d' après Borel, non signées. — Vente Cousin, 260 fr. ; Catal. Galitzine, n° 148, 175 fr.

202) 이 글은 푸아투의 서지학자인 엘페(Helpey)가 쓴 해제를 참조했다.

203) *Histoire de dom B…, portier des Chartreux, écrite par lui-même.* (Jean-Charles Gervaise de Latouche?) Rome, 발간일 미상 (1745년?)

204) *Mémoires de Suzon, soeur de D…-B…… Portier des chartreux, Écrits par*

elle-même, Ornés de Belles Gravures. A J'Enconne, Rue des Déchargeurs. Aux Dépens de La Gourdan. cette même année.

205) *Histoire de Marguerite, fille de Suzon, Nièce de D··· B······, suivie de La Cauchoise.* Avec figures. A Paris, De l'Imprimerie du Louvre. 1784.

206) *Le Nouveau Dom Bougre à L'Assemblee Nationale, ou L'Abbé Maury au Bordel ; Suivi de ses doléances au Dieu Priape, et d'une Ode aux Bougres,* par l'auteur du Bordel National.

207) 이들은 각각 '지옥'의 327, 1066, 679, 717에 해당하는 작품이다.

208) 물론 임신에 대한 처방을 찾을 수 있었다. 제롬 신부는 아이를 지우는 약을 갖고 있었기 때문이다. 그 뒤 쉬종은 모니크와 동성애를 하고, 모니크로부터 논다니 집에 대해 들으면서 세상에서 일어나는 일을 배운다.

209) Jacques-Louis Ménétra, *Journal de ma vie*, Daniel Roche ed., Albin Michel, 1982.